Johanna Barbara Sattler
Der umgeschulte Linkshänder
oder Der Knoten im Gehirn

W0086316

Johanna Barbara Sattler

Der umgeschulte Linkshänder

oder
Der Knoten im Gehirn

 Auer

Durch diese Arbeit soll ein Dank dem

Bayerischen Staatsministerium für Unterricht, Kultus, Wissenschaft und Kunst

und dem

Staatsinstitut für Schulqualität und Bildungsforschung, München

ausgesprochen werden, die durch die Herausgabe des Buches „Das linkshändige Kind in der Grundschule eine Basis geschaffen haben für die Verbesserung des Verständnisses für Linkshänder und umgeschulte Linkshänder in unserer Gesellschaft.

Die Fallbeispiele in diesem Werk sind etwa 25 Jahre alt. Damals war die Umschulung der Händigkeit ein noch nicht erforschtes Thema. Der intensiven Arbeit von Frau Dr. Johanna Barbara Sattler und den Linkshänder-Beraterinnen und -Beratern seit dieser Zeit ist es zu verdanken, dass die Umschulung der Händigkeit und deren Folgen heute bekannt sind und die betroffenen Linkshänder gefördert oder rückgeschult werden können. Neue Erkenntnisse aus Wissenschaft und Forschung wurden in diese Auflage aufgenommen.

Gedruckt auf umweltbewusst gefertigtem, chlorfrei gebleichtem und alterungsbeständigem Papier.

14. Auflage 2021
© 2019 Auer Verlag, Augsburg
AAP Lehrerwelt GmbH
Alle Rechte vorbehalten.

Covergestaltung: annette forsch konzeption und design, Berlin
Umschlagfoto: Andreas Brücklmair, Augsburg
Satz: Fotosatz H. Buck, Kumhausen
Druck und Bindung: Korrekt Nyomdaipari Kft., Budapest
ISBN 978-3-403-**02645**-7

www.auer-verlag.de

Inhaltsverzeichnis

Wie Schicksale zum Aha-Erlebnis wurden – ein ganz persönliches Vorwort

Mein Freund Karl war schon auf dem Gymnasium der Beste. Dazu noch offenherzig und sportlich, war er allgemein beliebt, und jeder fand sich leicht damit ab, dass er große Ziele erreichen würde. So beneidete ihn auch niemand, als er an der Universität Medizin zu studieren begann, mit der Ausrichtung auf Chirurgie. Alle wussten, dass er, dank seines guten Gedächtnisses, jedes beliebige Fach genauso gut geschafft hätte, ebenso wie er einmal, aufgrund einer Wette, fünf Sprachen in kurzer Zeit erlernt hatte.

Für seine allseitige Begabung lieferte er schon als Jugendlicher den Beweis, als er mit der Tochter eines Uhrmachers nur die großen Ferien lang befreundet gewesen war und nebenbei von ihrem Vater so viel gelernt hatte, dass er fortan sein Taschengeld mit Uhrreparaturen und -erneuerungen aufbesserte und alten, billig eingekauften Ramsch zu echten, funktionsfähigen Antiquitäten wiederbelebte. Somit schien er für die Feinheiten der Chirurgie prädestiniert und hat auch schnell entsprechende Erfolge gehabt. Seine Assistentenstelle an der Universität wurde dann als selbstverständlich hingenommen.

Ich traf Karl einige Jahre später bei einem Urlaub in Spanien und wunderte mich, was er dort, noch während des Sommersemesters, mache. Er erzählte mir von seinem Pech. Der Oberarzt an der Uniklinik, ein namhafter Chirurg, von dem er sehr viel lernen wollte, war unerwartet zu einem Kongress gefahren, und Karl sprang für ihn ein. Bei einer etwas komplizierten Operation, die er mit dem Team des Oberarztes durchführen durfte, kam es beim Zureichen eines Instrumentes zur Verletzung einer Sehne seiner rechten Hand.

Der Umstand, der zu dieser Verletzung geführt hatte, klang fast wie eine Anekdote: Karls Vorgesetzter war Linkshänder, sein ganzes Team war darauf eingespielt, aber Karl war Rechtshänder. Die Anspannung während der Operation tat das Ihre dazu, und durch eine Routinebewegung, die für Karl die „falsche" war, kam es zu der Verletzung. Da Karl mit der linken Hand nicht operieren konnte, war er außer Gefecht gesetzt und nahm Urlaub.

Und ich hatte wieder Gelegenheit, seine Willenskraft und Durchsetzungsfähigkeit zu bewundern: Er nutzte diese Urlaubszeit mit beeindruckender Konsequenz zu Übungen der linken Hand, und das praktisch den ganzen Tag lang. Er schrieb nur links und hatte sich sogar mehrere Fachbücher besorgt, die sich mit dem Training der linken Hand beschäftigten. Er war fest entschlossen, Geschicklichkeit und Präzision der linken Hand derartig zu schulen, dass er zukünftig fähig sein würde, mit beiden Händen zu operieren, dass er sich quasi zwei rechte Hände antrainierte.

Er lachte noch über die unfreiwillige Erfahrung, wie er das erste Mal versucht hatte, mit links etwas Kompliziertes auszuführen, und wie niederschmetternd das Ergebnis gewesen war. Ich habe es dann insgeheim auch versucht und festgestellt, dass bei mir die linke als handelnde Hand praktisch unbrauchbar ist, aber da ich nicht Karls Ehrgeiz besitze, beließ ich es bei dieser Erfahrung. Dann haben wir uns lange Zeit nicht mehr gesehen.

Als ich nach etwa acht Jahren versuchte, einen Patienten in eine geeignete, aber vollbesetzte Kurklinik einzuweisen, stellte ich bei meinen Telefonaten fest, dass der Klinikdirektor Karl war. Etwas in seiner Stimme hat meine professionelle Reaktion derart alarmiert, dass ich meinen Patienten persönlich dorthin begleitete. Der Unterton weckte bei mir ganz bestimmte, bekannte Assoziationen.

Und dann saßen wir zusammen, und aus Karl strömten Resignation und Angst vor einem geheimnisvollen, progressiv zersetzenden Gehirnprozess, der möglicherweise schon eine psychopathologische Symptomatik annahm. Auf der anderen Seite überspielte er alles wieder mit Zwangsoptimismus – er verdiene hier in der Kurklinik zumindest viel Geld und habe dabei seine Ruhe.

Er schilderte mir dann, wie er nach der Rückkehr aus Spanien intensiv Neurologie studierte, weil er sich auf Neurochirurgie spezialisieren wollte, und noch intensiver seine Habilitationsarbeit vorbereitete. Und dabei stellte er das erste Mal in seinem Leben fest, dass er plötzlich irgendwie nicht mithalten konnte – er verglich sich mit einem Motor mit unerwarteten Zündungsaussetzern bei vollem Lauf. Sein Gedächtnis versagte beim Abrufen von Lerninhalten, und das steigerte sich von Fall zu Fall durch die Stresssituation, in die er sich in Erinnerung an vergangenes Versagen zunehmend brachte – psychischer Circulus vitiosus. Dann begannen seine Hände zu zittern, und er war nicht mehr fähig, präzise Bewegungen durchzuführen – mit Chirurgie war es zu Ende.

Seine ganze Welt stürzte zusammen. Alles, worauf er sich seit seiner Kindheit sicher verlassen konnte, war zerbrochen. In einer Nacht rettete ihn nur ein Zufall vor der Durchführung des präzis vorbereiteten Suizids.

Die verschiedensten Diagnosen wurden durchexerziert, von beginnender endogener Psychose über Multiple Sklerose, Parkinsonsche Krankheit bis zu

Morbus Alzheimer – alles ohne jeden Befund. Karl begann zu trinken, bekam erste Konflikte mit dem Dekan, dann mit der eigenen Frau und löste beide mithilfe seines Vaters, der ihm diese Direktorenstellung in der Kurklinik verschaffte. Nach der Scheidung will er vorläufig keine neue Beziehung eingehen, und, wie er sagte, leidet er unter hypochondrischen Ängsten und Furcht vor der Zukunft. Diese Diagnose konnte ich nur bestätigen, gab ihm einige obligatorische Weisheiten für seinen weiteren Lebensweg mit und verließ ihn mit dem bohrenden Gefühl der Ohnmacht, weil auch ich keine Erklärung für seine Beschwerden wusste. Karl blieb für mich wie ein Menetekel des unbegreiflichen Schicksals, das ich zu verdrängen suchte.

Später, als ich bereits eine längere, ziemlich erfolgreiche psychotherapeutische Praxis nachweisen konnte, wurde einmal ein hoher Ministerialbeamter zu mir empfohlen. Er hatte fünf unterbrochene Psychotherapien hinter sich mit zwei Suizidversuchen, und vor sich hatte er die Perspektive einer jäh endenden Karriere durch Versetzung ins Abseits oder sogar durch vorzeitige Pensionierung. Er schilderte mir mit beträchtlicher, resignierender Routine sein Schicksal. Begonnen hatte alles mit der Verwicklung in einen Autounfall, an dem er zwar unschuldig war, bei dem es aber zur Tötung eines Kindes gekommen war. Danach kamen Depressionen …

Seine Frau verließ ihn und nahm alle drei Kinder mit. Dann verlor er jede finanzielle Rücklage durch falsche Beratung und Konkurs der Anlagegesellschaft. Nach Rückkehr von einer Auslandsreise stellte er fest, dass sein Einfamilienhaus nicht nur ausgeraubt, sondern auch angezündet worden war, und man wies ihm eine Unterversicherung nach.

Dann hielt er einen routinemäßigen Vortrag vor einem EG-Ausschuss, und plötzlich verlor er völlig den Faden, sein Gedächtnis versagte, er begann zu stottern und stammeln und verließ schließlich, in spontaner Panik, fluchtartig den Saal. Danach geschah es mit erschreckender Regelmäßigkeit immer wieder, dass er schon bei einer harmlosen Sitzung seine Rede vergaß und alles ablesen musste, wobei auch das nicht immer gelang, vor allem wenn Zwischenfragen kamen.

Die bei ihm durchgeführten Untersuchungen ließen in mir plötzlich Erinnerungen an Karl mit seinen „Gedächtnisfehlzündungen" aufkommen: Nachdem der Patient selbst charakterisierte, dass er irgendwie fortschreitend „verblöde", suchte man nach Psychose, Multipler Sklerose oder Morbus Alzheimer – genauso wie bei Karl und auch ohne jeden Erfolg. Ich versuchte alles, was Nervenärzten, Psychiatern und Psychotherapeuten an diagnostischen Möglichkeiten zur Verfügung steht, und ging bis in seine früheste Kindheit zurück, ohne nur die geringste Spur eines Anhaltspunktes zu finden.

Eines Tages betrachtete der Patient bei mir ein Plakat an der Wand, das die neueste Ausstellung in memoriam Leonardo da Vincis ankündigte. Ich beobachtete, wie ihn die dort reproduzierte Spiegelschrift von Leonardo da Vinci richtiggehend faszinierte, und erklärte ihm, dass der hochbegabte Wissenschaftler und Künstler alle seine Aufzeichnungen in Spiegelschrift ausgeführt hätte, um sie angeblich nicht für jeden lesbar zu machen. Und mein Patient sagte amüsiert, dass auch er Spiegelschrift schreiben könne, und ich erinnerte mich plötzlich an den Vortrag einer Kollegin, wie sie so nebenbei anführte, dass Spiegelschrift schreiben zu können zu den Fähigkeiten von Linkshändern bzw. von umgeschulten Linkshändern gehöre. Mein Patient wehrte sich aber entschieden, ein Linkshänder zu sein; ich ließ trotzdem nicht locker und brachte ihn zu Dr. Sattler und ihrer Computeruntersuchungsapparatur, die mich einmal als absoluten Rechtshänder entlarvt hatte. Bei dem Patienten geschah das Gegenteil – er zeigte sich als eindeutiger Linkshänder, der auf die rechte Hand umgeschult worden war. Und dann erinnerte er sich erst, dass er früher weit mehr die linke Hand zum Ausführen verschiedener Tätigkeiten benutzt hatte – hauptsächlich, wenn Kraft und Genauigkeit gefordert waren – und dass er sogar noch im Kindergarten mit links zu schreiben begonnen hatte. Aber das war ihm schnell und erfolgreich ausgetrieben worden.

Ich begann mich mit der Arbeit von Dr. Sattler intensiv zu beschäftigen und nahm gleichzeitig Kontakt mit einer Vielzahl anderer Psychotherapeuten auf. Wir suchten nach Patienten mit einer ähnlichen Symptomatik – bei denen keine Therapiemethode richtig ansprach – und schleusten sie durch die Computeruntersuchungsapparatur zur Feststellung der Händigkeit. Zu unserer größten Überraschung handelte es sich bei fast allen um umgeschulte Linkshänder; zwei waren sogar nach Verletzungen umgeschulte Rechtshänder.

Und ich sah die – mangels Nachvollziehbarkeit – so fremde, individuelle und einsame Welt (von Menschen nach einer Umschulung der Händigkeit mit deren massiven Auswirkungen) – und zwar in ihrem Endstadium – vor mir.

Die Lebenstragödie von Karl bekam plötzlich Erklärung und Begründung. Durch die selbst durchgeführte Umschulung, durch das massive Training seiner linken Hand, wurde er mit allen Umschulungsfolgen konfrontiert, mit denen sich auch ein „normal" umgeschultes Kind herumschlagen muss, verstärkt aber noch durch den Effekt, den wir von Kinderkrankheiten kennen: Wenn sie ein Erwachsener bekommt, verlaufen sie weit schlimmer.

Bei dem Ministerialbeamten lag der Fall etwas anders, aber wieder absolut eindeutig: All die zusätzlichen Kräfte und Anstrengungen, die er lebenslang gebraucht hatte, sich „Eselsbrücken" zu bauen, um eine seiner Intelligenz entsprechende Leistung erbringen zu können, waren auf einmal weg. Dieses gesamte zusätzliche Energiepotenzial ging durch den vorrangigen „Saugeffekt" der emotionalen Belastungen plötzlich verloren. Sein Unfall und dessen Folgen hatten eine primäre Rolle in seiner Psyche eingenommen.

Nur durch ständig erhöhte Konzentration kann ein umgeschulter Linkshänder die zusätzlich benötigten Kräfte aufbringen. Die Kräfte aber, die durch die Gefühlsbelastung entzogen werden, fehlen ihm dann bei Denkreaktionen, beim Bau von „Eselsbrücken" und bei eingeübter komplizierter Hirnarbeit: Sein Gedächtnis versagt. Und dann läuft es nach den gleichen Gesetzen ab, die z. B. auch Schlaf- und Potenzstörungen betreffen: Es genügt die Erinnerung an das Versagen, um ein neues Versagen herbeizuführen.

Heute kenne ich Hunderte von Beispielen, mit denen auch meine Kollegen konfrontiert waren und die sicher nur einen Bruchteil der menschlichen Tragödien widerspiegeln, weil nur ein Bruchteil der Betroffenen Hilfe in der Psychotherapie sucht.

Wir haben durch die Praxis hier ein neues, schwerwiegendes Phänomen erkennen gelernt, das mit hoher Wahrscheinlichkeit tief selektive Auswirkungen im Bereich der Chancengleichheit in unserer Kultur- und Leistungsgesellschaft hat. Die Weichenstellungen in dem modernen, hochentwickelten Lebenssystem bauen auf den verschiedensten Prüfungen seit Kindesalter auf, und hier sind die Karten für umgeschulte Linkshänder von Anfang an falsch verteilt. Und niemand merkte das, bis eine Wissenschaftlerin sich damit intensiv zu beschäftigen begann.

Für mich begann die Forschung von Dr. Sattler immer deutlicher einen Meilensteineffekt zu zeigen. Von dem Gesichtspunkt eines jahrelang praktizierenden Psychotherapeuten aus wird das vielleicht einmal einer der wichtigsten existenzbestimmenden Faktoren, die in diesem Jahrhundert entdeckt wurden. Die Faszination, die diese Forschungsergebnisse ausüben, bezieht sich vor allem auf die Verbindung der Theorie mit der Praxis, die sich andauernd durch die geleistete Arbeit zieht. Der Aha-Effekt, den man bei der Konfrontation mit dem lebensnahen Werk des Arbeitsteams von Dr. Sattler bekommt, ist verblüffend.

Wo früher Hunderte von komplizierten Theorien wuchern konnten, steht hier eine klare, in ihrer Selbstverständlichkeit absolut begreifliche Kausalität, und man wundert sich nur, wieso das einem früher nicht selbst aufgefallen ist ... warum man nicht selbst die so klar sichtbare „Ursache und Wirkung" in Relation gestellt hat.

Und es ist umso erstaunlicher, dass man in vielen wissenschaftlichen Richtungen diesen Erkenntnissen in verschiedenen Segmenten sehr nahekam, Einzelergebnisse aber nie in die Ganzheit summierte und gegenseitig ergänzte. Aber das ist wahrscheinlich der gleiche Effekt wie bei allen großen Entdeckungen.

Das Ganze wurde dann verdienterweise auch durch hohe Anerkennung des Internationalen Neurophysiologischen Kongresses in Istanbul 1987 honoriert, wo Dr. Sattler die Ehre gewährt wurde, persönlich einen Vortrag zu halten. Und danach schrieb man über sie und ihre Arbeit in der ganzen Welt, es folgten unzählige Rundfunk- und Fernsehsendungen, Pressemeldungen.

Und mir wurde auch bewusst, dass wir es hier mit einem klassischen Fall zu tun haben, wo durch Präventivmaßnahmen praktisch die gesamte Problematik gelöst werden kann, und dass hier gleichzeitig ein außergewöhnliches Beispiel der vorbildlich günstigen Kosten-Nutzen-Relation vorliegt. Je früher diese Prävention stattfindet, umso erfolgreicher wird sie. Das bedeutet, man muss in den Kindergärten und in den Grundschulen beginnen. Und gerade in diese Richtung zielt die gesamte praxisbezogene Arbeit von Dr. Sattler, was in diesem Buch deutlich dokumentiert ist.

Dr. Ivo-Kurt Cizek, Dipl.-Psych., M. A. (Soz.)

Curriculum vitae meiner Arbeit

Mit der Händigkeitsproblematik und deren unmittelbarer Abhängigkeit von der Hirnhemisphärenlateralisation wurde ich in einem Psychologieseminar von Professor Kurt Müller schon zu Beginn meines Studiums an der Universität München konfrontiert. Für mich war faszinierend, wie die scheinbar nebensächliche und untergeordnete Geschicklichkeit der einen oder anderen Hand in direkter Verbindung mit der Persönlichkeit des Menschen steht und welche spektakulären Zusammenhänge bestehen. Es wurden auch die Folgen aufgezeigt, die durch Eingriffe in die angeborene Händigkeit entstehen können.

Das genannte Seminar war für mich ein Schlüsselerlebnis, und ich legte in der Folge den Schwerpunkt meines Studiums auf diese bisher scheinbare Randproblematik.

Veranstaltungen von dem Direktor des Max-Planck-Instituts, Professor Johannes C. Brengelmann, veranlassten mich zur Betrachtung weiterer Zusammenhänge der Hemisphärendominanz mit den persönlichen Eigenschaften des Menschen; insbesondere eine gewisse Art von Labilität bei Suchtverhalten korrelierte z. T. mit bestimmten Erscheinungsformen der Händigkeit. Auch unter neurophysiologischen und neuropsychologischen Gesichtspunkten zeigte sich die Handpräferenz als ein äußerst interessantes Forschungsobjekt.

Professor Friedrich Piel erschloss mir neue Aspekte der Seitigkeit im Hinblick auf die traditionelle Bedeutung und Bewertung von links und rechts. Die Genese des Traditionsfaktors ist aus den zeitgebundenen Inhalten der jeweiligen Kulturen, Religionen und Ideologien abgeleitet und manifestiert sich beeindruckend in der ganzen Kunstgeschichte. Die Händigkeitsproblematik und Seitigkeit insgesamt wurde für mich dann zum Thema meiner Dissertation. Diese Arbeit brachte für mich eine Auseinandersetzung mit praktisch der gesamten zugänglichen Literatur, die sich mit der Händigkeit und Seitigkeit aus verschiedenen Blickwinkeln beschäftigte.

Statt auf der Grundlage eines ausführlichen Literaturstudiums der Klärung der einzelnen Schwerpunkte und einer plausiblen wissenschaftlichen Definition näher zu kommen, wurde ich zunehmend in Wertungen und Bezeichnungen verwickelt, die sich z. T. widersprachen und die oft aus den unterschiedlichsten Literaturquellen, häufig ohne jegliche Überprüfung, übernommen worden waren. Es handelte sich um Begriffe wie Ambidexter (Beidhänder), pathologische Linkshänder, Pseudolinks- und Rechtshänder und ähnliche, dann aber auch um daraus folgende Deduktionen und Spekulationen, z. B. darüber, ob Linkshänder gehirngeschädigt und nur Beidhänder und Rechtshänder die normalen Erscheinungsformen seien. Weiter fanden sich Ansichten, dass nur Beidhänder eine natürliche Händigkeit aufwiesen, alle anderen Händigkeitserscheinungen Folge pathologischer Störungen seien, und schließlich wieder die absolute Bevorzugung der Rechtshänder: Die Forschung schien sich offensichtlich bisher nicht einmal auf allgemein benutzbare Begriffe geeinigt zu haben, ganz zu schweigen von einem gemeinsamen Standpunkt. Um es noch komplizierter zu machen, untersuchte man vielfach auch Füßigkeit, Äugigkeit und Ohrigkeit und stellte die abenteuerlichsten Relationen auf.

Die Bedeutung des Händigkeitsphänomens in den bisherigen Betrachtungsweisen der Wissenschaft ließ immer deutlicher die Parallele zu einem kleinen Stück Eis auf der Wasseroberfläche aufkommen, unter dem sich aber ein ungeahnter, riesiger Eisberg verbirgt. Diese Erkenntnis vertiefte sich umso mehr durch meine Zusammenarbeit mit der Universität Köln, wo Professor Udo Undeutsch mich damit überraschte, dass er die bisher in den Fragen der Händigkeit fast ausschließlich benutzte Methode der Selbsteinschätzung in ihrer Glaubwürdigkeit bzw. wissenschaftlichen Relevanz erschütterte: Vor allem in der forensischen Psychologie (aber z. B. auch in der Verkehrspsychologie) zeigte sich die Methode der Selbsteinschätzung als äußerst unzuverlässiges Werkzeug. Professor W. F. Angermeier apostrophierte diese Methode noch durch den Vergleich mit Versuchen einer Selbsteinschätzung der eigenen Intelligenz und betonte, gnadenlos pragmatisch, was dann dabei herauskommt und wie dominierend sich die ganze Persönlichkeit der Menschen mit allen Schwächen, Stärken, Einstellungen und Komplexen in die Aussagen hineinprojiziert.

Meine Diskussionen mit Professor Hartwig Cleve, der an der Universität München die Forschung der Humangenetik prägte, regte mich zu einem Prozess des Umdenkens an und schließlich zur Änderung der Betrachtungsweise der ganzen Problematik. Professor Cleve und seine provokativ-analytische Kritik hatte in mir viele heilige Säulen der Wissenschaft umstürzen lassen. Er betonte, wenn ein forschungsrelevantes Problem mit einer unzureichenden Methodik und einem unzureichenden Instrumentarium untersucht wird, komme man meist auch nur zu unzureichenden Schlüssen, und riet mir, alles, was bisher geschrieben worden sei – was ich ja bereits hinreichend kannte –, zur Seite zu schieben und eine neue Grundlagenforschung durchzuführen.

Für mich bedeutete die Intervention von Professor Cleve praktisch einen Neubeginn. Dass eine Untersuchung der Händigkeit mit der Methode der Selbsteinschätzung eine äußerst verzerrende Vorgehensweise darstellte, wurde mir noch deutlicher, als ich mich mit der Gruppe der umgeschulten Linkshänder näher beschäftigte. Fast alle, die in der Kindheit von der linken auf die rechte Hand umgeschult worden waren, gaben in ihrer Aussage an, dass sie sich für Rechts- oder Beidhänder hielten. Und ich vergesse nie die Feststellung von Professor Cleve, dass die bisherige Beschäftigung der Wissenschaft mit der Händigkeit praktisch nur einer Suche nach der Ursache der Händigkeit gleichkommt, verbunden mit der Forschung nach allen möglichen Genen, die sich dabei beteiligen könnten und die darüber hinaus nur innerhalb kompliziertester Vererbungsmodelle wirkten. Aus der Position des Genetikers erklärte er das für pure Zeit- und Geldverschwendung und sagte: „Ob es durch einen Schaden oder einen Nicht-Schaden in dem Vererbungsmechanismus zu einer bestimmten Erscheinung kommt, ist für unsere Gesellschaft irrelevant, wenn dieses Merkmal nicht begrenzt auftritt, sondern zur Bildung einer großen Gruppe innerhalb der Gesamtpopulation führt. Dann ist es eine Eigenschaft, mit der man sich im anthropologischen und nicht nur im genetischen Sinn beschäftigen sollte."

Mit anderen Worten, es ist vorläufig unwichtig, wie es zu der unterschiedlichen Händigkeit kommt, wichtig ist der Fakt, dass sie existent ist, sich manifestiert, in unserem Leben fest verankert ist und Einfluss auf einzelne Menschen sowie auf gesellschaftliche Prozesse hat.

Und die absolute Erschütterung meiner Autoritätsbezogenheit im Hinblick auf die Händigkeitsproblematik wurde von Professor Franz Rickert initiiert, der, selbst ein umgeschulter Linkshänder, mit ätzendem Sarkasmus einen großen Teil der entsprechenden wissenschaftlichen Veröffentlichungen in Frage stellte und sie als moderne Sophisterei charakterisierte, wo man unter Forschung hauptsächlich sklavische Literaturarbeit versteht und fleißiges Argumentieren mit möglichst vielen, ebenso unter Publikationszwang stehenden Größen. Somit kommt es oft zum Pingpong-Effekt durch gegenseitiges Zitieren, was aber meist nicht den geringsten Schritt nach vorne bedeutet: „Wenn die Prämissen nicht stimmen, kann auch nicht das darauf aufgebaute Prädikat stimmen." Untersuchungen, warum und wieso es Linkshänder gibt und ob sie hirngeschädigt oder nicht beschädigt sind und Ähnliches, mit darauf aufgebauten Prognosen, erinnerten ihn an die Streiterei in der Scholastik, wo man darüber disputierte, wie viele Engel auf eine Nadelspitze passen.

Die weitere Zusammenarbeit mit der Universität Köln bei meiner Grundlagenforschung brachte immer mehr Daten hervor. PD Dr. Niels Galley interessierte sich für die Ergebnisse, und mir wurden von der Universität technische Apparaturen geliehen, sodass ich die folgenden Untersuchungen auf effektiverer Basis fortsetzen konnte.

Die leitenden Diplompsychologen des Münchner Therapiezentrums und Instituts für Integrierte Therapie, Wilhelm Gerl und Burkhard Peter, halfen mir u. a. die Wege zu frei praktizierenden Psychotherapeuten innerhalb des BDP zu öffnen.

Die Beratungsstelle für Linkshänder und umgeschulte Linkshänder wurde installiert und bekam von der Stadt München Förderung zugesprochen.

Nach Istanbul blieb ich in Verbindung mit Professor Üner Tan, der die Problematik der Händigkeit aus seiner Richtung bearbeitete. Mein Kongressvortrag brachte mich in persönlichen Kontakt mit den Teilnehmern und führte zu vielen interessanten Gesprächen und zu fruchtbarem Gedankenaustausch, unter anderem auch mit Marian Annett, Ph. D., einer englischen Wissenschaftlerin, deren Hauptinteresse die Entstehung der Händigkeit als Phänomen war.

Als sehr bedeutend zeigten sich auch Kontakte mit dem spanischen Wissenschaftler und Diplompsychologen Fernando Lozano Nogales, der sich mit den sozialpsychologischen Fragen dieses Forschungsbereichs beschäftigte.

Tausende von Hilfe- und Ratsuchenden kamen in den folgenden Jahren in die Beratungsstelle für Linkshänder und umgeschulte Linkshänder, und die Anzahl an Daten wuchs. Schließlich formierte sich ein Bild, das durch die weitsichtige Wirkung der Institutsrektorin Dorothea Krippner über das ISB einer breiten Basis von Pädagogen und Erziehern übermittelt wurde (sowohl schriftlich wie auch als Inhalt von Fortbildungsveranstaltungen) und das ich später in meiner Arbeit „Das linkshändige Kind in der Grundschule" in erwünschter didaktischer Breite das erste Mal zusammenhängend und praxisbezogen formuliert habe. Dieses Buch wurde auf amtlichem Wege auch an alle bayerischen Schulämter und Grundschulen verteilt und stieß gleichfalls auf unerwartet großes, fachliches Interesse aus anderen Bundesländern, das dann über das jeweilige Kultusministerium befriedigt wurde. Auf zunehmend intensive Anfragen aus dem Ausland reagierte der staatliche Herausgeber Schritt für Schritt, und schließlich wurde das erarbeitete Wissen im Rahmen der internationalen Kooperation offiziell an 71 Länder weitervermittelt.

Ergebnis meiner bisherigen Tätigkeit war die tiefgreifende Untersuchung des Phänomens der umgeschulten Händigkeit. Diese wurde in dem bestehenden Umfang, neben der Mitarbeit der wissenschaftlichen Institutionen, nur durch die ehrenamtliche Forschungsbeteiligung vieler Fachleute und Praktiker möglich, und hier möchte ich mich stellvertretend für alle Mitwirkenden bei dem Beratungslehrer und Diplompädagogen Univ. Hans Joachim Röthlein bedanken, weiter bei allen Linkshändern, umgeschulten Linkshändern und Hilfe- und Ratsuchenden, die bereit waren, ihre Daten zur Verfügung zu stellen. Schließlich möchte ich besonders den Mitgliedern der Interessenvereinigung für Linkshänder danken und in deren Stellvertretung Frau Margot Utermann. Ohne die tatkräftige Hilfe von Frau Utermann hätte die Arbeit der Beratungsstelle nicht fortgesetzt werden können und die hier zur Verfügung stehenden Ergebnisse wären nie zustande gekommen.

Inzwischen gibt es ein großes Netzwerk der zertifizierten Linkshänder-Beraterinnen und Linkshänder-Berater, die im deutschsprachigen Raum tätig sind und die Gedanken zur Verhinderung von Umschulung der Händigkeit weitertragen. Im Jahr 2002 wurde die Beratungsstelle in einen gemeinnützigen Verein unter dem Namen „Erste deutsche Beratungs- und Informationsstelle für Linkshänder und umgeschulte Linkshänder e.V." umgewandelt.

Verschiedene Arbeitskreise der zertifizierten Linkshänder-Beraterinnen und -Berater beschäftigen sich mit Themen wie Neurologie und Händigkeit, Tätigkeitsitems zur Händigkeitsabklärung, Händigkeit in Ausbildung und Berufswelt und Flyer für das Netzwerk zur Linkshändigkeit.

Die überarbeiteten und ergänzten Abschnitte zur Entwicklung der neurowissenschaftlichen Forschungen zur Händigkeit sind das Ergebnis der mehrjährigen Arbeit der Mitglieder des Arbeitskreises Neurologie und Händigkeit. An diesen Texten arbeiteten insbesondere folgende Fachleute mit: Dr. rer. nat. Philip Barth (pharmazeutische Medizin), Steffi Böttcher (Ergotherapeutin), Wiebke Kaas (Ergotherapeutin), Antje Stuve (Dipl.-Päd. Univ.), Almuth Vasterling (Ergotherapeutin), bei denen ich mich herzlich bedanke.

Dr. Johanna Barbara Sattler

Einleitung

Die Umstellung der angeborenen Händigkeit ist einer der massivsten Eingriffe in das menschliche Gehirn ohne Blutvergießen, ohne pathologische Unterversorgung mit Sauerstoff und Nährstoffen oder Zufügung von Giften.

Durch den bevorzugten Gebrauch der nicht dominanten Hand, besonders zum Schreiben, kommt es im Gehirn oft zu schwersten Störungen und Irritationen, die den Menschen individuell meist sehr belasten und Auswirkungen auf sein ganzes Leben haben können.

Diese Umstellung bzw. Umschulung der Händigkeit geschieht vornehmlich im Kindergartenalter oder bei Schuleintritt, aber ihre Folgen wirken sich häufig bis ins Erwachsenenalter aus, und in vielen Familien wird das sich daraus entwickelnde „Fehlverhalten", konkret die Missverständnisse im zwischenmenschlichen Zusammenleben, in die nächste und übernächste Generation „sozial vererbt".

Die Umschulung der Händigkeit ist also auch ein soziologisch wirksamer Faktor, der in das existentielle System eindringt, es beeinflusst und zu massiven Verzerrungen in der Beurteilung von Betroffenen, zu Ungerechtigkeiten innerhalb der Problematik der Chancengleichheit und zu Hemmungen bei der freien Entfaltung der Einzelpersönlichkeiten führt. Diese sozialen Auswirkungen der Umschulung der Händigkeit bilden auf Dauer eine Art unsichtbaren, versteckten Sprengstoff in unserer Gesellschaft.

Sicher reizen diese ersten Sätze viele Menschen zum Widerspruch, und unter diesen Menschen sind mit Sicherheit ganz besonders viele umgeschulte Linkshänder zu finden. Hier sind wir, gleich zu Beginn, auf eine der wichtigsten sekundären Auswirkungen der Umschulung der Händigkeit bei den einzelnen Betroffenen gestoßen, auf eine oft „vererbte" Eigenschaft in vielen Familien umgeschulter Linkshänder: den personifizierten Widerspruch.

Die „Ja-aber-Haltung" vieler umgeschulter Linkshänder erfüllt allerdings eine wichtige Funktion: Sie gestattet den Betroffenen, etwas Zeit zu gewinnen, um ihre Gedanken zu formulieren und Gedächtnis- und Wortfindungsprobleme zu verdecken und zu tarnen, aber zunehmend kann sie selbst zu einer derartig verselbstständigten negativen Angewohnheit werden, dass sie den Einzelnen in zwischenmenschlichen Abläufen isoliert und ihn zu einem unangenehmen, manchmal sogar gefürchteten Gesprächspartner macht.

Manche umgeschulte Linkshänder verschließen sich aber auch wieder sehr in sich selbst, reagieren lieber erst überhaupt nicht, um Zeit zu gewinnen, ihre Gedanken zu ordnen, aber gerade dadurch verpassen sie dann den Anschluss und ziehen sich als Folge der so erworbenen negativen Erfahrungen noch weiter ins Abseits zurück.

Hier schließt sich automatisch die Frage an, ob Linkshänder allgemein weniger gesellig sind, ob sie verschlossener und introvertierter im Vergleich zu Rechtshändern sind oder ob diese Eigenschaften letztendlich eine Reaktion auf die Umschulungsfolgen der angeborenen Händigkeit darstellen?

Und in der Praxis findet man noch einen weiteren Komplex, voll gesellschaftlichen Sprengstoffs: Umgeschulte Linkshänder suchen sich oft Partner oder Partnerinnen aus, die ihnen auf irgendeine Art und Weise unterlegen oder benachteiligt sind.

Die durch die Umschulungsfolgen zwar nicht verminderte Intelligenz an sich, aber die dadurch gestörte Fähigkeit der tagtäglichen Umsetzung dieser Intelligenz zwingt intuitiv viele umgeschulte Linkshänder, bevorzugt eine Arbeit oder einen Beruf „unter ihrem Niveau" zu wählen und auch in diesem Sinne ihre Partnerschaften einzugehen. Die Folgen, die sich für so eine Partnerschaft ergeben und meistens die Beziehung instabil und voller Konflikte im familiären Zusammenleben machen, sind weitere wichtige Punkte der Auswirkungen der Umschulung der Händigkeit. Dies geschieht im persönlichen Bereich des Einzelnen, kann sich aber darüber hinaus, durch entsprechende interaktive Effekte, auf Entwicklungsprozesse, Motivationen und Handlungsabläufe innerhalb unserer gesamten Gesellschaft übertragen.

Viele Statistiken gehen heute noch von einem sehr niedrigen Linkshänderanteil in der Bevölkerung aus. Man findet sogar – kulturbedingt – Zahlen unter zehn Prozent. Dabei schätzen aber viele Genetiker den tatsächlichen Bevölkerungsanteil der Linkshänder auf etwa 50 Prozent, weil Linkshänder im Laufe der Geschichte nie durch irgendetwas herausselektiert wurden. Dann können allerdings die niedrigen statistischen Zahlen bedeuten, dass die übrigen Linkshänder, also bis zu diesen 50 Prozent, umgeschult wurden. Interessanterweise ist in bayerischen Grundschulen in der letzten Zeit ein weit höherer Anteil an linkshändig schreibenden Kindern als noch etwa vor zehn Jahren zu beobachten, der häufig schon zwischen 20 und 30 Prozent liegt.

Hier hat sich sehr positiv die Initiative des Staatsinstituts für Schulpädagogik und Bildungsforschung ausgewirkt, in dem bereits im Jahre 1987 Materialien über „Das linkshändige Kind bei Schuleintritt" zusammengestellt wurden. In den im Auftrag des Bayerischen Staatsministeriums für Unterricht, Kultus, Wissenschaft und Kunst 1989 erarbeiteten „Empfehlungen zur Aufnahme des Kindes in die Grundschule" wurden diese Materialien erweitert und ergänzt. 1993 erschien dann eine vom Staatsinstitut für Schulpädagogik und Bildungsforschung herausgegebene eigenständige Arbeit „Das linkshändige Kind in der Grundschule", die linkshändige Kinder in den Mittelpunkt rückte. Durch die gute Zusammenarbeit zwischen den beiden genannten Institutionen konnte dieses Buch dann auch über Bayern hinaus anderen Einrichtungen, die sich mit Kindern in dem besonders gefährlichen Umschulungsalter beschäftigen, zur Verfügung gestellt werden.

Als positive Wirkung dieser Tätigkeit ist größere Rücksichtnahme auf linkshändige Kinder festzustellen, sodass sie endlich als normale, gleichberechtigte Menschen integriert werden und viele, durch Unwissen und Tradition motivierte Umschulungsversuche so rechtzeitig und effektiv verhindert werden. Unter dem Aspekt dieser Entwicklung kann man auch den plötzlich auftretenden, unerwartet hohen Bevölkerungsanteil an linkshändig schreibenden Kindern in bayerischen Grundschulklassen verstehen, den man nicht mehr einfach als eine unbedeutende Minderheit abtun kann, wobei sicher in Bayern nicht mehr Linkshänder geboren werden als anderswo auch.

Rückschließend aus diesem Prozess kann festgestellt werden, dass auch der Anteil an umgeschulten Linkshändern in früheren Jahrgängen ähnliche Prozentzahlen ergeben müsste, aber in damaligen Schulklassen waren nur sehr vereinzelt links schreibende Kinder zu finden, und dieser – heute statistisch fehlende – Anteil lebt folglich als umgeschulte Linkshänder, von der Allgemeinheit praktisch nicht wahrgenommen, mit allen entstandenen und kumulierten Benachteiligungen und Beeinträchtigungen, ihrem Einzelschicksal überlassen und in diesem isoliert, ungewollt diskriminiert und sich selbst diskriminierend, in unserer Gesellschaft weiter.

1. Die Händigkeit und das menschliche Gehirn

1.1 Zur Anatomie und Physiologie des Gehirns

Das menschliche Großhirn (cerebrum) ist in zwei Hemisphären aufgeteilt, in eine rechte und eine linke. Ein Teil der Milliarden Nervenfasern bildet eine kabelförmige Struktur, die beide Hemisphären verbindet, den Balken (Corpus Callosum).

Die Hemisphären sind beim Menschen kontralateral organisiert, d. h., dass Reize aus der einen Körperseite vorwiegend von der gegenüberliegenden Hemisphäre verarbeitet werden und dass auch die efferenten, vom Gehirn wegziehenden Impulse an die Muskeln von der gegenseitigen Gehirnhälfte ausgesendet werden. Die Kreuzung (decussatio) der meisten Nerven vollzieht sich in der Regel im oberen Rückenmark (medulla oblongata)[1].

Die feinmotorischen Fingerbewegungen (distale Muskulatur) werden ausschließlich über die kontralaterale Hemisphäre gesteuert. Schreibt oder malt man mit der rechten Hand, deutet dies darauf hin, dass die linke Hemisphäre die Kontrolle ausübt.

Die Bewegungen der Oberarme und Schultern (proximale Muskulatur) sind dagegen mit der kontralateralen und zusätzlich mit der seitengleichen Hemisphäre verbunden (ipsilateral). Die zum Werfen benutzte Hand – vormals ein gängiges Kriterium – lässt also nicht auf eine laterale Dominanz schließen[2].

---

1 Benninghoff/Goerttler, Lehrbuch der Anatomie des Menschen. 3. Band. Neubearbeitet von H. Ferner. Urban und Schwarzenberg, München (10), 1977, S. 115.
2 Murray. Elizabeth A., Hemisphärenspezialisierung. In: Fisher., Anne G., Elizabeth A. Murray., Anita C. Bundy., Sensorische Integrationstherapie. 1998. 1. korrigierter Nachdruck 1999. S. 281–329; S. 290. Siehe auch Schmidt. Robert F.. Neuro- und Sinnesphysiologie. Springer Verlag. Berlin. Heidelberg. New York. 1998

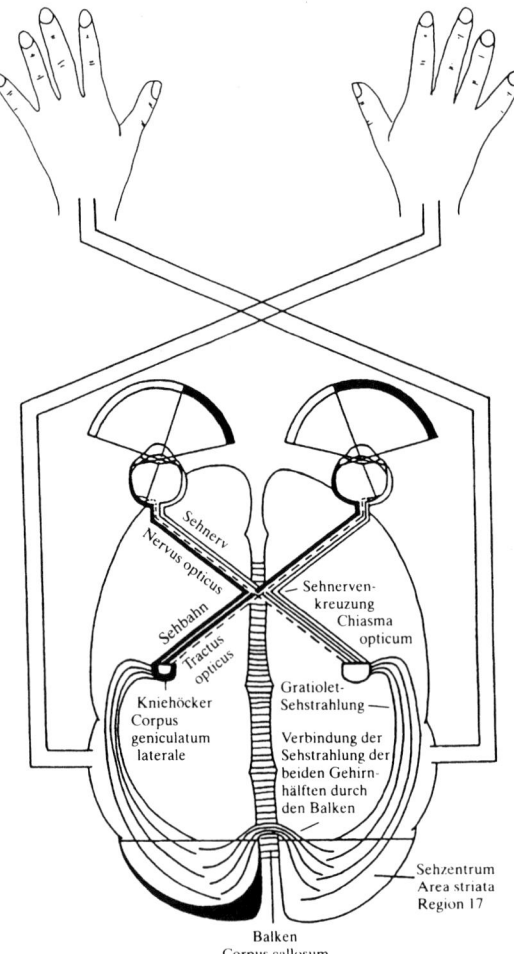

Abbildung adaptiert nach: Sattler, Johanna Barbara, „Das linkshändige Kind in der Grundschule". Auer Verlag, Augsburg, 2018 (17), S. 67

Sehnerv
Nervus opticus
Sehbahn
Tractus opticus

Sehnerven-
kreuzung
Chiasma
opticum

Kniehöcker
Corpus
geniculatum
laterale

Gratiolet-
Sehstrahlung —

Verbindung der
Sehstrahlung der
beiden Gehirn-
hälften durch
den Balken

Sehzentrum
Area striata
Region 17

Balken
Corpus callosum

1.2 Unser Wissen über bestimmte Funktionen der Gehirnhemisphären

Das menschliche Gehirn ist nicht nur bezüglich der physiologischen Funktionen in zwei Hemisphären geteilt, sondern die Teile haben auch ganz unterschiedliche Aufgabenbereiche und Spezialisationen. Diese Aufgabenteilung der verschiedenen Funktionen im Gehirn betrifft praktisch alle Tätigkeitsgebiete: die Rezeption (Aufnahme), die Verarbeitung und die Reaktion hinsichtlich der emotionalen wie kognitiven Bereiche und auch die Geschicklichkeit, das manuelle Reaktionsvermögen und das Abrufen der gespeicherten Inhalte.

Ein großer Teil unserer Kenntnis über die Hemisphärenaufteilung ist ein Nebenprodukt der Untersuchungen verschiedener Gehirnverletzungen und -beeinträchtigungen („klinische Daten"); erst in den letzten Jahrzehnten sind experimentelle Methoden entwickelt worden, um an Menschen mit unbeeinträchtigtem Nervensystem die Aufteilung untersuchen zu können:

a) Die gewaltsamen Verletzungen des Gehirns durch Unfälle, durch Schussverletzungen im Krieg oder durch Tumore gaben anhand der Ausfälle bestimmter Fähigkeiten, z. B. der Sprache (Aphasie) oder der räumlichen Wahrnehmung (ohne jegliche Verletzung der Sinnesorgane oder der weiterleitenden Nerven), viel von den Geheimnissen der Funktionen und Lokalisationen einzelnen Könnens frei. Diese Entdeckungen wurden zunehmend seit der zweiten Hälfte des 19. Jahrhunderts gemacht. Um 1861 hat Broca entdeckt, dass man bei Menschen mit Sprachstörungen, beim Sezieren nach ihrem Tod, häufig eine Verletzung an der linken Seite im Gehirn finden konnte[1], und 1864 notierte der „große Neurologe Hughlings Jackson … über eine Patientin mit einem Tumor in der rechten Hemisphäre: ‚Sie kannte keine Gegenstände, Personen und Orte'"[2]. Man tendierte damals immer mehr dazu, die linke Hemisphäre als die wichtigere, beherrschende Haupthemisphäre zu bezeichnen und die rechte als die untergeordnete Nebenhemisphäre[3].

b) 1981 hat der Amerikaner Roger W. Sperry für seine Forschungen über die selbstständige Funktionsweise der beiden Hemisphären an sogenannten „Split-Brain-Patienten" (Patienten mit durchgetrenntem Corpus callosum, dem beide Hirnhälften verbindenden Balken aus Nervenfasern) den Nobelpreis bekommen. Anfang der Fünfzigerjahre untersuchte er zusammen mit Ronald E. Meyers Katzen mit durchgetrenntem Balken und fand, dass dabei kein Lerntransfer mehr stattfindet, ja sogar, dass jede Hemisphäre

---

1 Paul Broca (1824–1880), französischer Chirurg und Anthropologe, Entdecker des motorischen Sprachzentrums.
2 Ornstein, Robert, Die Psychologie des Bewusstseins. (1. dt. Ausgabe 1974). Zitiert wird aus der Taschenbuchausgabe: Fischer Taschenbuch Verlag, Frankfurt am Main, 1976 (2), S. 63.
3 Ebenda, S. 63. – Ebenso: Deglin, Wadim L., „Unsere zwei Gehirne". Vortrag Juni 1975 in Varna (Bulgarien), abgedruckt in: Unesco-Kurier, Nr. 1, 17. Jahrgang, Bern, 1976, S. 6. Eine sehr übersichtliche und verständliche Beschreibung mit einem geschichtlichen Überblick und weiterführender Literatur findet sich bei Springer, Sally P., Georg Deutsch, Linkes rechtes Gehirn. Funktionelle Asymmetrien. Spektrum der Wissenschaft Verlag, Heidelberg, 1987, S. 1 ff.

so funktioniert, als wäre sie allein ein komplettes Gehirn[1]. Im Jahre 1961 wurde der erste Versuch der Durchtrennung des Corpus callosum (Kommissurotomie) an einem Menschen durchgeführt.

Im normalen menschlichen Gehirn werden die sensorischen Inputs mittels des Corpus Callosum integriert und zu einer koordinierten Wahrnehmung sowie zu koordiniertem Verhalten verarbeitet. Über diesen Balken setzen sich aber auch Störungen, die z. B. von einem epileptischen Anfall in einer Hemisphäre stammen, fort, und so wird „manchmal an Patienten mit schweren epileptischen Anfällen, die durch Medikamente nicht zu heilen sind"[2], diese Operation durchgeführt. „Nach einer solchen Operation wird der Patient von seinen Anfällen befreit und berichtet über eine Verbesserung seines Befindens. Ein Nebenprodukt dieses Eingriffs ist ein natürliches Experiment: Es arbeiten jetzt zwei Gehirne innerhalb eines einzigen Körpers. Jede Hälfte funktioniert unabhängig von der anderen, und jede scheint ihre eigenen Empfindungen, Wahrnehmungen, Gedächtnisinhalte wie auch kognitive und emotionale Erlebnisse zu haben"[3].

Experimente von Sperry, Gazzaniga und Bogen (erste Hälfte der Sechzigerjahre), haben weitere Hinweise auf die zwei verschiedenen Aufgabenbereiche der Hemisphären gegeben[4]. Bei diesen Experimenten fällt besonders auf, dass die Patienten unfähig waren, einen Befehl, der nur einer Hemisphäre über das Auge mitgeteilt worden war (nur eine Hälfte der Netzhaut jedes Auges empfängt die Information – siehe Abbildung; das Chiasma opticum wird von der Operation nicht beeinträchtigt), mit der kontralateralen Hand auszuführen. Umso schneller waren jedoch diese Versuchspersonen bei der Ausführung, wenn es sich um Aufgaben für beide Hemisphären gleichzeitig handelte oder die Befehle sofort an die der Handlungsbestimmung entsprechende Hemisphäre geleitet wurden. Sie waren dabei sogar den Versuchspersonen mit unbeeinträchtigtem Gehirn weit überlegen, denn bei diesen kam es zu einer längeren Reaktionszeit, weil die sensorischen Inputs beider Hemisphären erst koordiniert werden mussten. Bei den Patienten mit durchgetrenntem Balken zeigte sich auch

---

1 Guzzaniga, Michael S., „The Split Brain in Man". In: Scientific American, August, 1967, S. 24–29. Abgedruckt auch in: Robert E. Ornstein, The Nature of Human Consciousness. H. Freeman, San Francisco, 1973, S. 87–100.

2 Ruch, F. L., P. G. Zimbardo, Lehrbuch der Psychologie. Springer-Verlag, Berlin, Heidelberg, New York, 1975, S. 73: „Ohne einen solchen chirurgischen Eingriff wären diese Anfälle zumeist tödlich."

3 Ebenda, S. 73.

4 Bogen, Joseph E., „The other Side of the Brain: An Appositional Mind". In: Bulletin of the Los Angeles Neurological Societies, 34 (3), 1969, S. 135–162. Nachdruck in: Ornstein, 1973.

ganz deutlich die einseitige Sprachdominanz: Eine visuelle Information konnte nur dann verbal wiedergegeben werden, wenn sie in die linke Hemisphäre kam; wurde sie nur der rechten mitgeteilt, zeigte der Patient zwar emotionale Reaktionen, konnte aber nicht sagen, warum.

c) In einem recht optimistischen Ton berichtet der russische Forscher Deglin über ein Verfahren, das eine Art „reduzierten Elektroschock" darstellt. Man brachte bei diesem Verfahren die Elektroden nicht mehr an beiden Seiten des Schädels an, wie beim bisherigen Elektroschock sonst üblich, sondern nur noch an einer Schädelseite[1]. Von 1967 an wurden in der UdSSR Untersuchungen über diesen einseitigen Elektroschock durchgeführt; dieser betäubte nicht das gesamte Gehirn, „sondern nur jene Hälfte, über der sich die Elektroden befanden. Die andere Hälfte arbeitete uneingeschränkt weiter. Sehr vereinfachend kann man sagen, dass der Kranke nach einem einseitigen Schock nur mit der tätigen Hälfte seines Gehirns fühlt, handelt und denkt. Nach solchen Schocks aufgenommene Elektroenzephalogramme zeigen das überraschende Bild einer schlafenden und einer – weil in Arbeit begriffenen – wachen Gehirnhälfte"[2]. Man führte diese einseitigen Elektroschocks bei einem Patienten nacheinander sowohl auf der einen wie auf der anderen Gehirnseite durch und erhielt so als Ergebnis ein Bild über bestimmte grundsätzliche Eigenschaften von jeder der beiden Gehirnhälften und, was sehr wichtig ist: bei ein und demselben Menschen.

d) Mittels tachistoskopischer Darbietung einer Information, d. h. in einer sehr kurzen Zeitspanne, kann man nur einer Hemisphäre die visuelle Wahrnehmung zukommen lassen, die dann natürlich bald über den Balken in die andere weitergeleitet wird. Bei einer tachistoskopischen Darbietung im äußeren Gesichtsfeld ist die Möglichkeit der Fixierung relativ gering, sodass auch die Weiterleitung über die Foveanerven ziemlich ausgeschlossen ist. Wenn der rechten Hemisphäre eine tachistoskopische visuelle Mitteilung gemacht wird und „eine nicht-verbale oder eine verbale Reaktion verlangt wird, kommt die nicht-verbale Reaktion schneller als die verbale"[3].

e) Mittels der Elektroenzephalografie (EEG) hat man entdeckt, dass unterschiedliche „Hirnwellen" aufgezeichnet werden, wenn die Versuchsperson mit einer verbalen oder mit einer räumlichen Aufgabe beschäftigt ist. Der sogenannte Alpha-Rhythmus, der ein „Abschalten" der Informations-

---

1 Deglin, S. 8. Er fügt hinzu: „Diese einseitigen Schocks haben wie die üblichen zweiseitigen, gleichfalls starke Heilwirkung, sind aber weniger heftig und werden vom Kranken leichter ertragen."
2 Ebenda, S. 8.
3 Ornstein, 1976, S. 71.

verarbeitung in dem betroffenen Feld anzeigt, steigert sich in der linken Hemisphäre, wenn die Lösung eines räumlichen Problems verlangt wurde, und in der rechten, wenn eine verbale Frage gestellt war[1].

f) Der sogenannte Wada-Test (Natrium-Amyta-Test) wird vornehmlich vor Gehirnoperationen, zur Feststellung, in welcher Hemisphäre die Sprache lokalisiert ist, benutzt. Dabei wird jede Hemisphäre einzeln anästhesiert. „Dazu legt man zunächst eine Kanüle in eine der großen Arterien am Hals des Patienten (die rechte oder linke Arteria carotis). Durch diese Kanüle kann der Neurochirurg später Natriumamobarbital (…) oder ein ähnliches Barbiturat (Anmerkung der Verfasserin: Grundsubstanz vieler Schlafmittel) injizieren. Jede Karotisarterie versorgt jeweils die auf derselben Seite gelegene Hemisphäre mit Blut; so gelangt das in die rechte Karotis gespritzte Natriumamobarbital" ausschließlich zur rechten Hemisphäre und umgekehrt. Durch die besondere Injektionsform wird beim Wada-Test also nur eine Hemisphäre eingeschläfert. „Wenn das Anästhetikum in diejenige Hemisphäre gespritzt wurde, die das Sprechen kontrolliert, so ist der Patient dosisabhängig ungefähr zwei bis fünf Minuten lang sprachlos. Bei Injektion in die andere Seite beginnt er gewöhnlich innerhalb von Sekunden wieder zu zählen und kann dann auch ohne große Schwierigkeiten auf Fragen antworten, obwohl seine andere Hirnhälfte weiterhin betäubt ist."[2]

g) Die sogenannten bildgebenden Verfahren, welche die Analyse der Morphologie und Funktion ermöglichen, eröffnen weitere interessante Möglichkeiten, Aussagen über Hemisphärenasymmetrien zu machen. Man unterscheidet im Wesentlichen zwischen strukturellen und funktionellen bildgebenden Verfahren.

Als Beispiel für ein strukturelles bildgebendes Verfahren soll die *Computertomografie* (CT) genannt werden, welche eine Weiterentwicklung der Röntgen-Technologie ist. Als craniale CT kommt sie bei Verdacht auf Blutungen, Gehirntumoren, altersbedingten Veränderungen, Schlaganfall und Verletzungen am knöchernen Schädel zum Einsatz.

Die Methode der *Magnet-Resonanz-Tomographie (MRT)* Ihrerseits verwendet statt Röntgenstrahlen starke Magnetfelder und Radiowellen, womit Schichtaufnahmen nahezu jeden Körperteils in beliebigem Winkel und jeder Richtung möglich sind. Hier werden keine Röntgenstrahlen oder

---

1 Ornstein, 1976, S. 72.
2 Springer, Sally P., Georg Deutsch, Linkes rechtes Gehirn. Funktionelle Asymmetrien. Spektrum der Wissenschaft Verlag, Heidelberg, 1987. S. 15.

chemische Markiersubstanzen benutzt. Diese Methode wird bevorzugt zur strukturellen Darstellung der inneren Organe, Gewebe und Gelenke eingesetzt. Sie kann aber auch zur Darstellung des Gehirns eingesetzt werden. Sie bietet im Vergleich zur CT-Untersuchung eine schärfere Abgrenzung zwischen grauer und weißer Substanz und eine genauere Darstellung knochennaher Strukturen.

Als Beispiel für eine funktionelle bildgebende Methode ist die *Positronen-Emissions-Tomografie* (PET) zu nennen. Dieses Verfahren soll ein besonders breites Einsatzspektrum haben, und mit dieser Methode ist es möglich, „sowohl die regionale Hirndurchblutung und den zerebralen Glukoseumsatz zu messen als auch Dichte und Funktion verschiedener Rezeptorsysteme darzustellen. Ein wesentlicher Nachteil der PET ist der große technische, personelle und finanzielle Aufwand."[1] Diese Methode ist mit einer gewissen, wenn auch geringen, Radioaktivitäts-Exposition verbunden.

Ein weiteres Verfahren ist die *funktionelle Magnet-Resonanz-Tomographie (fMRT)*. Sie ist eine Weiterentwicklung der oben erwähnten strukturellen Magnet-Resonanz-Tomographie (MRT) und macht sich die magnetischen Eigenschaften von Atomen zu Nutze. Mit dieser Methode können kleinste Unterschiede im oxidativen Glucosestoffwechsel, einem wichtigen Merkmal für neuronale Aktivität, im Gehirn aufgezeichnet werden. Diese Methode arbeitet ohne Radioaktivität.

Diese Aufzählung der bildgebenden Verfahren ist nicht umfassend und der technologische Fortschritt entwickelt sich auch auf diesem Gebiet ständig weiter. Wir erwähnen diese durchaus repräsentativen Beispiele deshalb, weil sie als Techniken in den später beschriebenen neurologischen Untersuchungen bei umgeschulten Linkshändern eingesetzt wurden (siehe Kapitel 1.5).

---

1 Tegeler, J., „Bildgebende Verfahren in der Psychiatrie". In: Münchener Medizinische Wochenschrift, 135 (1993) Nr. 32/33, S. 404/24–405/25.

1.3 Die Gehirnhemisphärenlateralisation

– Zwei verschiedene Funktionsfähigkeiten
– Zwei verschiedene Bewusstseinsmodi

Unsere beiden Gehirnhemisphären sind auf verschiedene Funktionen spezialisiert. Die meisten Menschen haben aber ein ähnliches Aufteilungsmuster der Funktionen[1].

Der grundlegendste Unterschied zwischen den Hemisphärenfunktionen ist, dass die *linke Hemisphäre* (die sensorisch und motorisch die rechte Körperseite kontrolliert) das *analytische, logisch-sprachliche* Denken beherrscht und *linear*, d. h. *aufeinanderfolgend operiert*, während die rechte Hemisphäre das *synthetische, ganzheitliche Denken bevorzugt*, welches *beziehungsreich* und *gleichzeitig* ist.

Aus diesen grundlegend verschiedenen Verarbeitungsarten lassen sich spezifische Funktionen der Hemisphären ableiten; hinzu kommen zwei ganz verschiedene Gefühlsstimmungen, deren Zusammenhang mit den eben genannten Spezialisationen nicht ohne weiteres erklärbar ist: Die linke Hemisphäre neigt zur *optimistischen* Weltansicht, die rechte zur *pessimistischen*[2].

Das *Sprachzentrum* ist normalerweise hauptsächlich in der linken Hemisphäre lokalisiert, doch soll es auch in der rechten Hemisphäre rudimentäre Ansätze dazu geben[3], sodass Kinder, die einen Schaden an der linken erlitten, in der rechten Hemisphäre die Sprache entwickeln können[4].

---

1 Text zu einem großen Anteil aus: Sattler, Johanna Barbara, Ikonografische und psychologische Aspekte der „Seitigkeit" in der Kunst. Diss. München, 1983, S. 121 ff. Weitere Einzelheiten in Springer und Deutsch, 1987.

2 Hinweise dazu finden sich bei Deglin (Vortrag 1975), sowie in dem Artikel von Geschwind, Norman, „Specializations of the human brain". In: Scientific American, 241 (3), September 1979, S. 158–168. S. 165. Er stellt überrascht fest, dass Schädigungen entweder der linken oder der rechten Hirnhälfte grundsätzlich unterschiedliche Reaktionen bei den Patienten hervorrufen. Verletzungen der linken Hemisphäre sind von einem Gefühl des Verlustes begleitet. Die Behinderung belastet den Patienten sehr und löst häufig Depressionen aus. Treten Verletzungen dagegen in der rechten Hemisphäre auf, so macht sich der Patient manchmal überhaupt keine Sorgen über seinen Zustand, auch nicht in Hinblick auf die Zukunft. Übereinstimmend damit hat inzwischen Paul Ekman, Universität von Kalifornien, San Francisco, herausgefunden, dass sich beim echten, freundlichen Lächeln die Aktivitäten in den Bereichen der linken Hirnhälfte erhöhen: „The brain behind that happy face". In: Science, Bd. 262, 15. Oktober 1993, S. 336.

3 Geschwind, 1979, S. 165.

4 Ornstein, 1976, S. 62 – Interessant und mit vielen Literaturhinweisen versehen ist auch: Sacks, Oliver, Stumme Stimmen. Reise in die Welt der Gehörlosen. Rowohlt Verlag, Hamburg, 1990.

Deglin berichtet von seinen Versuchen, bei denen er zeitweise eine Hemisphäre durch Elektroschock ausschaltet, dass den Patienten, deren linke Hemisphäre in Aktion ist, die Sprache erhalten bleibt und es sogar zu einem Anstieg aller sprachlichen Aktivitäten kommt. Typisch sind vermehrte Gesprächsbereitschaft und die Tendenz, eine Diskussion zu beginnen. Des Weiteren werden der Wortschatz umfangreicher und die Antworten ausführlicher. Gleichzeitig hört der Patient besser zu und kann leisere Sprachlaute wahrnehmen, als wenn beide Hemisphären in Aktion sind.

„Schläft" aber die linke Hemisphäre, so zeigt die rechte ein gegenteiliges Bild: die Sprache ist beeinträchtigt, der Wortschatz verliert an Umfang (besonders abstrakte Begriffe gehen verloren), der Patient äußert sich in kurzen, einfachen Sätzen, auch ein Hörmangel tritt auf. Wenn auch die Sprache nicht völlig verloren geht und man daraus schließen darf, dass auch die rechte Hemisphäre eingeschränkte sprachliche Möglichkeiten hat, sind diese Fähigkeiten doch sehr niedrig anzusetzen, denn Deglin berichtet weiter, dass das theoretische, durch Wörter angeeignete Wissen verloren gehe und das Kurzzeitgedächtnis sehr schlecht sei.

Jerre Levy-Agresti und Roger Sperry[5] nehmen an, dass der Mensch sich in dieser gehirnasymmetrischen Weise entwickelt hat, „weil die folgerichtige Informationsverarbeitung, die der Sprache, der Mathematik und dem ‚rationalen' Denken zugrunde liegen muss, nicht ohne weiteres mit der eher gleichzeitigen Art der Informationsverarbeitung vereinbar ist, die der Wahrnehmung von Beziehungen, der Orientierung im Raum und dem, was unser Verbal-Intellekt nur als ‚Intuition' bezeichnen kann, zugrunde liegt"[6].

Die Fähigkeit der rechten Hemisphäre, vorwiegend simultan zu arbeiten und unterschiedliche Informationen schnell zu integrieren, könnte nach Ornstein für die Informationsverarbeitung bei der räumlichen Orientierung vorteilhaft sein. Daraus lässt sich wahrscheinlich auch die Fähigkeit bei Split-Brain-Patienten (siehe Kapitel 1.2/b) ableiten, mit der linken Hand (bei aktiver contralateraler, also rechter Hemisphäre) perspektivisch zeichnen zu können, während die rechte Hand nur unperspektivische, unvollständige Darstellungen fertigbringt[7]. Dazu veröffentlichte Geschwind einen weiteren Versuch, bei dem Split-Brain-Patienten bestimmte Mustervorlagen nachlegen sollten. Wenn auch beide Hände ähnlich häufig Fehler machten, so unterschieden

5 Levy-Agresti, Jerre, Roger Sperry, „Differential perceptual capacities in major and minor hemispheres". In: Proceedings of the National Academy of Sciences, USA, Bd. 61, 1968, S. 1151.
6 Ornstein, 1976, S. 73.
7 Gazzaniga, wiederabgedruckt in: Ornstein, 1973, S. 98.

sich die Fehlertypen grundlegend: Die Muster, die mit der linken Hand (rechte Hemisphäre) gelegt wurden, waren abgeschlossen im Umriss und in der inneren Form, die der rechten Hand (linke Hemisphäre) waren im Umriss und der inneren Form unsymmetrisch. Dieses Phänomen bestätigte auch Deglin, der bei aktiver linker Hemisphäre eine Unfähigkeit feststellte, farblich unterschiedliche Figuren zusammenzuordnen oder fehlende Einzelheiten an einer Gestalt zu finden; außerdem sei die Perspektivwahrnehmung gestört. Bei wacher rechter Hemisphäre bleibt jedoch die visuelle, praktische Orientierung erhalten.

Besonders interessant ist die rechte Hemisphäre hinsichtlich ihrer Fähigkeit für Melodie- und Tonhöhengedächtnis. Durch ihre Aktivierung werden Laute besser erkannt und Melodien sehr genau wiedergegeben. Auch sollen Aphasiepatienten (Sprachbeeinträchtigte) mit linkshemisphärischem Schaden besser oder problemloser singen als sprechen können. Mit dieser Spezialisation hängt sicherlich auch das Verständnis für Gefühlswerte im mimischen Ausdruck und in der Stimme anderer Menschen zusammen. So berichtet Deglin von einer subtileren Fähigkeit bei „Rechtshirnigkeit", den Tonfall zu deuten und Stimmen zu unterscheiden; auch bleibe die Stimme des Patienten gleich, während bei aktiver linker Hemisphäre der Tonfall an Ausdruck verliere, monoton, flach und farblos wirke, und die Person Schwierigkeiten habe, musikalische Töne zu erkennen oder männliche und weibliche Stimmen zu unterscheiden, ganz zu schweigen von ihrer Unfähigkeit, Melodien zu erfassen[1].

Dieser kurze, zusammenfassende Einblick in die Geschichte der Forschung über die Gehirnhemisphärenspezialisation soll zeigen, wie man auf die in der Tabelle aufgeführte Aufteilung gekommen ist. Mit fortschreitender wissenschaftlicher Methodik wird man aber in der Zukunft sicher noch weit genauere Ergebnisse bekommen, auch in Bezug auf die Zusammenarbeit der beiden Gehirnhemisphären und auf Störungen zwischen ihnen. Wir sehen wahrscheinlich erst die Spitze des Eisbergs und sollten vorsichtig sein, von ihr auf die Form und Ausmaße des Massivs unter der Wasseroberfläche zu schließen.

In diesem Zusammenhang wehrt sich die Biopsychologin Jerre Levy ganz entschieden „gegen den Mythos", dass „unterschiedliche Aktivitäten und psychische Anforderungen" nur eine der beiden Hemisphären in Gang setzten, „während die jeweils andere Seite des Hirns bloß in einem Zustand der Bewusstlosigkeit vor sich hindämmere. Der Mythos von den zwei Gehirnen

---

1 Deglin, S. 10.

war auf eine irrige Voraussetzung gegründet, nämlich: Da jede der Hirnhälften spezialisiert war, müsse sie wie ein völlig eigenständiges Gehirn funktionieren. Tatsächlich ist das genaue Gegenteil richtig. In dem Maß, wie Hirnregionen differenziert sind, müssen sie ihre Aktivitäten auch aufeinander abstimmen. Gerade diese Integration ermöglicht erst Verhaltensweisen und Bewusstseinsprozesse, die über die spezifischen Einzelwirkungen jeder Region hinausgehen."[1]

Und weiter stellt sie fest: „Es gibt sowohl psychologische als auch physiologische Anhaltspunkte dafür, dass Menschen sich im relativen Gleichgewicht der Aktivierung beider Hirnhälften unterscheiden. Zudem besteht ein deutlicher Zusammenhang in der Hinsicht, wie aktiv eine Hemisphäre ist und wie stark sprachliche oder räumliche Fähigkeiten im Vergleich zueinander ausgeprägt sind. Doch es gibt keinerlei Belege dafür, dass Menschen reine „Linkshemisphäriker" oder „Rechtshemisphäriker" sind. Nicht einmal die Personen mit den extremsten Asymmetrien in der Aktivierung der Hemisphären denken nur mit der intensiver angeregten Hälfte. Vielmehr besteht ein Kontinuum. Bei einigen ist, in variierendem Umfang, die linke Hemisphäre aktiver und die Sprachfunktionen sind entsprechend ausgeprägter. Ähnlich sind bei Menschen mit einer aktiveren rechten Hemisphäre die räumlichen Fähigkeiten besser entwickelt. Obwohl also die Muster physiologischer Aktivierung und kognitiver Leistung in einer Relation zueinanderstehen, ist diese bei Weitem nicht vollständig. Das heißt, die Unterschiede in der Aktivierung der Hemisphären sind bloß einer von vielen Faktoren, die unsere individuelle Art des Denkens beeinflussen."[2]

Festzustellen ist letztendlich aus all den beschriebenen Forschungsergebnissen und wissenschaftlichen Experimenten, dass die Hemisphären anlagebedingt eigene Funktionsbereiche haben, aber auch fähig sind, manche bei Bedarf als Ersatz zu entwickeln (allerdings nicht auf dem ursprünglichen Niveau). Des Weiteren ist festzustellen, dass zwischen den Hemisphären Informationen ausgetauscht werden, dass die Hemisphären miteinander kooperieren, aber auch, dass sie sich gegenseitig behindern können.

---

1 Levy, Jerre, „Das Gehirn hat keine bessere Hälfte". In: Psychologie heute, Januar 1986, S. 32–37. S. 35.
2 Levy, 1986, S. 37.

Die Hemisphärenspezialisation[1]

Die Erkenntnisse über die Aufteilung der verschiedenen Funktionen in den beiden Gehirnhemisphären (im Folgenden als Hemisphären bezeichnet) lassen sich vereinfacht folgendermaßen darstellen[2]:

linke Hemisphäre	rechte Hemisphäre
analytisches, logisch-sprachliches Denken, linear, d. h. aufeinanderfolgend	Synthetisches, ganzheitliches Denken, beziehungsreich und gleichzeitig
Zeit	Raum und Perspektive
Sprachzentrum	körperliche Vorstellung im Raum räumliche Orientierung
grammatikalisches Verständnis	bildhafte Vorstellung Erkennen von Gesichtern
sprachliche Sinnerfassung der Worte	Melodiegedächtnis Erkennen von Tonhöhe und Tonfall in der Stimme

---

1 Die Praxis zeigt, dass die Fähigkeit, Sprache als zuverlässiges Werkzeug verbal anzuwenden, oft in direkter Relation zur Entwicklung bestimmter Persönlichkeitseigenschaften steht und sehr mannigfaltig und individuell, vor allem durch positive und negative Erfahrungen während der Kindheit, geprägt sein kann. Hier wirkt sich auch, massiv störend, gerade eine Umschulung der Händigkeit aus. Dieses Geschehnis bekommt somit nachträglich einen besonderen Schwerpunkt vor allem in gesellschaftlichen Interaktionen.

2 Nochmalige Zusammenfassung wichtiger Veröffentlichungen zu den unterschiedlichen Verarbeitungsarten der beiden Gehirnhemisphären: – Bogen, Joseph E., „The other Side of the Brain: An Appositional Mind". In: Bulletin of the Los Angeles Neurological Societies, 34 (3), 1969, S. 135–162. Nachdruck in: Ornstein, 1973. – Deglin, Wadim L., „Unsere zwei Gehirne". Vortrag Juni 1975 in Varna (Bulgarien), abgedruckt in: Unesco-Kurier, Nr. 1/1976, Bern, 1976, S. 4–32. – Gazzaniga, Michael S., „The Split Brain in Man". In: Scientific American, August, 1967, S. 24–29. Abgedruckt auch in: Robert E. Ornstein, The Nature of Human Consciousness. W. H. Freeman, San Francisco, 1973, S. 87–100. – Geschwind, Norman, „Specializations of Human Brain". In: Scientific American, September 1979, Volume 241, Nr. 3, S. 158–168. – Ornstein, Robert E., Die Psychologie des Bewusstseins. Fischer Taschenbuch Verlag, Frankfurt am Main, 1976 (2), S. 73–74. – Springer, Sally P., Georg Deutsch, Linkes rechtes Gehirn. Funktionelle Asymmetrien. Spektrum der Wissenschaft Verlag, Heidelberg, 1987. – Witelson, Sandra F., „Neuroanatomical Asymmetry in Left-Handers: A Review and Implications for Functional Asymmetry". In: Neuropsychology of Left-Handedness, edited by Jeannine Herron. Academic Press, New York, London, 1980, S. 83–108.

linke Hemisphäre	rechte Hemisphäre
Wortschatz, insbesondere abstrakte Begriffe	Gefühlsverständnis Ausdrucksverständnis sprachfreie, soziale Wahrnehmung
Intellekt	Intuition
optimistisch	pessimistisch

Häufige Verhaltensweisen bei der jeweiligen motorischen Dominanz

Bei linker und rechter motorischer Dominanz lassen sich in der Praxis häufig unterschiedliche Verhaltensweisen beobachten[1].

motorische Dominanz der linken Hemisphäre (Rechtshänder)	motorische Dominanz der rechten Hemisphäre (Linkshänder)
taktisches Denken	strategisches Denken
Neigung, Gruppen zu bilden oder sich Gruppierungen anzuschließen	Neigung zum autonomen Subjektivismus und Einzelgängertum
Geselligkeit, Neigung zum Opportunismus	Bedürfnis, oft „mit sich und den eigenen Träumen" allein zu sein
Bevorzugung der verdeckten Führung	Bevorzugung des offenen Führungsstils
Organisationstalent und verbale Überzeugungskraft	Vertrauen in die Kraft des persönlichen Beispiels – Vorbildhaftigkeit
Neigung zur Risikobereitschaft	erhöhtes Sicherheitsbedürfnis
Flexibilität	Neigung zur Sturheit und Haften

---

1 Die hier genannten Verhaltensweisen mussten, um berücksichtigt zu werden, bei über 75 Prozent (Computerraster) der beobachteten und untersuchten links- bzw. rechtshändigen Personen auftreten. Sie sind nicht als Folge der Umschulung der Händigkeit zu interpretieren, können aber durch diese in verschiedensten Hierarchien verstärkt werden und dann sogar das jeweilige Erscheinungsbild dominant prägen. Die beobachteten Personen stammten aus dem Klientel der Beratungsstelle, der eigenen psychotherapeutischen Praxis und aus dem großen Personenkreis der Interessenvereinigung für Linkshänder.

motorische Dominanz der linken Hemisphäre (Rechtshänder)	motorische Dominanz der rechten Hemisphäre (Linkshänder)
Ideenvereinnahmung, Ideenumsetzung, Ideensprunghaftigkeit	Ideenreichtum, Assoziationsfähigkeit, Neigung zum Dogmatismus
Begeisterungsfähigkeit	Kritizismus
Bevorzugung der Kontinuität, u. U. Neigung zum unbegründeten Zögern und Entscheidungsaufschub	Akzeptanz der Diskontinuität, u. U. unerwartete, plötzliche Aufbruchbereitschaft
Intrigenakzeptanz	Polarisierung: Vertrauen – Misstrauen
im Extremfall Rachsucht	in der Regel nachtragend
passive und aktive Manipulationsbereitschaft	durch Angst vor Manipulation manipulierbar
unter kumuliertem Stress:	
Panik, aggressive Reaktion	Verzweiflung, aversive Reaktion
erkannte Arglist wird:	
erklärt, verziehen, vergessen und verdrängt. Neigung, „Gnade walten zu lassen"	analysiert, nie vergessen. Durch assoziative, negative Impulse „tauchen oft unerwartet Reminiszenzen auf"

Erläuterungen zu den verschiedenen Denkarten der rechten und linken Hemisphäre

Mit *linearem,* aufeinanderfolgendem Denken ist ein Denken gemeint, für das Punkt A und Punkt B durch eine direkte Linie miteinander verbunden sind. Punkt C hat mit der Verbindung A – B nichts zu tun:

Unsere *Sprache* verläuft linear, sie vermittelt sich nur Wort für Wort, Satz für Satz, nicht aber als komplexe Gesamtheit.

Mit *logisch-sprachlichem* Denken ist im allgemeinen Verständnis das sprachlich vermittelbare Denken gemeint. Die rechte Hemisphäre denkt selbstverständlich auch logisch, aber wahrscheinlich ist dieses Denken sprachlich schwieriger vermittelbar[1].

Auch die *Zeit* ist etwas Lineares, die Zeiteinteilung muss hintereinander vorgenommen werden, nicht durcheinander.

Das *synthetische, beziehungsreiche, gleichzeitige* Denken stellt einen Zusammenhang zwischen Punkt A und C viel leichter, eben über B, her (siehe Zeichnung), es ist weit komplexer, alles hat miteinander Verbindung. Durch diese Mehrdimensionalität entzieht sich alles aber auch weit mehr den Mitteln der Sprache: Es sind zu viele gleichzeitige Komplexe enthalten, als man einfach sprachlich ausdrücken kann. Diese Denkart entspricht mehr dem Raum und der vielschichtigen Wahrnehmung.

Interessant in diesem Zusammenhang ist eine Aussage des Linkshänders Albert Einstein in seiner Autobiografie: „Für mich besteht kein Zweifel daran, dass unser Denken weitestgehend ohne Rückgriff auf Zeichen (Wörter) und vielfach sogar unbewusst vor sich geht ... Es ist keineswegs notwendig, dass ein Begriff mit einem reproduzierbaren Zeichen (einem Wort) verbunden und mit den Sinnen wiederzuerkennen ist; sobald dies jedoch der Fall ist, wird der Gedanke mitteilbar"[2].

Dies bestätigen auch Forschungen an taubstummen Kindern, insbesondere vor Erlernen der Sprache[3].

Es scheint aber zu Schwierigkeiten zu kommen, wenn *arithmetische Fähigkeiten* der einen oder anderen Hemisphäre zugewiesen werden. So nahm Sperry 1968[4] an, dass Rechenfähigkeiten bei Split-Brain-Patienten fast gar nicht in der rechten Hemisphäre vorhanden seien; jedoch hat er später, laut Dimond und Beaumont, von guten Möglichkeiten in der rechten Hemisphäre

---

1 Levy, 1986: „Logisches Denken ist nicht auf die linke Hemisphäre beschränkt. Patienten mit Verletzungen der rechten Hirnhälfte zeigen häufiger schwerwiegendere Störungen des logischen Denkens als Patienten, deren linke Hemisphäre beschädigt ist." S. 35.
2 Mecacci, Luciano, Das einzigartige Gehirn. Über den Zusammenhang von Hirnstruktur und Individualität. Campus Verlag. Frankfurt am Main, New York, 1986, S. 130.
3 Literaturhinweise z. B. bei Sacks, Oliver, Stumme Stimmen
4 Sperry, Roger, „Mental unity following surgical disconnection of the cerebral hemispheres". In: The Harvey Lectures, Series 62, Academic Press, New York, London, 1968, S. 293–323, S. 310 f.

für Subtraktion und Multiplikation berichtet. Dimond und Beaumont fanden eher eine rechtshirnige Basis für das Rechnen. Sie sehen es allerdings als besonders schwierig an, aus den beiden Möglichkeiten gerade die Hemisphäre mit speziellen arithmetischen Fähigkeiten herauszufinden, weil sich in diesem Fall die schwer umgehbare Notwendigkeit zeigt, die entsprechende Antwort zu verbalisieren und somit zu eindeutigen Ergebnissen zu kommen[1].

Hier muss man dementsprechend sehr vorsichtig sein, weil sich gleichzeitig auch viele Messfehler einschleichen können: Eine Schlussfolgerung, dass die Mathematik mit der linken Gehirnhemisphäre mehr als mit der rechten verbunden sei, ist daher sehr in Frage zu stellen. In der Mathematik ist es nämlich notwendig, abhängig vom zunehmenden Schwierigkeitsgrad der Aufgaben, immer kompliziertere, vielschichtigere Zusammenhänge herzustellen, und das erfordert eigentlich mehr ein beziehungsreiches, synthetisches, als ein lineares, aufeinanderfolgendes Denken.

1.4 Die Händigkeit als Ausdruck einer motorischen Hemisphärendominanz

In der älteren Literatur herrschte die Meinung, dass „das bessere Funktionieren der rechten Hand (bei Rechtshändern) ... auf das bessere Funktionieren der linken Hirnhälfte" zurückgehe[2]. Und man bezog den Begriff Dominanz auf die Höherwertigkeit der gesamten Hemisphäre und leitete die Händigkeit aus der Dominanz einer Hemisphäre ab. Gramm nennt das auch Rechts- bzw. Linkshirnigkeit[3].

In der jüngeren Literatur wird „unter cerebraler Dominanz ... die Überlegenheit einer Hirnhemisphäre in Bezug auf bestimmte Funktionen verstanden (z. B. Sprachdominanz)"[4].

In der amerikanischen Literatur werden hauptsächlich die Begriffe Gehirnlateralisation, hemisphärische Spezialisation und funktionelle Asymmetrie gebraucht und sind fast als Synonyme zu betrachten. Auch die Händigkeit

---

1 Dimond S. J., J. G. Beaumont, „A right hemisphere basis for calculation in the human brain". In: Psychonomic Science, Vol. 26 (3), 1972, S. 137–138.
2 Fritsch, Vilma, Links und Rechts in Wissenschaft und Leben. W. Kohlhammer, Stuttgart, 1964, S. 101.
3 Gramm, Dieter, Probleme der Linkshändigkeit. Ein Ratgeber für Lehrer, Eltern und Erzieher. Verlag Ludwig Auer, Donauwörth, 1977, S. 8–9.
4 Steingrüber, Hans-Joachim, „Entwicklung und Veränderung der Händigkeit". Unveröffentlichter Aufsatz, um 1980, S. 1.

hält man für eine funktionelle Lateralisation, doch hat sich angeblich herausgestellt, dass es in der Gruppe der Linkshänder noch weitere Untergruppen gibt, die sich wahrscheinlich zusätzlich durch ihre verschiedenen Lateralisationsvarianten und -grade unterscheiden.

Wenn man das Phänomen der Händigkeit oder, allgemeiner, der Seitigkeit, mit den anderen asymmetrischen Gehirnfunktionen vergleicht, muss man sich den spezifischen Unterschied verdeutlichen: Es handelt sich dabei nämlich nicht um eine mehr oder weniger rein gehirninterne Verarbeitungs- und Funktionsart, sondern um die Verarbeitung von sensorischen und motorischen Prozessen, also um ein Tätigkeitsfeld, das den ganzen Körper betrifft.

Es gibt heute die verschiedensten Theorien über das Zustandekommen der Händigkeit. Manche Wissenschaftler, wie z. B. Geschwind und Behan, glauben, dass das Sexualhormon Testosteron der „wahre Linksmacher" sei: Testosteron, das im männlichen Fötus kurz vor der Geburt in großen, im weiblichen aber nur in kleinen Mengen vorkomme, steuere außer den Sexualmerkmalen auch die Entwicklung des Gehirns. Beispielweise könnten große Mengen des Hormons das Wachstum der linken Gehirnhälfte verzögern. Weil diese Hirnpartie aber die gegenüberliegende Körperseite kontrolliere, sei dann die rechte Körperhälfte motorisch benachteiligt. Außerdem sei bekannt, dass Testosteron die körpereigene Abwehr verändere. Das Hormon verringere nämlich die Größe der Thymusdrüse, die entscheidend am Aufbau des Immunsystems beteiligt sei. Linkshänder sollen demnach gegenüber Krebszellen widerstandsfähiger sein als Rechtshänder[1].

Der Kommentar des Facharztes für das Säuglings- und Kindesalter, Professor Dr. med. B. Leiber, zu dieser Auffassung ist fast bissig. Er schreibt, dass „dem Kenner die gesamte Hypothese der beiden Autoren fast als Aprilscherz (...), jedenfalls als absoluter Nonsens vorkommen" muss. „Die von den Autoren konstruierte mehrstufige Hypothese geht bereits in der Anfangsstufe von unrichtigen Voraussetzungen aus, und alles, was dann hierauf aufbaut, kann auch durch geistreiche Bocksprünge nicht mehr richtig werden: Die Autoren ignorieren kurzerhand die allgemein bekannte und anerkannte Tatsache (oder haben sie sie nicht gekannt?), dass Androgene während der Fetalzeit bei beiden Geschlechtern etwa in gleicher Menge vorhanden sind ... und als Androgene nicht mehr zur Wirkung kommen können ... Die abenteuerliche

---

1 Geschwind, Norman, Peter Behan, „Left-handedness: Association with immune disease, migraine, and developmental learning disorder ". In: Proceedings of the National Academy of Sciences, USA, Bd. 79, 1982, S. 5097–5100.

Testosteronhypothese von Geschwind und Behan, nach der sogar die beiden Hirnhälften und ihre neuronale Reifung durch das Hormon seitenunterschiedlich beeinflusst würden, sollte man doch so schnell wie möglich wieder vergessen. Sie ist ganz unhaltbar."[1]

Manche Wissenschaftler scheinen aber diesem Rat nicht folgen zu wollen (oder kennen ihn vielleicht nicht), und so werden immer wieder Arbeiten publiziert, in denen sie sich ernsthaft auf die genannte Hypothese über die Wirkung von Testosteron auf die Händigkeit stützen und ihre eigenen Forschungen daran ausrichten.

Interessant in diesem Zusammenhang ist der Ansatz von Rik Smits. In der Forschung über eineiige Zwillinge ist bekannt, dass es häufig vorkommt, dass ein Zwilling rechts- und der andere linkshändig ist und dass selbst bei zweieiigen Zwillingen ein angeblich erhöhter Prozentsatz an Linkshändern auftritt. Und Smits gibt zu bedenken, dass „es … zwar doppelt so viele Linkshänder unter ihnen als normal" gibt, „aber Zwillinge, die beide Linkshänder sind, muss man suchen wie die Nadel im Heuhaufen"[2]. Schließlich stellt er die Frage, wie es bei den unter absolut gleichen Umständen im Mutterleib heranwachsenden Zwillingen möglich ist, dass einer weit mehr als der andere von Testosteron beeinflusst werden soll?

„Am Erbmaterial kann es nicht liegen, das ist bei beiden genau gleich. Aber die Umgebung ist das auch: Einflüsse, die von der Mutter herrühren, müssten beide Zwillinge in gleichem Maße affizieren. Das gleiche Problem stellt sich noch schwerwiegender bei weiblichen Zwillingen. Das Testosteron, das bei ihnen für die erwähnte Abweichung sorgt, stammt immer aus dem Mutterleib. Wieso dann die beiden genetisch identischen" weiblichen Föten „trotzdem ganz unterschiedlich beeinflusst werden, ist nicht eins, zwei, drei zu beantworten"[3].

Es ist ein wissenschaftlich bekanntes Phänomen, dass häufig bei eineiigen Zwillingen verschiedene körperliche Eigenschaften des einen wie ein Spiegelbild des anderen sind, das betrifft auch die Linien in den Fingerkuppen, die spiegelbildlich ähnlich sind – z. B. die Linien in dem rechten Daumen des einen Zwillings mit den Linien in dem linken Daumen des anderen usw.

---

1 Leiber, Berdfried, „Haben Linkshänder andere Krankheiten?". In: pais. Fachzeitschrift für praktische Kinder-Jugendheilkunde und allgemeine Medizin, Januar, 1983, S. 19–21.
2 Smits, Rik, Alles mit der linken Hand. Geschick und Geschichte einer Begabung. Rowohlt, Berlin, 1994, S. 171.
3 Ebenda, S. 182.

Auf dieser Tatsache kann man aber eine ganz andere Hypothese über die Händigkeit bei eineiigen Zwillingen aufstellen, für deren Wahrscheinlichkeit, nach den aus der Praxis bekannten Fällen, viel spricht: Ein Erkennungszeichen für eineiige Zwillinge könnte, neben dem ähnlichen Abdruck der spiegelbildlichen Fingerlinien, auch die „spiegelbildliche Händigkeit" sein, dass also bei eineiigen Zwillingen immer einer rechts- und einer linkshändig veranlagt ist. Das würde bedeuten, dass es bei eineiigen Zwillingen zu einer spiegelbildlichen Veranlagung der motorischen Dominanz im Gehirn kommt.

Aber die bis heute noch weit unterschätzte Rolle des Nachahmungs- und Modellverhaltens der Kinder könnte der Faktor sein, der, wie so oft, so auch hier zu irritierenden Verzerrungen in Richtung der rechtshändigen gesellschaftlichen Norm führt (siehe dazu in Kapitel 7.3.2 den Abschnitt: „,Ich will keine Linkshänderin sein' – Die Heimtücke und der Sinn des Modellverhaltens" und die daran anschließenden Fallbeschreibungen).

Mit einer komplizierten Theorie über den Mangel eines Gens und die dadurch verursachte Entwicklung zur Linkshändigkeit hat Marian Annett die Händigkeit als solche genetisch zu erklären versucht[1]. Die Frage bleibt aber auch hier, ob ihr „right shift" tatsächlich genetischer oder eher soziologischer Natur ist, also Ergebnis des Nachahmungs- und Modellverhaltens der Kinder. Sicher ist aber, dass hier erbliche Zusammenhänge eine wichtige Funktion haben.

Auch dieser ansonsten sehr interessanten Theorie setzt Smits die Erkenntnisse aus der Zwillingsforschung als Störfaktor entgegen. Denn „mit Annetts rechtsverschiebendem Faktor lässt sich die Anzahl der Linkshänder und ihre Verteilung sowohl bei eineiigen wie bei zweieiigen Zwillingen immer noch nicht erklären"[2].

Über kulturell bedingte Einflüsse, die bei der Messung der Händigkeit dominierend auftreten können, gibt eine überzeugende Antwort die äußerst genaue und fachbezogene Forschung Professor Üner Tans von der Atatürk-Universität in Erzurum, Türkei. In seinen Veröffentlichungen wird direkt und indirekt bewiesen, wie sich zum Beispiel auch bei einem sehr hohen Ansatz

---

1 Annett, Marian, „The binomial distribution of right, mixed and left handedness". In: Quarterly Journal of Experimental Psychology, 19, 1967, S. 327–333.
Dieselbe, „A classification of hand preference by association analysis". In: British Journal of Psychology, 61, 1970, S. 303–321.
Dieselbe, „The right shift theory of handedness and developmental language problems". In: Bulletin of the Orton Society, 31, 1981, S. 103 –121.
2 Smits, 1994, S. 175.

an präziser Messmethodik das Geschlecht der untersuchten Probanden durch vorherige sozio-kulturelle Einflüsse ergebnisverzerrend manifestieren kann[1].

Abschließend ist festzustellen, dass Händigkeit vor allem *Ausdruck einer motorischen Dominanz* im menschlichen Gehirn ist, und diese betrifft sowohl die Bevorzugung der einen Hand als auch die stärkere Betonung der hemisphärischen Verarbeitungsart in der entsprechenden, kontralateralen Gehirnhälfte.

Die Praxis zeigt überzeugend, dass, gerade weil die Händigkeit des gesunden Menschen durch genetische Vorgänge für sein ganzes Leben festgelegt ist, jeder Versuch, sie nachträglich zu ändern, meist in schwere Schädigungen des Betroffenen mündet.

1.5 Neurowissenschaftliche Forschungsergebnisse zur Händigkeit

Das Problem unserer Forschungsmöglichkeiten auf diesem Gebiet ist, dass es nach wie vor sehr, sehr große Schwierigkeiten bereitet, „saubere" Untersuchungsgruppen zu bekommen, da viele Linkshänder umgeschult wurden und sich als Rechtshänder bezeichnen (vor allem bei Methoden, die auf Selbsteinschätzung basieren). Des Weiteren werden durch die Vorgaben bei der Gruppeneinteilung oft viele umgeschulte Linkshänder in die Rechtshändergruppe eingereiht und verzerren deren Ergebnisse.

Unsere Methoden, Gehirnfunktionen zu erforschen, sind auf der einen Seite sehr teuer und auf der anderen Seite ist es gerade, was die Linkshändigkeit betrifft, sehr schwierig, die verschiedenen Forschungsarten und auch die erforschten Gruppen auf einen Nenner zu bringen. Eine weitere Schwierigkeit ist, dass der Forschung selten eine der realen Population entsprechende heterogene Gruppe an Linkshändern zur Verfügung steht. Häufig wird die Händigkeit nur an einer bestimmten Gruppe der Linkshänder beobachtet. Solche typischen Vorgehensweisen passieren z. B. oft in Frühförderstellen (SPZ – Sozialpädiatrische Zentren). Kinder werden dort – oft belastet mit den verschiedensten Störungen, die mit der Händigkeit keinen kausalen Zusammenhang haben – unter anderem auch als Linkshänder erfasst. Die so erhaltenen Ergebnisse werden dann unreflektiert auf alle Linkshänder übertragen.

---

1 Tan, Üner, „The distribution of hand preference in normal men and women". In: Intern. J. Neuroscience, Vol. 41, 1988, S. 35–55.

Verzerrte Ergebnisse wurden in der Vergangenheit auch deshalb erzielt, weil Linkshänder nach einem Unfall oder einer zerebralen Krankheit, die auch ihre Händigkeit betroffen haben (z. B. Schlaganfall, Gehirntumor), untersucht wurden, um Erkenntnisse über Händigkeit zu gewinnen. Ein Vergleich mit der Situation vor der Verletzung war in diesen Fällen aber nicht mehr möglich. Deshalb kam es zu Fehlern und zu nicht zu beweisenden Hypothesen.[1]

In Diskussionen über die Plastizität des Gehirns wird häufig der Eindruck erweckt, dass sich das Gehirn problemlos an die verschiedensten Einflüsse von außen anpassen könne, so auch an eine Umschulung der Händigkeit. Untersuchungen mit aktuellen bildgebenden Methoden an verschiedenen Händigkeitsgruppen haben inzwischen gezeigt, dass dies nicht haltbar ist.

Leider gibt es nur sehr wenige Studien, wie das folgende Beispiel, in denen sauber definierte Händigkeitsgruppen untersucht und verglichen wurden. In der 2002 veröffentlichten Studie hat das Team um den Neurowissenschaftler Hartwig Siebner[2] untersucht, ob umgeschulte Linkshänder, die ihr ganzes Leben rechts geschrieben haben, die gleichen Hirnregionen für die Durchführung handschriftlicher Tätigkeiten benutzen wie Rechtshänder, bzw. wie stark die Linkshändigkeit bei umgeschulten Linkshändern fortbesteht. Die Gehirnaktivitäten bei den sorgfältig ausgewählten Probanden wurden beim Schreiben mit der bildgebenden Methode der Positronen-Emissions-Tomographie (PET) untersucht.

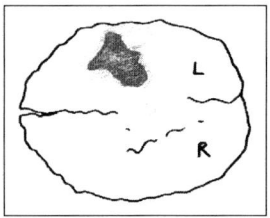 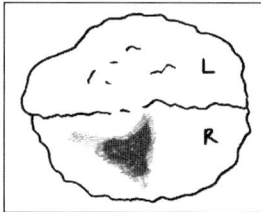 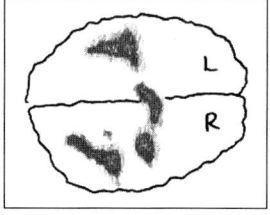

a) Rechtshänder   b) Linkshänder   c) umgeschulte Links-
                    händer

Schematische Darstellung[3] der unterschiedlichen Hirnaktivitäten beim Schreiben: a) Rechtshänder mit der rechten Hand, b) Linkshänder mit der linken Hand und c) umgeschulter Linkshänder mit der rechten Hand.

1 Nach Vasterling, Almuth, Gabriele Weiland, Johanna Barbara Sattler, Linke Hand – Rechte Hand: Ein Ratgeber zur Händigkeit. Schulz-Kirchner Verlag, Idstein, 2017 (2), S. 24.
2 Siebner, Hartwig R. u. a., Long-Term Consequences of Switching Handedness: A Positron Emission Tomography study on Handwriting in "Converted" Left-Handers. In: The Journal of Neuroscience, April, 2002, 22 (7), S. 2816–2825.
3 Abbildungen aus: Vasterling u. a., 2017 (2), S. 25.

Ergebnisse

a) Rechtshänder zeigten starke asymmetrische funktionelle Aktivierungsmuster in der linken Hirnhemisphäre (prämotorische und parietale Regionen).

b) Linkshänder zeigten gespiegelte Aktivierungsmuster in der rechten Hirnhälfte.

c) Erwachsene umgeschulte Linkshänder zeigten eine mehr symmetrische funktionelle Aktivierung während rechtshändigen Schreibens mit gesteigerter rechts hirnhemisphärischer Aktivität in frontal-parietalen motorischen Assoziationsgebieten. Sie zeigten also fortdauernde Merkmale einer Linkshändigkeit während rechtshändigen Schreibens.

Das heißt also, einen Linkshänder kann man nicht wirklich umschulen. Wenn es trotzdem versucht wird, bleiben die übergeordneten Schaltstellen nach wie vor in der dominanten rechten Hemisphäre aktiv, während die Gehirnaktivitäten, die an der direkten Steuerung beteiligt sind auf die andere Hirnhälfte verlagert werden. Dadurch kommt es zu einer erhöhten Anforderung durch vermehrten Energieeinsatz in beiden Hemisphären.[1]

In weiteren Forschungsuntersuchungen von Siebner, zusammen mit Klöppel und anderen, wird herausgefunden, dass eine Umschulung der Schreibhand nicht nur die für das Schreiben benötigten Hirnareale beeinflusst, sondern auch Areale, welche für einfache Fingerbewegungen benötigt werden. Beim umgeschulten Linkshänder kommt es sogar zu einer stärkeren Aktivierung in der dominanten rechten Hemisphäre[2].

Es gibt offensichtlich zwei unterschiedliche neuronale Umorganisationsmuster im Zusammenhang mit Händigkeit und Umschulung der Händigkeit, eines für die eigentliche motorische Umsetzung und ein weiteres für die übergeordnete planerische Tätigkeit.

Als sehr vereinfachendes Modell könnte man das Bild von einem Chef und einem Helfer wählen. Beide brauchen einander. Der Chef sagt, wo es langgeht und was gemacht werden soll und der Helfer führt das aus. Für ein gutes Arbeitsergebnis ist eine direkte Kommunikation nötig.

---

1 Textauszug aus: Vasterling u.a., 2017 (2), S. 24 f.
2 Klöppel, Stefan et al., Can Left-Handedness be Switched? Insights from an Early Switch of Handwriting. In: The Journal of Neuroscience, July 18, 2007, 27 (29), S. 7847–7853.

Anders ausgedrückt

In den verwendeten bildgebenden Verfahren wurde gezeigt, dass die Planungsebene (Chef) lebenslang in der dominanten Hirnhälfte bestehen bleibt und nicht verschoben werden kann.

Die Ausführung einer Bewegung (Helfer) findet immer über die kontralaterale Hemisphäre statt. Bei umgeschulten Linkshändern zeigt sich, dass sich die Planungsebene und die Ausführungsebene in verschiedenen Hirnhälften befinden.

Das bedeutet, dass bei umgeschulten Linkshändern die Planungsebene und die Ausführungsebene dauerhaft über deutlich weitere Distanzen miteinander in Kontakt treten müssen als bei nicht umgeschulten Linkshändern oder bei Rechtshändern. Das könnte eine Erklärung dafür sein, dass umgeschulte Linkshänder sowohl mit der linken, als auch mit der rechten oder gleichzeitig mit beiden Händen eine längere Reaktionszeit haben als nicht umgeschulte Links- oder Rechtshänder.[1]

---

1 Klöppel, 2007.

2. Umschulung der angeborenen Händigkeit

2.1 Primäre und sekundäre Folgen der Umschulung der Händigkeit

Eine Umschulung der angeborenen Händigkeit, die aufgrund von gesellschaftlichen Vorurteilen (mechanischer Traditionalismus, pseudopraktische Realitätsbezogenheit, Bequemlichkeit, Unwissen und oft sogar religiös-ideologischer Hintergrund) vorgenommen wurde und wird, hat massive Auswirkungen, vor allem dann, wenn mit der nicht dominanten Hand *geschrieben* wird. Durch diese – gegen die menschliche Natur vorgenommene – Umschulung *kommt es nicht zu einer Umstellung der Dominanz im Gehirn*, sondern es kommt zu einer Überbelastung der nicht dominanten Gehirnhälfte und zu einer Unterbelastung der anderen und somit zu Übertragungsschwierigkeiten im Corpus Callosum, wodurch dann wahrscheinlich erst die verschiedensten Primärfolgen entstehen können.

Das Schreiben ist ein Vorgang von höchster Komplexität und – wegen der Einbeziehung unterschiedlicher Gehirnfunktionen – eine der schwierigsten Leistungen, zu deren Bewältigung *nur der Mensch* sich entwickelt hat. Störungen der natürlichen zerebralen Abläufe durch die bevorzugte Benutzung der nicht dominanten Hand führen zu komplexen Funktionsstörungen, Hemmungen, Blockaden und Überbelastungen des gesamten Gehirns. In den Schreibvorgang sind die verschiedensten zerebralen Fertigkeiten einbezogen, wie Feinmotorik, Sprache, bildliche Vorstellung des Buchstabens und des Ablaufes der Buchstabenfolge sowie auch gleichzeitig verlaufende Gedankenketten, Assoziationen, bildhafte Vorstellungen, Erinnerungen und das Abrufen von Lerninhalten. Kaum eine andere menschliche Handlung hat eine vergleichbare vielseitige Einbeziehung verschiedenster Gehirnfunktionen wie das Schreiben, sodass verständlich wird, warum es gerade hier durch die falsche Belastung bei einer Umschulung der Händigkeit zu massiven Störungen kommen kann.

Primärfolgen der Umschulung der Händigkeit können sein:

- Gedächtnisstörungen (besonders beim Abrufen von Lerninhalten)
- Konzentrationsstörungen (schnelle Ermüdbarkeit)
- legasthenische Probleme (Lese- und Rechtschreibschwierigkeiten)

- Raum-Lage-Labilität (Links-Rechts-Unsicherheit)
- feinmotorische Störungen (die sich z. B. im Schriftbild äußern)
- Sprachstörungen (Stammeln bis zum Stottern)

Diese Primärfolgen können sich dann in unterschiedliche *Sekundärfolgen* umsetzen:

- Minderwertigkeitskomplexe
- Unsicherheit
- Zurückgezogenheit
- Überkompensation durch erhöhten Leistungseinsatz
- Trotzhaltungen, Widerspruchsgeist, Imponier- und Provokationsgehabe (z. B. „Klassenkasperle spielen" im Unterricht und im Erwachsenenalter die Rolle des Clowns und des andauernden, oft krampfhaften Witzemachers)
- unterschiedlich ausgeprägte Verhaltensstörungen
- Bettnässen und Nägelkauen
- emotionale Probleme bis ins Erwachsenenalter mit neurotischen und/ oder psychosomatischen Symptomen
- Störungen im Persönlichkeitsbild.

Alle unter Primär- und Sekundärfolgen aufgeführten Schwierigkeiten können selbstverständlich auch ohne eine Umschulung der Händigkeit auftreten, und zwar genauso bei Links- wie bei Rechtshändern. Durch eine zusätzliche Umschulung der Händigkeit werden aber diese Schwierigkeiten, wie die Praxis zeigt, noch unverhältnismäßig verstärkt.

Die Umschulung der Händigkeit greift also in Gehirnablaufprozesse störend und behindernd ein und zwingt den Menschen, andauernd weit mehr Kräfte einzusetzen, um seine Intelligenz zu mobilisieren, als ein unbehinderter, von den Folgen der Umschulung der Händigkeit nicht betroffener Links- oder Rechtshänder benötigt.

Die *Intelligenz* selbst *wird nicht vermindert, jedoch ihre Manifestation gestört,* z. B. beim Formulieren und Ausdrücken der Gedanken, beim Abrufen von Lerninhalten in Schrift und Sprache, und so kommt es andauernd zu einem erhöhten Kräfteeinsatz von schatzungsweise dreißig Prozent und mehr (ge folgert aus praktischer Erfahrung, Beobachtung und Vergleich).

In der Beratungsstelle für Linkshänder und umgeschulte Linkshänder wurde versucht, diesen angenommenen Durchschnittswert benötigter Mehrenergie zu präzisieren. Anders als bei vielen früheren wissenschaftlichen Studien standen dabei breitgefächerte Daten von 4510 Probanden zur Verfügung.

Diese Daten wachsen übrigens in der Gegenwart durch ununterbrochene praktische Tätigkeit weiter an, bei der man möglichst ganze Familien samt den erreichbaren Verwandten mittestet. Dabei konnte man auch auf die Mitarbeit der Mitglieder der Interessenvereinigung für Linkshänder zurückgreifen. So können große, homogene Gruppen von Linkshändern, umgeschulten Links- und Rechtshändern, Rechtshändern und pathologischen Fällen aktiviert und genauen Untersuchungen unterzogen werden. Die Heterogenität der erforschten Population wird somit bestmöglich gewährleistet.

Zunächst interessierte man sich für die Relationen zwischen Ermüdbarkeit und Regenerations- und Konzentrationsfähigkeit. Die dabei gewonnenen Werte zeigten eine starke Abhängigkeit von physiologischen Variablen, wobei die hypothetischen dreißig Prozent vermehrter Kräfteeinsatz bei umgeschulten Linkshändern praktisch immer überschritten wurden. Dieses Ergebnis multiplizierte sich aber unerwartet, wenn das Testdesign auf Eigenschaften ausgedehnt wurde, die von Gedächtnisleistungen, von Lernfähigkeit, Behalten und Abrufen von Lerninhalten abhängig sind. Es kamen stellenweise Werte zum Vorschein, die eine doppelte bis dreifache Belastung anzeigten. Es manifestierte sich aber auch eine direkte Abhängigkeit der Ergebnisse von Alter, Geschlecht, Gesundheitszustand und Persönlichkeitsmerkmalen der Probanden, sowie von Intelligenz, Ausbildung und Beruf, und sogar die Zeit der Datenerhebung und ethnische Komponenten waren von Einfluss. Man stellte fest, dass die Problematik der Gehirnhemisphärenlateralisation, verbunden mit der Umschulung der Händigkeit, nicht in einem Forschungsprojekt behandelbar ist, sondern dass sie in Wirklichkeit eine eigene Forschungsrichtung darstellt. Für die praktische Arbeit in der Beratungsstelle ist aber ein Zahlenwert bzw. der genaue Prozentsatz nicht relevant. Hingegen ist schon die Bestätigung der Erkenntnis, dass bei umgeschulten Linkshändern (im Vergleich zu nicht umgeschulten) *andauernd ein größerer Energieeinsatz benötigt* wird, äußerst wichtig. **Das trifft selbstverständlich ähnlich auch auf umgeschulte Rechtshänder zu.**

2.2 Methoden der Umschulung der Händigkeit

Die Vorgänge, die hier unter dem Begriff „Umschulung der Händigkeit" zusammengefasst werden, können sehr unterschiedlich ablaufen. Es gab Zeiten, in denen den Kindern die Linkshändigkeit regelrecht „ausgeprügelt wurde" und sie mit Schlägen auf die Hand, mit Einbinden der Hand an den Körper (oft auch Festbinden der Hand an einen Stuhl oder Tisch), gezwungen wurden, die rechte, nicht dominante Hand zum Schreiben zu benutzen. Es sind sogar Fälle bekannt, in denen Ärzte den Kindern die linke Hand eingegipst haben. Nicht viel weniger drastisch war die Umschulungsmethode durch Schimpfen, Bestrafung, Liebesentzug und Entzug von Spielsachen oder Vorenthaltung von Belohnungen für erreichte Erfolge und Leistungen in anderen Bereichen.

Aber auch die *sanfte Umschulung* der Händigkeit, die nicht durch körperliche Beeinflussung und Strafe durchgeführt wurde, sondern durch ausgeklügelte Belohnungssysteme oder individuell beeindruckende, oft moralisch gefärbte Überredungskünste, ist nicht viel besser. Auch ein psychisch sanfter Terror bleibt ein Terror. Kinder haben ein natürliches Bedürfnis, geliebt und beachtet zu werden, und manche sind schon durch Entzug von Aufmerksamkeit und Zuwendung sehr leicht zu beeinflussen. Es gibt Eltern, die ihre Kinder mit fantasievollen Geschenken zum rechtshändigen Schreiben motivieren. So wird dem Kind z. B. ein Halbedelstein in die linke Hand gegeben, während es rechts schreibt, und den darf es behalten, wenn es weiter fleißig mit der rechten Hand übt.

Und dann gibt es Kinder, die sich selbst auf den Gebrauch der rechten Hand umstellen, als *Anpassungsmaßnahme an die rechtshändige Gesellschaft*. Besonders die aufgeweckten, willensstarken und intelligenten Kinder zeigen oft ein starkes Nachahmungs- und Modellverhalten. Sie wollen genauso wie die anderen Kinder keine Ausnahme sein, nicht negativ auffallen, sondern sich natürlich und unauffällig eingliedern und hoffen so auf Zuwendung, Akzeptanz und Anerkennung (siehe dazu in Kapitel 7.2.2 den Abschnitt „,Ich will keine Linkshänderin sein' – Die Heimtücke und der Sinn des Modellverhaltens").

Gleichgültig, ob sanfte oder strafende Umschulung der Händigkeit: die Gehirnfunktionen werden in jedem Fall getroffen, und es kommt mit erdrückender Gesetzmäßigkeit zu negativen Folgeerscheinungen. Wie massiv sich diese auswirken, hängt von anderen Faktoren ab, wobei Begabungen, Persönlichkeitseigenschaften und Förderung des Kindes zu den am stärksten einwirkenden Faktoren zählen. Von ihnen hängt ab, ob das Kind ohne massive Störungen die Schule und Ausbildung durchläuft oder ob es, was weit häufiger ist, sich mühsam durch eine Schullaufbahn und einen Lebensweg schleppt, der für viele umgeschulte Linkshänder typisch ist: Sitzenbleiben in der Schule, manchmal Abrutschen bis in die Förderschule, Schulabbruch, zweiter Bildungsweg und Büffeln, Schuften und wieder Büffeln. *Man zweifelt an der Intelligenz und versucht diesen Mangel durch Fleiß zumindest etwas auszugleichen.*

Der Begriff „Umschulung" der Händigkeit wird in dieser Arbeit aus phänomenologischen Gründen verwendet, auch für Fälle, in denen sich das linkshändige Kind selbst auf die rechte Hand umgestellt hat oder wenn der Umstellungsvorgang schon sehr früh im Elternhaus oder Kindergarten vor sich ging und das Kind schon als „Rechtshänder" in die Schule kommt.

Für diese Kinder wurde übrigens früher der Begriff „Pseudorechtshänder"[1] benutzt. Dieser Begriff sollte vor allem betonen, dass eine Änderung der Händigkeit durch Umschulung der motorischen Abläufe nur bedingt („pseudo") erreichbar ist – im Gehirn ändert sich die Dominanz nicht. Man verhält sich nur z. T. wie ein Rechtshänder, und das meistens nur bezüglich des Schreibens; andere Tätigkeiten, die Präzision und Kraft benötigen, oft aber auch Malen und Zeichnen, werden weiter mit der linken, dominanten Hand durchgeführt.

Die Amerikaner hingegen benutzen einen Begriff, der die Folgen der Umschulung besser verdeutlicht: „brain breaking", was so viel heißt wie „Brechen des Gehirns." Dieser Begriff charakterisiert den meist drastischen Vorgang im Gehirn weit deutlicher als „Umschulung", „Umstellung" oder „Umpolung" der Händigkeit.

Auf die historischen und soziologischen Gründe, die die Menschen veranlasst haben, Rechtshändigkeit zu bevorzugen, wird in Kapitel 5 eingegangen.

Fallbericht: Diplompsychologin Frau H. E.

Die Psychologin und Therapeutin Frau H. E. wendete sich 1988 an die Beratungsstelle für Linkshänder und umgeschulte Linkshänder, um herauszufinden, ob sie wirklich eine umgeschulte Linkshänderin sei, und erzählte ihre Erinnerungen an die Umschulung:

„Ich wurde in den 50er-Jahren eingeschult und weiß noch heute, wie begierig ich war, schreiben zu lernen. Die damals stattgefundene Umschulung der Händigkeit hatte ich allerdings völlig verdrängt.

Als ich aber Anfang der 80er-Jahre in einem Entspannungsseminar in dem Zustand einer Tiefenentspannung war, kam es zu einer Art Zeitregression, und ich erlebte einen Vorfall wieder, der direkt mit der Umschulung der

---

1 Rett, Andreas, Thaddäus Kohlmann, Günter Strauch, Linkshänder. Analyse einer Minderheit. Jugend und Volk Verlagsgesellschaft, Wien, München, 1973. Die Autoren benutzen den Begriff sehr häufig in diesem Buch.

Händigkeit in Zusammenhang stand. Damals begann das Schuljahr noch im Frühjahr, und ich hatte mich die ganze Zeit über sehr angestrengt, um richtig schreiben zu lernen und die Buchstaben schön zu malen. Und dann kam der Nikolaus, begleitet von Knecht Ruprecht, in unsere Klasse, und wir waren alle sehr gespannt.

Und der Nikolaus fragte mich: „Kannst du deinen Namen schreiben?" Und ich schrieb mit vollem Einsatz meinen Namen in mein Heft, und plötzlich holte der Knecht Ruprecht mit seiner Rute aus und schlug mir über die Hand. Ich war furchtbar erschrocken, glaubte einen Fehler gemacht zu haben und schrieb noch einmal meinen Namen mit der linken Hand in das Heft und bemühte mich sehr … und wieder holte der Knecht Ruprecht aus und schlug mir mit voller Kraft über die Finger, und es tat sehr weh, und der Nikolaus sagte: „Das war dafür, damit du dir immer merkst, dass du mit der rechten Hand schreiben sollst und nicht mit der linken und damit du es nie vergisst."

Dieses Erlebnis hatte ich völlig vergessen und verdrängt, es war so furchtbar: die Freude auf den Nikolaus und meine Bemühungen, richtig und schön zu schreiben, und dann so eine Bestrafung …

Der „pädagogische" Hintergrund dieser, wie ich später erfahren habe, gar nicht spontanen oder zufälligen Aktion war, dass meine Lehrerin es nicht geschafft hatte, mir das linkshändige Schreiben abzugewöhnen, und daher den Nikolaus um Hilfe gebeten hatte.

Erst nach über dreißig Jahren konnte ich mich wieder an dieses furchtbare Erlebnis erinnern, und es fröstelt mich heute noch dabei."

Fazit: Häufig werden gerade die gewaltsamen Umschulungsvorgänge verdrängt oder in der Erinnerung verharmlost. Das Kind steht nämlich oft vor dem Widerspruch zwischen seiner Sympathie zu dem Lehrer und dessen plötzlichem, unerklärlichem Verhalten. Es ist das absolute Unverständnis, wie ihm der sehr geschätzte, vielleicht sogar kindlich geliebte und verehrte Lehrer so etwas antun kann, und es kommt dann zu Verdrängung und Vergessen.

Bericht aus der Literatur

In dem Roman von Colleen McCullough, „Dornenvögel", wird die brutale Umschulung der Händigkeit bei katholischen Schwestern, etwa im Jahr 1917 in Neuseeland, beschrieben[1]:

„Meggies schlimmste Sünde bestand darin, dass sie Linkshänderin war. Als sie zum ersten Mal ihren Griffel in die Hand nahm, ging Schwester Agatha auf sie los wie Cäsar auf die Gallier.

„Meghann Cleary, leg den Griffel wieder hin!" donnerte sie.

Und so begann ein erbitterter Kampf. Meggie war nun einmal von Natur aus Linkshänderin, was also tun? Agatha drückte ihr den Griffel in die rechte Hand. Sie presste ihr die Finger so zusammen, dass sie den Griffel hielten. Und nun? Meggies Bewusstsein war ein schwimmendes Etwas, ohne jeden Halt, ohne richtiges Orientierungsvermögen. Wie sie mit den Fingern der rechten Hand irgendetwas schreiben sollte, schreiben konnte, begriff sie einfach nicht. Ebenso gut hätte man von ihr verlangen können, das mit den Zehen zu tun.

Als Schwester Agatha sich wieder entfernte, wechselte Meggie den Griffel rasch wieder in die linke Hand über, und während sie den rechten Arm wie zum Schutz um drei Seiten der Schiefertafel legte, begann sie, eine Reihe geradezu gestochener „A"s zu schreiben.

Natürlich kam Schwester Agatha ihr auf die Schliche, und sie war es auch, die den Kampf gewann. Eines Morgens band sie Meggie den linken Arm mit einem Strick auf den Rücken und dachte nicht daran, ihn wieder loszubinden, ehe am Nachmittag um drei die Glocke den Schulschluss anzeigte. Selbst in der Mittagspause auf dem Hof musste Meggie mit gefesseltem Arm herumlaufen. Die Prozedur dauerte insgesamt drei Monate, und am Ende konnte sie dann, wie zumindest Schwester Agatha befand, „korrekt" schreiben, wennschon es mit Meggies Schönschrift nie weit her war. Damit sie nicht in ihre alte Sünde zurückfiel, musste sie den festgebundenen Arm noch weitere zwei Monate ertragen. Dann betete Schwester Agatha vor der versammelten Schule einen Rosenkranz als Dank an den Allmächtigen, dessen Weisheit Meggie von ihrem Irrweg auf den rechten Pfad geführt habe, sehr buchstäblich wohl auf den *rechten*; denn die Kinder Gottes waren alle

---

1 McCullough, Colleen, „Dornenvögel". Goldmann Verlag, München, 1992 (6), S. 42 f.

rechtshändig, während es sich bei Linkshändern um Teufelsbrut handelte, zumal bei *rothaarigen* Linkshändern."

Weiter wird berichtet, dass Meggie „begann, ihre Fingernägel bis zum Fleisch abzukauen – und musste dann, auf Schwester Agathas Befehl, in der Schule von Pult zu Pult gehen, damit die Kinder sehen konnten, wie häßlich abgekaute Nägel waren."

2.3 Ausführliche Darstellung der Primärfolgen der Umschulung der Händigkeit

2.3.1 Der „Wackelkontakt" im Gehirn – Gedächtnisstörungen und ihre Folgen

In der Schule werden hauptsächlich alle drei Gedächtnisfunktionen benötigt und geübt: das Aufnehmen, das Behalten und das Abrufen von Lerninhalten.

Umgeschulte Linkshänder haben hier oft massive Probleme. Schon das Aufnehmen und Behalten der Lernstoffe ist für viele schwierig. Manche brauchen länger, bis sie etwas gelernt haben, vergessen viele Einzelheiten schnell wieder und bringen häufig ähnlich klingende Wörter durcheinander. Am folgenreichsten sind aber Probleme beim Abrufen der Lerninhalte. Hier schmerzt das Versagen am meisten, insbesondere, wenn es sich im schulischen Rahmen abspielt. So sitzt dann das betroffene Kind in der Klasse, weiß, dass es gelernt hat und den Stoff beherrscht, und meldet sich. Wenn es dann von dem Lehrer aufgerufen wird und das Wissen vortragen möchte, kann es, unterstützt bzw. hervorgerufen durch zusätzliche Stresssituationen (die vorrangige psychische und psychosomatische Wirkung von Emotionen!) zu einer unerwarteten Gedächtnisstörung kommen: Der eben noch gewusste Stoff ist wie ausgelöscht, das Kind steht da und kann sich nicht mehr an das Gelernte erinnern. Die Reaktion des Lehrers ist oft Unverständnis, denn das Kind hatte sich doch gemeldet, und er fragt sich: „Wollte es nur den Eindruck erwecken, als hätte es gelernt, und hatte nicht damit gerechnet, aufgerufen zu werden?"

Das Kind erschrickt noch mehr, gerät zunehmend in Panik, stammelt etwas herum, schaut vielleicht noch an die Decke oder auf den Boden, aber die Gedanken drehen sich weiter im Kreise, das Gelernte ist wie weggeblasen, und wenn die Situation glimpflich ausgeht, erhält es dafür nicht den sonst meist üblichen Spott und Hohn in der Klasse.

Das Kind meldet sich nach diesen Erfahrungen nicht so bald wieder, erst dann, wenn es absolut sicher ist, den Stoff zu beherrschen, und auch dann kann es geschehen, dass es zu einem plötzlichen Gedächtnisausfall, zu einem „Blackout" kommt, und vor lauter Angst, wieder zu versagen, kann das Kind erneut nicht antworten.

Und somit beginnt die Entwicklung der Sekundärfolgen. Das Kind zieht sich zunehmend zurück, es begreift nicht, warum das Gelernte, das am Abend zuvor „sicher saß", in der Schule nicht mehr da ist. Es reagiert weiter mit Panik, Angst, Scham und zieht sich noch mehr zurück, und da die Intelligenz nicht reduziert ist, entwickeln sich Minderwertigkeitsgefühle. Das Kind kann nämlich seine Denkfähigkeit sehr wohl mit der seiner Mitschüler in Vergleich setzen und sich begabungsmäßig einordnen, aber es begreift nicht, warum es zu diesen unerwarteten Gedächtnisausfällen kommt, und es begreift nicht, warum diese in der Schule und nicht zu Hause auftreten. Es begreift nicht, dass man Gedächtnisleistung und Intelligenzleistung oft automatisch gleichsetzt und ein Versagen des Gedächtnisses für einen Beweis seiner angeblich mangelnden Intelligenz hält.

Verstärkt wird diese *sich in Minderwertigkeitsgefühle umsetzende Unsicherheit* zusätzlich durch die üblichen Reaktionen zu Hause. Die Mutter ist enttäuscht, denn vorher konnte das Kind alles, es hat vielleicht zwar lange gebraucht, aber alles war da und sehr gut abrufbar gewesen, und dann in der Schule dieser Misserfolg. Wie soll man sich das erklären? War das Kind abgelenkt durch andere Kinder, hatte es vorher doch nicht so gut aufgepasst und vielleicht sogar den falschen Stoff gelernt? Oder ist es verhaltensgestört oder sogar psychisch krank?

Die Eltern können sich die Diskrepanz zwischen den Lernleistungen zu Hause und den Ergebnissen in der Schule nicht erklären und geben sich daher die verschiedensten Pseudoerklärungen, die meistens Schuld bei dem Kind suchen, es belasten und weiter unter Druck setzen.

Häufig wird das Kind pflichtbewusst unter noch stärkeren Druck gesetzt, zu erhöhten Leistungen angespornt, zu noch längerem Büffeln und Wiederholen. Lernsysteme werden ausprobiert, ein harter Drill eingeführt, mnemotechnische Eselsbrücken gebaut, und von dem Kind wird immer mehr Leistungseinsatz gefordert.

Leider wird aber damit selten eine bessere Schulleistung erreicht, im Gegenteil, manche Kinder sind dann so erschöpft, dass sie in der Schule keine Kräfte mehr haben, das zu Hause Gelernte abzurufen, und kommen enttäuscht, frustriert und völlig erschöpft heim, um dann den ganzen Nachmittag lang wieder über ihren Schularbeiten zu hocken.

Für viele umgeschulte linkshändige Kinder ist ein sehr irritierendes Phänomen, dass keine sichere Kausalität zu bestehen scheint zwischen Anstrengung beim Lernen (Lernzeit und -intensität) auf der einen Seite und auf der anderen Seite einem Erfolg im Unterricht. Das Kind kann sich meist nicht darauf verlassen, dass es den Lerninhalt auch in der Schule abrufen kann, es kann weiter *seine eigenen Leistungen nicht richtig einschätzen* und das Ergebnis von Prüfungen voraussagen. Entsprechend gehen die Prognosen, z. B. über die Fehler in einem Diktat, häufig völlig daneben, sowohl im positiven wie im negativen Sinn: Das Kind meint eine sehr gute Arbeit abgegeben zu haben, und hat dabei in Wirklichkeit viele Fehler übersehen, und umgekehrt. Auch das Gedächtnis funktioniert nicht zuverlässig, und im Gehirn ist etwas wie ein unsichtbarer Wackelkontakt, einmal geht es und ein anderes Mal geht es nicht, ohne dass die kausale Verbindung mit anderen Faktoren deutlich wird (z. B. zu wenig Schlaf, Stress).

Eine manchmal positive Mischung scheint erfahrungsgemäß zu sein: mittlerer Stress, keine Angst und nicht zu wenig und nicht zu viel Schlaf und natürlich, dass der Stoff intensiv gelernt wurde.

Bericht aus der Literatur

Eine ausgezeichnete Charakterstudie eines umgeschulten Linkshänders findet man in dem berühmten Roman „Jahrmarkt der Eitelkeit" von William Makepeace Thackeray[1]. Dort wird die Persönlichkeit des späteren Hauptmanns im englischen Militär, William Dobbin, der zur Zeit Napoleons bei Waterloo kämpfte, psychologisch sehr ausführlich beschrieben:

„Dieser Jüngling (genannt Oweh-Dobbin, Huihui-Dobbin und noch mit vielen anderen, jugendliche Verachtung andeutenden Namen) war der stillste, plumpste und scheinbar stumpfsinnigste von allen jungen Herren in Doktor Swishtails Anstalt."

Er war wegen seiner schlechten Leistungen in Latein unter den letzten Schülern, er wurde verspottet und verhöhnt und „nahm alles geduldig hin und war vollkommen stumpf und elend."

---

1 Thackeray, William Makepeace, Jahrmarkt der Eitelkeit. Paul List Verlag, Leipzig, 1954 (4), S. 54 ff. und S. 311 ff.

Bis er eines Tages auf den „unumstrittenen König der Schule", Cuff, stieß, der „herrschte über seine Untertanen und tyrannisierte sie mit herrlicher Überlegenheit."

Und bald kommt eine interessante Beschreibung von Dobbin, die den Bedürfnissen und Eigenschaften vieler umgeschulter linkshändiger Kinder sehr nachempfunden ist:

William Dobbin lag unter einem Baum auf der Spielwiese, „beschäftigt mit dem liebsten Buch, das er besaß, einem Exemplar von Tausendundeine Nacht, abgesondert von allen übrigen und beinahe glücklich. Wenn doch die Leute die Kinder sich selbst überlassen wollten; wenn die Lehrer aufhören wollten, sie einzuschüchtern; wenn die Eltern nicht darauf bestehen wollten, ihre Gedanken zu lenken und ihre Gefühle zu beherrschen – diese Gedanken und Gefühle, die ein Geheimnis für alle sind (...) – wenn, sage ich, Eltern und Lehrer ihre Kinder ein bisschen mehr alleine ließen, – so würde wenig Schaden daraus erwachsen, wenn sie sich auch etwas weniger unregelmäßige Verben aneigneten."

Und dann kam es zu einem Zweikampf zwischen Dobbin und Cuff, nachdem Dobbin einen kleinen Mitschüler verteidigt hatte, der von Cuff tyrannisiert und geschlagen wurde. Nachdem Dobbin mehrmals zu Boden gegangen war, entschloss er sich zum Angriff: „Er setzte also, da er linkshändig war, diesen Arm in Schwung und schlug ein paarmal mit aller Kraft darauf los – einmal auf Herrn Cuffs rechtes Auge und einmal auf seine schöne römische Nase ..."

„'Gib's ihm mit der Linken, Figs (Spitzname von Dobbin), mein Junge.' Figs Linke leistete furchtbare Arbeit während des ganzen übrigen Kampfes."

Durch diesen Sieg stieg Dobbins persönliches Ansehen bei allen seinen Schulkameraden und wirkte sich auch auf sein Selbstbewusstsein und seine Schulerfolge aus:

„Und Dobbins Geist wuchs mit den veränderten Umständen. Er machte erstaunliche Fortschritte in den Schulwissenschaften. Der gewaltige Cuff in eigener Person, über dessen Herablassung Dobbin sich nur errötend wundern konnte, half ihm bei den lateinischen Versen, „ochste" mit ihm in den Spielstunden, brachte ihn im Triumph aus der untersten Klasse in die mittlere und verschaffte ihm sogar da noch einen guten Platz. Es zeigte sich, dass er zwar langsam in den alten Sprachen war, in Mathematik aber ungewöhnlich schnell auffasste. Zur allgemeinen Befriedigung erhielt er den dritten Platz in Algebra und bekam im öffentlichen Sommerexamen eine Prämie im Französischen." Und als er sogar einen Preis errang und ihn sich vor der ganzen Schule abholte, war der Beifall groß. „Sein Erröten, sein Stolpern, seine Verwirrung, wer möchte es beschreiben oder die Zahl der Füße berechnen, auf die er beim Zurückgehen auf seinen Platz trat?"

Über den inzwischen Offizier, Hauptmann, gewordenen Dobbin, der in Westindien und Kanada gedient hatte, wird dann berichtet, wie er zu Besuch in einem Haus mit jungen Damen war, und als Amelia im Wohnzimmer ihn begrüßte, „trat ihr ein sehr langer, linkischer Herr entgegen und machte ihr wohl die ungeschickteste Verbeugung, die jemals von einem Sterblichen vollführt wurde." Und natürlich ließ er dabei den Hut fallen, und man erinnerte sich an die Punschbowle, die er auf ihrer Mutter Kleid vor Jahren vergossen hatte.

Er wird auch als Hauptmann weiter als ungeschickt geschildert, der über jeden stolpert. So hatte er auch Abneigungen gegen Feste und Abendgesellschaften. Jedoch wird auch die häufig auftretende Ambivalenz bei vielen umgeschulten Linkshändern zwischen ungeschicktem, zurückgezogenem Auftreten und unerwarteten Kenntnissen beschrieben: „Hauptmann Dobbin war ein besonderer Günstling dieses alten Generals. Er war in der Fachliteratur belesen und konnte über den großen Friedrich und Maria Theresia und ihre Kriege fast so gut mitreden wie der General selbst …"

„Die kleine Amelia, das muss hier berichtet werden, hatte eine recht geringe Meinung von dem Freund ihres Mannes, dem Hauptmann Dobbin. Er lispelte – er war unansehnlich und von bescheidenem Äußeren und schrecklich ungeschickt und tölpelhaft. Sie schätzte seine Anhänglichkeit an George (aber dabei war ja nicht viel Verdienst) und dachte sich im Innern, es sei doch edelmütig und nett von George, diesem Kameraden seine Freundschaft zuzuwenden. George hatte ihr Dobbins Lispeln und sein sonderbares Auftreten oft vorgemacht, wiewohl man ihm gerechterweise nachsagen muss, dass er immer sehr anerkennend von den guten Eigenschaften seines Freundes sprach. Nun da sie einmal ein wenig obenauf war, und ohne William noch recht zu kennen, ging sie leichten Sinns über den Guten hinweg. Er aber wusste ganz genau, was sie von ihm hielt, und billigte es sogar in seiner großen Bescheidenheit. Später kam eine Zeit, da lernte sie ihn besser kennen und änderte ihre Ansicht über ihn, aber das lag noch weit in der Ferne."

William Dobbin wird in der Schilderung seiner Persönlichkeitszüge weit besser als umgeschulter Linkshänder beschrieben als Meggie in dem Roman „Dornenvögel". Dort geht es weit mehr um ihre Liebesbeziehung zu einem katholischen Priester, und ihre Persönlichkeit wird dem Leser von der Autorin psychologisch viel weniger differenziert dargestellt.

2.3.2 Der „Knoten" im Gehirn – Konzentrationsstörungen und ihre Folgen

Umgeschulte Linkshänder haben meist kürzere Konzentrationsphasen und brauchen bald eine Pause. Da der Unterricht aber an der durchschnittlichen Konzentrationszeit aller Schüler orientiert ist, können die umgeschulten Linkshänder nach einiger Zeit nicht mehr mithalten und passen nicht mehr auf. Viele Kinder „träumen" dann vor sich hin. Inspiriert von den Assoziationen, die der Lernstoff bei ihnen hervorgerufen hat, befinden sie sich schnell in einer ganz anderen Welt, oder sie schauen nach draußen, sehen den Himmel, die Wolken, die Vögel und sind auch bald „ganz woanders" mit ihren Gedanken und Träumen. Wenn sich dann die Konzentrationsfähigkeit wieder eingestellt hat und die Aufmerksamkeit zum Unterricht zurückkehrt, bleiben manchmal große Lücken in dem Stoff, den sie mitbekommen haben.

Andere Kinder reagieren mit Unruhe. Sie haben das Bedürfnis, sich zu bewegen, rutschen hin und her auf ihrem Stuhl, fangen an, mit dem Stift zu spielen oder versuchen mit dem Nebenschüler ein Gespräch zu beginnen. Manche stören sogar gezielt den Unterricht, zwingen so den Lehrer zur Unterbrechung und können dadurch manchmal ihr eigenes Konzentrationstief wieder überwinden.

Zu Hause spielen sich diese Konzentrationsabfälle oft noch weit drastischer ab als in der Schule. Das Kind beginnt mit den Hausaufgaben, aber es sitzt nicht lange still, wackelt mit den Beinen, rutscht auf dem Stuhl hin und her, bald steht es wieder auf, holt sich was zu trinken, muss auf die Toilette oder einen Schulkameraden anrufen, und so verstreicht der Nachmittag, die Spannung zwischen Mutter und Kind wächst, die Mutter wird immer gereizter, und das Kind blockt ab.

Häufig entwickelt sich hier sehr schnell ein Circulus vitiosus, ein fest geschlossener Reaktionskreis, der schwer zu durchbrechen ist. Die Mutter unterstellt dem Kind zunächst mangelndes Interesse, dann Faulheit und schließlich häufig sogar Bösartigkeit. Das Kind wiederum fühlt sich unverstanden, denn es begreift weder die Gedächtnisprobleme noch die kurzen Konzentrationsphasen, kann damit nicht umgehen, fühlt sich zusätzlich entmutigt und falsch beurteilt und reagiert dann schließlich verärgert und böse, nach dem Motto „wenn die Mutter sowieso meint, ich sei faul, warum soll ich mich dann überhaupt noch anstrengen?"

Häufig haben sich schon sehr bald derartig massive Spannungen zwischen Mutter und Kind aufgebaut, dass es besser ist, wenn jemand anderes die

Hausaufgaben betreut und so die erstarrten Interaktionsmuster aufgebrochen werden.

Diese Kinder sind äußerst abhängig von dem Lehrer, sie reagieren sehr sensibel und leicht verwundbar, können aber überraschend in einer Atmosphäre, in der sie sich verstanden fühlen, richtig aufblühen und große Fortschritte machen. Im gegenteiligen Fall können sie aber auch massiv abfallen und völlig unter ihrem Intelligenzniveau und unter ihren Fähigkeiten die Schule „irgendwie durchlaufen". Diese Kinder lernen oft „für den Lehrer", und es nutzt wenig, ihnen zu sagen, man lernt für sich selbst und für das Leben, sie lernen trotzdem nur für den Lehrer, denn sie sind stark auf ihn fixiert, und ihre Leistungsfähigkeit ist in höchster Weise von der Akzeptanz und positiver Rückmeldung des Lehrers abhängig. Lernmethoden und Lernstrategien wie z. B. rechtzeitig Pausen zu machen und die Eigenmotivation zu erhöhen, entwickeln sie erst mit der Zeit. Wenn es aber „schief geht", lernen sie nie, richtig zu lernen und mit ihren Schwierigkeiten besser umzugehen[1].

Sprunghaftes Denken, um zu „überleben"

Die kurzen Konzentrationsphasen der umgeschulten Linkshänder spiegeln sich direkt in ihren Verhaltensweisen. Die Betroffenen versuchen schnell ihre Gedanken „zu platzieren" und können nicht abwarten und anderen zuhören. Ansonsten droht ihnen nämlich die Gefahr, dass ihr Gedanke unwiderrufbar versickert, und die Furcht vor dieser Entwicklung zwingt sie, ohne Rücksicht auf die passende Gelegenheit, dem anderen ins Wort zu fallen, aufs äußerste zu assoziieren … und man vergisst dabei doch die Zusammenhänge und ärgert sich über den Verlauf … Solche Menschen wirken durch ihre Gedankensprünge sehr negativ und anstrengend, vor allem, weil sie auch mehrmals denselben Gedanken, aus der Kontinuität des Gespräches gerissen, stur wiederholen. Die anderen fühlen sich dann oft richtig für „blöd" gehalten – und kehren in intuitiver Abwehr diese Schlussfolgerung um, zu Ungunsten des umgeschulten Linkshänders, der an sich durch diese Wiederholungen nur versucht, den Gesprächsfaden nicht zu verlieren.

Die umgeschulten Linkshänder begreifen oft die von ihnen geweckten und mit Emotionen unterlegten Widerstände in ihren kausalen Zusammenhängen überhaupt nicht, vor allem, „wieso sie Dinge denken, aber nicht richtig aussprechen können" und warum anstelle eines Verständnisses Konflikte

---

1 Keller, Gustav, Lehrer helfen lernen. Lernförderung – Lernhilfe – Lernberatung. Auer Verlag, Donauwörth, 1999 (5).

aufkeimen. Sie sind nicht fähig, ihre Gedanken flüssig zu formulieren und dem Gesprächspartner, „frei aus dem Kopf", improvisiert den Inhalt zu vermitteln, dann ist nämlich schon alles wieder weg oder in den Verhedderungen nach Abseits abgelenkt: Weil ihnen aber subjektiv klar ist, dass sie Fähigkeiten und auch Intelligenz besitzen, verstärken sie meistens noch ihre Bemühungen, und der erzielte Erfolg ist oft katastrophal.

Mitschreiben in Vorträgen und der Zusammenbruch des Systems

Schwierigkeiten bestehen oft auch beim Mitschreiben in Vorträgen oder Vorlesungen. Anfangs fühlt man sich sehr fit und denkt sich: „Heute habe ich einen guten Tag, heute schaffe ich sicher, den ganzen Vortrag über zuzuhören und mir auch brauchbare Aufzeichnungen zu machen."

Die erste Viertelstunde über geht es auch wunderbar, doch dann kommt man mit dem Schreiben nicht mehr mit, der letzte Satz ist zwar noch genau im Gedächtnis, und man denkt, „den schaffe ich noch", und schon spricht der Vortragende weiter, der neue Satz überlappt den vorherigen, und entweder beginnt man gleich den neuen Satz mitzuschreiben oder hört nicht mehr zu. Wenn man versucht, den letzten Satz fertigzuschreiben, wird dieser inzwischen von dem neuen wie ausgelöscht, überlagert, verblasst, versackt, und dann bricht häufig alles zusammen … So kommt es, als einzige mögliche Lösung, zu einer kurzen Pause der Unkonzentration, bis die Rezeptoren wieder frei sind und neue Gedankengänge aufgenommen werden können.

Manche umgeschulten Linkshänder haben daraus Konsequenzen gezogen und schreiben entweder nur noch Stichpunkte mit oder gar nichts mehr, und andere schreiben wieder alles stur mechanisch mit, ohne mitzudenken. Letzteres ist in vielen Situationen unsinnig, denn da kann man sich gleich ein Buch kaufen oder die Zusammenfassung des Vortrags lesen, aber in bestimmten Vorlesungen, z. B. in Mathematik, kann das sogar ausnahmsweise sinnvoll sein, denn so kommt es nicht zu gravierenden Lücken, und der Stoff kann zu Hause ohne Gefahr wesentlicher Auslassungen nachgearbeitet werden.

Eine andere Möglichkeit besteht in der Aufnahme des Vortrags mit einem Smartphone. Natürlich ist das eine sehr zeitintensive Lösung, wenn man zu Hause große Teile noch mal abhören muss, aber es ist eine sichere Lösung für alle Fälle und sinnvoll bei wirklich wichtigen Veranstaltungen, und man hat die Möglichkeit, bei Bedarf auf den Inhalt zurückzugreifen, gleichgültig, ob man dabei Konzentrations- und Gedächtnisausfälle hatte oder nicht. (Probleme gibt es mit manchen Dozenten, die sich durch die Aufzeichnung der Veranstaltung kontrolliert, gehemmt und sogar gefährdet fühlen und sie darum strikt verbieten.)

Ein besonderes Merkmal findet man auch bei der Lesearbeit: Oft markieren die Umgeschulten mit Leuchtstift praktisch alle Zeilen, was für nicht Eingeweihte zwar wenig sinnvoll erscheint, aber durch diese mechanische Tätigkeit gewinnt man wieder die so notwendige Zeit, sich „Eselsbrücken" zu bauen.

Der Einwand, dass dies sehr zeitaufwendige Methoden sind, ist sachlich richtig, aber leider bedeutet es für die meisten umgeschulten Linkshänder auf jeden Fall weit mehr Zeitaufwand, sich notwendige Zusammenhänge ohne diese Hilfen zu erarbeiten und fremde Gedankengänge in ihr Gedächtnis aufzunehmen.

Abgeschlossene Gedankengänge gelten als gelöst und werden vergessen

Es ist bekannt, dass man abgeschlossene Gedanken und abgeschlossene Handlungen in Büchern und Filmen schneller vergisst als nicht gelöste Gedankengänge und Bücher mit offenem Ende. Im ersten Fall legt man die Inhalte „als erledigt und abgeschlossen ab" und beschäftigt sich, gerade wegen der Abgeschlossenheit, nicht mehr damit. Vor allem der umgeschulte Linkshänder vergisst dann besonders schnell und ist oft nicht fähig, die Komplexität des Gedankengangs im Gedächtnis zu behalten, zumal er alle Kapazitäten für Neues braucht.

Wenn der umgeschulte Linkshänder eine Problematik im Zuge der Vorbereitungen z. B. auf eine schwierige Verhandlung in zeitlichem Abstand vorher durchdiskutiert, um sich so darauf genau konzentrieren zu können, und dabei zu einem *ihn zufriedenstellenden* Ergebnis über Argumentationen und Vorstellungen kommt, was er erreichen möchte, läuft er Gefahr, alles bzw. wichtige Einzelargumente und -aspekte wieder zu vergessen. Normalerweise kommen dann andere, inzwischen aktuelle Sachen dazu, und in der Verhandlung ist alles gelöscht und er kann die von ihm noch so präzise vorbereiteten Gedankengänge und Lösungen nicht mehr reproduzieren.

Besser ist es, wenn der umgeschulte Linkshänder diese Vorstellungen und Lösungsvorschläge sehr frisch, direkt vor der Verhandlung oder am Abend zuvor, nochmals intensiv durchdiskutiert, sodass er zwischenzeitlich nicht das trügerische Gefühl bekommt, dass alles bereits abgeschlossen ist und er es ruhig ablegen kann. Dabei besteht noch immer die andauernde Gefahr, dass neue, starke Reize im Gedächtnis trotzdem alle Vorbereitungen überlagern und für ihn die einzelnen Gedankenschritte nicht mehr aus der Erinnerung reproduzierbar machen.

2.3.3 Lese- und Rechtschreibschwierigkeiten und ihre Folgen

Lese- und Rechtschreibschwierigkeiten bzw. Legasthenie können sehr oft mit einer Umschulung der Händigkeit zusammenhängen, aber nicht jeder umgeschulte Linkshänder bekommt diese Schwierigkeiten, und nicht jede Legasthenie ist auf eine Umschulung der Händigkeit zurückzuführen.

Es geht hier nicht um die Aufgabe, die Problematik der Legasthenie ausführlich zu diskutieren, dazu gibt es eine reichhaltige Literatur. Es gibt darüber hinaus auch einen „Bundesverband Legasthenie und Dyskalkulie e. V." in Bonn, mit Landesverbänden in den einzelnen Bundesländern. Im Laufe der Zeit wurden die verschiedensten Förderungsprogramme ausgearbeitet, um legasthenischen Kindern wirkungsvoll zu helfen. Es ist auch bei umgeschulten Linkshändern sinnvoll, bei Bedarf in entsprechenden Fällen auf diese Programme zurückzugreifen.

Anerkannte Legastheniker wurden in den Sechziger- und Siebzigerjahren in der Schule, während eines bestimmten Alters, von der Benotung in Schrift und Rechtschreibung befreit. Dieser Bonus wurde aber abgeschafft, da die Diagnose der Legasthenie oft äußerst schwierig ist und plötzlich sehr viele Schüler auftauchten, die Notenprobleme hatten und versuchten, diese Vergünstigung für sich geltend zu machen. Dahinter standen allerdings oft verzweifelte und nach jedem Strohhalm greifende Eltern. Heute kann zwar in bestimmten Bundesländern Legasthenie als solche anerkannt werden, und der Lehrer darf mehr Rücksicht auf das Kind nehmen, aber es ist eine „Kann-" und nicht eine „Muss-"Bestimmung. Die diagnostische Feststellung der Legasthenie geschieht über den Arzt, und bestimmte Legasthenietherapien können auch von der Krankenkasse bezuschusst werden.

Man versucht heute, die verschiedenen Schulschwierigkeiten bei Kindern noch genauer zu differenzieren und abzugrenzen, und unterscheidet daher zwischen verschiedenen Teilleistungs- und Wahrnehmungsstörungen.

Typisch ist auch, dass Kinder mit Lese- und Rechtschreibschwierigkeiten normal intelligent sind und aufgrund ihrer Probleme in der Schule Gefahr laufen, leistungsmäßig abzurutschen, und oft, z. B. wegen Rechtschreibfehlern und Konzentrationsstörungen, auch völlig falsch beurteilt werden.

Bei umgeschulten Linkshändern tritt aus dem Bereich der Lese- und Rechtschreibschwierigkeiten (LRS) besonders Folgendes auf:

1. Buchstaben- und Zahlenverdreher beim Schreiben und Lesen.
2. Flüchtigkeitsfehler in Diktaten, ansteigend mit zunehmender Länge des Textes, und zwar sogar bei Wörtern, die gekonnt wurden und die das Kind später wieder richtig schreibt.
3. Holpriges und ungenaues Lesen, begleitet von starken Ermüdungserscheinungen und Erfinden von Text, der gar nicht in dem jeweiligen Buch geschrieben steht.

Für linkshändige Kinder im Alter vor dem Schulbeginn und dann in der ersten Klasse sind *Spiegelschrift* und das *Verdrehen* einzelner Buchstaben typisch und noch kein eindeutiges Warnzeichen für eine sich abzeichnende Legasthenie. Manche linkshändige Kinder lesen anfangs auch Buchstaben und Wortteile verdreht, z. B.

statt „und" ⟶ „nud"
oder statt „Haustür" ⟶ „Türhaus"

Diese Eigenschaft bildet sich normalerweise bei den Linkshändern sehr schnell zurück, und die Kinder gewöhnen sich an unsere Schriftabfolge und erfassen Wörter und Zahlen nicht mehr umgekehrt. Bei umgeschulten Linkshändern treten diese Fehler aber oft noch lange auf, manchmal sogar bis ins Erwachsenenalter. Besonders unter Stress und bei starker Erschöpfung neigen die Betroffenen immer wieder dazu, Zahlen und Buchstaben zu verdrehen (siehe auch 2.3.4 Links-Rechts-Unsicherheit). Die gleichen Probleme können aber auch nicht umgeschulte Links- und Rechtshänder mit zerebralen Störungen haben.

Auch mit der Rechtschreibung hapert es oft lange Zeit, und es werden die kompliziertesten Strategien entwickelt, um Schreibfehler zu verdecken und zu vertuschen. Paradoxerweise kommt hier vielen umgeschulten Linkshändern die durch feinmotorische Störungen verursachte schlechte Schrift zugute, und sie können so ihre Rechtschreibschwierigkeiten durch eine unleserliche Handschrift etwas kaschieren. Manche denken sich im Erwachsenenalter auch äußerst aufwendige Vorgehensweisen aus, andere Menschen in diesem Bereich einzuspannen, damit ihre Unsicherheit bei der Rechtschreibung nicht deutlich sichtbar wird, ähnlich wie viele Analphabeten, die trotzdem manchmal erstaunliche Karrieren machen.

Unter sogenannten *Flüchtigkeitsfehlern* leiden viele umgeschulte Linkshänder, bedingt durch zunehmenden Konzentrationsabfall. Die Kinder sehen den jeweiligen Fehler einfach nicht: Das Gehirn ist in diesem Moment derartig überanstrengt, dass keine ruhige Aufnahme und Wiedergabe des Wortes mehr möglich sind. Und es geschieht sehr oft, dass dasselbe Wort einige Zeilen weiter richtig geschrieben wird, aber gezählt wird der Fehler.

Die *Zahlenverdreher* unterlaufen sowohl bei Rechenaufgaben in der Schule als auch später, z. B. bei Telefonnummern und Banküberweisungen.

Besonders beim lauten Lesen kann es zu *Buchstabenverdrehern* kommen, und hier treten oft sehr schnell Ermüdungserscheinungen auf, sodass Worte nur noch ungenau erfasst und manchmal sogar „blind geraten" werden. Die Betonung wird dann auch ungenau, und das Lesen wirkt auf den Zuhörer sehr holperig. Manche Kinder lernen den Text deswegen lieber auswendig und können so zeitweise ihre Probleme durch unproportional erhöhten Leistungseinsatz ausgleichen.

Umgeschulte Linkshänder meiden aber überdurchschnittlich oft das laute Lesen. Es kommt dabei nicht auf den Schweregrad des Textes an, auch das Vorlesen einfacher Märchen und Geschichten kann sie unverhältnismäßig stark ermüden, für eine unerklärliche Erschöpfung sorgen und ein übermäßiges „Aussaugen" des Kräftepotenzials hervorrufen.

Das leise Lesen fällt ihnen dagegen leichter, obgleich es auch dabei passieren kann, dass sie bald nur noch die Zeilen mit den Augen verfolgen und den Inhalt nicht mehr aufnehmen.

Darum ist es sehr wichtig, sich diese Schwierigkeiten bewusst zu machen und im Beruf das laute Vorlesen lieber zu vermeiden. Ein Referat ist für umgeschulte Linkshänder oft leichter frei aus dem Gedächtnis, nur durch Stichworte gestützt, zu halten, als breit vorbereitete vorgelesene Teile mit frei gehaltenen zu kombinieren. Das Gehirn baut ab, und die frei geäußerten Gedankengänge sind meist weit unter dem Niveau des Vorgelesenen: Es klingt unausgegoren und dilettantisch stolpernd. Manchmal wiederholt der umgeschulte Linkshänder dann Teile des bereits Vorgelesenen aus dem oben ausgeführten Bedürfnis, den Gedanken auch für sich selbst zu vertiefen, und wird sich des niedrigeren Vortragsniveaus der Gedankengänge und -äußerungen überhaupt nicht bewusst, die Zuhörer aber umso mehr.

Interessant ist, dass viele umgeschulte Linkshänder oft durch die Misserfolge in der Praxis mit der Zeit intuitiv lernen, welche für sie die beste Vortragsmethode ist. Oft bringen sie aber dabei einen langen und sinnlosen Leidensweg hinter sich, bis sie ihren individuellen Stil gefunden haben. Zunächst orientieren sie sich meist automatisch an der Vortragsmethodik, die ihnen andere vorexerzieren, aber sie brauchen lange Zeit, bis sie ihre eigene Ausdrucksweise entwickeln. Auf diesem Weg begleiten die Betroffenen oft unverhältnismäßig viele Misserfolge, Frustrationen und Enttäuschungen darüber, angeblich unfähig zu sein, den Zuhörern ihre Gedanken richtig nahezubringen.

Hier kann den Betroffenen durch die Beachtung einer relativ einfachen Regel erstaunlicher Erfolg und Erleichterung verschafft werden: Vermeiden der gleichzeitigen Verbindung visueller und verbaler Aktivitäten.

In der Praxis bedeutet das, dass man nicht versuchen soll, das Vorgelesene mit eigenen Worten zu ergänzen oder zu kommentieren. Die Diskrepanz zwischen Vorgelesenem und mündlichem Kommentar wird von den Zuhörern sofort bemerkt, und es kann zu einer vorschnellen und ungerechten Abwertung des Betroffenen kommen.

2.3.4 „Links ist da, wo der Daumen rechts ist" – Links-Rechts-Unsicherheit und ihre Folgen

„Wie soll ich wissen, wo der Daumen rechts ist, wenn ich nicht weiß, welches die rechte Hand ist, also kann ich auch die linke Seite nicht bestimmen ...", beklagen sich viele umgeschulte linkshändige Kinder.

Das Verwechseln von links und rechts ist eine sehr gefährliche Folgeerscheinung der Umschulung der Händigkeit, und sie zieht sich oft bis ins Erwachsenenalter hinein. Je mehr man sich bemüht, die Bezeichnungen der Seiten nicht zu verwechseln, umso leichter geschieht es.

Sehr gefährlich ist das im Straßenverkehr: ganz besonders dann, wenn der umgeschulte Linkshänder „links" sagt und „rechts" meint und der Fahrer tatsächlich nach links in die Gegenrichtung der Einbahnstraße einbiegt.

Es passiert aber den umgeschulten Linkshändern nicht nur, dass sie selbst links und rechts verwechseln, sie sind sogar fähig, die ihnen gesagte Seitenangabe „falsch zu hören" und entsprechend falsch zu reagieren.

Fallbeispiel: Frau V.

Eine typische Situation ereignete sich auf der Autobahn auf der linken Fahrspur bei hoher Geschwindigkeit und in einer leichten Linkskurve. Plötzlich war kurz vor dem Auto von Frau V. ein Stau, sie bremste scharf und wollte nach links ausweichen, als ihr Kollege neben ihr brüllte: „Fahr rechts rüber."

Rechts, dachte sie, so ein Quatsch, das bedeutet in die Mitte der Fahrbahn, und dort soll man doch Platz für Polizei und Krankenwagen lassen, aber wenn er meint … er wird schon wissen, was er sagt … Und sie fuhr mehr in die Mitte und hörte ihn wieder schreien: „Bist du verrückt, du sollst nach außen, an den Rand fahren."

In der hitzigen, durch die Anspannung noch verschärften folgenden Diskussion stellte sich heraus, dass er in Wirklichkeit „links" gesagt und sie tatsächlich „rechts" verstanden hatte.

Fazit: Also auch auf das korrekte Hören von links und rechts kann sich der umgeschulte Linkshänder nicht verlassen.

Bei Kindern kann man versuchen, links und rechts durch Körpermerkmale zu fixieren. Manche Kinder können z. B. links das Herz wahrnehmen oder sie haben einen Leberfleck auf dem linken Arm, manche tragen einen Ring an der linken Hand und versuchen so die Seiten auseinanderzuhalten. Wichtig ist auch, links und rechts dem Kind *nicht gleichzeitig* beizubringen, sondern erst nur eine Seite zu fixieren, sonst kann es zu der sogenannten *Ranschburgschen Hemmung* (Ähnlichkeitshemmung) kommen, die eintreten kann, wenn Dinge zeitlich zu eng aneinander gelernt wurden. Viel Üben nutzt hier meist wenig, und im Berufsleben sollte man lieber versuchen, mehr Hilfsmöglichkeiten zu schaffen, als falsche Reaktionen zu bestrafen. Eine solche Hilfsmöglichkeit ist z. B. das Markieren der Seiten durch verschiedene Farben, durch Zeigen, aber nicht über die Sprache, weil es gerade über die Sprache oft zu „Fehlschaltungen" und Verwechselungen kommt.

Fallbeispiel: Frau K.

Frau K. war Augenoptikerin, und da bei vielen Menschen das rechte und linke Auge unterschiedliche Sehschärfen haben, musste sie sehr genau aufpassen, dass die teuren Rohgläser für das richtige Auge geschliffen wurden. Häufig passierte es ihr aber, dass sie links und rechts verwechselte und die Dioptrie des linken Auges auf das rechte Glas schliff und umgekehrt. Je häufiger ihr dieser Fehler unterlief, umso ärgerlicher wurde ihr Chef, denn es gingen wertvolles Material und teure Zeit verloren, und umso unsicherer wurde Frau K. Trotz verstärkter Bemühungen reduzierten sich aber die Fehler nicht, sondern im Gegenteil, je vorsichtiger sie wurde, umso öfter verwechselte sie links und rechts, und schließlich kam es aus diesem Grund zur Kündigung. Hier hätte eine Unterscheidung durch Farben geholfen – z. B. hätte sie das Glas für das rechte Auge in eine blaue Schachtel legen können, das Glas für das linke Auge in eine gelbe Schachtel, die rechte Dioptrie hätte sie blau vermerken können und die linke gelb.

Mit der Raum-Lage-Labilität hängen aber auch Unsicherheiten bei Drehbewegungen zusammen: Ob Schleifebinden, sich Drehen beim Tanz u.Ä. Durch die Umschulung der Händigkeit kommt es auch hier zu einer Labilität, die breite Auswirkungen haben kann.

Linkshänder haben auf der anderen Seite oft ein gutes räumliches Vorstellungsvermögen, und viele finden sich hervorragend in Stadtplänen und Landkarten zurecht und haben keine Schwierigkeiten, ihren Weg durch eine fremde Stadt zurückzufinden. Unter den *umgeschulten* Linkshändern gibt es in Bezug auf das räumliche Vorstellungsvermögen zwei Gruppen: eine Gruppe, die diese Fertigkeit auch besitzt, die sich hervorragend in räumlichen Aufgaben und Vorstellungen zurechtfindet, und eine andere Gruppe, die gerade hier wieder größte Schwierigkeiten hat. Dazu gehören Menschen, die aufgrund dieser Probleme sogar auf den Erwerb des Führerscheins verzichten, weil sie nicht nur die Links-Rechts-Unsicherheit haben, sondern sich auch vor den Orientierungsschwierigkeiten fürchten.

Allerdings ist schon mancher wegen des Verwechselns von links und rechts durch die Führerscheinprüfung gefallen, aber das sind nicht nur umgeschulte Linkshänder, auch manche nicht umgeschulten Links- und Rechtshänder haben diese Probleme.

Es handelt sich nicht um zwei deckungsgleiche Gruppen, nicht jeder, der links und rechts verwechselt, hat auch Probleme mit der räumlichen Orientierung, sondern links und rechts verwechseln kommt *häufiger* unter umgeschulten Linkshändern vor als die räumlichen Orientierungsschwierigkeiten.

2.3.5 Feinmotorische Störungen – die Schrift als Ausdruck unseres Charakters?

Die Grafologen ziehen aus der Schrift Schlüsse über den Schreiber. Der Anspruch auf eine schöne Schrift ist für viele Menschen ein Bedürfnis – und für umgeschulte Linkshänder eine Qual.

Die nicht dominante Hand macht einfach nicht das, was man möchte, man muss den Stift sehr festhalten, oft sogar so fest, dass Schwielen auf dem

Knöchel des Mittelfingers entstehen, und trotzdem wird die Schrift nicht rund und flüssig. Manchen gelingt es, durch Schwung und eine steile, zackige Schrift den Mangel an „flüssigen" Bögen auszugleichen. Andere experimentieren mit den verschiedensten Schriftgrößen, -arten und -neigungen herum, aber kommen nie zu einem Ergebnis, mit dem sie sich wirklich identifizieren können. Viele umgeschulte Linkshänder schämen sich ihrer Handschrift und empfinden sie als etwas Wesensfremdes, ihnen nicht Zugehöriges. Gerade die Schrift, die nach den Grafologen Ausdruck unserer Persönlichkeit sein sollte, ist von den verschiedenen Manifestationen feinmotorischer Störungen, unter denen ein großer Teil der umgeschulten Linkshänder leidet, meist nur der sichtbarste Bereich, in dem sie diese Probleme beeinträchtigen.

Es sind vorzugsweise gerade die Bewegungen, die man äußerst präzis durchzuführen beabsichtigt, bei denen man dann die meisten Koordinationsschwierigkeiten bekommt. Sie wirken bei der Umsetzung in die Praxis oft ungelenk, ungeschickt und manchmal fahrig und entsprechen dem, was man meint, wenn man von jemandem sagt, „er habe zwei linke Hände".

Andauernd ist es der umgeschulte Linkshänder, der etwas umstößt, der unter Stress und Erschöpfung unkoordinierte Bewegungen zu machen beginnt, und zu allem Übel fallen immer nur ihm schließlich die Sachen auf den Boden und gehen dabei kaputt.

Manche haben sich aber so sehr in der Gewalt, dass sie es schaffen, mittels Mobilisierung des größten Kräfteaufwandes und Konzentration diese feinmotorischen Unsicherheiten einigermaßen in den Griff zu bekommen.

Sie kontrollieren sich dabei aufs äußerste, sind übergenau und penibel und erwischen dann im letzten Moment noch die Tasse in der Luft, die ihnen gerade aus der Hand gefallen ist. Aber das gelingt nicht allen, viele sind sehr, sehr störungsempfindlich auf Einflüsse von außen, denn dann funktionieren nämlich die gewohnten Abläufe nicht mehr, und die überkontrollierten umgeschulten Linkshänder werden fahrig und unkonzentriert.

Fallbeispiel: Peter D.

Peter D. (Jahrgang 1963) wurde in der ersten Klasse auf rechts umgeschult. Er hatte zwar massive legasthenische Probleme, nahm aber derart erfolgreich an einem Legasthenikerprogramm teil, dass er auch die Aufnahmeprüfung für das Gymnasium eines renommierten Internats schaffte. Dort waren dann aber seine Leistungen, besonders in Englisch, so schlecht, dass er zurück auf die Hauptschule musste. Über die Berufsfachschule für Elektrotechnik machte er die Fachhochschulreife nach und erlernte den Beruf des Zahntechnikers. Das Berufsbild war ihm vertraut, denn sein Vater war Zahnarzt, und Zahnkunde hatte ihn schon immer interessiert. Peter absolvierte die Ausbildung mit gutem Erfolg, aber als er dann in den Berufsalltag kam, wo er den ganzen Tag sitzen musste, um sehr feinteilige Gegenstände äußerst präzis und konzentriert herzustellen und zu bearbeiten, hielt er es nicht lange durch. Er begann unter psychosomatischen Krankheiten zu leiden und war auch im persönlichen Bereich sehr unglücklich. Eine Bromallergie kam ihm dabei entgegen, das Arbeitsamt bewilligte eine Umschulung zum Großhandelskaufmann, und er wurde nach deren erfolgreichem Abschluss als Vertreter tätig. Dieser Beruf lag ihm weit mehr, weil er seinem Bewegungsbedürfnis zur Entspannung nach absolvierter Anstrengung entgegenkam, und Peter wurde fortan sehr erfolgreich.

Fazit: Die mikrotechnischen Berufe sind durch die äußerst hohen Ansprüche an die Feinmotorik für einen umgeschulten Linkshänder denkbar ungünstig; hinzu kommt, dass dabei nur geringe Möglichkeiten bestehen, sich richtig körperlich zu bewegen. Der ganze Tag ist durch die Beschäftigung mit kleinteiligen Arbeitsstücken ausgefüllt. Ein Vertreter oder Außendienstmitarbeiter hingegen ist viel unterwegs und kann sich auf dem Weg darüber hinaus auf den nächsten Kontakt vorbereiten bzw. sich von dem gerade konzentriert geführten Gespräch wieder erholen, „ohne seinen Arbeitsplatz unrechtmäßig verlassen zu müssen".

Solche feinmotorischen Störungen sind im täglichen Leben meistens bewältigbar und führen nur in Höchstleistungssituationen zu erheblichen Störungen. Diese können aber den Betroffenen unerwartet auch so massiv treffen, dass es z. B. bis zu einem Schreibkrampf kommen kann oder zu sehr belastenden Irritationen, wenn die feinmotorischen Störungen, z. B. bei einem Musiker, hörbar werden und sich als eine *„musikalische Legasthenie"* manifestieren. Unter diesem von der Flötistin und Musikpädagogin Solvejg Fiederling geprägten Begriff sind die feinmotorisch völlig unerwarteten Störungen bei der musikalischen Darbietung zu verstehen, die meist nicht an einer bestimmten, durch einen besonderen Schwierigkeitsgrad sich auszeichnenden Stelle auftreten, sondern sich wechselnd, oft auch nur durch leichte Verzögerungen beim Halten des Taktes, bemerkbar machen können. Auch leichte Unregelmäßigkeiten in der vorgeschriebenen Tonabfolge oder eine Art „Verhaspeln" und direktes Auslassen von Tönen können die Folgen sein. Dies kann sowohl beim Flötenspiel als auch beim Klavier und bei Streichinstrumenten auftreten.

Fallbeispiel: Viola B.

Viola war vor ihrer Einschulung ein übermütiges Kind, das, motorisch sicher, viel herumtollte und sich viele akrobatische Akte leisten konnte, ohne zu fallen oder sich zu verletzen. Diese Zeit bleibt bis heute in ihrem Gedächtnis verankert:

„Eine frühe Erinnerung von mir ist, wie ich, wie eine Katze, von Tisch zu Tisch hüpfte. Wir wohnten in einer alten Schule, in der meine Mutter Lehrerin war, und ich tollte herum, während die Hausmeisterin geputzt hat. Ich kam mir vor, leicht wie eine Feder zu sein, gelenkig, fröhlich, unbeschwert. Ich war springlebendig, habe instinktsicher die Füße gesetzt, war fröhlich und voller Selbstvertrauen."

Die spätere Zeit brachte zunehmend Probleme, die Viola heute folgendermaßen beschreibt:

Die erste Trübung meiner Linkshändigkeit: „Gib die schöne Hand", sagte eine alte Verwandte. Meine Reaktion: Unsicherheit, dann, „Ich habe *zwei* schöne Hände."

Im Dunkeln bleibt der Kampf um das Essbesteck, den ich gewonnen habe. Aber den Kampf um die linke Schreibhand hatte ich verloren – die Umschulung ist leider gelungen.

Oft hatte ich folgendes Bild vor mir: ein heißer Herbsttag, ich völlig geschafft, seltsam bleiern, müde in der Schulbank sitzend, im Kopf leer und mit Kopfschmerzen und wie weggetreten. Ich wusste immer, dieses Bild hat mir Wichtiges zu sagen, aber den Schlüssel dazu bekam ich erst viel später durch die Linkshänderberatung in München, in der Sendlinger Straße.

Zwei reale Bilder aus meiner Kindheit sehe ich vor mir, eine Aufnahme vor der Einschulung, ein fröhliches, lustiges Kind; die andere etwa zwei Jahre später, ein ernstes, heute würde ich sagen, ein gebrochenes, Gesicht mit Fassade. Die Bilder zeigen frappant den Unterschied. Hat denn niemand den Bruch in meinem Gesicht wahrgenommen, meine Qual gespürt, meine Veränderung gesehen?

Langsam, quasi Schritt für Schritt, wurde aus mir eine seltsam gespaltene Persönlichkeit: körperliche Unsicherheit, Füße durcheinandergebracht. Im

Sportunterricht wurde ich träger und träger. Bewegung machte auch nicht mehr annähernd so viel Spaß wie früher. Schulleistungen schwankend bis sehr schlecht, rhythmische Unsicherheiten in der Musik, hohe Nervosität beim musikalischen Vorspielen. Gleichzeitig in mich zurückgezogen und nach außen aggressiv.

Überhaupt: das Motiv des Kämpfens zieht sich durch mein ganzes Leben.

In der Pubertät habe ich gewaltige Kraftakte gewagt, um mit mir halbwegs ins Lot zu kommen, teilweise hatte ich Erfolge, Abitur geglückt, Musik studiert.

Die Anstrengungen, die ich hatte, waren immens. Ein paar Beispiele: extrem großes Schlafbedürfnis, nicht vorhersehbare Blackouts, nicht so belastbar sein, wie ich eigentlich könnte und möchte, Kopfschmerzen, Migräne. Ich wusste immer, dass irgendetwas nicht stimmt, wusste aber nicht, wo der Punkt sein könnte."

In der Beratungsstelle schilderte Viola auch, dass sie an dem humanistischen Gymnasium sehr viel büffeln musste, und bei den Klassenarbeiten war trotzdem alles weg. Hinterher ist ihr das Vergessene allerdings wieder eingefallen. Mündlich ging es immer besser als schriftlich. In schriftlichen Arbeiten, vor allem in Deutsch, zeigte sie immer sehr unterschiedliche Leistungen. Das Tanzen in Paaren war für sie eine Qual, sie wollte sich immer „andersherum" drehen als ihr Partner, und da sie sehr attraktiv war, wirkte sich das alles für sie und die anderen besonders belastend, peinlich und enttäuschend aus.

Viola war sehr musikalisch und studierte auf der Musikhochschule Querflöte, beherrschte dieses Instrument immer besser und liebte es fast wie ein Lebewesen. Aber sie erlebte immer wieder, dass es an völlig unerwarteten Stellen zu Fehlern kam, die eindeutig in plötzlichen Blockaden der Feinmotorik zu suchen waren. Deprimierend belastend war, dass sie nie voraussagen konnte, an welcher Stelle das geschehen würde: Es war keine Blockade durch Angst vor einer besonders schwierigen Passage, sondern es geschah unerwartet und an den verschiedensten Stellen, und *man konnte es hören* …

Fallbeispiel: Marlies L.

Auch die linkshändige Marlies L. musste in der Schule Anfang der 50er-Jahre das Schreiben mit der rechten Hand lernen. Schon während der Schulzeit hatte sie nicht flüssig schreiben können, und das hat sich bis ins Erwachsenenalter noch mehr verstärkt, sodass sie oft einen regelrechten Schreibkrampf bekam. Besonders schlimm war es, wenn sie sich aufregte, Erwartungsängste aufkamen oder wenn man ihr beim Schreiben zusah. Daher musste sie ihren Beruf als Bankkauffrau (Schalterdienst) und Sekretärin (Steno) aufgeben und mit 45 Jahren als Schreibaushilfskraft an einem Computer arbeiten. Unter dem Schreibkrampf litt Marlies insgesamt etwa 20 Jahre. Als sie heiratete, Kinder bekam und zu Hause blieb, konnte sie diese Schwierigkeiten mehr oder weniger verbergen, und ihr Mann hat erst nach vielen Jahren Ehe ihren Schreibkrampf bemerkt, als sie zusammen beim Notar waren und gemeinsam etwas unterschreiben mussten.

Fazit: Es ist typisch, dass sich viele umgeschulte Linkshänder der bei ihnen besonders hervortretenden Folgen der Umschulung der Händigkeit sehr schämen, allerdings keinen Zusammenhang mit der Umschulung sehen oder sehen wollen und es oft sogar über Jahre hinweg schaffen, ihre Schwierigkeiten geschickt und erfolgreich zu verbergen. Aber es kostet viel Kraft …

Fallbeispiel: Martina U.

Martina U. konnte sich an die Umschulung der Händigkeit kaum noch erinnern. Es geschah um die Einschulungszeit bzw. kurz davor. Außer Malen und Schreiben machte sie aber bis ins Erwachsenenalter alles weiter mit links. Sie war ein sehr lebendiges Kind, und weil sie sogar die Jungen verhauen hat, wurde sie mit zehn Jahren auf ein Mädchengymnasium „zu Nonnen gesteckt". Bald fielen ihre Schulleistungen rapide ab, und sie blieb zweimal sitzen. Aber sie machte auch kaum Hausaufgaben, jobbte bereits regelmäßig während der Schulzeit und schaffte dann doch ihr Abitur. Während der Schulzeit spielte sie lange Jahre Blockflöte und fünf Jahre Klavier. Martina wäre zwar gerne Kinderärztin geworden, begann aber dann, determiniert durch den Numerus clausus, ein Jurastudium.

Martina erinnerte sich, dass sie das erste Mal einen Zitteranfall hatte, als sie im Alter von etwa zwölf Jahren an der Tafel eine geometrische Form zeichnen sollte. Ihre Hände waren dabei so unruhig, dass sie „den Strich völlig verzitterte", und diese Zitteranfälle traten später immer häufiger auf. „Immer, wenn etwas mit den Händen gemacht werden musste, bekam ich Panik", schilderte sie, und aus dem Zittern ist ein richtiger Tremor geworden und schließlich eine Panik, wenn sie mit jemanden nur zum Essen gehen sollte: „Wenn mir eine Tasse Kaffee angeboten wird oder wenn ich schreiben soll, beginnen schon meine beiden Hände zu vibrieren."

Natürlich wurde alles neurologisch untersucht, ein EEG gemacht, aber nichts Auffälliges gefunden. Gegen den Tremor wurde ihr Betablocker verschrieben, denn alles steigerte sich allmählich zu richtigen Angstzuständen, die sich zunehmend auf die Herzfunktion übertrugen. Auch eine Verhaltenstherapie brachte sie ohne nennenswerten Erfolg hinter sich und begann sogar in der Nacht schlafzuwandeln.

Diese Angstzustände verstärkten sich immens vor allem während des Studiums und besonders bei langem, konzentriertem Lernen. Martina saß manchmal von morgens bis abends über den Büchern und büffelte, bis sie zusammenbrach und ihr schwindelig wurde. Völlig entnervt brach sie schließlich das Studium ab. Dann arbeitete sie im Vertrieb in der Firma ihres Vaters und heiratete einen Kommilitonen, der sein Jurastudium im Gegensatz zu ihr erfolgreich beendet hatte und in den Staatsdienst übernommen wurde.

Aber nach wie vor fürchtete sie jeden gesellschaftlichen Anlass, bei dem sie essen, trinken oder schreiben musste, und gewöhnte sich an, Bier zu trinken, denn die dicken Gläser sind bei ihrem Tremor weit unverfänglicher als z. B. Wein- oder Sektgläser.

Lösungsversuch: Frau Martina U. ist jetzt 32 Jahre alt, erfolgreich in ihrem Beruf, in dem sie wenig schreiben muss. Da sie mit der linken Hand auch heute noch gut schreiben kann, wurde ihr vorgeschlagen, sich ganz auf links zurückzuschulen, denn dann kann sie den Tremor, das Zittern auch in der linken Hand, *mit den Belastungen durch Rückschulung erklären,* und die starke parallele psychische Komponente aus Scham und Angst vor der Reaktion anderer Leute lässt sich so leichter in den Griff bekommen. Inzwischen zeigte sich, dass durch die so erzielte Minderung der Erwartungsängste, sich auch zunehmend der Tremor reduzierte.

2.3.6 Sprachstörungen

Häufig tritt bei linkshändigen Kindern, die auf die rechte Hand umgeschult wurden, ein zeitweiliges Stottern auf, das sich aber meistens später wieder verliert. Manchmal ist es auch mit Bettnässen verbunden.

Bei vielen umgeschulten Linkshändern ist jedoch, oft bis ins Erwachsenenalter, eine Art „Ansprechen einzelner Wörter", ohne diese zu beenden, im Redefluss zu beobachten. Nach dem Abbrechen des Wortes und seinem nochmaligen Formulieren wird es dann ganz ausgesprochen und der Satz fortgesetzt. Das geschieht manchmal gerade in Situationen, wenn ein Gedanke „dazwischen schießt" und von einem anderen, späteren Wort ein Teil wie vorgezogen wird. Verstärken kann sich das in Zeiten großer Anspannung oder wenn der Betroffene, aus welchen Lebensumständen heraus auch immer, längere Zeit wenig gesprochen hat, wenn er praktisch aus der Übung gekommen ist.

Viele umgeschulte Linkshänder machen eine Periode in ihrem Leben durch, in der sie sich sehr zurückziehen, kaum sprechen und folglich aus Mangel an Übung noch unsicherer werden und noch weniger sprechen.

Besonders ungünstig ist es, wenn Eltern ihr Kind darauf ansprechen und es direkt auffordern, „nicht so herumzustottern". Wenn dazu auch Vorwürfe, Appelle und Vergleiche kommen, zieht sich das Kind oft noch weiter zurück, wird noch unsicherer, und die Sprachprobleme können sich tatsächlich bis zu einer Dauerstörung vertiefen.

Ein neurophysiologisch „echtes" Stottern und Stammeln hängt zwar nicht mit der Umschulung der Händigkeit zusammen, kann aber durch diese sehr verstärkt werden.

Fallbeispiel: Helene C.

Helene C. wurde 1966 in der ersten Klasse umgeschult. Wenn sie den Stift zurück in die linke Hand wechselte, wurde auf diese „falsche Hand geklopft", und es verbanden sich hier die Lehrer mit den Eltern. Alle anderen Tätigkeiten führte Helene weiter mit der linken Hand aus. Sie bekam eine sehr schlechte Schrift, und besonders schlimm war für sie, wenn deswegen in der Hauptschule ganze Seiten aus ihrem Heft herausgerissen wurden. Man diagnostizierte bei ihr auch eine Legasthenie, und Helene litt sehr unter Minderwertigkeitsgefühlen.

Nach Beendigung der Hauptschule absolvierte sie eine Lehre als Verkäuferin im Lebensmittelbereich und war dann als Leiterin in der Wurstabteilung eines Supermarktes zufrieden und erfolgreich.

Doch mit einundzwanzig Jahren gebar sie unehelich eine Tochter und zog sie auch alleine auf. Sie hatte die Leitung der Wurstabteilung in der Zwischenzeit aufgeben müssen und arbeitete an der Registrierkasse. Anfang 1982 kam es zum ersten Mal zum Stimmverlust, der sich bis 1986 so sehr verstärkte, dass sie sich schließlich nur noch mit Block und Bleistift verständlich machen konnte. An der Kasse musste sie mit der rechten Hand die Zahlen eingeben und mit der linken die Ware weiterschieben. Zumindest brauchte sie hier aber nicht zu sprechen, und so fiel ihr sich verstärkender Stimmverlust nicht besonders auf. Seit Helene an der Kasse war, litt sie immer öfter unter Kopfschmerzen. Die Summe in der Registrierkasse stimmte abends nie (sie neigte zu Zahlenverdrehern, was sich auch beim Herausgeben von Geld auswirkte), und wenn sich ihr Chef näherte, geriet sie in Panik und machte noch mehr Fehler.

Als ihre Stimme gänzlich versagte und sie überhaupt nicht mehr sprechen konnte, wurde sie in eine psychosomatische Klinik eingewiesen, in der sie über sechs Monate blieb und therapeutisch betreut wurde. Am Ende der Behandlung konnte sie allmählich wieder sprechen. Die Annahme, dass der Stimmverlust durch eine Schockeinwirkung entstanden sei, wurde in der Universitätsklinik nicht bestätigt. Schließlich kam eine Logopädin auf die Verbindung zur Umschulung der Händigkeit und der Überforderung durch rechnerische Tätigkeit mit der nicht dominanten Hand an der Registrierkasse.

Genese: Der Stimmverlust setzte bald nach der Geburt ihrer unehelichen Tochter ein, praktisch zeitgleich mit der Versetzung an die Registrierkasse. Helene war in dem kleinen Ort, in dem sie mit ihrem unehelichen Kind lebte, emotional überfordert, und die Kräfte, die sie zuvor zur Überwindung ihrer Umschulungsprobleme dauernd zusätzlich aufgewendet hatte, standen nicht mehr zur Verfügung. So rutschte sie immer mehr in den psychosomatischen Stimmverlust hinein. Zu einem der Hauptauslöser – dass sie die Zahlen andauernd mit der *rechten Hand tippen* musste – kam noch, dass sie an der Kasse nicht sprechen, also ihre Stimme nicht üben musste. Helene war sozial isoliert, hatte immer weniger Kontakte zur Außenwelt und war völlig mit ihrem Kind beschäftigt. Wegen der Schwierigkeiten zu sprechen war es für sie auch unmöglich, über ihr Schicksal als alleinstehende Mutter mit einem unehelichen Kind Jemand Kompetentem Auskunft zu geben und auf diesem Weg Hilfe zu erhalten, und so war sie schließlich froh, dass sie an der Kasse nicht sprechen musste.

2.3.7 Praktische Tipps für umgeschulte Linkshänder

1. Akzeptieren der Umschulungsfolgen und Verarbeiten der begleitenden Geschehnisse als eine Art Behinderung, mit der man rechnen muss, die aber nicht Ausdruck einer mangelnden Intelligenz ist.
2. Bei der Arbeit Pausen einlegen, sich Entspannung *gönnen* und zugestehen.
3. Referate entweder frei mit Stichpunkten halten oder alles ablesen – keine Mischung.
4. Sich damit abfinden, dass Mitschreiben bei Vorlesungen und Vorträgen sehr schwierig bleibt, und Vorsichtsmaßnahmen einbauen – z. B. sicherheitshalber die Aufnahmefunktion des Smartphones nutzen.
5. Einen festen Lebensrhythmus einhalten, in den immer wieder regelmäßige Entspannungsphasen eingebaut sind.
6. Die Erkenntnis akzeptieren, dass leider andere oft recht haben, wenn sie einem umgeschulten Linkshänder vorwerfen, dass er etwas vergessen habe zu sagen oder dass er Teile seiner Gedanken ausgelassen habe. Die Kritiker haben leider auch oft recht, wenn sie ihm vorwerfen, dass er seine Äußerungen etwas zu scharf und verletzend formuliert hat – Diplomatie ist keine Stärke der umgeschulten Linkshänder, und sie verhalten sich meist weit weniger diplomatisch, als sie sich zu verhalten meinen (siehe auch Kapitel 3.2.8).
7. Anstrengende Arbeiten, z. B. Kontrollieren von Zahlen und Texten, möglichst in eine Zeit legen, in der man noch ziemlich frisch und nicht ermüdet ist.
8. Bei der Neigung zu Raum-Lage-Labilität sollte man insbesondere unter Stress mündliche Seitenangaben vermeiden. Man soll versuchen, diese weniger über die Sprache auszudrücken – besser ist es, nach rechts oder links zu zeigen.
9. Vorbereitung von wichtigen Gesprächen oder Verhandlungen erst kurz vorher noch einmal problembezogen und aktuell vergegenwärtigen. Fast jede in einem längeren Abstand liegende, auch noch so gute Vorbereitung wird als abgeschlossen wahrgenommen und im Gehirn irgendwo „abgelegt", oft vergessen und kann nicht mehr in Details reproduziert und abgerufen werden.

2.4 Ausführliche Darstellung der Sekundärfolgen der Umschulung der Händigkeit

2.4.1 Unsicherheit, Minderwertigkeitsgefühle und Rückzugstendenzen

Wegen der ausführlich beschriebenen Unsicherheit, ob die eigene Intelligenz im Hinblick auf erwartete Ansprüche zuverlässig funktioniert bzw. erlerntes und erarbeitetes Wissen im Bedarfsfall abrufbar ist, kommt es bei umgeschulten Linkshändern häufig zu Minderwertigkeitsgefühlen, Rückzugstendenzen und Labilität im Umgang mit anderen Menschen und bei Leistungsanforderungen und Prüfungen.

Diese negative psychische Umsetzung der wahrgenommenen Probleme wird oft durch die nicht verstandene Kausalität, durch die nicht verstandene Wechselwirkung zwischen umgeschulter Händigkeit und Reproduktion von Wissen (in direkter Abhängigkeit von den Häufigkeiten des Versagens) noch unterstützt.

Es muss hier nochmals ausdrücklich betont werden, dass die psychischen Folgeerscheinungen nicht das zwingende und alleinige Ergebnis einer Umschulung der Händigkeit sein müssen, sondern viele andere Gründe Ursache oder Mitursache sein können. So wie der Körper mit Fieber (als Hauptsymptom) auf die verschiedensten Krankheiten reagiert, treten auch Minderwertigkeitsgefühle, Unsicherheiten und psychosomatische Erscheinungen aufgrund der verschiedensten Einflüsse als „Universalreaktion" auf. Unsere Psyche beantwortet Irritationen, Störungen und Probleme mit ganz bestimmten Störungen, und es ist Sache einer Verhaltensanalyse, eines differenzialdiagnostischen Verfahrens, die Ursprünge herauszufinden. Verschiedene Erziehungsarten bzw. -fehler können selbstverständlich z. B. auch Minderwertigkeitsgefühle hervorrufen, und dass ohne eine Umschulung der Händigkeit. Eine Umschulung der Händigkeit verstärkt aber grundsätzlich die vorhandenen psychischen Störungen und andere Fehlreaktionen.

Aber die meisten umgeschulten Linkshänder leiden mehr oder weniger stark unter der Diskrepanz zwischen Denken und Reproduzieren, zwischen Lernfähigkeit und durch eine Arbeit dargestellte Leistung, und viele setzen hier mit starker Überkompensation an, um die individuell empfundenen Mängel auszugleichen. Das bedeutet, sie versuchen, durch erhöhten Leistungseinsatz ein Versagen zu vermeiden, und gewöhnen sich dabei die verschiedensten Verhaltensweisen an, die im zwischenmenschlichen Zusammenleben als

Verhaltensstörungen wirken, und/oder sie überanstrengen sich derart, dass ihr Körper psychosomatisch zu reagieren beginnt.

2.4.2 Psychosomatische und neurotische Störungen

Es gibt keine typische psychosomatische Krankheit und keine charakteristische Neurose, die vornehmlich umgeschulte Linkshänder befallen.

Zu bedenken ist aber, welche Auswirkungen seit Sigmund Freud Fehlern im interaktiven Verhalten, z. B. nur zwischen Mutter und Kind, zugeschrieben werden – nicht zu sprechen von Interaktionen des Kindes mit seiner gesamten Umgebung. Gegenüber einem bösen Wort oder einer ungerechten Bestrafung steht die Komplexität der Wirkungsweise einer Umschulung der Händigkeit mit ihren direkten Folgen in Relation eines Hagelkornes zu einem Eisberg, wobei – im rhetorischen Sinn – beide aus gefrorenem Wasser bestehen.

Jeder Mensch hat unterschiedliche Dispositionen, Anlagen bzw. Empfänglichkeiten für Krankheiten, die z. T. genetisch vererbt sind. Ein Mensch mit z. B. einer großen Disposition für Magengeschwüre wird durch seine Überanstrengung bei dem Versuch, die Umschulungsfolgen auszugleichen, zu massiver Gefährdung durch Magengeschwüre neigen; ein anderer Mensch, mit der Disposition für Kreislaufstörungen, mehr zu Herzproblemen. Manche Menschen sind äußerst wetterfühlig oder anfällig für Migräne, und sie werden hier auch leichter angreifbar sein: Die Belastungen scheinen sich zu addieren und manchmal sogar zu multiplizieren.

Allen Umgeschulten ist aber gemeinsam, dass sie abends meist sehr erschöpft sind, am liebsten sehr früh schlafen gehen, was oft auf völliges Unverständnis beim jeweiligen Partner stößt. Und oft schlafen sie beim Fernsehen ein und sind überhaupt nicht mehr fähig, zu fortgeschrittener Stunde z. B. Grundsatzdiskussionen durchzustehen.

Andere Betroffene verarbeiten ihre Belastungen mehr im neurotischen Störungskreis und suchen sich hier eine Lösung für ihre Problematik (siehe dazu Kapitel 8.7 „Der umgeschulte Linkshänder in der Psychotherapie").

Diese Vorgänge sind selbstverständlich den umgeschulten Linkshändern selten bewusst. Die Wahrnehmungen sind meistens mit den verschiedensten Einflüssen, Erlebnissen und Persönlichkeitseigenschaften verwoben. Das Ganze steht darüber hinaus unter „katalytischer" Wirkung des Erziehungsstils der Eltern, von Geschwisterkonstellationen und verschiedenen Lebenssituationen.

Interessant ist, dass in der gängigen Psychotherapie ein überdurchschnittlich hoher Anteil umgeschulter Linkshänder Rat und Hilfe sucht, ohne sich der eigentlichen Ursache für seine Probleme anscheinend bewusst zu sein. Häufig werden dabei z. B. Familienumstände überakzentuiert, und die tatsächliche Ursache, ein Versagen in Konzentration und Gedächtnis, wird nicht als Ursprung der beobachteten tiefen psychischen Verunsicherung erkannt, die sich *erst dann* z. B. in oft sogar tatsächlich gefundenen familiären Problemen negativ auswirkt. So kommt es sehr häufig zu Falscheinschätzungen, Unterstellungen und anschließend zu Fehlanamnesen und Fehldiagnostik.

Häufige vegetative Folgen

Ein linkshändiges Kind wird durch rechtshändiges Agieren gezwungen, andauernd weit mehr Energie, als normal nötig wäre, für psychische und somatische Abläufe zu investieren, sodass seine Kräftereserven bald erschöpft sind. Aber der Körper muss diese Leistungen trotzdem erbringen. Daher kommt es bei solchen Kindern besonders häufig zu folgenden körperlichen Funktionsstörungen psychischen Ursprungs, d. h. ohne körperlich nachweisbare Schädigung:

- Schweißausbrüche
- Lidflattern
- Muskelzuckungen und Tics
- Kopfschmerzen
- Schlafstörungen.

Kinder, die man dann mit pädagogischen Mitteln ruhigzustellen versucht, sie andauernd ermahnt, still zu sitzen oder nicht so herumzuzappeln, sind besonders gefährdet: Ihr Bewegungsdrang sucht sich einen anderen Kanal und kann sich z. B. in Muskelzuckungen bis zu einem nicht mehr steuerbaren Tic umsetzen. Die häufig bereits vorhandene Überkontrolliertheit eines Kindes verstärkt dies noch.

Fallbeispiel: Agnes

Der Nervenarzt überwies die elfjährige Agnes Ende 1993 zum Kindertherapeuten wegen sogenannter Jaktationen (krankhafter Ruhelosigkeit). Sie sei angeblich sehr unruhig, habe Zuckungen, und besonders ihre andauernden unkontrollierten Bewegungen störten sehr, außerdem sei sie überangepasst, schmächtig und entwicklungsverzögert.

Vorgeschichte

In einem vorausgehenden Telefonat schilderte der Vater dem Therapeuten, dass Agnes über zwei Jahre von einer Kinderpsychologin mit mäßigem Erfolg behandelt worden sei. Sie habe der Tochter Tiapridex (sedierendes Neuroleptikum) verschrieben und auch autogenes Training angewandt. Ein EEG war ohne Befund. Die Tochter sei überreizbar, und die Zuckungen hätten vor fünf Jahren angefangen, noch vor der Schule, damals aber nicht so dramatisch. Die jetzige Lehrerin hätte allerdings nichts davon bemerkt, die Mitschüler aber schon. Er selber könne die Zuckungen nicht mehr mitansehen, und man müsse Agnes manchmal sogar in ihre Socken helfen, so stark seien die unkontrollierten Bewegungen. Inzwischen reite die Tochter, aber er bezweifele den Erfolg. Besonders schlimm seien die Zuckungen, seit die Schule wieder angefangen habe. Er erhoffe sich von einer erneuten Psychotherapie die Heilung der Tochter und vom Therapeuten, dass dieser im Alleingang und möglichst schnell Agnes von jenen Problemen endgültig befreie, er als Erzieher und bestimmender Elternteil aber an sich selbst nichts ändern müsse.

Agnes geht inzwischen in die fünfte Klasse der Hauptschule. Sie wurde im Alter von sieben Jahren, noch in Polen, der Heimat der Familie, eingeschult, kam aber ein halbes Jahr später mit den Eltern nach Deutschland und ging hier weiter in die erste Klasse. Sie konnte zuvor kein Deutsch.

Anamnestisches Gespräch mit der Mutter

Die Mutter betont, dass ihr Ehemann sehr nervös sei, wenn er die Zuckungen von Agnes sehe. Er erwarte, dass sich Agnes ändere, von ihm selbst sei aber keine Änderung zu erwarten. Durch die Aussagen der Mutter erweiterte sich der Informationsumfang bedeutend.

Im Alter von drei Jahren ging Agnes ein Jahr in den Kindergarten, aber da sie oft krank war, nahmen die Eltern sie wieder heraus. Die beklagten Zuckungen bei Agnes fingen schon in Polen an, als die Tochter sechs Jahre alt war. Zunächst gab die Mutter an, dass das noch vor Eintritt in die Schule gewesen sei. Dann stellte sich aber heraus, dass diese Behinderung etwa zeitgleich mit der Vorschule verlief, in die Agnes mit sechs Jahren in Polen täglich für vier Stunden ging. Gleichzeitig traten auch Schlafprobleme auf, und deswegen wurde (in Polen) eine Kinderärztin konsultiert, die mit ihr eine Spieltherapie durchführte, die Intelligenz maß und ihr auch Schlaftabletten gab, worauf sich angeblich die Schlafprobleme besserten. Die Lehrerin in der Vorschule sagte der Mutter schon damals, dass sie mit Agnes in der Schule Probleme haben werde, weil sie so langsam sei.

Agnes wurde mit sieben Jahren eingeschult. Ein halbes Jahr ging sie noch in Polen, dann schon in Deutschland in die Schule. Sie kam in die deutsche Klasse, ohne ein Wort der Sprache zu kennen. Der Umzug aus Polen ging für Agnes nicht plötzlich vonstatten. Sie war darauf vorbereitet, freute sich auf Deutschland, und es war keine Panik oder Angststimmung feststellbar.

Sie wusste, dass die Eltern für fünf Jahre in Deutschland bleiben und dann nach Polen zurückkehren würden (der Vater war in einer Auslandsvertretung seiner polnischen Handelsfirma angestellt, und der Umzug nach Deutschland fand noch vor der „Wende" statt).

Nach zwei Jahren Aufenthalt in Deutschland setzten die massiven Schlafprobleme von Agnes wieder ein. Sie hatte Angst, dass sie in der Schule am nächsten Tag nicht ausgeschlafen sein würde, und sie wollte wegen ihrer Zuckungen auf einer Luftmatratze schlafen, nicht im eigenen Bett. Das ging etwa einen Monat so, dann wurde die bereits genannte Psychologin konsultiert. Über zwei Jahre lang hatte sie dort, sehr unregelmäßig, etwa alle drei bis vier Wochen, eine Stunde Therapie, aber der Vater bezweifelte vor Agnes den Nutzen der Therapie sehr. Die Psychologin erlangte bei ihm gegenüber der früheren polnischen Kinderärztin keine vergleichbare Autorität. Durch die verabreichten Medikamente wurde Agnes allerdings etwas ruhiger. Seit vergangenem Mai nimmt sie aber, wegen angeblicher, nicht näher beschriebener Nebenwirkungen, diese Medikamente nicht mehr. Anfangs war es wieder schlimmer, sie war sehr nervös und aufgeregt. Dann seien sie aber zu dem überweisenden Nervenarzt gegangen, und der behandele Agnes mit Naturheilmitteln, und sie schlafe jetzt, nach Aussage der Mutter, normal. Mit der Nervosität sei es sehr unterschiedlich, manchmal schlechter, manchmal gehe es.

Zur Schulsituation äußerte sich die Mutter folgendermaßen: Beim Lesen habe Agnes in der polnischen Sprache „b" und „d" etwa bis in die dritte Klasse verwechselt. In Deutsch sei ihr das nicht passiert. Die Eltern fuhren etwa drei Jahre lang einmal im Monat mit der Tochter samstags nach Frankfurt in eine polnische Schule, aber das wurde dann zu viel und daher eingestellt. Lautes Lesen sei bis vor einem Jahr sehr schwierig gewesen. Jetzt sei das Lesen, nach Aussage der Lehrerin, wunderbar. Die Rechtschreibung sei passabel, nur bei

Diktaten mache sie im zweiten Teil des Textes immer mehr Fehler. Agnes liege notenmäßig zwischen zwei und drei. Bemängelt werde allgemein ihre Langsamkeit. Sie sei verträumt, und wenn ihr eine Idee komme, führe sie die möglichst gleich durch und vergesse ihre anderen Pflichten. Die Hausaufgaben, für die sie etwa eine bis anderthalb Stunden brauchen sollte, mache sie den ganzen Nachmittag über. Darum kümmere sich ausschließlich die Mutter, und wenn der Vater gegen 17 Uhr nach Hause kommt, sei die Mehrheit an sich schon gemacht.

Während die Mutter mit Agnes (ohne den Vater) in Polen in den Sommerferien gewesen sei, hätten sich die Zuckungen sehr verbessert, und auch die unwillkürlichen Bewegungen seien praktisch nicht mehr dagewesen.

Über den Vater äußerte die Mutter, dass er alles für die Familie mache, aber nichts für andere. Nach ihren eigenen Gefühlen für ihren Ehemann befragt, weinte sie und sagte, dass diese immer weniger würden. Ihr Mann sei überordentlich, alles müsse schnell gehen, alles solle in Ordnung, korrekt und aufgeräumt sein. Zu seiner Tochter sage er oft: „Du solltest schneller werden …" Und er beschimpfe sie, wenn ihr Zimmer nicht ganz in Ordnung sei. Weiter bestehe er darauf, dass seine Frau immer gleich den Abwasch mache. Schon seine eigene Mutter sei so überkontrolliert und -ordentlich veranlagt. Ihr Mann sei der Meinung, dass nur er die Dinge richtig beurteilen könne, und an den Sinn einer Psychotherapie glaube er im Grunde nicht, und von Frauen halte er schon gar nichts. Daher sei die Wahrscheinlichkeit sehr gering, dass eine Therapeutin mit Agnes überhaupt zu einer erfolgreichen Arbeit gelange. Er habe „auch die vorherige Kinderpsychologin sehr heruntergemacht", und da Agnes ihn äußerst verehre und ihr sehr an seiner Liebe gelegen sei, habe sie selbst schnell Vertrauen und Hoffnung in diese Therapeutin verloren.

Nach den Beschreibungen der Mutter scheint sich der Vater nicht besonders positiv seiner Tochter zuzuwenden. So begrüßt er z. B. zuerst und weit intensiver den Dackel, wenn er nach Hause kommt, und Agnes zeigt richtige Eifersuchtsgefühle auf den Dackel, obgleich sie sich diesen Hund sehr gewünscht hatte und er ihretwegen angeschafft worden war (auf Rat der Therapeutin). Der Hund scheint aber inzwischen ausschließlich auf den Vater fixiert zu sein.

Die Geburt von Agnes war angeblich normal, allerdings gab die Mutter an, dass Agnes höchstens sehr kurz, wenn überhaupt, gekrabbelt wäre und gleich stehen und gehen wollte (Hinweis auf mögliche zerebral bedingte Koordinationsprobleme). Laufen und Sprechen hätten sich normal entwickelt, ohne einen besonderen Hinweis auf Störungen.

Interessant ist, dass Agnes mit drei Jahren auf den Besuch im Kindergarten mit vielen Krankheiten reagierte und in der Vorschule auffällig durch ihre Langsamkeit war. Sie schreibt auch heute nicht gern, was die Mutter jedoch nicht auf feinmotorische Störungen, sondern auf ihre Zuckungen zurückführt: „Sie wird schnell ungeduldig, bei allem, was sie nicht mag."

Auch das Reiten hatte sie sich, vom Zusehen her, weit leichter vorgestellt. Weiter hält ihre Konzentration nicht lange an, sie muss oft Pausen machen, braucht viel Zeit für ihre Hausaufgaben und unterbricht sie oft.

Testintervention und Ergebnisse

Nach der Anamnese und Testuntersuchung schickte der Therapeut Agnes zur Testuntersuchung der Händigkeit in die Beratungsstelle für Linkshänder, um ganz sicher zu gehen.

Die Tests ergaben Werte einer umgeschulten Linkshänderin, und das Zeichnen mit der linken Hand ging, zum Erstaunen aller, ziemlich schnell und weit unverkrampfter als mit der rechten Hand.

In dem Augenblick, als die Mutter mit diesem Ergebnis konfrontiert wurde, tauchte bei ihr eine völlig vergessene Erinnerung wieder auf, und sie erzählte, dass Agnes früher viel links gemacht, der Vater da aber schnell durchgegriffen habe. Ihr Mann, so berichtete sie weiter, sei stolz, alles mit beiden Händen machen zu können, er halte sich für einen Beidhänder.

Verlauf der Therapie

Die Erkenntnis, dass die Zuckungen bei Agnes mit einer Umschulung der Händigkeit in Zusammenhang stehen und dass Tadeln und Druck von außen diese nur noch verstärken, haben den Vater sehr nachdenklich gemacht, und so war es möglich, auch ihn in die therapeutische Intervention einzubeziehen, ohne dass er selber zu stark persönlich involviert wurde. Da aber auch bei dem Vater eine frühkindliche Umschulung der Händigkeit sehr wahrscheinlich erschien, setzten bei ihm selbst Prozesse ein, die den Druck auf seine Tochter reduzierten. Agnes ging es ziemlich schnell besser, aber da die Familie aus beruflichen Gründen (Versetzung des Vaters) unerwartet nach Berlin umziehen musste, konnte die Therapie nicht zu Ende geführt werden. Eine Rückschulung auf die linke Hand war nicht ernsthaft in Erwägung gezogen worden, was sich u.a. in Anbetracht der ungeplanten Unterbrechung der Behandlung als richtige Entscheidung erwiesen hat. Aber es konnten trotzdem sehr wesentliche Prozesse eingeleitet werden, die sich aller Wahrscheinlichkeit nach in der Zukunft für Agnes positiv auswirken werden.

Fazit: Hier lag eine nur relativ leicht von außen induzierte Umschulung der Händigkeit vor, verbunden mit einer starken Fixierung der Tochter auf ihren Vater, der für sie das Vorbild war. Um dessen Liebe zu erlangen, zeigte sie sich bereit, alles zu tun, und hatte sich, entsprechend der übernommenen Überkontrolliertheit des Vaters und seinen Wünschen, voll auf seine gesamte Persönlichkeit eingestellt. Aber der entstandene „Überdruck" hat dann in den Zuckungen, unwillkürlichen Bewegungen und übermäßiger Nervosität sein Ventil gefunden.

Einnässen und Nägelkauen – eine häufige Reaktion auf die Umschulung der Händigkeit

Nägelkauen ist ein typisches Kompensationsverhalten auf Minderwertigkeits- gefühle und Unsicherheiten, die aus einem starken inneren Druck entstehen. Hat sich diese „schlechte Angewohnheit" erst einmal verselbstständigt, ist es für viele Kinder sehr schwer, auch bei bester Absicht, wieder damit aufzuhö- ren. Das Kind „zerfrisst sich seelisch" und kaut auf den Nägeln.

Sehr häufig tritt auch *Bettnässen* auf, und das vor allem während und nach der Händigkeitsumschulungsphase. Betroffene Kinder werden mit den pri- mären und sekundären Umschulungsfolgen unerwartet konfrontiert und psychisch überrollt, ohne zu wissen, warum es geschieht. Sie ziehen sich oft sehr in sich selbst zurück, träumen manchmal vor sich hin, sind überfordert und investieren alle Kräfte in die Schulbelastungen. Manchmal schlafen sie dann sehr tief in ihrer Erschöpfung; in leichteren REM- Phasen träumen sie dann, anstatt beim Druck der Blase zu erwachen, dass sie auf die Toilette gingen und Wasser ließen, und ihr Traum gaukelt ihnen oft das Geschehnis mit allen Begleitumständen so realistisch vor, dass sie gar nicht bemerken, dass sie nicht aufgestanden sind, sondern weiter träumend in ihrem Bett liegen. Das ist hier kein Zeichen einer Retardierung oder eines unterbewuss- ten Wunsches, wieder ein kleines Kind zu sein, sondern es ist ein Zeichen von starker Überforderung. Es ist eine Situation, wo Traum und Wirklichkeit ineinander übergehen, miteinander verschmelzen, so wie es manchmal an- satzweise sogar im Wachzustand, beim Rückzug vor der nicht begriffenen harten Realität, geschieht.

Meist geht diese Phase vorüber, wenn das Kind sich auf die neue, enttäuschende Situation recht und schlecht eingestellt und sie dann, als unbegreiflichen Schicksalsschlag, doch akzeptiert hat. Ist aber der Druck von außen, durch ehrgeizige, das Kind anfeuernde Eltern, unvermindert groß und wird vielleicht noch ständig erhöht, kann Bettnässen bis in die beginnende Pubertät ein großes Problem bleiben.

3. Persönlichkeitszüge des umgeschulten Linkshänders

3.1 Faktoren mit maßgeblichem Einfluss auf die Persönlichkeitsentwicklung des umgeschulten Linkshänders

Wichtige Einflüsse sind:

1. Familienkonstellation und interfamiliäre Förderung
2. Schulische Förderung, allgemeine Lebensumstände und Umfeldeinfluss
3. Individuelle Begabungen und Persönlichkeitszüge (insbesondere Willensstärke und Durchsetzungsvermögen oder andererseits Willensschwäche, Bereitschaft, schnell auf- bzw. nachzugeben, und Rückzugstendenzen)
4. Zusätzliche leichte zerebrale Störungen, die vor allem unter den Begriffen MCD, POS und Teilleistungsstörungen erfasst werden.

Die Ausprägung der sekundären Folgen der Händigkeitsumschulung ist von den obigen Faktoren direkt abhängig. So kann durch schulische, außerschulische und Förderung im Elternhaus viel gelindert werden, und insbesondere im Bereich der Sekundärfolgen kann es zu sehr unterschiedlichen Ergebnissen kommen. Gerade die befürchteten negativen Folgen können durch einen verständnisvollen Umgang und eine Akzeptanz der Probleme als tatsächliche Schwierigkeiten, die nicht mit Faulheit und mangelndem Einsatzwillen zu erklären sind, sehr abgemildert werden. Förderung und Hilfe bei dem Aufbau von Lernstrukturen bzw. der Hilfe, Lernen zu lernen, können Ängste und Rückzugstendenzen verhindern.

Natürlich sind auch individuelle Begabungen (z. B. Sprachbegabung, Gedächtnis) und Persönlichkeitszüge (z. B. Willensstärke, Durchhaltevermögen oder die Bereitschaft, schnell aufzugeben) von Einfluss auf die Sekundärfolgen und ihre Ausprägung.

Ein sehr großer Einfluss kommt hier aber auch der Familie zu, die durch bestimmte Verhaltensmuster und Interaktionen positiv oder negativ auf die Folgeerscheinungen der Umschulung einwirken kann. Ein Geschwister ohne diese Schwierigkeiten kann sich besonders deprimierend auf die Entwicklung des umgeschulten Linkshänders auswirken, trotz bester Absichten von allen Seiten.

Die unter Punkt 4 aufgeführten, körperlich bedingten Einflüsse verstärken oft noch die primären Umschulungsfolgen, und die sonst häufig beobachtete hirnautonome Linderung und Besserung im Alter der Pubertät können dadurch verhindert bzw. zurückgeworfen werden (siehe dazu auch „‚Beidhänder' sind hirngeschädigt" S. 335 f.).

Daher ist eine sorgfältige Analyse der aufgeführten Faktoren sehr wichtig für das Verständnis der Persönlichkeitszüge des umgeschulten Linkshänders und entsprechende Hilfestellungen.

3.2 Typische Persönlichkeitszüge umgeschulter Linkshänder

3.2.1 Vorbemerkungen

Zur Methodik der Feststellung der Persönlichkeitseigenschaften umgeschulter Linkshänder ist wichtig, dass, diagnostisch gesehen, eine beidseitige „Begehbarkeit" der Problematik möglich ist. Man sollte von zwei entgegengesetzten Richtungen zum gleichen Ergebnis kommen können, oder anders ausgedrückt, man sollte – wie bei einer mathematischen Gleichung – von jeder Seite auf die andere Seite schließen können.

Das heißt, dass auf der einen Seite der Gleichung mittels angewandter Testmethodik (Fragebögen, Persönlichkeitstests, Fremdanamnese und Gesprächsanalyse) an untersuchten umgeschulten Linkshändern typische Persönlichkeitseigenschaften festgestellt werden können. Auf der anderen Seite muss wieder durch eine Analyse der Persönlichkeitseigenschaften, z. B. von Patienten in der Psychotherapie, ohne vorherige Kenntnis der Tatsache einer Umschulung der Händigkeit, in die Gegenrichtung der aufgestellten Gleichung diese Umschulung der Händigkeit deduziert werden können, die sich durch die folgenden Testuntersuchungen dann verifizieren muss.

Diese Art der phänomenologischen Rückschlüsse erfordert allerdings bei dem Untersuchenden erweiterte psychotherapeutische Kenntnisse und Erfahrungen. Die Praxis stellt hohe Anforderungen an die Art der Analyse und an die Durchführung des Vergleichs von verschiedenen, problemrelevanten Faktoren im Hinblick auf die Präzision der diagnostischen Schlussfolgerung. Ansonsten kann es, analog der medizinischen Differenzialdiagnostik, durch Nichtbeachtung wichtiger Einzelfaktoren zu Fehldiagnosen kommen.

An sich gehören die Diagnose und therapeutische Behandlung eines umgeschulten Linkshänders in die Hände eines entsprechend ausgebildeten

Psychotherapeuten, der aus seinem beruflichen Erfahrungsbereich die verschiedenen Folgeerscheinungen abwägen und in einen familien- und lebensgeschichtlichen Zusammenhang stellen kann.

Methodisch wurden zur Feststellung der – im folgenden Teil aufgeführten – Persönlichkeitszüge umgeschulter Linkshänder Persönlichkeitsfragebögen (z. B. FPI, GTS) herangezogen; weiter Fragebögen, in denen Schul- und Berufslaufbahn, Krankheiten und Einstellung zu Lern- und Leistungsfähigkeit eruiert wurden. Wichtig waren auch Gesprächsanalysen und Fremdanamnesen, d. h. Beschreibung der Persönlichkeitseigenschaften des Betroffenen von Familienmitgliedern und nahen Bezugspersonen. Manchmal wurden auch Intelligenz- und Konzentrationstests durchgeführt.

Im Laufe der mehr als zehnjährigen Explorationen wurden bis Oktober 1994 im Rahmen eines Forschungsprojektes über Gehirnhemisphärenlateralisation und die Folgen der Umschulung der Händigkeit (siehe auch Kap. 5.3) mehrere tausend Personen untersucht[1]. Die gewonnenen Daten führten zu festen Ergebnissen. Es hat sich unmissverständlich gezeigt, dass es durch die weiter ansteigende statistische Zahl der untersuchten Personen zu keiner Änderung oder Schwankung der Werte mehr kommt. Somit bilden die gewonnenen Erfahrungen keine Arbeitshypothese mehr für einen Zwischenbericht, sondern sind als vorlaufender Teil des Projektabschlussberichtes zu betrachten. Bei der durchgeführten Forschung handelte es sich meistens um Untersuchungen ganzer Familien und vielfach auch der weiteren Verwandtschaft, und so ergaben sich Werte für Linkshänder, Rechtshänder, umgeschulte Linkshänder und sogar umgeschulte Rechtshänder.

Es stellte sich damals eindeutig heraus, dass sich der umgeschulte Linkshänder in seiner Schul- und Entwicklungszeit als Stützmaßnahme verschiedene Persönlichkeitszüge aneignet, die ihm helfen, mit den Primärfolgen der Umschulung der angeborenen Händigkeit, mit seinen gestörten und belasteten Denkprozessen und mit Problemen, die seine individuelle Lern- und Leistungsfähigkeit betreffen, besser zurechtzukommen. So findet man verschiedene typische Persönlichkeitseigenschaften, die überproportional häufig bei umgeschulten Linkshändern vorkommen. Schon durch die genaue Beobachtung und, noch weit präziser, durch angewandte Testmethodik (wie z. B. Fragebögen und Persönlichkeitstests) findet man deutliche Merkmale, die

---

1 Siehe dazu auch Kapitel 2.1.

wegen ihres regelmäßigen Auftretens im Zusammenhang mit umgeschulter Händigkeit dann als typische Persönlichkeitszüge bezeichnet werden können.

Man kann auch die Forschung selektiv gestalten und die umgeschulten Linkshänder (praktisch allerdings nur jene Gruppe, die sich in der Gesellschaft durchgesetzt hat) vornehmlich nur unter dem Aspekt ausgewählter „positiver" Persönlichkeitseigenschaften, wie Willensstärke und Dominanz- und Durchsetzungsstreben, gegenüber Willensschwäche, Nachgiebigkeit und Unterordnung vergleichend betrachten und unter diesem Gesichtspunkt wieder Gruppeneinteilungen machen. Dieser Aspekt wird sehr bei Rett, Kohlmann und Strauch[1] hervorgehoben, selbstverständlich werden dort auch andere Faktoren (wie z. B. Familie, Schullaufbahn, individuelle Begabung) mitberücksichtigt.

Es geht aber im Folgenden nicht um eine Aburteilung oder moralische Bewertung der umgeschulten Linkshänder, sondern es sollen möglichst wertneutral ihre typischen Eigenschaften geschildert und kausale Zusammenhänge aufgezeigt werden, und das im gesamten Spektrum ihrer Wirkung auf das Persönlichkeitsbild. Die Kenntnis dieser Zusammenhänge ist notwendig, um dem umgeschulten Linkshänder zu ermöglichen, *leichter mit bestimmten Schwierigkeiten umzugehen*, an sich selbst zu arbeiten und auf der anderen Seite dem Partner, Mitarbeiter, Psychotherapeuten oder Arzt zu helfen, den umgeschulten Linkshänder besser in seinen Stärken und Schwächen zu begreifen. Nur wenn man seine Probleme zu verstehen lernt, kann man ihm effizient helfen, die positiven Ansätze und Motivationen auch zu einer positiven Wirkung kommen zu lassen.

3.2.2 Gemeinsame Persönlichkeitseigenschaften vieler umgeschulter Linkshänder

- Andauernde Neigung zum Widerspruch, „Ja-aber-Haltung"
- Auslassung und Überspringen von wichtigen Gedankengängen bei Gesprächen und Diskussionen betont assoziatives Denken
- „verknotetes" Denken in einer Art geschlossenen Kreises – Circulus vitiosus
- Angewohnheit, „ins Wort zu fallen", den anderen nicht ausreden zu lassen
- Understatement, Untertreiben, Unterspielen, „sich unter Preis anbieten" aus Angst, nicht mithalten zu können

---

1 Rett u. a., 1973, S. 80 ff.

- Neigung zur Auswahl des Lebenspartners mit niedrigerem Intellekt und/ oder *unter* dem eigenen Intelligenzniveau bzw. mit einer Behinderung oder Benachteiligung
- Rechthaberei
- Haften an den ersten, schnell getroffenen Meinungen und Einstellungen
- Bevorzugung von oft sehr knappen, treffenden, aber auch verletzenden Formulierungen – der umgeschulte Linkshänder „bringt es auf den Punkt", ohne Rücksicht auf die Gefühle anderer
- Mimosenhaftigkeit, Verletzbarkeit – Beziehungen werden emotional geprägt von Nachtragen und Reminiszenzen
- undiplomatischer Umgang mit anderen, der oft dem umgeschulten Linkshänder nicht bewusst wird
- Misstrauen gegenüber anderen und Gefühl, andauernden Angriffen ausgesetzt zu sein und sich dagegen wehren zu müssen
- eigenbrödlerische Verhaltensweisen
- Verschrobenheit, Maniriertheit und Neigung zu sturen, unflexiblen Verhaltensweisen bis zu Fanatismus
- Geselligkeitssehnsucht als Kompensation. „Small talk" ist aber dem umgeschulten Linkshänder meistens ein Graus, er bedeutet für ihn mehr Anspannung als Entspannung (was die anderen für entspanntes Geplauder halten, ist für ihn Arbeit und Anstrengung).
- Überkontrolliertheit und Versuch, andauernd äußerste Präzision zu erreichen, bis hin zur sturen Pingeligkeit
- Härte der Betroffenen gegen sich selbst und durch Übertragung (mittels Introspektion und deren Verallgemeinerung) gegenüber anderen
- Entwicklung einer strengen oder zumindest streng wirkenden Persönlichkeit

3.2.3 Die „Ja-aber-Haltung" und die Freude am Widerspruch

Der umgeschulte Linkshänder fühlt oft eine starke innere Neigung, andauernd zu widersprechen, sofort eine andere Position einzunehmen, noch andere Aspekte einzubringen, um sich und den Gesprächspartnern zu beweisen, dass das Thema doch noch weit komplizierter ist, als sie denken.

Mit dieser Haltung kann er Verschiedenes bewirken: Zu allererst verschafft er sich mehr Zeit, zu reagieren, denn der umgeschulte Linkshänder lebt andauernd in der Furcht, von anderen „zur Seite geschoben zu werden" und die eigene Meinung nicht richtig entfalten zu können. Er hat es oft hundert und mehr Male persönlich erlebt, dass ihm ein wichtiger Gedanke erst viel später eingefallen ist als zum richtigen Zeitpunkt und er dann in der erregten Diskussion „mal wieder klein beigegeben hat", obgleich er doch die ganze Zeit „alles im Hinterkopf hatte" und genau wusste, dass wichtige Aspekte von den anderen ausgelassen oder vergessen wurden.

Also stoppt er zunächst den vorgetragenen Gedankengang und widerspricht. Damit wird automatisch auch der andere Diskussionsteilnehmer irritiert und gezwungen, seine Gedanken zu überprüfen und nach weiteren Argumenten zu suchen. In der Zwischenzeit hat der umgeschulte Linkshänder die Chance zur erneuten Konzentration, zu assoziativen Ideen, und kann eigene Ansatzpunkte in die Diskussion einbringen. Diese Haltung hat also eigentlich für ihn eine sehr sinnvolle Funktion.

Leider wird diese Widerspruchshaltung aber oft immer mehr zur reinen Gewohnheit, und ohne, dass er es richtig merkt, geht sie dem umgeschulten Linkshänder in „Fleisch und Blut" über. Er kann nur noch nach diesem verinnerlichten Muster denken und handeln, und damit „verheddert" er sich selbst wieder in seinen eigenen Gedanken und beginnt sich laufend sogar selbst zu widersprechen, Gedanken zu verwerfen, und verliert schnell den Faden, dreht sich im Kreis und ist bald nicht mehr fähig, Wichtiges von Unwichtigem zu unterscheiden, weil seine Konzentrationsfähigkeit zunehmend nachlässt.

In Gesprächen oder in der Diskussion wird er wegen dieser „Ja-aber-Haltung" schnell zu einem andauernden Nörgler, Spielverderber und ungeliebten Kameraden abgestempelt, mit dem niemand gerne zusammen ist, weil man sich mit ihm und seinem andauernden Infragestellen nicht wohl fühlt: Aus einem lockeren Gespräch wird leicht eine vertrackte Auseinandersetzung, bei der es oft nicht mehr um die Gedankengänge, sondern um das Rechthaben geht. Verletzter Stolz und gekränktes Selbstwertgefühl sind dann die Folge, und eine Diskussion wird zu einem endlosen, zerredeten Martyrium …

Manche Menschen schaffen es, diese Eigenschaft paradoxerweise auch richtig und gezielt zu kultivieren und sogar in ihren Beruf als etwas Positives einfließen zu lassen. Das sind z. B. Rechtsanwalte, die, wenn sie gut zu argumentieren gelernt haben, mit dieser Haltung die jeweilige Situation für sich ausnutzen können. Allerdings dürfen auch sie nicht zu weit gehen, sonst werden sie als eigenartige Sonderlinge abgestempelt, und die Richter setzen sich, dadurch provoziert, massiv zur Wehr, indem sie z. B. sehr klar zu formulieren beginnen, um was es in der Streitsache wirklich geht.

Im Großen und Ganzen wirkt sich die genannte Eigenschaft aber meist negativ aus. Der umgeschulte Linkshänder manövriert sich andauernd selbst in eine Ecke, und die anderen ziehen sich unweigerlich zurück und beginnen ihn, wie gesagt, im Endeffekt oft zu meiden.

3.2.4 Unbewusstes Auslassen von Gedanken und Satzteilen

Nicht nur die „Ja-aber-Haltung" macht dem umgeschulten Linkshänder Schwierigkeiten in Gesprächen und Diskussionen. Sein überlastetes Gehirn – vielleicht zusätzlich noch gestresst durch Gefühle wie Ängste vor dem Gegenüber, Ängste, sich nicht richtig ausdrücken zu können – spielt ihm gleich einen weiteren Streich, indem es wichtige Gedanken zwar denkt, sie aber nicht ausformulieren und aussprechen lässt. Verfänglich dabei ist, dass dies meist ohne entsprechende Rückwahrnehmung geschieht: Der Betroffene lässt in seinen ausgesprochenen Sätzen wichtige Überlegungen einfach aus, meint aber, sie gesagt zu haben, und ist dann empört, dass der Gesprächspartner ihn nicht begreift. Er nimmt überhaupt nicht wahr, dass er es selbst ist, der sich unvollständig ausgedrückt hat. Der Umgeschulte ist oft so überbelastet von seinen eigenen Gedankengängen, dass er kaum noch fähig ist, auch den Gedanken des Anderen zu folgen, und wenn er das doch versucht, hat er wieder verstärkte Schwierigkeiten, seine eigenen Gedanken zu formulieren. Er kann sich entweder auf das eine oder auf das andere konzentrieren, und hier hat der oben genannte gewohnheitsmäßige Widerspruch die rettende Funktion, Zeit zu gewinnen, um die eigenen Gedanken zumindest notdürftig formulieren zu können.

Manche umgeschulten Linkshänder denken, während der andere spricht, andauernd darüber nach, was sie am Ende antworten wollen, verpassen so den Anschluss, und es kommt zu keinem wirklichen Gedankenaustausch.

Fallbeispiel: Frau R.

Frau R., 38 Jahre alt, stammte aus einer sehr gebildeten Familie. Ihr Vater war Universitätsprofessor, die Mutter Ärztin, und sie selbst wurde Logopädin. Frau R. hatte ziemliche Probleme, sich in Gruppen einzubringen. Es war ihr auch immer wieder vermittelt worden, dass sie in keinem Bereich besonders gut sei, und darum verzichtete sie schon im Gymnasium auf ihren Traum – Medizinstudium – und suchte sich zumindest eine doch etwas „verwandte" Berufslaufbahn. Da nach ihrer Meinung auch die Erfolge in ihrer Arbeit nicht so waren, wie sie es sich vorgestellt hatte, nahm sie, in einer Phase tiefster Minderwertigkeitskomplexe, kurzentschlossen die Möglichkeit einer Umschulung zur Bürokauffrau wahr. Innerlich abhängig von der Familienstruktur, empfand sie dies aber als Abstieg und litt darunter.

Sie hatte bereits die verschiedensten Therapien und therapeutischen Selbsterfahrungsgruppen absolviert und suchte auch während der – vom Arbeitsamt getragenen – zweiten Berufsausbildung therapeutische Hilfe. Sie hatte die „Ja-aber-Haltung" sehr verinnerlicht und, man kann sagen, ausgesprochen kultiviert und war häufig in Gesprächen, wie sie es seit ihrer Kindheit gewohnt war, gleichzeitig mit ihren eigenen Gedanken beschäftigt.

Dem Therapeuten war es schnell gelungen, durch aversive Reize (Methode einer provokativen Herausforderung), Frau R. aus ihrer depressiven Haltung, Weinkrämpfen und Selbstmitleid, herauszureißen. Dann geschah es, dass sie, nachdem in der Therapie ihre Beziehung zu Männern eruiert worden war, in einer äußerst aufgebrachten Stimmung zur nächsten Sitzung kam und zuerst die „chauvinistische Haltung" des Therapeuten klären wollte. Der Therapeut war äußerst erstaunt über diese Vorwürfe und wurde das noch mehr, als sie ihm, mit nur sehr schwer unterdrückter Empörung, sagte, sie fände vor allem seinen Satz in der letzten Sitzung nicht in Ordnung, nämlich, dass „sie sich mehr mit dem Glied des Mannes beschäftigen solle".

Im ersten Moment war der Therapeut drauf und dran, die Behandlung sofort abzubrechen: So ein Vorwurf war ihm noch nie gemacht worden, und er hatte auch in dieser Richtung nichts nur annähernd Ähnliches geäußert. Auf der anderen Seite passte ihm auch so eine Beschuldigung bzw. ausgedachte Verunglimpfung nicht zu dem Wesen der Patientin, deren Probleme nicht in einer krankhaften sexuellen Überbewertung lagen. Aber die Patientin haftete an ihrer Behauptung, und das auch dann, als sie auf eigenen Wunsch, im Hinblick auf eine ultimative Beweisführung, mit Aufzeichungen über die betreffende Stunde konfrontiert wurde (der Therapeut nahm meistens – nach Absprache mit dem Patienten – wegen der Belastung des ihn erwartenden Antrags an die Krankenkasse die ersten Gespräche als Erinnerungsstütze auf Band auf). Frau R. war sogar bereit, ihm eine Manipulation der Aufzeichnung vorzuwerfen.

Nach langer, mühsamer Analyse des Geschehnisses und Rekonstruktion der Gedankengänge stellte sich aber schließlich heraus, dass die Patientin während der inkriminierten Therapiesitzung derartig mit ihren eigenen Gedanken beschäftigt gewesen war (komplizierte Beziehungsproblematik) und assoziativ an ein in der U-Bahn zufällig mitgehörtes Gespräch zwischen zwei Frauen gedacht hatte, sodass sie dann unterbewusst, emotional überbelastet, dieses Gespräch und ihre Empörung über die Aussage der beiden Frauen im Nachhinein in die Therapiesituation eingebracht und dem Therapeuten einen Ausspruch einer der Frauen in den Mund gelegt hatte.

Das Problematische an der Situation war, dass die Patientin im Grunde auf den Therapeuten etwas übertragen hatte, was dieser weder gesagt hatte noch zu denken bereit war, was sich aber tief in ihre Gedanken eingeprägt hatte und assoziativ hochkam, als der Therapeut sie über ihre partnerschaftlichen Beziehungen befragte – wobei dies für sie sehr schmerzhafte Erinnerungen weckte, weil alle bisher gescheitert waren. Das Ganze führte fast zu einem Bruch in der Therapiebeziehung.

Weil sich Frau R. dann nach und nach erinnerte, dass ihr etwas Ähnliches schon mehrmals passiert ist, dass sie verschiedene Inhalte vermischte und trotzdem überzeugt war, den richtigen Ablauf der Geschehnisse behalten zu haben, erinnerte sich auch der Therapeut, erst in diesem Zusammenhang, an verschiedene sekundäre Störungen durch umgeschulte Händigkeit, die er kurz vorher im Buch „Das linkshändige Kind in der Grundschule" aufgezählt gefunden hatte. Danach schickte er seine Patientin in die Beratungsstelle für Linkshänder und umgeschulte Linkshänder. Hier stellte man fest, dass sie eindeutig umgeschulte Linkshänderin war, und Frau R. konnte sich nach und nach erinnern, wie sie als Kind, noch vor dem Schulbeginn, im Kindergarten auf die rechte Hand richtig „gedrillt worden war", aber trotzdem noch gute zwei Jahre lang um ihre Linkshändigkeit gekämpft hatte. Sie zeigte praktisch alle primären und sekundären Störungen einer Umschulung. Das sie am meisten belastende Phänomen, mit dem sie bis heute zu kämpfen hat, schilderte Frau R. bildlich als „einen Knoten im Gedankengang", wo sie plötzlich hängen bleibt und ihre Gedanken „sich im Kreise drehen". Dies geschieht praktisch immer, wenn zusätzlich starke Gefühle begleitend aufkommen, und dann wird ihr schlagartig bewusst, dass der Vortrag, das Gespräch oder Ähnliches ohne Rücksicht auf ihren „Knoten" weiterläuft. Zuerst reagiert sie verzweifelt bei der Feststellung, den Faden wieder verloren zu haben. Diese Lücke wird dann aber allmählich von ihrem Gedächtnis ausgefüllt – nur manchmal stimmt etwas nicht, weil dies wahrscheinlich zu assoziativ geschieht. Und so etwas passierte auch in der Therapiestunde.

Mit dem beschriebenen Fall hängt zeitlich unmittelbar ein anderer Fall zusammen. Dr. Ivo-Kurt Cizek, ein sehr bekannter und erfolgreicher Psychotherapeut, wurde als Fachmann mit einem anderen, ebenso bekannten und erfolgreichen Nervenarzt, Dr. Jochen Schleimer, nach Köln zur Fernsehsendung von Ilona Christen, die in der 90er-Jahren sehr bekannt war, über Hypochonder bzw. Hypochondrie eingeladen. Dr. Cizek sollte sich zu den vorgestellten Betroffenen äußern, Dr. Schleimer sollte seine langjährigen Erfahrungen als Vertrauensarzt im psychiatrischen und neurologischen Bereich in die Thematik einfließen lassen. Da beide Herren sich in München, insbesondere im Kreis der Psychotherapeuten, einen Namen gemacht haben, war das fachliche Interesse an dieser Sendung hier enorm. Und nach der Sendung wurde ich plötzlich mit zwei verschiedenartigen Reaktionen konfrontiert: Die Mehrheit der Therapeuten hatte sehr positiv bewertet, wie Dr. Schleimer sich zu Therapieversuchen – im Rahmen der Behandlung – praktischer Ärzte gestellt hatte, aber ein anderer Teil war empört darüber, dass Dr. Schleimer sich angeblich *gegen Psychotherapie allgemein* geäußert hatte und angeblich nur die Hausärzte, die ihre Patienten schon lange kennen, walten lassen möchte.

Darauf haben wir uns das Videoband von dieser Sendung nochmals angesehen, und das Ergebnis war erstaunlich.

Frau Ilona Christen spricht die Probleme an: „Ernstnehmen, weil ja etwas sein könnte, sich Zeit nehmen ist bei vielen Medizinerkollegen gerade nicht mehr gang und gäbe. Nach dem neuen Kostenverordnungsgesetz im Zweifelsfall dann doch schon wieder, weil ja neuerdings sogar reden abgerechnet wird. Aber was raten Sie trotzdem den Kollegen, denen Sie ja von der Seite der Schulmedizin ein bisschen kritisch gegenüberstehen?"

Darauf antwortete Dr. Schleimer genau: „Ich würde jedem Kollegen raten, der den somatischen Teil der Behandlung bisher geführt hat, *keine Psychotherapie* mit dem Patienten zu machen. Dieses Mehr, das der Hausarzt, der die Familie seit dreißig Jahren betreut, meint, hier kompetent vorgehen zu können, ist wahrscheinlich bei den meisten einfachen Antworten falsch. Die Delegation an einen Psychotherapeuten   und hier kann also auch der Medizinische Dienst helfen – ist die sinnvollste Maßnahme. Man schadet sonst sich selber als Arzt, man schadet dem Patienten, und man schadet letztendlich auch der Krankenkasse."

Danach haben wir analysiert, wer welche Einstellung angenommen hatte: Die kritisierenden Kollegen waren ausnahmslos umgeschulte Linkshänder!

Psychotherapeuten sind oft gegenüber Therapieversuchen von allgemein praktizierenden Ärzten sehr misstrauisch, insbesondere dann, wenn diese als Maßstab nur die ärztliche Ausbildung in Verbindung mit medikamentöser Behandlung anerkennen und nicht die Behandlungsbefähigung der Klinischen Psychologen bzw. die Psychotherapie selbst als Behandlungsmethode (von wem auch immer sie durchgeführt wird). So war Dr. Schleimers Aussage, als die eines Nervenarztes, mit unterbewusster Spannung wahrgenommen worden, und der erste Teil seines Satzes – eingeleitet noch durch die Aussage von Frau Ilona Christen – klang, als ob er diese befürchtete (unterstellte) Einstellung öffentlich verträte (keine Psychotherapie einzugehen). Aufgebrachte Emotionen und die visuelle Übermittlung haben dann die Wahrnehmung des folgenden Satzteiles übertönt bzw. ihn praktisch gelöscht, und schließlich wurde das Ganze verzerrt im Gedächtnis gespeichert. Die anderen Kollegen hingegen waren *nicht umgeschulte* Rechts- oder Linkshänder und haben die Aussage problemlos als Einheit wahrgenommen. Danach haben wir mithilfe des Videobandes das Ganze instrumentalisiert und experimentell angewendet. Die Ergebnisse bestätigten unsere ersten Analysen.

3.2.5 Detailbezogenes Diskussionsverhalten

Die möglichen Folgen der kurzen Konzentrationsphasen bei umgeschulten Linkshändern sind vielfältig. Häufig sprudeln sie sofort mit ihren Gedanken heraus: Sie können nicht warten, bis sie an die Reihe kommen, denn dann laufen sie Gefahr, dass der eigene Gedanke schon lange wieder vergessen ist. Daher neigen viele umgeschulte Linkshänder dazu, anderen bei Diskussionen ins Wort zu fallen, sehr assoziativ ihre Gedanken vorzubringen (denn, wie gesagt, sie vergessen ihn sonst wieder), und ärgern sich trotzdem später über die Ergebnisse, weil sie doch feststellen, dass sie etwas versäumt haben. Daher erlebt man oft, dass die Betroffenen durch Gedankensprünge jede Diskussion sogar maßgeblich prägen. Diese Eigenschaft wirkt sich aber für alle Beteiligten sehr anstrengend aus, weil der umgeschulte Linkshänder oft stur auf seinen Gedankensprüngen insistiert. Häufig wiederholt er auch mehrmals denselben Gedanken. Das geschieht nicht, weil er glaubt, die anderen wären so dumm, das Gesagte nicht verstehen zu können, sondern weil sich der Umgeschulte den Gedanken beim Wiederholen automatisch fest einprägt und gleichzeitig das Problem „von verschiedenen Seiten beleuchtet". Er ist nämlich gezwungen, den Gedankengang praktisch immer wieder neu zu entwickeln, weil er ihn nicht aus dem Gedächtnis hervorholen kann.

Viele umgeschulte Linkshänder empfinden diese Erfahrung als sehr belastend und verwirrend und meiden daher Diskussionen in Gruppen oder in der Öffentlichkeit. (Ein anderes Extrem ist, wenn sie sich angewöhnen, jeden Gegner brutal, durch Aufbäumen der Emotionen, runterzumachen, zu bekämpfen, ja, sogar zu diffamieren – Politiker). Sie begreifen nicht, wieso sie zwar präzise zu denken fähig sind, aber das Gedachte nicht aussprechen können, und wieso es zu unvorhergesehenen Blockaden, Störungen, halben Sätzen und Blackouts kommt. Viele beschreiben diese Phänomene als eine Art „Knoten im Gehirn", als unbegreiflichen Mechanismus, in dem sie sich verheddern. Es gelingt ihnen nicht, den Anfang und das Ende eines Gedankens zu formulieren und den Diskussionspartnern zu vermitteln, denn dann ist der Gedankengang schon wieder verschwunden in den Verhedderungen und irgendwo abgelenkt, und da sie sich dabei subjektiv ihrer Fähigkeit, normal zu denken, sehr wohl bewusst sind und wissen, dass sie eine normale Intelligenz besitzen, strengen sie sich noch mehr an, und es geht alles noch mehr daneben.

3.2.6 Neigung zu assoziieren und „ins Wort zu fallen", um nicht zu vergessen

Auch das sehr assoziative Denken, das sich meistens an Stichworten orientiert und durch Nebensächlichkeiten initiiert wird, kann man sehr oft beobachten. Die dadurch aufgetauchten Gedanken und Erinnerungen werden sofort in die Diskussion eingebracht.

Der umgeschulte Linkshänder hat durch vergangene Erfahrungen berechtigte Angst, seinen Gedankengang oder Einfall schnell wieder zu vergessen, also bringt er ihn sofort ins Gespräch, sprengt damit eine kontinuierliche Linie und Gesprächsrichtung, schafft es aber so fast immer, die Aufmerksamkeit auf sich zu ziehen und eine Reaktion zu bekommen. Gleichzeitig gelingt es ihm aber oft ungewollt, als Nebeneffekt, damit auch das Gespräch zu sprengen. Es kann äußerst anstrengend sein, sich mit einem umgeschulten Linkshänder zu unterhalten, der diese Eigenschaft entwickelt hat, denn oft insistiert er dann auch auf seinem Gedanken und ist fähig, ihn laufend zu wiederholen, womit er seinem Gegenüber bzw. dessen Verstand ungewollt disqualifiziert.

Dann schweigt er schließlich doch, für den anderen unerwartet, und es entsteht eine Pause, und es liegt nun an dem innerlich abgehetzten Gesprächspartner, mit diesen assoziativen Gedankenbrocken etwas anzufangen, einen Übergang zu anderen Themen zu finden oder diesen Gedankenteil zu bewundern, zu bearbeiten und ihn vorsichtig etwas weiter zu bewegen. Aber wehe, er wagt es, zu weit abzuschweifen und neue Ansätze zu machen. Dann kommt oft die nächste Assoziation des Umgeschulten, ohne Vorwarnung, und der Gesprächspartner steht förmlich „mit offenem Munde" da. Hat er dann zu alledem auch noch einen umgeschulten Linkshänder vor sich, der auch die „Ja-aber-Haltung" richtig verinnerlicht hat, wird jeder gut gemeinte Versuch, etwas Erläuterndes, Eigenes in das Gespräch zu bringen, vergeblich sein, der ungewollte „Widersacher" blockt das nämlich bald wieder ab, sodass dem armen Gesprächspartner allmählich die Luft wegbleibt und er sich frustriert zurückzieht. Zurückbleiben aber auch negative Emotionen und Erinnerungen. Aber das gleiche geschieht erstaunlicherweise manchmal auch dem umgeschulten Linkshänder: Anstatt als „Sieger" diesen Erfolg zu genießen, fühlt er unterbewusst, dass der Kampf nicht mit redlichen Mitteln gewonnen wurde. Und wer trägt die Schuld? Sicher nur der Diskussionsgegner, der es gewagt hat zu widersprechen, und so alles ins Rollen brachte. Und so etwas Hinterhältiges verzeiht und vergisst man nicht. Dieses Gefühl trägt man dann mit sich herum – oft sogar über Monate und Jahre – und der Gegner bekommt es langsam mit Abneigung und Angst zu tun: Auf so eine Art kann sich nur ein Verrückter verhalten! Und wehe, wenn zwischen beiden ein Abhängigkeitsverhältnis besteht …

In diesem Zusammenhang kann man oft bei umgeschulten Linkshändern ein „ungepflegtes Denken" beobachten, die Gedanken werden nicht nach ihrer Wichtigkeit und Bedeutung hierarchisiert, sondern alles sprudelt unsortiert aus den Betroffenen heraus.

Unter der Voraussetzung derartig vorgebrachter Gedankenverschränkungen, Rechthabereien und Widersprüche ist ein Gespräch praktisch unmöglich, und wenn es doch stattfindet, ist es meist in höchster Weise unerfreulich. Dass der umgeschulte Linkshänder hinter seiner Schutzmauer sitzt und oft große Angst hat, sein Konstrukt könne zusammenfallen und seine Argumentation als wertlos oder als zu leicht befunden werden, fällt kaum noch auf.

Etwas von diesem Lebensgefühl ist in dem **Gedicht** der umgeschulten Linkshänderin Solvejg Fiederling enthalten:

Sich der Welt unter Strapazen berechnet, kalkuliert, halbwegs ertragbar geschaffen. Mauern errichtet, Gräben gezogen, Gräben mit Eiswasser gefüllt, ringsherum.	In sich versteift, verknöchert, Halt gefunden, Halt bewahren müssen um jeden Preis.

3.2.7 Understatement als Lebenshaltung und seine Wirkung auf die Partnerwahl

Um die anderen gar nicht erst auf die Idee kommen zu lassen, dass sie sich mit ihnen messen möchten, pflegen viele umgeschulte Linkshänder die Methode des Understatements: Sie machen sich und ihre Fähigkeiten kleiner, als sie sind, sie verkaufen sich „unter Wert."

Die ursprüngliche Absicht des umgeschulten Linkshänders dabei ist nicht, die anderen zu täuschen oder sie aufs Glatteis zu führen und ihnen dann vorzuwerfen, dass sie ihn unrechtmäßig bzw. ungerecht unterschätzt hätten, sondern er hat Angst vor seinem eigenen, unerwarteten Versagen, denn er ist sich niemals seiner Leistungsfähigkeit ganz sicher. Auch wenn er inzwischen erwachsen geworden ist, gelernt hat, mit seinen Schwierigkeiten umzugehen, seinen Beruf beherrscht und auch die eigene Leistungsfähigkeit etwas besser einschätzen kann, ist die Angst vor dem Versagen inzwischen ein grundsätzlicher Persönlichkeitszug geworden. Mit anderen Worten: Er hat sich sicherheitshalber angewöhnt, sich kleiner zu machen, eine Maske zu tragen, um nicht das Versagen vor allen anderen wieder erleiden zu müssen, das ihn schon in der Schulzeit meistens sehr belastet und verunsichert hatte. Lieber akzeptiert er die Haltung ihm gegenüber: „Ein blindes Huhn findet auch einmal ein Korn" als die Blamage, dass von ihm eine Leistung erwartet wird, die zu erbringen er im entscheidenden Augenblick nicht fähig ist, und er dadurch im wichtigen Moment versagt.

Dass sich unter dieser angewöhnten Haltung massive Emotionen verbergen, bleibt versteckt. Er wagt sich nicht dagegen aufzubäumen, dass man ihn fast immer ungerechterweise unterschätzt und falsch beurteilt, dies empfindet er schließlich als geringeres Übel. Dass er nicht das Maß an Arbeit erfüllt, das er unter guten Voraussetzungen eigentlich leisten könnte, nimmt der umgeschulte Linkshänder sehr wohl wahr. Er registriert auch und ist sich bitter bewusst, dass andere Menschen, die eigentlich gar nicht so fähig und nicht so ausgebildet sind wie er, im Vergleich zu ihm fast immer eine höhere Position erlangen. Dass darunter sozialer Sprengstoff mit emotionalen Auswirkungen verborgen liegt, ist sicher verständlich.

Da sich all das Genannte meist auf einer unterbewussten bis halbbewussten Ebene abspielt, wird oft auch das eigene Leistungspotenzial nur z. T. richtig beurteilt. Es wird, im Gegensatz zur Realität, meistens falsch und verzerrt wahrgenommen, und zwar sowohl bei sich selbst als auch von der Umgebung.

Dieses Untertreiben und die allgegenwärtige Tendenz, die eigenen Fähigkeiten sicherheitshalber „herunterzuspielen", wirkt sich auch auf die *Partnerwahl* aus. Ein Partner, der dem umgeschulten Linkshänder an Intelligenz, Ausbildung und sozialer Schicht (und vor allem ohne die Bürde der Umschulung der Händigkeit oder einer anderen Behinderung) gleichgestellt oder sogar überlegen wäre, würde ihm zwar ein adäquater Lebenspartner sein, aber er würde ihm auch andauernd massiv seine eigene Unzulänglichkeit, sein Fehlverhalten und seine vermeintliche Dummheit vor Augen führen. Der umgeschulte Linkshänder könnte z. B. wegen Konzentrationsproblemen nicht mithalten, und auch auf sein Gedächtnis kann er sich nicht ganz verlassen und wäre somit dauernd im Nachteil und in Selbstzweifeln.

Daher suchen sich viele umgeschulte Linkshänder intuitiv solche Partner, die ihrer tiefstapelnden Pseudopersönlichkeit vermeintlich entsprechen, aber die somit meist deutlich unter ihrem eigentlichen geistigen Niveau stehen oder die eine eigene vergleichbare Behinderung oder Benachteiligung erfahren haben, die sie bei der Partnerwahl ihrerseits einschränkt. Das kann Aussehen, eine Behinderung, Zugehörigkeit zu einer Randgruppe in der Gesellschaft sein oder einfach, dass dieser Partner intellektuell unterlegen ist.

Diese Beziehungen können zwar sehr stabil sein, aber nur so lange, wie keiner der Partner aus seiner übernommenen Rolle, oder besser aus seiner vermeintlichen Rolle, ausbricht. Sobald aber der umgeschulte Linkshänder seine Schwierigkeiten in ihrer wahren Kausalität erkennt und sich unerwartet weiterentwickelt in die ihm durch Anlagen und aufgewandte Mühen erreichbare Richtung, wird er selbstbewusster und stellt Forderungen an das Interaktionsniveau, entsprechend seinem gestiegenen geistigen Bedürfnis.

Vielleicht genügt es manchmal, dass er sich auch zu wehren beginnt, und dann kann so eine Beziehung plötzlich sehr belastet werden oder sogar auseinanderbrechen, und beide Partner fühlen sich dann oft von dem anderen betrogen.

Für den umgeschulten Linkshänder besteht meist auch eine zwiespältige Situation dadurch, dass er zwar weiß, dass er dem Partner z. B. an Intelligenz überlegen ist, aber gleichzeitig weiß er auch, dass er sich nicht zu weit nach vorne wagen und selbstbewusst „die Flügel ausbreiten darf", denn es kann im nächsten Moment geschehen, dass die Flügel zerbrechen, dass das Gehirn nicht die Belastung durchhält und er unter Spott und Hohn wieder

„herunterplumpst", sich nach einem peinlichen Blackout wieder brav zurückziehen muss in das belastende und zwiespältige Gefühl, „doch nicht so helle zu sein". Er nötigt sich dann sicherheitshalber selbst doch lieber, in seiner angestammten Rolle zu bleiben und nicht nach Höherem Ausschau zu halten.

Und hier kann sich wieder ein starker sozialer Sprengstoff entwickeln aus Unzufriedenheit, Machtkämpfen und Fehlbeurteilungen, was sich als falsche Struktur in der Familie festsetzt und in die nächste Generation auf der Verhaltensebene „vererbt" wird.

Brief einer umgeschulten Linkshänderin an ihren rechtshändigen Partner

„München, den 9.11.1994

Lieber Christian,

Du hast mich nach Partnerschaft gefragt bzw. Linkshändigkeit und selbige.

Da sind schon die zwei Denkungsarten, die völlig konträr verlaufen, nämlich analytischlinear und synthetisch. Ich habe oft das Gefühl, wenn ich einem Rechtshänder mich und meine Gedanken mitteilen möchte, dass ich nicht verstanden werde. Verschärft dadurch noch, dass ich umgeschult bin, d. h. viele typische Schäden mit mir herumtrage. Oft übersensibel, auch völlig berechtigter Kritik gegenüber, sofort einen Angriff witternd, den ein rechtshändiger Partner gar nicht beabsichtigt hat, und die Verwicklungen daraus ...

Meine Ungeduld, wenn ein rechtshändiger Partner meiner bildhaften, ganzheitlichen Erklärung nicht so schnell nachkommt, wie ich das für selbstverständlich halte. Oder das gleichzeitige Denkenkönnen von verschiedenen Gedankenabfolgen, und das ohne Anstrengung.

Auf der anderen Seite, die Verunsicherung des Partners, wenn ich angeblich total einfache Abfolgen von Gedanken (ich bezeichne das als 1-plus-1-Logik), nicht nachvollziehen kann und nichts verstehe. Der Partner hält mich für dumm, ich ihn für arrogant und überheblich, und schon ist der Knatsch perfekt.

Ein anderer Punkt ist die oft nicht so große Belastbarkeit und ein gesteigertes Harmonie- und Ruhebedürfnis. Ich glaube, umgeschulte Linkshänder haben relativ schnell das Gefühl, dass ihnen alles zu viel wird und die Belastungen über sie wie eine große Flutwelle hinwegrollen; als Folge können Panikanfälle auftreten.

Der Rechtshänder wendet dann seine 1-plus-1-Logik an und versteht überhaupt nichts und reagiert befremdet.

Auch ist es oft so, zumindest meiner Privatstatistik zufolge, dass jemand, der nie „links" angeeckt ist, überhaupt nicht gefühlsmäßig nachvollziehen kann, mit wie viel scheinbaren Nichtigkeiten, die sich zu einem ins Unendliche wachsenden Schwierigkeitenkomplex kumulieren, eine umgeschulte Person zu kämpfen hat, um halbwegs stabil zu sein, und zwar in *jedem* Bereich.

Wie will jemand, für den alles „rechts" ist, das nachvollziehen, und dann wird eine hochgezogene Augenbraue als Angriff interpretiert. Eine eher harmlos gemeinte Frage, „ist das wirklich so schwer", wird als Frontalattacke missverstanden, und der umgeschulte Linkshänder ist im Erklärungs- und Rechtfertigungszwang, ob das angebracht war oder nicht.

Auch kenne ich es zur Genüge, dass z. B. Migräne (oft eine typische Folge von Überkompensation) als Flucht in die Krankheit interpretiert wird, was bei mir absolut nicht stimmt. Nur, wie soll ich einem durchschnittlichen Rechtshänder klarmachen, dass meine Psyche und Physis, für andere nicht sichtbar, verletzt sind. Wie soll es jemand verstehen, der das Gefühl nicht kennt, dass man eigentlich anders wäre, wenn nicht diese starke Beschädigung wäre, wo man doch optisch so normal und ganz und gesund erscheint und es auch sein möchte, aber auch das Wissen darum, dass man so heil wie vor der Verkrüppelung, vor der Weiche, nicht mehr werden kann.

Dann der Kommentar: „Ich kann mir das gar nicht vorstellen", oder, „schieb doch nicht alles darauf", und die Explosion ist da und es knallt.

Es gäbe noch viel an anderen Aspekten, die den Rahmen eines Briefes sprengen würden, aber etwas fällt mir noch ein: Rückzugstendenzen, Verfall in

Resignation und Zumachen, Abtauchen in Sonderlichkeit und Verknöchern, sich zum Tyrannen des Leids entwickeln usw.

Ich freue mich darauf, mit Dir persönlich Meinungen darüber zu entwickeln und die Gedanken auszutauschen, die Du dazu gefunden hast.

Bis bald

Deine Solvejg"

3.2.8 Diplomatie, eine seltene Eigenschaft umgeschulter Linkshänder

Auf der einen Seite hat der umgeschulte Linkshänder Schwierigkeiten, seine Gedanken ausführlich zu formulieren und angemessen darzustellen, auf der anderen Seite begreift er die Zusammenhänge sehr genau. Die Stärke der Linkshänder liegt im synthetischen Denken, und weil durch die Umschulung die Intelligenz, wie gesagt, nicht reduziert wird, aber deren Umsetzung, führen die Eigenschaften der Linkshänder oft dazu, dass der umgeschulte Linkshänder zwar *sehr knapp,* aber sehr treffend – aus der Not eine Tugend machend – zu formulieren fähig ist.

Die so „abgeschossenen" Sätze und analytisch umfassend gezogenen Schlüsse sind oft genau und zielsicher, meist aber ohne Rücksicht, ohne diplomatische Verpackung. Sie wirken oft unbarmherzig bis brutal, ohne Abmilderung durch „vielleicht" oder „eventuell". Der umgeschulte Linkshänder bringt es zwar präzis auf den Punkt, aber die anderen bleiben erstaunt, manchmal auch geschockt und verletzt zurück, und dann wundert er sich wieder über den erzielten Effekt: „Verletzt wodurch?"

Er war so froh, den Gedanken schlüssig und richtig herausgebracht zu haben, dass er die Schärfe der Formulierung nicht wahrnimmt, sie überhaupt nicht bemerkt – Diplomatie ist nicht seine Stärke. Er vertritt, aus den Erfahrungen und der Not in der Vergangenheit gelernt, klare Verhaltensweisen und deutliches Aussprechen dessen, was gemeint ist. Leider vergisst er manchmal dabei, dass es zwischen schwarz und weiß auch noch Grautöne gibt und dass die Wahrheit zu sagen zwar schön und gut ist, aber auch sehr verletzend sein kann, und er versteht dann wieder nicht, warum sich die anderen sicherheitshalber vor Diskussionen mit ihm zurückziehen.

Allerdings kann er die eigenen, scharfen Formulierungen im Hinblick auf die genannten Reaktionen meist doch nicht auf Dauer durchhalten, und so zieht er sich dann häufig wieder mehr oder weniger zurück hinter seine Mauern und beobachtet misstrauisch bis eigenbrödlerisch die ihn missverstehende und – individuell wahrgenommen – feindlich gesinnte Umwelt.

Die gleiche Kritik, die der umgeschulte Linkshänder an anderen übt, ist er aber bei Weitem nicht fähig an sich selbst zu ertragen. Er wirkt und reagiert oft mimosenhaft, verletzlich und muss andauernd um das eigene, meist sehr labile Selbstwertgefühl fürchten, das unter der leisesten Kritik zusammenbrechen kann. Hinzu kommt, dass er meist auch alles allgemein Gesagte auf sich bezieht und sich so noch häufiger verletzt fühlt, als er, objektiv gesehen, Grund hätte. Das Ergebnis ist eine andauernde, auf das leiseste Zeichen eines vermeintlichen Angriffes lauernde, präventive Abwehrhaltung.

Durch sein subjektives, sehr unterschiedliches Selbsterleben ist für den umgeschulten Linkshänder die Welt überaus kompliziert: Die negative Konfrontation geschieht einerseits aus Unterschätzung, andererseits aus Angst vor seinen scharfen Formulierungen. Es findet sich oft leider keiner, der den umgeschulten Linkshänder bei der Hand nimmt und ihm die Welt – und vor allem seine eigene Person – erklärt und besser verstehen lehrt.

3.2.9 Der umgeschulte Linkshänder als stummer Zuhörer

Der umgeschulte Linkshänder liebt es zwar, mit sich allein zu sein, und es fällt ihm nicht so leicht „die Decke auf den Kopf", weil er immer etwas zu tun hat. Eigentlich hätte er aber auch gerne etwas *Geselligkeit*. Aber Small Talk über das Wetter, lockere Plauderei über Belanglosigkeiten, die allerdings ein folgendes wichtiges Gespräch einleiten können, sind für ihn schon Arbeit, sind für ihn anstrengend, und in Diskussionsrunden kommt er daher meist nicht richtig zu Wort: Andere formulieren lockerer und schneller, und entweder bringt der umgeschulte Linkshänder sein Thema mit brachialer Gewalt ein („Ja-aber-Verhalten" und Rechthaberei) oder er zieht sich – wie meist – zurück und gilt als der stumme Zuhörer.

Auch die letzten Vorbereitungen für eine Einladung zum Kaffee und das lockere Gespräch mit dem ersten Gast, während sie noch die letzten Handgriffe macht, können für eine Hausfrau sehr anstrengend sein, wenn sie eine umgeschulte Linkshänderin ist. Entweder konzentriert sie sich auf die Konversation, aber dann vergisst sie die Hälfte der letzten Vorbereitungen, oder sie ist nur „halb bei der Unterhaltung", antwortet zerstreut, und der Gast fühlt sich überflüssig oder zumindest vernachlässigt. Sie fühlt ihre Kräfte schwinden, ihre Bewegungen werden fahrig und ihre Gedanken unkonzentriert. Manche umgeschulten Linkshänder empfinden sogar etwas wie ein leichtes Schwindelgefühl, als „ständen sie neben sich", als entferne sich das Geschehen um sie herum immer weiter von ihnen.

3.2.10 Hart gegen sich selbst und hart gegen andere

Viele umgeschulte Linkshänder entwickeln eine strenge, oder zumindest streng wirkende, Persönlichkeit.

Eine sehr häufig dominierende Eigenschaft bei umgeschulten Linkshändern ist, dass sie zwanghaft überkontrolliert und äußerst präzise arbeiten. Nur so können sie nämlich sicher sein, dass ihnen keine Fehler unterlaufen, aber das erfordert auch Disziplin und vor allem Härte gegen sich selbst, und erhöhtes Durchhaltevermögen wird hier wieder nur über einen sehr erhöhten, unproportionalen Kräfteaufwand erreicht.

Diese Härte gegen sich selbst, die viele umgeschulte Linkshänder schon früh aufzubringen lernen, übertragen sie aber in ihrer Erwartungshaltung auch auf andere. Gerade umgeschulte Linkshänder in Führungspositionen sind oft äußerst hart gegen die Mitarbeiter, fordern ihnen sehr viel Leistung ab und vergessen völlig, dass man mit Lob weit mehr erreichen kann als mit dauernder Kontrolle und Leistungsansporn. Aber wie sollen sie andere loben können, wenn sie kaum fähig sind, ihre eigenen Leistungen als solche zu bewerten, und oft der Überzeugung, dass Lob erst dann angebracht ist, wenn die Arbeit mindestens so gut durchgeführt wurde, wie es ihre eigene Wunschvorstellung – sich selbst betreffend – vorschreibt. Die nicht umgeschulten Mitarbeiter, die sich nicht andauernd Höchstleistungen abfordern müssen, fühlen sich berechtigterweise falsch beurteilt und suchen natürlich an ihrem Vorgesetzten schon die geringsten Fehler und treiben diesen dann wieder zu erneutem erhöhten eigenen Leistungseinsatz, und das Ganze eskaliert.

3.2.11 Die Bewunderung der eigenen Gedankengänge, ohne sie dabei wiederzuerkennen

Eine häufige Schwierigkeit des umgeschulten Linkshänders sind seine unberechenbaren Gedächtnisstörungen. Das schließt nicht aus, dass er ein großes Detailwissen und große Fachkenntnisse besitzen kann. Aber gerade bei komplizierten Gedankengängen und Herleitungen von Schlussfolgerungen spielt ihm oft sein Gedächtnis einen Streich. So erkennt er manchmal, in zeitlichem Abstand, einen eigenen Gedanken, eine Idee oder eine Schlussfolgerung nicht als sein früheres Produkt wieder. Da dieses aber seiner Denkweise, seiner Weltauffassung und seinem Interessensbereich entspricht, kann es geschehen, dass er die betreffenden Ausführungen mit Begeisterung aufnimmt und den Gesprächspartner vielleicht sogar für diese „brillante Idee" lobt.

Wenn sich der andere aber bewusst ist, dass er hier einen früheren Gedanken des umgeschulten Linkshänders aufgenommen und reproduziert hat, kann bei ihm, durch die Konfrontation mit der bewundernden Zustimmung des eigentlichen Urhebers, der Eindruck entstehen, dass er nicht ernst genommen, sondern vielleicht sogar ironisiert und hinterhältig verspottet wird. Dann tritt hier aber plötzlich ein Unsicherheitsfaktor (atypisches Erlebnis) auf: Die sonst übliche Eskalation bis zum direkten Konflikt entspricht nicht der entstandenen, an sich nur einseitig mit negativer Gefühlsaufwallung behafteten Situation! Darum kommt es fast nie zu einer klärenden Aussprache, der Ärger wird „verschluckt", im Gedächtnis bleibt aber hängen (Fixierung durch peinliche Emotionen), dass der betreffende umgeschulte Linkshänder anscheinend sehr eingebildet ist und besonders seine eigenen Gedankengänge bei jeder Gelegenheit narzisstisch bewundert.

Bei dem geschilderten Verlauf handelt es sich um ein leider oft folgenreiches Missverständnis. Der umgeschulte Linkshänder hat den ursprünglichen Gedankengang tatsächlich längst vergessen und müsste ihn erst mühsam neu reproduzieren. Plötzlich damit konfrontiert, erinnert er sich wirklich nicht daran, dass es sich um seine eigene Idee handelt. Dies hängt mit der im vorherigen Kapitel (2.3.2) beschriebenen Eigenschaft des Gehirns zusammen, abgeschlossene Gedankengänge und Handlungsabläufe „abzulegen" und oft zu vergessen oder sich nur noch bruchstückhaft erinnern zu können.

Auf der anderen Seite ist natürlich nicht jeder Gedankengang des umgeschulten Linkshänders brillant, sondern bewegt sich in einem ähnlichen Qualitätsspektrum wie bei jeder vergleichbaren Person. Im Gegensatz zum unbeeinträchtigten Menschen kommt es aber bei einem umgeschulten oft vor, dass er ein unvollständiges Gedankensegment geäußert hat, auf das ihn dann jemand mit besserem Gedächtnis anspricht und vielleicht festlegen möchte, und dann wehren sich manche Betroffenen mit dem charakteristischen Satz: „Was interessiert mich der Unsinn, den ich gestern gesagt habe." Damit zwingt man eigentlich aber auch seinen Gesprächspartner, den Gedanken neu zu formulieren und nicht auf Gelerntes oder angeblich Gesagtes zurückzugreifen.

3.3 Unerwartete emotionale Belastungen und der Zusammenbruch des Systems

Menschen, die gezwungen sind, unter andauernder Überbeanspruchung zu leben, werden äußerst störungsempfindlich. Die größte Gefahr geht dabei von zusätzlichen, im schlimmsten Fall unkalkulierbaren Gefühlsbelastungen aus, die erfahrungsgemäß unsere Kräfte sehr stark absorbieren. Bei umgeschulten Linkshändern kann es dann zum Zusammenbruch des gesamten ausgeklügelten und diszipliniert aufgebauten Systems der die Gedächtnisfunktionen unterstützenden „Eselsbrücken" kommen. Ihre oft pingelig genaue Zeiteinteilung, ihre mühevoll konstruierten mnemotechnischen Hilfen, ihre eintrainierten strengen Gewohnheiten, auf die sie sich notwendigerweise verlassen müssen, zerbröckeln. Was bleibt, sind Chaos, Panik und fluchtartiger Rückzug, oft in Begleitung psychosomatischer Erscheinungen.

3.4 Der Einfluss von Durchsetzungsstreben und Willensstärke auf umgeschulte Linkshänder

Man kann häufig beobachten, dass umgeschulte linkshändige Menschen, wenn sie nur willensstark und durchsetzungsfähig genug sind, sich in der Gesellschaft doch behaupten können. Sie brauchen aber ständig weit mehr Energie, Leistungseinsatz und Konzentration, wohingegen nicht umgeschulte Linkshänder und Rechtshänder sich auf Routine und Automatismen verlassen können.

Den Karriereerfolg konsequent vor Augen zu haben bedeutet für umgeschulte Linkshänder ein Leben in ständiger Anspannung. Sie liegen in andauerndem Kampf mit unvorhersehbaren Gedächtnisausfällen, kombiniert mit einer plötzlichen Unfähigkeit, ihre Gedanken in Worte zu fassen. Durch Forschheit und kurze Äußerungen wird manchmal versucht, die jeweilige Unsicherheit zu überspielen.

Sie werden oft zu unangenehmen Vorgesetzten wegen ihrer Pingeligkeit und überzogenen Kritik gegenüber sich und anderen oder zu schwierigen Mitarbeitern und problematischen Partnern und Erziehern.

Die schwachen Persönlichkeiten unter den umgeschulten Linkshändern flüchten sich aber meist in Selbstmitleid, Weltschmerz und Krankheiten und sind leicht verführbar zu Alkoholmissbrauch, Drogen und dem Einfluss von verschiedensten Sekten und Ideologien.

3.5 Der „Demosthenes-Effekt" – ein schicksalsbestimmender Persönlichkeitszug

Der berühmte griechische Volksredner Demosthenes hat seine Sprachbehinderung (Stottern) dadurch überwunden, dass er mit Kieselsteinen im Mund die Geräusche der Meereswellen durch lautes Sprechen übertönt hat. Trotz seiner Behinderung hat er höchste Leistungen *gerade auf dem Gebiet seiner Behinderung* vollbracht.

So entwickeln viele umgeschulte Linkshänder eine manchmal bis zum Exzess betriebene Selbstdisziplin und Leistungsfähigkeit. Dafür verzichten sie auf Privatleben und opfern persönliche Beziehungen, die sie als ablenkende, zerstreuende Einflüsse ablehnen. Sie streben in oft asketischer Haltung auf ihr berufliches Ziel zu. Dies prägt ihre Persönlichkeitszüge, und ihr meistens weit überhöhtes Durchsetzungsbestreben lässt sie, gewöhnt an eiserne Disziplin, in höchste Positionen aufsteigen.

Aber gerade dadurch, dass der Antriebsmotor für diese hohen Leistungen und die Motivation, eine „Behinderung" zu überwinden, im Dunkeln bleiben, erwarten sie gleiche Leistungen und Einsatz auch von ihren Mitarbeitern, Kollegen und Partnern.

Dieser Circulus vitiosus ist kaum zu durchbrechen und führt häufig zum Scheitern von persönlichen Beziehungen und zum physischen und psychischen Zusammenbruch, wenn bei fortschreitendem Alter oder starker, unerwarteter emotionaler Belastung die Kräfte für die andauernden überhöhten Leistungsanforderungen nicht mehr vorhanden sind. Solche außergewöhnlichen emotionalen Belastungen sind z. B. der überraschende Tod einer Bezugsperson, Trennung vom Partner oder Krankheit[1].

3.6 Umschulung der Händigkeit – ein sozialer Sprengstoff in unserer Gesellschaft

In einer Gesellschaft, die auf komplizierten Denkprozessen und sozialen Beziehungen aufgebaut ist und die eine dauernde Weiterentwicklung und -bildung ihrer Mitglieder notwendig macht, kann umgeschulte Händigkeit

---

1 Dieses und das folgende Kapitel (3.6) wurden übernommen aus: Sattler, Johanna Barbara, Das linkshändige Kind in der Grundschule. Erarbeitet im Auftrag des Bayerischen Staatsministeriums für Unterricht, Kultus, Wissenschaft und Kunst. Herausgegeben vom Staatsinstitut für Schulqualität und Bildungsforschung, München. Auer Verlag, Augsburg, 2018 (17), S. 73 f.

mit ihren persönlichkeitsprägenden Folgen zu einem äußerst gefährlichen Störungsfaktor werden.

So fühlen sich umgeschulte Linkshänder oft von der Gesellschaft ungerecht behandelt. Sie nehmen nicht die richtige Ursache wahr, z. B. warum sie sich individuell weit mehr einsetzen müssen als andere, warum sie aber trotz großer Mühe nicht die Erfolge haben, die sie ihren eigentlichen Fähigkeiten nach erlangen könnten. Sie hadern mit sich und der Gesellschaft darüber, warum ihnen nicht ermöglicht wurde, die Position im Leben einzunehmen, zu der sie eigentlich befähigt sind. Manche halten sich daher für berechtigt, bei entsprechender Gelegenheit an der Gesellschaft Vergeltung zu üben.

Diese Persönlichkeitszüge können sich durch Verhaltensmuster, die von den Eltern übernommen wurden, noch verstärken („soziale Vererbung"). Da Linkshändigkeit, genetisch gesehen, erblich bedingt ist und früher konsequent umgeschult wurde, vertiefen und vererben sich in beiderlei Sinne auch die Verhaltensstörungen. Das Gefühl, Opfer einer nicht rational begründbaren Chancenungleichheit zu sein, birgt in sich auch einen – nicht zu vernachlässigenden – gesellschaftlichen Sprengstoff.

4. Die traditionelle Bewertung von links und rechts

4.1 Der Einfluss der überlieferten Symbolik

Es ist äußerst interessant, dass es weder im Alten noch im Neuen Testament zu einer besonders ausgeprägten Bevorzugung oder Abwertung der linken oder rechten Seite gekommen ist. Allgemein gilt, dass die rechte Seite bevorzugt und etwas mehr wert ist als die linke, es aber nicht zu einer moralischen Abwertung kommt. Die rechte Hand wird oft als die ausführende, handelnde genannt, aber mehr im Sinne der Aktivitäten des normalen Rechtshänders. Auf der anderen Seite werden aber auch außerordentliche Fähigkeiten der Linkshänder betont, und zwar besonders im kriegerischen Sinne. „Und unter diesem ganzen Volk waren siebenhundert auserlesene Männer, die linkshändig waren und mit der Schleuder ein Haar treffen konnten, ohne zu fehlen" (Richter 20, 16)[1]. Oder es wurde von Kriegern erzählt, die angeblich beidhändig waren und den Bogen mit der rechten und der linken Hand bedienen konnten (Chronik 12, 2). Eine etwas fragwürdige Heldentat vollbringt der linkshändige Ehud mit dem Meuchelmord an dem Unterdrücker der Israeliten, dem Moabiterkönig Eglon: „Ehud aber streckte seine linke Hand aus und nahm den Dolch von seiner rechten Hüfte und stieß ihm den in den Bauch" (Richter 3, 15–21), wobei seine Linkshändigkeit hier auch einen Überraschungseffekt hatte.

Eine deutliche Bevorzugung, der auch bewertende Züge zukommen, ist die berühmte Trennung der Böcke von den Schafen (Matthäus 25, 32 ff.) als Gleichnis für das Jüngste Gericht: Der Menschensohn wird die Völker „voneinander scheiden, gleichwie ein Hirt die Schafe von den Böcken[2] scheidet, und wird die Schafe zu seiner Rechten stellen und die Böcke zur Linken. Da wird dann der König sagen zu denen zu seiner Rechten: Kommt her, ihr Gesegneten meines Vaters, ererbet das Reich, das euch bereitet ist von Anbeginn der Welt! … Dann wird er auch sagen zu denen zur Linken: Gehet hin von mir, ihr Verfluchten, in das ewige Feuer, das bereitet ist dem Teufel und seinen

---

1 Die Bibel oder die ganze Heilige Schrift des Alten und Neuen Testaments. Nach der deutschen Übersetzung Martin Luthers. Württembergische Bibelanstalt, Stuttgart, 1968.

2 Kommentar in der Züricher Bibel: „Gemeint sind nicht Schafböcke, sondern Ziegenböcke, und gedacht ist an den Gegensatz zwischen Schafen und Ziegen, die in Palästina zusammen geweidet haben und dann durch den Hirten für die Nacht getrennt werden." Die Heilige Schrift. Verlag der Zwingli-Bibel Zürich, 1955. Das Neue Testament, S. 41.

Engeln." Aber es kommt auch hier nicht zu einer ausdrücklichen Abwertung der linken Seite im Neuen Testament.

Eine moralische Bewertung der Seiten erfolgt erst in der christlichen Liturgie durch Einflüsse aus der griechisch-römischen Kultur, in der rechts die glückliche und links die unglückliche Seite bedeutete. „Besonders extrem war diese Polarisierung bei den Pythagoreern und in den orphischen Mysterien, die verwandte Kultbräuche hatten. So entsprach den orphischen Jenseitsvorstellungen ein seliges Rechts und ein unglückliches Links. Und in der pythagoreischen Tradition sollen das Eine, *das Männliche, das Licht*, das Gerade, *das Gute* und *das Rechts* einander entsprochen haben, sowie das Viele, *das Weibliche, das Finstere, das Böse, das Links*. Die Pythagoreer sahen links den leichteren Weg zum Bösen und Verderben, wohingegen der Weg zur Tugend und Seligkeit rechts steil empor ging."[1]

Altgnostische Schriften übernahmen diese Seitenaufteilung und beeinflussten Mani (216 – um 276), den Begründer des Manichäismus, in seiner Lehre. Dieser weitgereiste Dogmatiker übernahm Elemente von zeitgenössischen griechischen Philosophen, Elemente aus dem Hellenismus, Hinduismus sowie Elemente aus persischen (zarathustrischen) und christlichen Vorstellungen. Nach seinem Tod (er wurde gesteinigt) „verbreitete sich der Manichäismus über das Sassanidenreich, später bis nach China und gewann im Westen bis nach Spanien und Gallien Einfluss. In den jeweiligen Gebieten glich er sich sprachlich und vor allem auch inhaltlich an die jeweiligen Kulturen an. Umgekehrt hatten sich alle geistigen Strömungen mit dem Manichäismus auseinanderzusetzen."[2]

„Im Islam ist die orthodoxe Dogmatik u. a. mit dem Manichäismus ausgebildet worden, im Christentum hat Augustinus, der selbst neun Jahre manichäischer Auditor war, wesentliche Positionen im Kampf gegen den Manichäismus gewonnen. In der islamischen wie in der abendländischen (…) Welt führt der allezeit inoffizielle dualistische Spiritualismus Strömungen weiter, die sich im Manichäismus kristallisiert hatten …"[3]

Grundzug des Manichäismus ist der radikale Dualismus, der Kampf zwischen dem Guten und dem Bösen, dem Licht und der Finsternis.

---

1 Entsprechende Zitate und Quellenangaben finden sich in Sattler, J. B., 1983, S. 48.
2 Sattler, 1983, S. 51.
3 Religion in Geschichte und Gegenwart. J. C. B. Mohr, Tübingen, 1957–62 (3), Bd. 4, Sp. 721.

In den Schriften des berühmten und wirkungsreichen Kirchenvaters Augustinus, des späteren großen Bekämpfers des Manichäismus, findet man eine generelle Abwertung von Links und eine selbstverständliche Bevorzugung von Rechts. Diese Seitenaufteilung ist in die christliche Liturgie und über diese in das christliche Brauchtum und die christliche Kunst eingegangen. So bekamen die Seiten der geosteten, nach Jerusalem gerichteten Kirche eine dualistische Symbolik, nach der sich sowohl die Ausschmückungen der Kirchenwände als auch die Sitzordnung der Gemeinde ausrichteten.

Die im Folgenden abgebildete schematische Darstellung der Seitensymbolik und -aufteilung im christlichen Kirchengebäude bei geosteter Kirche basiert auf Zitaten christlicher Autoren aus verschiedenen Jahrhunderten[1].

Schematische Darstellung der Seitensymbolik und -aufteilung im Kirchengebäude bei geosteter Kirche[2].

Die hier schematisch dargestellten Seitenaufteilungen fanden in der folgenden Zeit in der christlichen Kunst ihren Niederschlag, vornehmlich in Darstellungen der Kreuzigung Christi, des Jüngsten Gerichts und in Stifterbildnissen (Epitaphien), die sich adlige Familien anfertigen ließen.

In *Kreuzigungsdarstellungen* finden wir, immer vom wichtigsten Heiligen, also von Christus aus gesehen, auf seiner rechten Seite die positiveren Wesen,

---

1 Sattler, 1983, S. 56 ff.
2 Ebenda, S. 74.

Menschen und Personifizierungen und auf seiner linken die weniger hochgestellten und negativen.

Kreuzigung Christi aus der 1870 in Straßburg verbrannten Sammlung „Hortus deliciarum" der Äbtissin Herrad von Landsberg, 2. Hft., 12. Jahrhundert[1].

Rechts von Christus, in welche Richtung er auch seinen Kopf gewendet hat, kommt die Ekklesia, die Personifizierung der Kirche, auf dem vierköpfigen Evangelistentier (Tetramorph) als Siegerin angeritten. Ihr gegenüber, zu Christus' linker Seite, ist die personifizierte Synagoge, abgewandt, verschleiert und mit dem Opferlamm im Arm auf einem strauchelnden Esel dargestellt. Der bereuende Schächer rechts ist dem seine Sünden nicht bereuenden links gegenübergestellt, und in vielen gotischen Darstellungen wird die Seele des rechten Sünders gen Himmel gehoben und die des linken fährt, personifiziert als Teufel, in die Hölle. Rechts steht Maria, die als Mutter Christi einen höheren Rang hat als links Johannes, und über dem Kreuz auf Christus' rechter Seite ist die Sonne, der mehr Bedeutung beigemessen wird als dem links

---

1 Dieses Blatt ist noch als Kopie in Paris vorhanden. Reproduktionen bei: Gillen, Otto (Hrsg.), Herrad von Landsberg: Hortus deliciarum. Pfälzische Verlagsanstalt, Neustadt/Weinstraße, 1979.

116

dargestellten Mond. Rechts steht der Hauptmann Longinus mit der Lanze und links gegenüber der Soldat mit dem Essigschwamm.

Auch in Darstellungen des *Jüngsten Gerichts* (Weltgericht) findet sich eine strenge moralische Seitenaufteilung: Rechts im Paradies treffen sich die Seligen (Heilige, Päpste, Kardinäle und gute Seelen), und links ist die Hölle, oft mit dem Teufelsschlund und den fürchterlichsten, den Gläubigen Angst einflößenden Abbildungen der Verdammten. Auch diese Aufteilung wird fast nie durchbrochen.

So hat sich auch Albrecht Dürer in seiner Darstellung des Jüngsten Gerichts an die traditionelle Seitenaufteilung gehalten. Für ihn waren jedoch Maria und Johannes, kniend vor Christus, von ganz besonderer Bedeutung. Unter Christus sieht man dann die Verstorbenen aus ihren Gräbern auferstehen, rechts unter ihm werden die Gerechten von Engeln in das Licht geführt, links unter ihm die Verdammten von Teufeln, in Ketten gelegt, in den Höllenschlund getrieben.

Jüngstes Gericht aus „Der kleinen Passion" von Albrecht Dürer. In großer Ausgabe von Joh. Rudolf Streif, Zürich, 1920.

Ausschnitt: Gerechte werden von Engeln zu dem Licht geleitet.

Ausschnitt: Verdammte werden von Teufeln in den Höllenschlund getrieben.

„Eine Aufhebung der Links-Rechts-Seitenbindung in Bildern vom Jüngsten Gericht nimmt erst Jan van Eyck vor, durch eine vertikale Aufteilung"[1]: oben die Seligen und unten die Hölle.

---

1 Sattler, 1983, S. 102.

Auch *Stifterbildnisse* (Epitaph: Gedächtnisbildnis an einen Verstorbenen, auf dem dieser oft mit seiner Familie und dem Familienheiligen abgebildet wurde) zeigen eine eindeutige Seitenaufteilung: Rechts, von dem Heiligen aus gesehen, wird der Vater und dahinter, so vorhanden, werden die Söhne und links die Mutter mit den eventuellen Töchtern abgebildet.

4.2 Links und Rechts in Redensarten und Wortbedeutungen

Eine Abwertung von links finden wir auch in vielen Wortbedeutungen und Redewendungen:

- linkisch,
- jemanden linken,
- ein linker Typ,
- „das mache ich doch mit links", das ist so einfach, dass man es sogar leicht mit der linken Hand vollziehen kann,
- jemanden links liegen lassen,
- linke Seite eines Kleidungsstücks (Innenseite).

Umgekehrt wird rechts meist in aufwertenden Bedeutungen und Wortverbindungen verwendet:

- rechtschaffen,
- das Recht,
- aufrichtig, aufrecht,
- vom rechten Weg abkommen,
- rechte Seite eines Kleidungsstücks (Außenseite),
- rechtgläubig,
- rechtzeitig.

Dieser Sprachgebrauch findet sich in allen abendländischen Sprachen und auch im slavischen Sprachkreis, wobei man sich nur an die russische Zeitung „Prawda" (wprawo = rechts, prawo = Recht), die Wahrheit, zu erinnern braucht[1].

---

1 Viele Hinweise finden sich dazu auch bei Fritsch, Vilma, Links und Rechts in Wissenschaft und Leben. W. Kohlhammer, Stuttgart, 1964.

4.3 Einfluss der verschiedenen Seitenbewertungen auf das gesellschaftliche Bild des Linkshänders

Diese kurz geschilderten, auch in den Aberglauben eingegangenen, moralisch bewertenden Bedeutungen haben die Vorurteile der Menschen gegenüber links und letztendlich auch gegenüber den Linkshändern unterbewusst weiter geprägt und wirken sich noch heute aus.

So sitzen in vielen kleinen und auch größeren Kirchen die Frauen überwiegend links (bei geosteter Kirche und Blick zum Altar) und die Männer rechts! Eine umgekehrte Sitzverteilung hat meist eine eher profane, mit individuellen Eigenheiten des Standortes der Kirche und der Gemeinde verbundene Begründung.

Dass dies keine auf Deutschland begrenzte Platzaufteilung ist, beweist auch eine Schilderung bei Leo Tolstoj: „Die Kirche war voll von feierndem Volk. Rechts standen die Männer: alte Bauern, in selbstgemachten Kaftanen und Bastschuhen ... Links die Frauen in roten Kopftüchern, Wämsern aus Plüsch ...“[1].

Vor diesem liturgisch bedeutsamen Hintergrund der Seitenaufteilung ist die Sitzverteilung in unseren Parlamenten sicher kein bedeutungsloser Zufall, wie es jedoch in manchen Geschichtsbüchern behauptet wird. Schon in der gesetzgebenden Nationalversammlung (Assemblée nationale législative) in Paris 1791 saßen auf der rechten Seite die Anhänger der geltenden Verfassung (konstitutionelle Monarchie) und auf der linken die Republikaner (Jakobiner). Und diese Platzverteilung ist bis heute gültig: Vom Parlamentspräsidenten aus gesehen, finden rechts die konservativen „rechten" Parteien ihren Platz und links die oft als revolutionär geltenden, mit den Traditionen brechenden, häufig progressiven und verdächtigen „linken" Parteien.

Diese, den politischen Parteien ihren Platz zuweisende linke oder rechte Aufteilung, hat den Linkshändern einen weiteren negativen Touch gegeben, der noch heute zu Ressentiments, polemischen Wortspielen, je nach der Couleur des Politikers oder des schreibenden Journalisten, herhalten muss.

---

1 Tolstoj, Leo, Auferstehung. I. Teil. Manfred Pawlak Verlagsgesellschaft, Herrsching, 1979, 2. Band, S. 225.

5. Die Umschulung der Händigkeit, diesbezügliche wissenschaftliche Untersuchungen und die Umsetzung der Ergebnisse in die Praxis

5.1 Linkshändigkeit in der Literatur oder „Bittschrift der linken Hand"

Allgemeine, z. T. aphoristische Vorbemerkungen

Die Umschulung der Händigkeit war lange Zeit gang und gäbe, allerdings hat sie sich, solange die Betroffenen nicht das Schreiben erlernten, nicht so massiv bemerkbar gemacht. Sie wurde gerade in handwerklichen Berufen nicht strikt durchgesetzt, da sich viele ihren Arbeitsplatz nach eigenem Gutdünken einrichten konnten und sich oft auch ihr dazu benötigtes Handwerkszeug selbst anfertigten. Wir haben daher ziemlich wenige überlieferte Nachweise, da die entsprechenden Gebrauchsgegenstände zur täglichen Benutzung bestimmt waren und meist nicht mehr erhalten sind. Finden lassen sich aber z. B. noch einige für den linken Handgebrauch gearbeitete Jagdgewehre oder Doppellaufgewehre mit Krüppelschaft[1].

Ein interessantes Zeugnis über die übliche Umschulung der Händigkeit und die absolute Benachteiligung der linken Hand ist die **Bittschrift der linken Hand** des großen amerikanischen Präsidenten Benjamin Franklin (1706–1790) in seinen pädagogischen Schriften.

„A petition of the left hand to those who have the superintendency of education

I address myself to all the friends of youth and conjure them to direct their compassionate regards to my unhappy fate, in order to remove the prejudices of which I am the victim. There are twin sisters of us; and the two eyes of man do not more resemble, nor are capable of being upon better terms with each other, than my sister and myself, were it not for the partiality of our parents, who make the most injurious distinctions between us. From my infancy, I have been led to consider my sister as a being of more elevated rank. I was suffered to grow up without the least instruction, while nothing was spared in her education. She had masters to teach her writing, drawing, music, and

---

1 Sattler, 1983, S. 264 ff.

other accomplishments; but if by chance I touched a pencil, a pen, or a needle, I was bitterly rebuked; and more than once I have been beaten for being awkward and wanting a graceful manner. It is true, my sister associated me with her upon some occasions; but she always made a point of taking the lead, calling upon me only from necessity, or to figure by her side.

But conceive not, Sirs, that my complaints are instigated merely by vanity. No; my uneasiness is occasioned by an object much more serious. It is the practice in our family, that the whole business of providing for its subsistence falls upon my sister and myself. If any disposition should attack my sister, – and I mention it in confidence upon this occasion, that she is subject to the gout, the rheumatism, and cramp, without making mention of other accidents, – what would be the fate of our poor family? Must not the regret of our parents be excessive, at having placed so great a difference between sisters who are so perfectly equal? Alas! we must perish from distress; for it would not be in my power even to scrawl a suppliant petition for relief, having been obliged to employ the hand of another in transcribing the request which I have now the honor to prefer to you.

Condescend, Sirs, to make my parents sensible of the injustice of an exclusive tenderness, and of the necessity of distributing their care and affection among all their children equally. I am, with a profound respect, Sirs, your obedient servant,

THE LEFT HAND"[1]

Wie unterschiedlich jedoch die pädagogischen Haltungen gegenüber Linkshändern in den liberaleren Vereinigten Staaten waren, zeigt die **biografische Schilderung** der großen Ethnologin Margaret Mead über ihre linkshändigen Schwestern: „Meine beiden Schwestern waren Linkshänder, und Großmutter, die an Experten glaubte, nahm sie mit nach Philadelphia und konsultierte einen berühmten Psychologieprofessor von der Universität Pennsylvania. Nach guter damaliger Tradition riet er ihr, ihnen den Gebrauch der rechten Hand beizubringen. Sie selbst, die jahrelanges Unterrichten von Kindern im Grunde zu einer viel besseren praktischen Psychologin hatte werden lassen, überlegte, ob es nicht günstiger wäre, wenn die Mädchen ihrer natürlich an-

---

1 Franklin, Benjamin, Educational views. Edited by Thomas Woody. McGraw-Hill Book Company, New York, London, 1931, S. 134–136. – Eine sehr altertümliche Übersetzung findet sich in: Dr. Benjamin Franklin's nachgelassene Schriften und Correspondenz nebst seinem Leben. Aus dem Englischen übersetzt von Gottlob H. A. Wagner. 5. Band, Verlage des Landes-Industrie-Comptoirs, Weimar, 1819, S. 35–36.

geborenen Präferenz folgten. Aber der Psychologe argumentierte, es werde dann Schwierigkeiten mit der sozialen Anpassung geben; es wäre zum Beispiel unschicklich, wenn sie die „falsche" Hand beim Essen benutzten und dabei immer Gefahr liefen, an den Ellenbogen des Nachbarn zu stoßen.

Also brachte Großmutter, die Respekt vor intellektueller Autorität hatte, die kleinen Mädchen nach Hause zurück und lehrte sie, die rechte Hand zu benutzen.

Priscilla lernte wie gestochen schreiben und gewann einen großen Rechtschreib-Wettbewerb in New Jersey. Elizabeth hatte eine fürchterliche Handschrift und schrieb jedes zweite Wort falsch. Als sie sich am College für Architektur entschied, machte sie Skizzen mit der linken Hand und führte die Zeichnung dann mit ihrer trainierten und disziplinierten Rechten aus – und sie fing an zu stottern. Zu der Zeit war schon etwas über den Zusammenhang zwischen dem Gebrauch der Hände und dem Stottern bekannt, und ich überredete Elizabeth dazu, ihre linke Hand zu gebrauchen – und ihr Stottern hörte auf. Nur Elizabeth war bis in ihre Fingerspitzen hinein künstlerisch, und gleichgültig, welches ihrer Talente sie benutzte, sie benutzte es ganz anders als wir übrigen. Ihre Art, Dinge wahrzunehmen, die von der unseren verschieden war …"[1]

Diese Beschreibung ist natürlich als autobiografischer Bericht und nicht als objektiv wissenschaftliche Falldarstellung zu betrachten, und man muss beim Interpretieren sehr vorsichtig sein. So zum Beispiel könnte das intellektuelle Niveau von *Priscilla* ohne die Umerziehung noch um einiges höher gewesen sein, wenn man bedenkt, dass die IQs von Geschwistern durchaus vergleichbar sind und der IQ von Margaret Mead ziemlich hoch gewesen sein dürfte. Aber sicher wirkte sich bei ihr sehr nachhaltig der Demosthenes-Effekt aus. Weiter könnte es sein, dass sich Margaret Mead mit der Angabe des Beginns des Stotterns bei *Elizabeth* (erst im College) irrt, zumal sie acht Jahre älter war (d. h. sie die Entwicklung ihrer beiden viel jüngeren Schwestern nicht unbedingt kontinuierlich verfolgen konnte) und ihre Biografie schrieb, als sie selbst schon Großmutter war.

Linkshänder in der Kriminalistik (LHB)

Auf der anderen Seite war und ist Linkshändigkeit in Kriminalfällen auch ein Indiz auf den Täter, dessen Faustschlag mit der linken Hand meist zielsicher die rechte Seite des Gegners trifft.

---

1 Mead, Margaret, Brombeerblüten im Winter. Ein befreites Leben. Rowohlt Taschenbuch Verlag, Hamburg, 1978, S. 55 f. Margaret Mead ist Jahrgang 1901, Elizabeth 1909, Priscilla 1911.

Bericht aus der Literatur

Stellvertretend für andere Hinweise soll hier die tragische Beschuldigung des Schwarzen Tom Robinson in dem Buch „Wer die Nachtigall stört ..." von Harper Lee genannt werden[1]. Seine linke Hand war verkrüppelt und der Arm etwa 25 Zentimeter kürzer als der rechte. Tom war als Junge mit dem Arm in eine Entkernungsmaschine auf den Baumwollfeldern gekommen, und alle Muskeln waren zerrissen worden. Aber er war angeklagt, gegen die junge weiße Frau Mayella Ewell Gewalt angewendet, sie geprügelt und gewürgt zu haben. Die Schläge waren ihr aber eindeutig von einem Linkshänder versetzt worden, und das konnte nicht Tom Robinson gewesen sein, der nur mit seiner rechten Hand agieren konnte.

Bei der Gerichtsverhandlung stellte sich heraus, dass Mayellas Vater, Bob Ewell, linkshändig war und auch links schrieb. Die Familie lebte verwahrlost und völlig am Rande der „weißen" Gesellschaft, typischerweise auch noch direkt neben der Müllablage, und der Vater schlug und missbrauchte seine Tochter und war es auch in diesem Fall gewesen. Verurteilt wurde aber der Schwarze. Er hat danach dem Gericht nicht getraut, Gerechtigkeit durch es zu erfahren und die Berufungsverhandlung nicht mehr abgewartet. Auf der Flucht aus dem Gefängnis wurde er erschossen.

Der Übeltäter aber ist mal wieder der Linkshänder.

Allerdings zeigt die sehr präzise Beschreibung auch, dass Linkshänder in dieser kleinen Stadt der Südstaaten zu Beginn des 20. Jahrhunderts offensichtlich nicht mehr umgeschult wurden. Denn die Gerichtsverhandlung fand 1935 statt, und Bob Ewell war zwischen 35 und 40 Jahre alt. Sehr interessant ist auch dessen empörte Reaktion, als er die Zusammenhänge zwischen seiner Linkshändigkeit und der Art der Schläge, die seiner Tochter verpasst worden waren, noch nicht verstanden hatte. Er rief, „er begreife nicht, was seine Linkshändigkeit damit zu tun habe, er sei ein gottesfürchtiger Mann ..."[2].

---

1 Harper, Lee, Wer die Nachtigall stört ... Rowohlt Verlag, Reinbek bei Hamburg, 1962. Zitiert aus der Rowohlt Taschenbuchausgabe, 1991.
2 Harper, Lee, 1991, S. 178.

5.2 Wissenschaftliche Abhandlungen über die Folgen der Umschulung der Händigkeit

Auf die Folgen der Umschulung der Händigkeit wird bei verschiedenen Autoren hingewiesen, allerdings oft mehr am Rande der Abhandlung und eher inkonsequent, manchmal sogar in sich widersprüchlich.

Die wohl besten Abhandlungen sind bei den Autoren Andreas Rett, Thaddäus Kohlmann und Günter Strauch[1] und bei Milos Sovak[2] zu finden. Allerdings ist interessant, dass in beiden Veröffentlichungen immer wieder darüber spekuliert wird, ob eine Umschulung der Händigkeit nicht unter bestimmten Voraussetzungen doch möglich ist.

So diskutiert Sovak breit, ob „man den Anforderungen des rechtshändigen Milieus entsprechen und den Genotyp der Linksseitigkeit durch Umerziehung auf die rechte Hand unterdrücken" soll, „oder soll man die individuellen Eigentümlichkeiten des Kindes berücksichtigen und durch Entwicklung des Genotyps der Lateralität die Entwicklung seiner höchsten Qualitäten unterstützen?"[3] Letztendlich spricht er sich aber eindeutig dafür aus, „eine deutliche Linkshändigkeit als Basis für die Persönlichkeitsentwicklung des Kindes zu entfalten"[4].

Die Autoren Rett, Kohlmann und Strauch haben in ihrem bahnbrechend die Problematik der Händigkeit behandelnden Buch in der Grundtendenz eine Umschulung der Linkshändigkeit abgelehnt: „Die Vorteile der Umschulung auf die rechte Hand sind für die Masse der anlagemäßigen Linkshänder minimal, die Nachteile in Form von körperlichen, seelischen und intellektuellen Störungen groß. In vielen Fällen wird das Kind bzw. der Jugendliche aus eigenem Antrieb versuchsweise die rechte Hand zu bestimmten Aktionen benutzen. Die Möglichkeiten des beidhändigen Agierens sollten gefördert werden, nur eben nicht unter Zwang"[5]. Mit dem beidhändigen Agieren wird vermutlich nicht das Schreiben gemeint, sondern andere Tätigkeiten. Leider formulieren hier die Autoren nicht ganz eindeutig und unmissverständlich.

1 Rett, Andreas, Thaddäus Kohlmann, Günter Strauch, Linkshänder. Analyse einer Minderheit. Jugend und Volk Verlag, Wien, München, 1973.
2 Sovak, Milos, Pädagogische Probleme der Lateralität. Bd. 16 der Schriftenreihe des Instituts für Sonderschulwesen an der Pädagogischen Fakultät der Humboldt-Universität Berlin. VEB Verlag Volk und Gesundheit, Berlin, 1968.
3 Sovak, 1968, S. 266.
4 Ebenda, S. 284.
5 Rett u. a., 1973, S. 176.

Jedoch weist das Buch z. T. eine Ambivalenz auf: Es gibt sehr prägnante, überzeugende Schilderungen über die Folgen der Umschulung der Händigkeit, und die Autoren unterscheiden zwischen vier hauptsächlichen Reaktionsmöglichkeiten des umgeschulten linkshändigen Kindes und beschreiben sie brillant[1]. Die Gesichtspunkte, unter denen hier aufgeteilt wird, sind in erster Linie Begabung und Willensstärke und an zweiter Stelle Förderung bzw. Nicht-Förderung. Auf der anderen Seite wird wieder sehr auf angeblich grundsätzlich unter Linkshändern weit stärker vorhandene Hirnschädigungen eingegangen, und die Autoren glauben feststellen zu können, „dass bei Hirngeschädigten die Zahl der manifesten Linkshänder jene der Durchschnittsbevölkerung weit übersteigt"[2]. Das konnte vermutlich dadurch entstehen, weil für dieses Ergebnis wohl hauptsächlich im klinischen Bereich geforscht wurde, also von vornherein Kinder beobachtet wurden, die zerebrale Schädigungen aufwiesen und daher in die neurologische Kinderklinik kamen. Möglicherweise ist dies der Grund, warum das Buch bei den Hilfe- und Ratsuchenden nicht die entsprechende Resonanz gefunden hat und die Interessierten vor allem aus fachorientierten Kreisen kamen.

Eine mögliche Erklärung dafür könnte sein, dass wir es hier mit drei Autoren zu tun haben, von denen sich zwei beruflich hauptsächlich mit hirngeschädigten und entwicklungsgestörten Kindern beschäftigen, hingegen der dritte, Günter Strauch, in einem pädagogischen Bildungsinstitut eines Konsumverbandes tätig war. Möglicherweise sind die Ausführungen über die Folgen der Umschulung der Händigkeit zu einem großen Anteil diesem Autor zuzuordnen, der mit einer nicht so pathologisch belasteten Gruppe von Linkshändern konfrontiert war, wie sie in neurologischen Kliniken vorkommen. Dafür würden auch die Ausführungen in dem 1989 erschienenen Buch „Linkshändigkeit"[3] sprechen, bei dem Günter Strauch nicht mehr beteiligt war und ein neuer Autor, Bo Olsson, erscheint: Auf die Umschulungsfolgen der Händigkeit wird hier weit weniger eingegangen als in dem anderen Buch. Beibehalten wird aber die Behauptung, dass „die Linkshänder im Durchschnitt größere Schwierigkeiten haben, das Lesen, Schreiben und Rechnen zu lernen, als andere Schüler. Die große Häufigkeit von Linkshändern im Krankengut hirngeschädigter Kinder ist evident"[4].

---

1 Rett u. a., 1973, S. 79 ff.
2 Ebenda, S. 5.
3 Olsson, Bo, Andreas Rett, Linkshändigkeit. Verlag Hans Huber, Bern, Stuttgart, Toronto, 1989, S. 64.
4 Olsson, 1989, S. 154.

Das Buch von Josefine Kramer, „Linkshändigkeit. Wesen, Ursachen, Erscheinungsformen. Mit Übungen für Linkshänder und gehemmte Kinder und Jugendliche" hat sehr auf die allgemeine Auffassung über Linkshändigkeit eingewirkt, leider oft nicht in unbedingt klärendem Sinne. Zwar warnt sie bei vielen Kindern vor einer Umschulung der Händigkeit und führt auch verschiedene Umschulungsfolgen zerebraler und psychologischer Natur an, aber das geschieht relativ wenig differenziert und vielfach in unklaren kausalen Verbindungen. Gleichzeitig äußert sie aber ganz eindeutig, dass bestimmte Linkshänder zur Umschulung der Händigkeit geeignet seien. Kramer führt dabei solche Kinder an, „die ihre Linkshändigkeit nur nachgeahmt haben, z. B. von der linkshändigen Mutter oder einem linkshändigen Geschwister, ferner die leichtgradigen, die noch einen guten Rechtseinschlag aufweisen. Bei anderen kann es vorkommen, dass sie sich grundsätzlich schon zur Umschulung eignen, aber erst zu einem späteren Zeitpunkt, wenn ihr Nervensystem mehr nachgereift ist"[1].

Diese Behauptung ist nach den vielen in der Beratungsstelle durchgeführten Untersuchungen und deren Ergebnissen, die auch Langzeitbeobachtungen von Kindern und Erwachsenen miteinschließen, eindeutig abzulehnen. Gerade das Nachahmungsverhalten bewirkt im deutschsprachigen Raum eine Orientierung an der rechtshändigen Umwelt, und nur in sehr seltenen Fällen kommt es tatsächlich zu einer Nachahmung nahestehender linkshändiger Bezugspersonen. Kinder wollen in der entscheidenden Zeit keine Ausnahme bilden, da kann es durchaus geschehen, dass auch ältere Kinder noch versuchen, das andauernde Auffallen durch ihre Linkshändigkeit zu beenden und sich gezielt und mit allem ihnen zur Verfügung stehenden Einsatz ihrer individuellen Willenskräfte auf rechts umzustellen. Gerade das Nachahmungsverhalten spielt hier wieder eine negative Rolle (siehe dazu den Abschnitt „Ich will keine Linkshänderin sein' – Die Heimtücke und der Sinn des Modellverhaltens" in Kapitel 7.3.2). Selbstverständlich schafft es auch ein großer Teil dieser umgeschulten Linkshänder, im späteren Leben die auftretenden Schwierigkeiten zu kompensieren, und das umso mehr, wenn diese möglicherweise aus ihrer angeblich freien Willensentscheidung entstanden sind, aber das geschieht immer mit einem großen Kräfteaufwand. Bei Kramer fehlt auch die Beobachtung, wie es den beschriebenen Menschen dann in ihrem weiteren Leben tatsächlich ergangen ist, wobei die genannten kompensatorischen Auswir-

---

1 Kramer, Josefine, Linkshändigkeit. Wesen, Ursachen, Erscheinungsformen. Mit Übungen für Linkshänder und gehemmte Kinder und Jugendliche. Bd. 19 der Arbeiten zur Psychologie, Pädagogik und Heilpädagogik. Antonius Verlag, Solothurn, 1970 (2).

kungen des Demosthenes-Effektes hier auch nicht unterschätzt werden dürfen! Es sollte nicht den Blick von den vielen missglückten Umschulungen der Händigkeit ablenken, von Menschen, die ihr Leben weit unter ihrem eigentlichen Leistungsniveau führen und sehr unter diesen Folgen leiden, aber nicht ihre Probleme nach außen tragen, denn es werden heute *hundert und ein Grund* für ihr angebliches „Lebensversagen" gefunden.

Im Arbeitsamt Wilhelmshaven wurden von dem wissenschaftlich sehr engagierten Diplompsychologen Arnim Otte-Schacht seit 1963 drei große Untersuchungen an linkshändigen Jugendlichen durchgeführt, die letzten 1986 bis 1989. Besonders interessant ist, dass in diesen Erhebungen der tatsächlichen Situation in der Bevölkerung sicher sehr nahegekommen wird, da keine vornehmlich zerebral beeinträchtigte und so künstlich aus der Gesamtheit „herausselektierte" Linkshändergruppe untersucht wird, wie das in vielen Forschungen an meist zerebral geschädigten Kindern in neurologischen Kliniken und in der Heilpädagogik geschieht.

Otte-Schacht stellt u.a. in seinen zahlreichen beruflichen Kontakten fest, dass noch eine große Unkenntnis der Hintergründe der Linkshändigkeit besteht. Des Weiteren fand er bei den Linkshändern deutlich häufiger Unsicherheitsgefühle, Kontaktschwierigkeiten und Beeinträchtigungen der psychischen Belastbarkeit. Seine Beobachtungen bei seiner zweiten Untersuchung „ergaben Hinweise dafür, dass der Beeinträchtigungseffekt speziell bei den auf rechts umerzogenen Linkshändern besonders groß ist, diese Teilgruppe aber nur unvollständig erfasst wurde (verglichen mit den Linksschreibern)."[1]

Auch der von ihm festgestellte statistische Anteil der Linkshänder mit 22,2 % entspricht weit mehr der heute zu beobachtenden Tendenz eines eindeutigen Anstiegs (durch frühzeitige Erkennung der angeborenen Händigkeit) der linkshändig schreibenden Schüler in den Grundschulklassen. Diese Studie ist sicher von großer Wichtigkeit, und sie ist auch im erfassten Bevölkerungsausschnitt relevant, da in Wilhelmshaven der Bevölkerungsanteil von aus anderen Regionen (gesamte Bundesrepublik) zugezogenen Personen besonders hoch ist (60 %) und damit einem „Bundesdurchschnitt" recht nahekommen dürfte (selbstverständlich noch ohne die neuen Bundesländer).

Zusammenfassend lässt sich feststellen, dass die in bestimmten Kreisen der Wissenschaft und auch unter den Pädagogen schon früher geführten Diskus-

---

1 Otte-Schacht, Arnim, „Linkshändigkeit und Schulschwierigkeiten." In: Rundbrief des Psychologischen Dienstes der Bundesanstalt für Arbeit, Nürnberg, Nr. 30, März 1993, S. 61–102.

sionen über die Gefahren einer Umschulung der Händigkeit, einschließlich des Resultats, dass hier tatsächlich Gefahren bestehen, bei Erziehern und Eltern kaum angekommen sind.

5.3 Die Folgen der Umschulung der Händigkeit, allgemeine pädagogische Erkenntnisse und die „öffentliche Meinung"

Die in den 60er-Jahren in der Tschechoslowakei, bzw. in Prag, intensiv betriebenen Untersuchungen über die Folgen der Umschulung der Händigkeit blieben für Westdeutschland praktisch ohne Bedeutung, obgleich das Buch von Sovak auch in deutscher Sprache in Ostberlin herausgegeben wurde. Einige Auswirkungen scheint es aber in der ehemaligen DDR, und zwar in Ostberlin, Brandenburg und z. T. auch in Neubrandenburg, doch gehabt zu haben. Im Land Sachsen wurden die Untersuchungsergebnisse dagegen kaum bis gar nicht zur Kenntnis genommen, denn gerade von dort und aus Thüringen kommen seit der „Wende" besonders viele Anfragen von Betroffenen aus jeder Altersgruppe an die Beratungsstelle für Linkshänder und umgeschulte Linkshänder.

Sehr selten wurde von Hilfe- und Ratsuchenden die Wirkung Sovaks im Westen angesprochen, und in der Fachliteratur wird er zwar immer wieder zitiert, aber seine Ergebnisse werden bei Weitem nicht ernst genug genommen, geschweige denn in die Praxis umgesetzt.

Es wäre Aufgabe einer politisch-soziologischen Arbeit, zu untersuchen, warum so wenig von der östlichen Forschung wissenschaftlich und konkret in die pädagogischen Erkenntnisse in den Westen übernommen wurde und warum das Buch sogar in der ehemaligen DDR, wo es deutschsprachig vorlag, nicht richtig in das Erziehungssystem eingegangen ist. (Es soll allerdings einen Erlass in Ostberlin gegeben haben, wonach Linkshänder nicht mehr umgeschult werden dürfen.)

Die Liberalisierung in der Händigkeitsfrage – ein Nebenprodukt der antiautoritären Erziehung

Es ist auch zu hinterfragen, ob die etwas zu beobachtende Liberalisierung bezüglich der Einstellung zur Linkshändigkeit in den 60er- und 70er-Jahren in Deutschland auf eine mögliche Wirkung von Sovak zurückzuführen ist oder auf die damalige, weit wirkungsvoller sich verbreitende antiautoritäre Erziehung der Kinder. Diese mit einer politischen Bewegung einhergehende frei-zügigere Pädagogik zog automatisch auch eine freizügigere Handhabung der Händigkeitserziehung nach sich. Vermutlich hat dieser Einfluss bei Weitem überwogen, sodass die Liberalisierung in der Händigkeitserziehung „nur" ein Nebenprodukt der antiautoritären Erziehung war, aber keine in die allgemeine Erziehung eingegangene wissenschaftliche Erkenntnis. Sicher hat dazu auch der spezifische Kreis der Wissenschaftler und Fachleute beigetragen, die sich überhaupt ernsthaft im deutschsprachigen Raum mit Fragen der Händigkeit beschäftigt haben. Denn es waren hauptsächlich Förder- und Heilpädagogen (z. B. die schon genannten Milos Sovak und Josefine Kramer), Sprachheilpäd-agogen (z. B. Alfred Zuckrigl), Ärzte und Psychologen, die mit entwicklungs-gestörten und neurologisch auffälligen Kindern befasst waren (z. B. Andreas Rett, Thaddäus Kohlmann und mit Einschränkungen Günter Strauch).

Die Gegenbewegung zur antiautoritären Erziehung hat dann in den folgenden Jahrzehnten die sehr unterschiedlichen Haltungen gegenüber der Händig-keitserziehung beeinflusst, bzw. man blieb unreflektiert meist bei der aus der Vergangenheit tradierten Grundauffassung, dass Linkshänder doch auf rechts umgeschult werden sollten, und wenn Komplikationen dabei auftra-ten, wurden diese meist der falschen Methodik zugeschrieben und nicht der Tatsache der Umschulung der Händigkeit an sich.

Sensibilisierung der Bevölkerung durch gezielte Aufklärung über die Folgen der Umschulung der Händigkeit

Zögernd setzte sich aber die eine oder andere Erkenntnis aus der heilpäda-gogischen Forschung über Linkshändigkeit doch durch, und es kam zu einem langsamen Anstieg der Anzahl linkshändig schreibender Kinder.

Seit Mitte der 80er-Jahre wurde die direkte Aufklärung der Bevölkerung durch die Tätigkeit der 1985 gegründeten Interessenvereinigung für Linkshänder gezielt in die Wege geleitet. Es entwickelte sich allmählich eine größere Sensibilität für die negativen Folgen der Umschulung der Händigkeit. Die Praxis wurde durch immer präzisere Forschungsergebnisse untermauert, und auch das Interesse der Medien wurde immer größer und die Problema-tik immer bekannter. Zu diesem Prozess hat zunehmend auch die aus einem Forschungsprojekt über die Gehirnhemisphärenlateralisation und die Folgen der Umschulung der Händigkeit hervorgegangene Beratungs- und Infor-mationsstelle für Linkshänder und umgeschulte Linkshänder in München beigetragen.

6. Hilfestellungen für umgeschulte Linkshänder durch Aufarbeitung der Umschulungsfolgen

Für viele umgeschulte Linkshänder ist die Erkenntnis, dass ein großer Anteil ihrer Probleme durch einen kausalen Zusammenhang mit der oft schon lange vergessenen und verdrängten Umschulung der Händigkeit entstanden ist, zuerst ein Schock, dann aber eine ausgesprochen wichtige Erfahrung.

Sie sahen zuvor ihre Schwierigkeiten als ein hauptsächlich nur sie betreffendes, individuelles Problem an. Sie fühlten sich zwar irgendwie beeinträchtigt oder sogar behindert, konnten sich das aber nicht plausibel erklären, bzw. sie hatten sich allmählich daran gewöhnt, ihre Schwierigkeiten in Hinblick auf ihr eigenes Selbstwertgefühl negativ auszulegen.

Die Erkenntnis, dass nicht sie allein davon gezeichnet sind, sondern dass viele andere Menschen ähnliche Probleme haben und mit diesen kämpfen, aber auch nicht darüber sprechen, bewirkt oft Erleichterung und gleichzeitig auch vielfach eine starke depressive Reaktion: „Warum musste gerade mir das passieren?"

Häufig kommt es dann zu Wut auf die Verursacher, die Eltern, Lehrer oder andere nahestehende Personen, und oft diesen gegenüber auch zu massiven Vorwürfen, wobei sich die Angegriffenen häufig gar nicht mehr an den inkriminierten Umschulungsvorgang erinnern bzw. ihn aus ihrer Sicht schon lange als Belanglosigkeit vergessen haben. Dadurch erleben viele umgeschulte Linkshänder erneute Irritationen und werden so noch tiefer in ihre Probleme zurückgeworfen. Denn die beschuldigten, ihnen nahestehenden Menschen und manchmal auch Personen, die nicht die Verursacher der Umschulung der Händigkeit waren, reagieren auf diesbezügliche Vorwürfe meist aggressiv und halten sie sogar für ein nachträglich konstruiertes Alibi, mit dem der umgeschulte Linkshänder sich einen Vorteil in der Konkurrenz im tagtäglichen Leben, in der Partnerbeziehung und am Arbeitsplatz erschleichen möchte. Sie werfen ihn durch diese Abwehr in weitere Selbstzweifel, Unsicherheiten und in erneut aufflammende Minderwertigkeitsgefühle. Leider kommt es so wiederum nicht zu einer pragmatischen Bewältigung der wahrgenommenen Probleme, zu einem Prozess der Aufarbeitung und der Umbewertung der eigenen Leistungsfähigkeit, der erreichten Erfolge und zu einer Änderung der festgefahrenen Verhaltensmuster bei den Betroffenen, die dringend notwendig wäre.

Für eine erfolgreiche Verarbeitung und einen akzeptablen Umgang mit der Problematik der Umschulung der angeborenen Händigkeit ist deswegen eine Selbstbeobachtung der Primär- und Sekundärfolgen grundsätzlich notwendig sowie deren Trennung von anderen, z. B. erzieherischen Impulsen, die in den bisherigen zwischenmenschlichen Beziehungen entscheidend waren.

Durch einen positiv durchlaufenen Prozess, wenn also eine Aufarbeitung, die auf eine richtige Bestimmung der Probleme und verschiedenen Zusammenhänge zielte, geleistet worden ist, kommt es bei vielen Menschen zu überraschenden und kontinuierlichen Besserungen sowohl bei den primären als auch bei den sekundären Umschulungsfolgen. Nach vielen, erstaunlich sich ähnelnden Äußerungen wird den Betroffenen oft förmlich eine „Last von den Schultern genommen", eine Last von falsch verstandenen Kausalitäten, von unbegründeten Minderwertigkeitskomplexen, und sie können dann freier reagieren, sehen quälende Gedankenblockaden und Konzentrationsschwierigkeiten aus einem neuen Blickwinkel und reagieren anders darauf. Ihre typischen, bisher sich negativ auswirkenden Versagensängste projizieren sich mit weit geringerer Intensität auf ihre Leistungsfähigkeit, sodass es zu einer durchgehend als äußerst erleichternd empfundenen Besserung kommt.

Bei vielen Betroffenen werden also bereits durch die richtige Zuordnung der Zusammenhänge entscheidende Prozesse eingeleitet, mit deren Hilfe sie sich dann allgemein besser fühlen, sich etwas leichter integrieren und manches negativ sich auswirkende Verhaltensmuster, zumindest von Fall zu Fall, sprengen können.

Natürlich ist dadurch die Ursache – die Umschulung der angeborenen Händigkeit – nicht behoben, aber es kommt zu einem Prozess der reiferen Akzeptanz bestimmter Schwierigkeiten, ohne dass die Betroffenen sofort in Minderwertigkeitsgefühle und Depressionen abgleiten oder, wie es manche tun, den aufgewendeten Leistungseinsatz noch derartig erhöhen, dass der physische und psychische Zusammenbruch in beängstigende Nähe rückt.

Allerdings wäre es falsch, eine Hoffnung zu wecken, dass dadurch die primären Umschulungsfolgen grundlegend zurückgehen werden oder ganz verschwinden. Sie treten weiter auf, und man muss weiter mit ihnen rechnen und sie als solche akzeptieren: als eine Behinderung, die man andauernd mit sich herumschleppt. Was aber weit wichtiger ist, zeigt die empirische Feststellung, dass gerade die negativen *Auswirkungen im Bereich der Sekundärfolgen sich massiv verringern,* und zwar vor allem durch die Durchbrechung der automatisch einsetzenden emotionalen Rückkoppelung.

Hilfe durch Psychotherapie

Eine gezielt angewandte Psychotherapie kann in diesem Bereich viel bewirken und dem umgeschulten Linkshänder Rückmeldungen auf seine – häufig von ihm selbst überhaupt nicht wahrgenommenen – falschen Verhaltensmuster, Überkompensationen und überdosierten Anforderungen (an sich und andere) geben, die sonst sehr oft zu Missverständnissen und Überempfindlichkeiten führen (siehe auch Kap. 8.7).

Voraussetzung ist aber, dass die Folgen der Umschulung dem Betroffenen geglaubt werden und nicht versucht wird, ihm diese real existierenden Benachteiligungen, aus welchen Gründen auch immer, auszureden. Alle Folgen müssen vom Therapeuten und Patienten akzeptiert werden, wie auch eine „normale" Körperbehinderung akzeptiert werden muss, und man darf sie nicht bagatellisieren, nur weil sie nicht nach außen hin sichtbar sind. Das Leid und die Trauer müssen gemeinsam wahrgenommen und durchlebt werden, sonst bleiben sie als ein dauernder Störfaktor bestehen. Ansonsten können sich die Beschwerden verschieben und chronifizieren, es kann zur Umsetzung in verschiedene Krankheiten kommen, begleitet leider sehr oft auch von abgebrochenen Psychotherapien. Häufig haben solche Patienten schon mehrere Therapien erfolglos durchlaufen und sind gewissermaßen „übertherapiert". Übrigens kommt es vornehmlich nicht so auf die Methode der Therapie an wie auf die *Akzeptanz der Schwierigkeiten,* mit denen der umgeschulte Linkshänder ständig leben muss.

Noch heute finden sich in den gängigen psychotherapeutischen Methoden praktisch keine Hinweise auf umgeschulte Linkshänder, sie werden ausgespart, und auch in der universitären Ausbildung stellen sie bisher kaum ein ihrer Problematik adäquates Thema dar. Indirekt hat sich die Psychotherapie selbstverständlich andauernd mit umgeschulten Linkshändern – vor allem im Hinblick auf die Sekundärfolgen der Umschulung – auseinandergesetzt (meistens mit einer vollkommen anderen, hineininterpretierten Störungsursache) und sie dann mehr oder weniger erfolgreich behandelt. Ihr fehlte aber der kleine Mosaikstein der kausalen Zusammenhänge bzw. der Kenntnis der richtigen Zuordnung von Folgen einer Umschulung der angeborenen Händigkeit für Schullaufbahn und Persönlichkeitsentwicklung des Betroffenen.

Nur durch dieses Wissen kann man ihm gerecht werden und wirklich helfen, bestimmte Eigenschaften und Symptome richtig einzuordnen und in die therapeutische Behandlung einzubeziehen.

Selbsthilfegruppen und ihre Grenzen

Die therapeutische Behandlung umgeschulter Linkshänder gehört vor allem in die Hände von erfahrenen Fachleuten – vornehmlich Psychotherapeuten oder psychotherapeutisch ausgebildeten Ärzten. Selbsthilfegruppen können zwar auch oft eine wertvolle Hilfe leisten, aber sie bergen in einer Konfrontation mit den häufig gerade unter umgeschulten Linkshändern anzutreffenden Persönlichkeitseigenschaften (besonders dem Widerspruchsgeist und der „Ja-aber-Haltung") gleichzeitig große Gefahren in sich. Was für den einen richtige Ergebnisse und Hilfestellungen sein können, sind gerade für den anderen Betroffenen, in seiner individuellen Lebenssituation, falsche oder sogar schädigende Ansätze. Durch eine Verunsicherung und den sich auswirkenden Gruppenzwang kann darüber hinaus eine an sich gut gemeinte Hilfeleistung von engagierten Laien zu noch negativeren Ergebnissen, zu einer noch größeren Unsicherheit und zu einem noch massiveren Ansteigen der Minderwertigkeitsgefühle bei dem Betroffenen führen.

Begleitet vom absolut notwendigen fachlichen Wissen und entsprechenden Erfahrungen, sind in einer therapeutischen Gruppe sehr, sehr strenge Regeln und Richtlinien notwendig, damit es nicht zu zusätzlich negativen Entwicklungen kommt, sondern ein Heilungsprozess eingeleitet werden kann, unterstützt von der Erkenntnis, dass man nicht allein mit seinem Beschwerdenkreis wehrlos der Willkür des Schicksals ausgeliefert ist.

7. Möglichkeiten und Gefahren einer Rückschulung der Händigkeit

7.1 Einführungsgedanken zur Rückschulung

Was man früher als eine unumstößliche, der Tradition verpflichtete „Naturbedingtheit" hingenommen hat, nämlich dass linkshändige Kinder auf den Gebrauch der rechten Hand umerzogen wurden und trotz aller möglichen aufgetretenen Schwierigkeiten ihr *ganzes Leben dabeibleiben müssen*, wird in den letzten Jahrzehnten zunehmend in Frage gestellt. Immer mehr Betroffene der verschiedensten Altersgruppen wagen heute den Schritt, sich wieder auf die vormals dominante linke Hand zurückzuschulen.

In der Fachliteratur findet man dazu allerdings sehr wenige kompetente Hinweise. Vornehmlich Sovak schildert Fallbeispiele, in denen Kinder, bis kurz vor der Pubertät, zurückgeschult wurden[1].

Da Sovak grundsätzlich gegen eine Umschulung von Linkshändern ist, hat er folgerichtig auch Rückschulungen auf die linke Hand vorgenommen und beschrieben. Zusammenfassend stellt er fest: „Für die Rückkehr zur linken Hand bei Linkshändern, die bereits früher umerzogen wurden, entscheiden in der Hauptsache die ermittelten und richtig beurteilten Folgen der Umerziehung. Die Rückkehr zu linkshändiger Tätigkeit, besonders zum Schreiben, führen wir so früh wie möglich herbei. Je früher wir damit beginnen, desto leichter ist die Arbeit mit dem Schüler und umso besser und dauerhafter sind die Ergebnisse. Wir zögern nicht, entsprechend der Bedeutsamkeit der Symptome, einen Versuch zur Rückkehr zur linken Hand auch bei älteren Schülern vorzunehmen. Bei weniger begabten Schülern bedenken wir sorgsam, ob eine Veränderung der erlernten Stereotypen durch die Rückführung nicht die bestehenden Schwierigkeiten noch verschlechtern könnte.

Die bisherigen Schulversuche über die Erziehung zur Ambidextrie sind misslungen. Ziel ist die Festigung und Stärkung des Genotyps der Lateralität, also auch der Linksseitigkeit. Die Tendenz zur Ambidextrie bei Kindern ist als atavistischer Rückschlag zu werten"[2].

---

1 Sovak, 1968, S. 302 ff.
2 Ebenda, S. 323.

Und schließlich warnt Sovak: „Einen umerzogenen Linkshänder zum linkshändigen Schreiben zu überführen ist eine methodisch schwerere Arbeit, als wenn man einen Linkshänder lehrt, von Beginn an mit seiner leitenden Hand zu schreiben. Daher sind eine fachliche pädagogische Instruktion und eine Kontrolle des Verfahrens erforderlich …"[1].

Josefine Kramer streift die Problematik der „Rückführung" zum linkshändigen Schreiben und widmet ihr etwa eine Seite in ihrem Fachbuch. Sie bezieht sich hauptsächlich auf Sovak. Kramer betont: „Nicht für jeden rechtshändig schreibenden Linkshänder ist Rückführung zum linkshändigen Schreiben zu empfehlen. Es hängt jeweils von der psycho-physischen Eigenart des Individuums, der Widerstandsfähigkeit seines Nervensystems, der Art und dem Grad der als Folge der Umschulung auftretenden Störungen ab, ob Rückführung erfolgreich sein wird."[2]

Der zweifache Nobelpreisträger Linus Pauling, der auch durch sein äußerst überzeugtes Eintreten für die regelmäßige Einnahme von Vitamin C bekannt ist und mit dem von ihm erreichten Lebensalter von 93 Jahren die praktische Wirkung seiner Theorie an der eigenen Person u. U. bewiesen hat, war auch ein umgeschulter Linkshänder, der sich selbst auf die linke Hand zurückgeschult hat. Er hat geschildert, dass er *nach einer Zeit des Chaos* mit links gut zurechtkam und sich seitdem weit besser fühlte[3].

Somit war es nur folgerichtig, dass inzwischen immer mehr umgeschulte Linkshänder im Erwachsenenalter auf die Idee kamen, ihre Probleme durch eine Rückschulung auf die linke, dominante Hand reduzieren zu wollen.

Interessanterweise sind die Ergebnisse aber äußerst unterschiedlich: Das beobachtete Spektrum bewegt sich sogar von massiven Verschlechterungen über nur zeitweilige Besserungen bis zum tatsächlichen, dauerhaften Erfolg. Es lassen sich also die unterschiedlichsten Entwicklungen finden, was mehr Fragen aufwirft als Antworten zulässt.

Rückschulung der Händigkeit auf die dominante Hand – ein Experiment mit dem eigenen Gehirn und der eigenen Psyche

Im Folgenden werden günstige und ungünstige Voraussetzungen und Begleitumstände für eine Rückschulung der Händigkeit geschildert und versucht,

---

1 Ebenda, S. 350.
2 Kramer, 1970, S. 225.
3 Persönliche Erklärung. Anlässlich seines Todes gesendet im deutschen Fernsehen 1994.

die bisher bekannten Erkenntnisse zusammenzufassen, die man aus den in der Praxis beobachteten und untersuchten Rückschulungsversuchen ziehen kann.

Übrigens gilt hier die gleiche Regel wie schon für die Umschulungsfolgen, nämlich dass eine Rückschulung von der rechten auf die dominante linke Hand mit einer (allerdings weit selteneren) Rückschulung von der linken auf die dominante rechte Hand vergleichbar ist, und das sowohl in ihren Auswirkungen als auch in ihren Bedingtheiten.

Grundsätzlich sollte man sich aber bewusst sein, dass die Rückschulung auf die dominante Hand *ein Experiment mit dem Gehirn des Betroffenen ist* und dass häufig auch die Psyche eine wichtige Rolle dabei spielt und es daher auch zu unerwarteten, völlig überraschenden Reaktionen kommen kann.

Gerade die psychischen Probleme, die oft verwoben sind mit den Primärfolgen der Umschulung der Händigkeit (und weiter durch diese entstandenen sekundären Problementwicklungen) können zu neurotischen und psychosomatischen Erscheinungsformen und Krankheitsbildern führen. Deswegen sollten sich die Betroffenen unbedingt der Obhut eines erfahrenen Psychotherapeuten anvertrauen. Dabei ist für den Erfolg der Intervention nicht unbedingt die jeweilige psychotherapeutische Ausrichtung des Behandlers ausschlaggebend, sondern vielmehr die breiten praktischen Erfahrungen des Therapeuten und seine Bereitschaft, den einzelnen Betroffenen bei der Lösung seiner Schwierigkeiten in ihrem Gesamtzusammenhang zu begleiten.

Die *Psychoanalyse,* die sich mit den frühesten Kindheitserlebnissen auseinandersetzt und Konsequenzen aus Fehlhandlungen in dieser Zeit für das ganze Leben zieht und weitere Entwicklungen prognostiziert, kann besonders traumatisierte Erlebnisse bei der gewaltsamen Umschulung der Händigkeit bearbeiten. Hingegen sind die Traumatisierungen, die in ihren tagtäglichen Konsequenzen nicht ein einzelnes Erlebnis der Folgen der Umschulung der Händigkeit darstellen, sondern eine Erlebniskette mit den entsprechenden Reaktionsweisen z. B. der Eltern und Geschwister widerspiegeln, für die Betroffenen durch die permanent begleitenden, tatsächlichen organischen Störungen und die daraus resultierenden körperlich wahrnehmbaren Folgen bis in die Gegenwart nicht problemlos erschließbar.

Die *Verhaltenstherapie* ist durch ihre Einbeziehung organischer Störungskomponenten (Organismusvariable) und der Verbindung von Reiz und Reaktion und der sich daraus ergebenden falschen Verhaltensmuster und -ketten weit prädestinierter mit ihrem Ansatz im „Hier und Jetzt", bestimmte Verhaltensstörungen zu behandeln und unerwünschte, behindernde Symptome zu bekämpfen sowie kausale Zusammenhänge zu erklären.

Dass hier gerade die beiden „Antipoden" der psychotherapeutischen Ansätze aufgeführt werden, schließt nicht aus, dass auch andere Therapieformen z. B. aus der Humanistischen Psychotherapie (Klientenzentrierte Psychotherapie, Gestalttherapie), Neurolinguistisches Programmieren – NLP, Klinische Hypnose u. a. nicht ebenso effektiv und hilfreich sein können.

In den folgenden Fallbeispielen werden daher z. T. Fachbegriffe benutzt, die aus der Psychotherapie stammen. Das erklärt sich durch die Schwierigkeit der Thematik und die unbestrittene Tatsache, dass man hier Neuland betritt. Und dieses Neuland kann am ehesten mit der psychotherapeutischen Ausrüstung bewältigt werden, und von hier aus können auch am ehesten die notwendigen Hilfestellungen geleistet werden.

7.2 Wichtige Aspekte zur Entscheidung über Sinn und Zweck einer Rückschulung der Händigkeit

Der höchst komplexe Vorgang des Schreibens, der bei einer Umschulung der Händigkeit maßgeblich an den Umschulungsfolgen beteiligt ist, wirkt sich auch bei einer Rückschulung auf die ursprünglich dominante Hand am stärksten aus, und das sowohl in positive wie negative Ergebnisrichtung. Menschen, die alles mit links machen und nur zum Schreiben umgestellt wurden, leiden oft ebenso unter Umschulungsfolgen wie Menschen, die auch für andere Tätigkeiten, wie Malen, Zeichnen, Essen und Handwerken auf die nicht dominante rechte Hand umgestellt wurden. Eine Rückschulung der Händigkeit beinhaltet also vornehmlich die *Wiederbenutzung der dominanten* (in diesem Falle linken) *Hand zum Schreiben.*

Um die Entscheidung zu einer Rückschulung auf die ursprünglich dominante Hand, also meist auf die linke Hand, zu treffen, müssen folgende Umstände in Betracht gezogen, untersucht und bewertet werden[1]:

a) *Alter* des Betroffenen

---

1 Da es sich vornehmlich um Rückschulungen auf die linke Hand handelt, wird auch nur (aufgrund der didaktisch-methodischen Vereinfachung) von dieser gesprochen, wobei, wie schon gesagt, bei der Rückschulung auf die rechte Hand (dem Fall, dass durch verschiedene Umstände ein Rechtshänder auf links umgeschult wurde) keine nennenswerten Unterschiede auftreten.

b) *Einstellung* des Betroffenen *zur Linkshändigkeit* allgemein und *zu einer Rückschulung*

c) *Einstellung* des Betroffenen und seiner Bezugspersonen (Familie, Lehrer) zu einer Rückschulung auf die dominante Hand

d) *Alter des Kindes, Ort* und *Art und Weise* der früher stattgefundenen *Umschulung* auf die nicht dominante Hand

e) *Grad der Umschulung*, d. h. wie viele Tätigkeiten umgestellt und wie viele mit der dominanten Hand weiter durchgeführt wurden

f) *Art* der aufgetretenen *Umschulungsfolgen* und ihre Ausprägung

g) *Feststellung, ob zeitweilig* nach der Umschulung wieder links bzw. *mit der dominanten Hand geschrieben wurde*

h) *Beidhändig praktizierte Tätigkeiten*, z. B. Musizieren, Computerschreiben, Sport

i) *Grad der Überwindung der primären Umschulungsfolgen* der Händigkeit durch mnemotechnische Hilfestellungen und Aufbau überbrückender Strukturen im Gehirn

j) *Verdacht auf Minimale cerebrale Dysfunktion* bzw. Teilleistungstörungen, zusätzlich zur Umschulung der Händigkeit

k) *Bedeutung und Rolle des Schreibens im gegenwärtigen Leben* des Umgeschulten (Ausbildung, Beruf, Privatleben)

l) *Aktuelle Lebensbedingungen:* Krisen- und Umbruchssituation, Instabilität durch Krankheit u.Ä.

m) *Erwartungen*, die positive Veränderungen der Lebensqualität durch eine Rückschulung der Händigkeit betreffen

Die Reihenfolge der aufgeführten Punkte graduiert nicht und beinhaltet *keine* Wertung bezüglich der Erfolgsaussichten einer Rückschulung. Der Versuch, eine derartige Bewertung bzw. Skalierung durch die Abfolge der Punkte vorzunehmen, kann nicht gelingen, da die Punkte sehr unterschiedliche Eigenschaften, Lebensumstände, Entwicklungen u.Ä. beinhalten. Sie sind auch mannigfaltig abhängig von objektiv und subjektiv wahrgenommenen Ausprägungen der individuellen Störungsbereiche.

Einzelne Gegebenheiten der jeweiligen Punkte können allerdings zum Maßstab für die Gliederung der anderen Punkte werden und als übergreifender Gesichtspunkt jeweils zu einer anderen Gliederung führen. So können die tagtäglichen Schreibanforderungen an den Betroffenen ebenso ausschlaggebend für Erfolg oder Misserfolg sein wie der gewählte Zeitpunkt, z. B. in einer Krisensituation oder während einer ruhigen Lebensphase.

Daher erscheint nach dem heutigen Wissen eine verbindliche Wertung bei der Skalierung der Punkte, die bei einer Rückschulung ausschlaggebend sind, noch nicht möglich. Festzustellen ist aber, dass alle diese Fragen bei den Überlegungen über Sinn und Zweck einer Rückschulung der Händigkeit bei den jeweiligen Betroffenen gestellt werden müssen und dass ihre Beantwortung wesentlich für die endgültige Entscheidung ist!

Es erscheint aber nicht sinnvoll, hier durch Aufstellung von Hypothesen ein Wissen vorzugeben, das man noch nicht hat, und Erwartungen zu wecken, die weder die Wissenschaft noch die aus der praktischen Beobachtung gezogenen Schlüsse erfüllen können.

7.3 „In unserem Gehirn ist kein Schalter, den wir einfach umstellen können" – Erläuterungen der Aspekte zur Entscheidung über eine Rückschulung der Händigkeit

7.3.1 Das Alter des Betroffenen bei Rückschulung

Die aus der Praxis gewonnenen Erfahrungen und Ergebnisse der bisherigen Untersuchungen zeigen, dass es an sich keine Altersgrenze gibt, bis zu der eine Rückschulung der Händigkeit auf die dominante Hand überwiegend erfolgreich vorgenommen werden kann.

Es gibt zwar verschiedene Altersphasen, in denen es günstig oder ungünstig ist, eine Rückschulung vorzunehmen, aber hier entscheiden andere, zusätzliche Umstände über Erfolg oder Misserfolg.

In der Schulzeit gilt als Anhaltspunkt, dass man eine Rückschulung der Händigkeit spätestens vor dem Einsetzen der Pubertät vornehmen sollte. Denn bis dahin macht das Gehirn höchstwahrscheinlich noch eine Art Reifungsphase durch und kann deshalb eine Rückschulung besser verarbeiten. Diese Grenze (bis zur Pubertät) kann sich aber nach unten verschieben durch verschiedene, die Lebenssituation des Kindes betreffende, ausschlaggebende Aspekte: Die Kinder lernen relativ schnell schreiben, und bereits in der dritten bis vierten Klasse wird eine Schriftgeschwindigkeit erwartet, die ermöglicht, dass kleine Diktate mühelos bewältigt werden können. Daher bedarf es im Falle einer Rückschulung der Händigkeit besonderer Rücksichtsmaßnahmen, damit das Kind im Unterricht beim Schreiben mitkommt und nicht frustriert den Mut verliert und aufgibt.

Manche Kinder stellen sich relativ problemlos in der ersten und zweiten Klasse wieder auf die linke Hand um, bei anderen Kindern kommt es zu regelrechten inneren Kämpfen mit sich selbst und mit der Meinung ihrer Umgebung. Es können Zweifel an der Richtigkeit der Maßnahme auftreten, begünstigt durch mögliche Probleme bei feinmotorischen Übungen und dem Durchhaltevermögen dabei.

Interessant sind aber Erfahrungen aus der Praxis, die beweisen, dass auch im *Erwachsenenalter* eine Rückschulung mit insgesamt positivem Effekt möglich ist.

Offensichtlich gibt es also für die Rückschulung keine allgemein geltende Regel, sondern nur verschiedene subjektiv und individuell wirkende Faktoren, die prägend auf die erzielten Ergebnisse einwirken.

Rückschulung von Kindern

Die Altersgrenze, die man bei Schülern als Richtwert setzen muss, ist eine *abhängige Variable* von der Fähigkeit des Einzelnen, schnell genug mit der nicht so geübten, aber dominanten Hand schreiben zu können. Das heißt, seine Schriftgeschwindigkeit mit der linken Hand darf nicht zu weit unter den Anforderungen liegen, die im Unterricht gestellt werden.

Da wir heute noch relativ wenig über Rückschulungen wissen und auch über mögliche wirkungsvolle Hilfestellungen, sollte man immer sehr vorsichtig sein, bevor man empfiehlt, einen Schüler auf die linke Hand zurückzuschulen. Die in den folgenden Abschnitten weiter ausgeführten Voraussetzungen sollten sorgfältig geprüft werden, und man muss sich immer bewusst sein, dass hier mehr oder weniger mit dem Gehirn des Betroffenen experimentiert wird. Eine Rückschulungsmaßnahme sollte unbedingt auch fachlich begleitet bzw. ständig betreut werden und das Kind eine andauernde psychische Unterstützung erfahren.

Um diese Notwendigkeit zu verdeutlichen und auf die genannten vielschichtigen Einflüsse hinzuweisen, wird im Folgenden etwas ausführlicher die Rückschulung eines in der Beratungsstelle betreuten Jungen geschildert.

Fallbeispiel: Benjamin

Die Eltern kamen im Frühjahr 1991 mit dem neunjährigen Benjamin wegen Konzentrationsproblemen und Schulangst in die Beratungsstelle für Linkshänder und umgeschulte Linkshänder. Benjamin besuchte damals die dritte Klasse der Grundschule.

Benjamin war das älteste von drei Kindern. Er hatte noch zwei Schwestern, Sabine, sieben Jahre, und Melanie, fast sechs Jahre alt. Alle drei Geschwister waren Linkshänder, die zum Schreiben und Essen auf die rechte Hand umgestellt worden waren. Auch die Eltern waren beide umgeschulte Linkshänder und hatten bei einem Vortrag über das Thema „Linkshändigkeit" in der Grundschule festgestellt, dass dort genau ihre eigenen Probleme und die ihrer Kinder, besonders die von Benjamin, geschildert worden waren. Auf die Eltern wirkte es wie ein Schock. Die Mutter erzählte weinend, dass sie schon während des Vortrags große Schuldgefühle bekommen und die darauffolgende Nacht durchgeweint habe und „völlig zusammengebrochen sei". Auch den Vater hatte das Ganze sehr getroffen, weil er plötzlich Zusammenhänge wahrnahm, die ihm zuvor nie bewusst gewesen waren und er so seine eigenen Probleme plötzlich in einem ganz anderen Licht sah.

Die Eltern entschlossen sich spontan, nach diesem starken Eindruck und der offensichtlichen Plausibilität der Zusammenhänge, Benjamin links schreiben zu lehren. Sie wollten ihn aber zuvor fachlich testen lassen, und die Rückschulung sollte möglichst unter therapeutischer Aufsicht verlaufen.

Im Vordergrund standen die genannten Konzentrationsschwierigkeiten und Schulangst, die sich besonders vor bevorstehenden Schulaufgaben bis zu somatischen Manifestationen steigern konnten: Benjamin wurde es „vom Magen her schlecht", er musste sich oft übergeben und konnte zusätzlich in der Nacht vor der erwarteten Schulaufgabe immer häufiger „nicht richtig schlafen". Zudem stotterte er, seit er zur Schule ging. Somatisch wurde vom Hausarzt kein Befund erhoben.

Testergebnis

- Schreibhand: rechts
- Händigkeitstest: eindeutige Linkshänderwerte
- Tätigkeitsfragebogen[1]: Außer Schreiben wurde alles linkshändig durchgeführt.

---

1 Sattler, Das linkshändige Kind in der Grundschule. 2018 (17), S. 20 f.

Verhaltensanalyse

Benjamin bemühte sich sehr, gute Schulleistungen zu erbringen. Besonders litt er dabei unter Konzentrationsproblemen und schlechter Schrift bzw. darunter, „dass er nicht so schnell beim Schreiben mitkam". Auch das Stottern machte ihm Schwierigkeiten, denn „es verstärkte sich noch unter Stress" – hauptsächlich in der Schule. Benjamin entwickelte dadurch eine immer größere Schulangst, begleitet von psychosomatischen Reaktionen vor praktisch allen Schulaufgaben. Er zog sich innerlich zurück, und seine Eltern waren besorgt über Veränderungen, die Benjamin seit Schulbeginn in seiner Persönlichkeit zeigte.

Das Hauptleiden Benjamins war eindeutig seine zunehmende Furcht, in die Schule zu gehen. Die darauffolgenden, den Belastungsumständen entsprechenden Reaktionen verstärkten sich noch durch Erwartungsängste vor jeder Schulaufgabe und äußerten sich durch massive Panik- und Angstzustände, psychosomatische Erscheinungen und vor allem Schlafstörungen. Am nächsten Tag war Benjamin dann unausgeschlafen, unkonzentriert, und es kam bereits zu einem entsprechenden, typischen Circulus vitiosus.

Die Mutter reagierte darauf mit größter Besorgnis, „versuchte ihrem Sohn Mut zu machen", konnte sich aber seine Reaktionsweisen auch nicht erklären, denn sie nahm wahr, dass er eigentlich trotz aller dieser Probleme ein intelligentes, aufgewecktes Kind blieb. Besonders belastend waren für die Mutter, weil sie es direkt miterleben musste, seine sich manifestierenden Konzentrationsstörungen bei den Hausaufgaben. Benjamin kam meist schon sehr erschöpft aus der Schule heim und begann mühsam, gleich nach dem Essen, zu arbeiten. Häufige Unterbrechungen bewirkten, dass sich seine Bemühungen über den ganzen Nachmittag hinzogen und die Mutter immer ungeduldiger wurde, bis ihr schließlich „der Kragen platzte" und sie zu schimpfen begann. Benjamin reagierte zunächst depressiv, dann mit Wut, und die ganze Prozedur der mühevoll durchgeführten Hausaufgaben zog sich noch länger in den Abend hinein.

Benjamin versuchte seine Schulangst durch erhöhten Leistungseinsatz zu kontrollieren, aber er ermüdete dabei noch mehr, fühlte die schleichende Erschöpfung, und seine Furchtreaktion steigerte sich zu weiteren Schlafproblemen.

Beratungsziel und Prognose

Die Schulschwierigkeiten sollten auf der somatischen Ebene durch Rückschulung der Händigkeit und einen dadurch eingeleiteten Heilungsprozess der Gehirnhemisphärenlateralisationsstörungen behandelt werden. Gleichzeitig sollte die Angstreduktion, im Hinblick auf Schulleistung, angegangen werden, u. a. durch einen gezielten Aufbau von positiven Verstärkern. Begleitend wurden alle wichtigen kausalen Zusammenhänge gemeinsam mit Benjamin und den Eltern aufgearbeitet.

Die Prognose war günstig, da die Einstellung von Benjamin selbst, von seinen Eltern und angeblich auch von der Lehrerin gegenüber einer Rückschulung auf die linke Hand (vor allem zum Schreiben) äußerst positiv war und erste Schreibversuche auch sehr erfolgversprechend verliefen. Benjamin hatte dabei sogar fast schon das für Diktate geforderte Schreibtempo erreicht. Er zeigte sich auch sehr motiviert, eine Besserung für seine Schulprobleme und seine Schulängste auf diese Weise und auch durch die Beratung zu erlangen. Die ersten guten Ergebnisse wirkten als positive Verstärker, und Benjamin wurde auch von den Eltern ausgesprochen wirkungsvoll unterstützt.

Verlauf der Rückschulung

Benjamin machte regelmäßig Schwungübungen mit der linken Hand, um die richtige Schreibhaltung zu üben (zur Vermeidung einer „Hakenhaltung") und um die Lockerheit der Hand zu trainieren. Zunächst sollte er täglich diese Schwungübungen machen und einzelne Buchstaben, wie in der ersten Klasse, üben (ansonsten bestand Gefahr, dass er sich die Buchstabenführung „umgekehrt" angewöhnte, wozu linkshändige Kinder neigen und was eine flüssige, kontinuierliche Schreibschrift behindern würde). Benjamin kam sehr schnell mit dem Schreibtempo voran. Das Stottern ging zurück und trat nur kurz vor den Sommerferien wieder auf (direkt vor der Zeugnisverteilung). Er war sehr glücklich, als er bemerkte, dass auch seine Schulprobleme schnell nachließen.

Einzig die Lehrerin war nicht ganz zufrieden, weil sie großen Wert auf eine perfekte Schrift legte und diese noch nicht, entsprechend ihren hohen Maßstäben, erreicht worden war. Benjamins Schrift mit der linken Hand war aber durchaus mit dem Schriftbild der rechten Hand vor der Rückschulung vergleichbar.

Insgesamt gestaltete sich aber die Entwicklung positiv und schnell. Auch die Erklärungen der Zusammenhänge zwischen Schulversagen und Folgen der

Umschulung der Händigkeit führten bei Benjamin zu einer großen Erleichterung. Er hatte zuvor sein Schulversagen als irrationale, unbegreifbare Störung betrachtet und sogar einen Intelligenzmangel bei sich befürchtet. Der unerwartet schnelle Abbau der Schulangst, mit allen Begleitsymptomen, führte aber dazu, dass die Eltern, die mit den erreichten Erfolgen sehr zufrieden waren, nach den Sommerferien jegliche begleitende Behandlung unterbrachen.

Ein Jahr später, im Frühjahr 1992, meldete sich allerdings die Mutter wieder und klagte: „Die Lehrerin findet Benjamins Schrift nicht so schön, sie ist nicht so leserlich, wie man erwartet hatte, und es kommen auch Verdreher von d und g vor." Zu Beginn des Schuljahres sei die Schrift links zwar schön gewesen, aber dann sei sie immer schlechter geworden. Auch die Noten hatten sich in der letzten Zeit verschlechtert.

Bei dem nächsten Beratungstermin stellte sich heraus, dass Benjamin schon lange nicht mehr die abgesprochenen Schwungübungen machte, dass er quasi zufrieden mit den erzielten Ergebnissen war und die linke Hand nicht weiter geübt hatte. Was sich aber noch schlimmer auswirkte, ging auf das Verhalten der Mutter zurück. Diese hatte sich in all den Jahren zuvor jeden Nachmittag um die Hausaufgaben ihres Sohnes bemüht. Nachdem sie aber festgestellt hatte, „dass es seit der Rückschulung besser geht", meinte sie, „irgendwann muss Benjamin doch seine Aufgaben alleine machen können", und wandte sich erleichtert den beiden Töchtern zu, die inzwischen auch in die Schule gingen, und überließ den Sohn sich selbst. Benjamin, der gewohnt gewesen war, dass seine Hausaufgaben ständig überwacht und kontrolliert wurden, genoss die neu gewonnene Freiheit, glaubte, dass alles endgültig erledigt sei, beschäftigte sich weit mehr mit seinen Hobbys und „nahm die Schule auf die leichte Schulter".

Weiter stellte sich heraus, dass die Lehrerin doch nicht so überzeugt von einem Erfolg der Rückschulung auf die dominante linke Hand war, wie sie sich anfangs geäußert hatte, und durch ihre Skepsis wurde die Mutter zusätzlich irritiert.

Wenn allerdings die Mutter bei den Hausaufgaben doch daneben saß, schrieb Benjamin sehr schön und auch flüssig und schnell. Wenn sie aber wegging, „machte er husch, husch", um sich dann anderen Dingen zu widmen. Da leider auch schon die Entscheidung gefallen war, dass Benjamin nicht direkt von der vierten Klasse ins Gymnasium wechseln sollte und die Mutter gleich wieder an seiner Intelligenz zu zweifeln begann, wurde der HAWIK (Intelligenztest für Kinder) durchgeführt. Er ergab einen Intelligenzquotienten von 121 (ein

Wert, der über dem Durchschnitt liegt), wobei leichte Konzentrationseinbrüche beim Rechnen zu beobachten waren.

Die Schulängste hatten sich zur Erleichterung aller Beteiligten nicht wieder in einer der jeweiligen Situation unangemessenen Art eingestellt, und es traten auch keine Schlafprobleme mehr auf. Die Ängste waren mehr bei der Mutter vorhanden, die, verunsichert durch die Lehrerin, ihre Entscheidung zur Rückschulung und die erzielten Erfolge in Frage zu stellen begann. Hier bestand Gefahr, dass Ängste und Befürchtungen der Mutter sich auf Benjamin übertragen und negativ auswirken könnten; daher wurden wieder regelmäßige Sitzungen durchgeführt, mehrere davon allein mit der Mutter.

Der bei Benjamin gemessene, für einen Gymnasiumsbesuch bei Weitem ausreichende Intelligenzquotient beruhigte jetzt wieder die Mutter. Es stellte sich aber überraschend heraus, dass auch noch *andere Kriterien* ausschlaggebend gewesen waren, dass die Mutter nicht, wie sie es üblicherweise in vergleichbaren Situationen tat, sich massiv für einen Gymnasiumsbesuch des Jungen eingesetzt hatte (durch die Beantragung einer Sondergenehmigung beim Schulamt wegen der Händigkeitsrückschulung – was die Mutter wusste – wäre das ansonsten nicht nur möglich, sondern sogar sehr erfolgsversprechend gewesen):

1. Das Gymnasium lag in einem Nachbarort, und Benjamin hätte jeden Tag fünf Kilometer mit dem Zug fahren müssen.
2. Der beste Freund Benjamins wechselte nicht ins Gymnasium, und Benjamin wollte mit ihm zusammenbleiben.
3. Eine Freundin der Mutter hatte ihr eigenes Kind auf eine Privatschule geschickt (auch im Nachbarort) und sehr von dem dortigen pädagogischen Konzept geschwärmt, sodass die Mutter sogar nachgefragt hatte, ob Benjamin auch dort hingehen könnte. Die Klasse war aber voll, und es wurde niemand mehr aufgenommen.

Diese ganze Entwicklung war typischerweise ohne Rücksprache mit der Beratungsstelle verlaufen (Vermeidungsreaktion durch Selbstzweifel).

Es war jetzt wichtig, dass die Mutter in der Zukunft wieder Benjamins Hausaufgaben überwachte. Weiter sollte Benjamin wieder Schwungübungen zeichnen und die Ergebnisse in der Beratungsstelle abliefern bzw. regelmäßig dorthin schicken. Das Bedauern der Mutter wegen der Privatschule wurde ausgeräumt, da nachzuweisen war, dass in dieser Schule erst sehr spät Schulbücher benutzt wurden und somit keine Hilfe für die Mutter bestand, die Hausaufgaben ihres Sohnes weiter kontrollieren zu können, was gerade wegen der sich inzwischen etwas breitmachenden Bequemlichkeit bei Benjamin dringend notwendig erschien. Außerdem konnte in dieser Schule nicht sichergestellt werden, dass es nicht zu einer erneuten Beeinflussung der Linkshändigkeit Benjamins kommen würde. Eine weitere Irritation der Mutter und Benjamins auf dem Gebiet der Händigkeit wäre sehr gefährlich gewesen und hätte einen Rückfall (durch erneuten Gebrauch der rechten Hand) mit allen Folgeschäden bewirken können.

Ergebnis

Die Behandlung war erfolgreich, da die Schulängste sich auf ein normales Niveau reduziert hatten. Es kam nicht mehr zu psychosomatischen Reaktionen vor erwarteten Schulaufgaben, und auch die äußerst belastenden Schlafstörungen waren verschwunden. Die Konzentrationsprobleme hatten sich sehr gebessert, es war aber notwendig, dass sich die Mutter weiter um die Hausaufgaben Benjamins kümmerte (zumindest sie kontrollierte) und ihm das Gefühl gab, dass er hier nicht völlig sich selbst überlassen war.

Die negative Interaktion zwischen Mutter und Benjamin, die beim „Herumtrödeln mit den Hausaufgaben" zu Wut- und Frustrationsgefühlen bei beiden geführt hatte, trat nicht mehr auf.

Als wichtigster Stimulus zeigte sich aber die Aufmerksamkeit der Mutter, wenn sie sich weiter den Schulleistungen und Hausaufgaben ihres Sohnes widmete. Die Schwungübungen trainierte er dann auch zuverlässig.

Benjamin hielt in der folgenden Zeit mit der linken Hand mühelos das gleiche Schreibtempo wie seine Mitschüler ein, sein Schriftbild wurde nicht mehr beanstandet, ist allerdings auch nicht sonderlich schön. Er gehört aber „zu der besseren Hälfte der Klasse."

Fazit: Die Schulprobleme sind zurückgegangen, aber die Schrift ist nach wie vor nur durchschnittlich. Als ein sehr behindernder Faktor bleibt, dass Benjamin nicht besonders ehrgeizig ist und seine Mutter daher nach wie vor alle Schulaufgaben kontrollieren und so die mangelnde Zielstrebigkeit ausgleichen muss. Bei diesem Kind zeigt sich, dass die Rückschulungsphase auf die dominante Hand in der Praxis zeitlich weit länger angesetzt werden muss als nur bis zur sichtbaren Besserung der primären Umschulungsfolgen. Eine sehr intensive Betreuung des Kindes bleibt notwendig. Auf Dauer wird sich die erst in der dritten Klasse vorgenommene Rückschulung der Händigkeit positiv auswirken, aber die Schwierigkeiten durch alle bereits sehr verfestigten Automatismen des Schreibens wirken sich deutlich störend auf den Erfolg aus.

Benjamins drei Jahre jüngere Schwester Melanie, die noch im Kindergarten wieder auf die linke Hand zurückgeschult wurde, hat es am besten überstanden, und obgleich sie auch ziemlich phlegmatisch, wie ihr Bruder, veranlagt ist, bekommt sie weit mehr „nebenbei mit", wohingegen Benjamins Konzentrationsfähigkeit durch den ursprünglichen, etwa vierjährigen Umschulungsvorgang (auf die rechte Hand) unvergleichlich stärker angegriffen ist und sich auch nach der erfolgreichen Rückschulung nicht völlig regeneriert hat[1].

Fallbeispiel: Monika

Die elfjährige Monika kam mit ihrer Mutter nach einer Fernsehsendung im Sommer 1994 in die Beratungsstelle für Linkshänder und umgeschulte Linkshänder. Monika war in der vierten Klasse und hat bereits die erste Klasse wegen feinmotorischer Probleme beim Ausmalen wiederholen müssen.

Sie wechselte jetzt immer noch die Schreibhand, und im Geheimen schrieb sie meist links. Nach der Fernsehsendung fragte die Mutter ihre Tochter, mit welcher Hand sie lieber schreiben würde, und Monika nannte eindeutig die linke und erklärte: „Wenn ich rechts schreibe, sehe ich die Fehler nicht, wenn ich aber links schreibe, sehe ich sie schon."

Monika hat bereits seit dem einen Monat, in dem sie konsequent links schreibt, weit weniger Fehler in den Diktaten, und Schriftbild und Schreibgeschwindigkeit sind erstaunlich gut. Sie kommt mit der linken Hand bei Diktaten gut mit, und ihr Lehrer hat die Rückschulung der Händigkeit überhaupt nicht bemerkt!

Die Umschulung auf die rechte Hand geschah in diesem Fall durch die Großeltern väterlicherseits. Die deutsch-russische Familie lebte lange Zeit in Südsibirien, nahe der chinesischen Grenze. Monikas Mutter erzählte, dass es dort im Restaurant verboten sei, links zu essen, und man deswegen sogar aus dem Restaurant gewiesen werden könnte. In diesem Zusammenhang war interessant, dass Monika auch unter vier Augen nicht bestätigen wollte, dass sie im Geheimen immer weiter links geschrieben hatte. Offensichtlich

---

1 Bericht von einer anders verlaufenen Rückschulung eines ebenfalls neunjährigen Buben in: Sattler, Das linkshändige Kind in der Grundschule, 2018 (17), S. 76 ff.

war ihre Furcht vor Bestrafung, weil sie etwas „Verbotenes" getan hat und im Nachhinein deswegen automatisch Unannehmlichkeiten erwartete, so groß, dass sie trotz der zwischenzeitlichen Erlaubnis, links zu schreiben, „draußen" unterbewusst immer noch Angst hat, dafür gemaßregelt zu werden.

Fazit: Hier wäre es zwar wichtig, sich mit den Ängsten vor Bestrafung auseinanderzusetzen, da aber die Eltern einen Anfahrtsweg von etwa 200 Kilometern in Kauf genommen hatten, um Monikas Händigkeitsfrage zu klären, haben sie „die Linkshändigkeit legalisiert", und das Kind kann jetzt damit ganz anders umgehen. Die Erfolgsaussichten bei Monika sind durch den geheimen, ununterbrochenen Gebrauch der linken Hand sehr gut, und den Ängsten steht als positiver Verstärkungsfaktor ihre seelische Befreiung und die schulische Erleichterung entgegen, z. B. beim Diktatschreiben durch die Reduzierung der Fehler und eine bessere Schrift.

Rückschulung von Erwachsenen

Die aus Rückschulungen im Erwachsenenalter gezogenen Schlüsse zeigen aber bei vielen beeindruckenden Beispielen, dass ein großer Teil der Betroffenen weiter unter bestimmten, allerdings weit schwächeren, Konzentrations- und Gedächtnisstörungen leiden. Sie sind im Fall hoher Leistungsanforderungen nach wie vor nicht so belastbar, und ihre Konzentration fällt schneller ab als bei vergleichbaren Kommilitonen oder Arbeitskollegen. Im Gegensatz zu umgeschulten Linkshändern schildern diese Menschen aber, dass sie ihre Gedanken nach der Rückschulung besser formulieren können, weniger oft „den Faden verlieren" und seltener „Blackouts" erleben.

Eindeutig ermutigend für den Entschluss zugunsten der Rückschulung auf die linke Hand ist die Schilderung eines sehr erfolgreichen Heilpraktikers, der sich in seinem **Brief (Februar 1994) an die Autorin** folgendermaßen äußerte:

„Neulich las ich einen Artikel über Linkshändigkeit im Heft „Psycho" (Anmerkung der Verfasserin: Psychologie heute, Heft 1/94).

Kurz möchte ich Ihnen meine Erfahrungen mitteilen, die ich seit 1992 gemacht habe, nachdem ich mich entschlossen hatte, links zu schreiben.

Ich wurde im ersten Schuljahr auf rechts geprügelt, also vom ersten Tag meines Schreibens. Bis zu diesem Zeitpunkt war ich ein ausgesprochener Linkshänder. Nie hätte ich etwas mit der rechten Hand gemacht.

Wie meine Mutter mir neulich erzählte, war nach jedem Satz mein rechter Arm steif. Welche Folgen dies auf meine Verspannungen bis heute hat, können Sie sich ja sicher vorstellen. Dass ich in kritischen Situationen, bei allen meinen schweren Autounfällen, immer den „Kopf verlor", sei nur am Rande erwähnt.

Während eines Gesprächs mit einer Physiotherapeutin kam mir der „Geistesblitz", links zu schreiben … Meinem Naturell entsprechend fing ich sofort an. Dabei wäre ich fast „verrückt geworden", tagsüber rechts und abends links üben, das ging einfach nicht. Also wartete ich bis zum Urlaub, und seitdem schreibe ich nun links und bei Bedarf auch rechts, denn das hatte ich ja nun 40 Jahre täglich geübt. Nach einer Woche wäre unsere Ehe (23 Jahre) fast zerrissen.

Nach dem Urlaub bin ich wieder in die katholische Kirche gegangen. Ich bin katholisch, habe mich evangelisch trauen lassen und bin dann 23 Jahre in die evangelische Kirche gegangen. Ich konnte plötzlich fremden Menschen die Meinung sagen und habe die erste Auseinandersetzung mit meiner Mutter gehabt, in der ich sie gewarnt hatte, noch einmal mit mir zu „meckern."

Wenn die rechte Seite für Intellekt/Verstand steht und die linke Seite für Emotion/Gefühl, dann können Sie sich vorstellen, welch ein Verstandesheld ich geworden bin, der obenauf auch noch konfliktscheu war.

Heute weiß ich, dass man mir mit sechs Jahren meine Persönlichkeit geraubt hatte. Das Umprügeln auf rechts gleicht dem psychischen Schock einer Vergewaltigung. Will man einen Linkshänder wirklich heilen, der auf rechts geprügelt wurde, so muss man ihn auch links schreiben lassen. Schlimm genug, dass ich heute mein rechts aufgebautes Leben betrachte, welches für den Außenstehenden sehr erfolgreich ist und viele mit Neid erfüllt. Aus einem 12-Stunden-Mann, d. h. 70 Stunden/Woche, ist nun ein 30-Stunden-Mann (71/2 Stunden in 4 Tagen) geworden. Meine homöopathische Praxis mache ich nun mit „links". Vorher wirklich krampfhaft mit rechts. Ich kann nun auch schon mal faulenzen und eine 5 gerade sein lassen. Alles dieses wäre rechts nie, wirklich nie, möglich gewesen.

Ich möchte Sie ermutigen, mehr Linkshänder auch wirklich links schreiben zu lassen. Es ist wirklich unglaublich, was sich alles verändert.

Die größte Veränderung ist aber die, dass ich meine Persönlichkeit innerlich wiedergefunden habe. Äußerlich war ich immer eine „Persönlichkeit".

Ich habe mein verletztes inneres Kind abgeholt und verlasse so ganz langsam meine „Verstandesebene" und freue mich, dass ich auch schon mal „Gefühl" zeigen kann und meiner Umgebung und auch meinen Patienten das sagen kann, was ich empfinde, und nicht das, was mich gut darstellt.

Für Ihre wertvolle Arbeit alles Liebe und Gute.

Ein wiedergeborener Linkshänder
Hans-Gerd Fischer"

„links":

Wie meine Mutter mir neulich erzählte, war nach jedem Satz mein rechter Arm steif. Welche Folgen dies auf meine Verspannungen bis heute hat, können Sie sich ja sicher vorstellen. Dass ich in kritischen Situationen, alle meine schweren Autounfälle, immer den „Kopf verlor." sei nur am Rande erwähnt.

Während eines Gespräches mit einer Krankengymnastin kam mir der „Geistesblitz" links zu schreiben. Mittlerweile hatte ich einen schweren Hand-schreibervorfall.

Meinem Naturell entsprechend fing ich sofort an. Dabei wäre ich fast „verrückt" geworden, tagsüber rechts und abends links üben, dass ging einfach nicht.

Also wartete ich bis zum Urlaub und von dort an schreibe ich nun links, und bei Bedarf auch rechts, denn das hatte ich ja nun 40 Jahre täglich geübt.

Nach einer Woche wäre unsere Ehe (23 Jahre) fast zerrissen. Nach dem Urlaub bin ich wieder in die Kath. Kirche gegangen. Ich bin Katholisch, habe mich evangelisch trauen lassen und bin nun 23 Jahre in

Schriftproben aus dem Brief von Hans-Gerd Fischer

153

„rechts"

[handschriftlicher Text, schwer lesbar]

„links"

[handschriftlicher Text, schwer lesbar]

Schriftproben aus dem Brief von Hans-Gerd Fischer

Fazit: Hier handelt es sich offensichtlich um einen hochintelligenten Menschen mit ausgeprägtem Durchsetzungsvermögen, der sich allerdings an die Vorstellungen seiner Umwelt stark angepasst hat: Konfessionswechsel bei der Heirat, Schwierigkeiten, die eigenen Meinungen und Gefühle äußern zu können, „Persönlichkeit" nach außen demonstrieren, aber innerlich darauf achten, dass das Bild, das sich die anderen von ihm machen sollen, stimmt.

Er passte auf, dass er sich keine Blöße gab, sondern den von sich selbst und angeblich von seinen Mitmenschen erwarteten Standard einhält, auch wenn das enorme Kräfte kostete.

Die bei seiner Rückschulung auf die linke Hand erlebte Befreiung war wahrscheinlich vornehmlich nicht eine Befreiung der Gehirnprozesse, sondern eine *psychische Loslösung und Sprengung der im Kindesalter „eingeprügelten" und angelernten Verhaltensmuster,* eines Zwanges, sich angepasst zu verhalten, angepasst an die Vorstellungen der Mutter und der Schule. Diese Befreiung durch das Schreiben mit der linken Hand bedeutet die Überschreitung der vorgeschriebenen Verhaltensmuster und -regeln. Der neu erreichte Zustand wurde dabei körperlich eindeutig demonstriert, und es scheint hier förmlich ein Damm gebrochen zu sein, sodass viele verkrustete Vorstellungen und unsinnigen Angewohnheiten und Verhaltensweisen „mit fortgerissen wurden". Dieser Mensch ist durch die Rückschulung der Händigkeit und die damit übertretenen Grenzen und Normen endlich zu seinen wirklichen Bedürfnissen und Gefühlen vorgestoßen und hat sich und der ganzen Welt gezeigt, dass es auch anders geht.

Aller Wahrscheinlichkeit nach hat hier das Schreiben mit der linken Hand in erster Linie eine symbolische Bedeutung und eine damit verbundene Änderung von Verhaltensmustern, eine emotionale Befreiung von „Gesetzen, Regeln und Normen". Die zerebralen Veränderungen sind bei diesem Linkshänder im Hintergrund geblieben oder, was man sich in der somatischen Realität nur sehr schwer vorstellen kann, „ins Positive mitgerissen worden".

Nicht geglückte Rückschulung der Händigkeit

Aber nicht jede Rückschulung eines Erwachsenen verläuft derartig positiv und befreiend, sondern es können sich leider, wie unsere Erfahrungen vielfach bestätigen, nach einer zeitweiligen Besserung, die bestehenden Probleme auch noch vertiefen, und die allgemeine Labilität kann sich oft sogar verstärken.

Fallbeispiel: Beate O.

1986 kam die Gymnasiallehrerin Beate O. in die Beratungsstelle für Linkshänder und umgeschulte Linkshänder. Sie war etwa vierzig Jahre alt und schrieb zu der Zeit manchmal links und manchmal rechts.

Beate O. war sehr früh auf die rechte Hand umgeschult worden und hatte kaum noch Erinnerungen an diese Prozedur. Die Testuntersuchung ergab eindeutige Werte einer umgeschulten Linkshändigkeit.

In der Schulzeit hatte sie oft Konzentrationsschwierigkeiten und hat nur dann etwas gesagt, wenn sie sich der Richtigkeit ganz sicher war. In jedem Schulzeugnis stand, dass Beate O. sehr begabt sei, sich aber nicht äußere.

Eigentlich wollte sie Medizin oder Architektur studieren. Besonders interessierte sich die sportlich sehr begabte Schülerin für „alles, was mit dem Körper zusammenhängt". Jedoch befürchtete sie, dass sie aufgrund ihrer schlechten Konzentration die Verantwortung für den Beruf des Arztes nicht übernehmen könnte, und hatte z. B. Angst, durch Konzentrationsaussetzer falsche Diagnosen zu stellen. Und so studierte Beate O. Botanik und Sport. Aber die Pflanzen interessierten sie nicht nach Namen und Familien, sondern weit mehr nach ihren Erscheinungsformen. Auch als Lehrerin konnte Beate O. nie spontan ihr Wissen abrufen und hatte Angst vor jeder botanischen Wanderung mit ihren Schülern, denn dann bestand die Gefahr, überraschend die befürchteten Pflanzenbestimmungen vornehmen zu müssen. Auch bei sorgfältigster Vorbereitung konnte sie selbstverständlich nicht alle fachlichen Fragen voraussehen, und darum überkam sie regelmäßig eine lähmende Furcht vor der schrecklichen Blamage ...

Beate O. klagte über Panik- und Angstgefühle, „alles wird eng", wenn sie in Stress gerät. Sie schilderte, dass sich alle Probleme noch multiplizieren, besonders wenn sie überlastet ist, z. B. in der sechsten Unterrichtsstunde an einem Tag. Beate O. erinnerte sich mit Schaudern, wie sie schon während ihres Studiums unter starker Belastung gelitten hatte. Es traten Schwindelgefühle auf, und sie sah sogar Doppelbilder. Beate O. beschwerte sich, dass sie sich heute oft „wie asymmetrisch fühle", die rechte Seite sei verkrampft und tue weh.

Etwa zwei Jahre zuvor hatte sie selbstständig angefangen, links zu schreiben, und es entstand zunächst immer Spiegelschrift. Auch hat sie, zu Beginn ihrer Bemühungen, zeitweilig gestottert und große Mühe beim Lesen gehabt: „Die Buchstaben rutschten mir weg."

Mit der Zeit verspürte sie dann eine gewisse Erleichterung, verdrehte zwar hin und wieder noch Buchstaben beim Schreiben, und ihre Schrift war immer noch etwas eckig, jedoch konnte sie inzwischen (nach zwei Jahren) links fast genauso schön schreiben wie rechts.

Darum waren alle überrascht, als sich Beate O., etwa zwei Jahre später, wieder meldete und berichtete, dass es ihr „mit der Rückschulung plötzlich überhaupt nicht gut gehe." Auch im Verlauf der zwei folgenden Jahre besserte sich das Schreiben nicht entsprechend der aufgewandten Mühe. Sie hatte Schwierigkeiten, über längere Zeit hinweg den Stift zu führen, verkrampfte sich, und die Verkrampfung ging bis in den Schulter- und Halsbereich hinein. Beate O. hatte manchmal das Gefühl, dass ihr „Gehirn mit Panik reagiere". Auch auf die veränderte Blattlage beim Schreiben reagiere sie über die Augen nur verkrampft. „Es ist wieder so", schilderte sie, „als würde in meinem Gehirn eine Panikreaktion ausgelöst", und sie vermutete, dass es mit der ungewohnten Blattlage zusammenhängen könnte, die anders als das über Jahrzehnte eingeübte viso-motorische Muster war.

Am besten ginge es ihr angeblich, wenn sie mit rechts Spiegelschrift schriebe oder wenn sie in beiden Händen einen Gegenstand, z. B. eine Gabel, hielte. Auch beim Malen fühlte sie sich am wohlsten, wenn sie in beiden Händen einen Stift halten könnte, und sogar beim Lesen empfände sie weniger Anstrengung, wenn sie in beiden Händen etwas bewegte, z. B. eine Kugel. Emotional wirkte sie etwas haltlos. Es fehlte ihr eine echte menschliche Bindung, und gleichzeitig belasteten sie ihre eher oberflächlichen Kontakte zu anderen Menschen, und sie brächte alles mehr wie eine Pflichtübung hinter sich. In der an sich guten Hausgemeinschaft fragte man sie oft, wie es ihr ginge und warum sie so schweigsam sei und ob ihr etwas fehle.

Fazit: Die massiven Anforderungen, die der tägliche Unterricht im Gymnasium an Beate O. stellt, verbraucht offensichtlich ihre ganze Energie. Der Einsatz an Kräften und Mühe bei der Rückschulung auf die linke Hand hat hier nicht zu einer wirklichen Erleichterung und Entlastung beigetragen, sondern neue Anforderungen zusätzlich an sie gestellt, und so ist es auch später, sogar über den Zeitraum von sieben Jahren, zu keiner wirklichen Stabilität gekommen. Im Gegenteil, Beate O. ist weiter sehr störungsempfindlich, oft krank und labil, braucht einen kontinuierlichen Tages- und Wochenablauf mit festen Erholungszeiten, und jede Änderung wirkt sich unproportional belastend aus.

Im Gegensatz zu dem zuvor geschilderten Erlebnis der „Befreiung von den um die Seele gelegten Dämmen aus Verhaltens- und Normvorgaben", in die sich die Umschulung der Händigkeit mit eingefügt hatte und wo durch eine Rückschulung sogar andere Dämme auch mit fortgerissen werden konnten, ist es hier zu keinem Abwurf der mit der vergangenen Umschulung direkt verbundenen emotionalen Lasten gekommen. Die Überbeanspruchungsprobleme im Unterricht, beim Schreiben und in zwischenmenschlichen Kontakten wurden also nicht in akzeptabler Relation zur aufgewandten Mühe abgebaut.

Geglückte Rückschulung der Händigkeit

Sehr positiv ist hingegen bei Ulla Laufs die Rückschulung auf ihre dominante Hand verlaufen, über die sie in den **biografischen Schilderungen** in ihrem Buch, „Am Leben leben lernen"[1], berichtet:

„Wieder grübele ich, ob mein Zustand wirklich mit dieser „Verdrehung", wie ich es inzwischen nenne, zu tun haben kann. Ich glaube das, aber ob mir das der Arzt abnehmen wird? Mein Kopf ist angestrengt, ich habe das Gefühl, wenn noch was da darin erledigt werden muss, gibt es einen Kurzschluss.

Am darauffolgenden Morgen ist die Untersuchung bei Dr. S. Ich spreche über meine Vermutung, dass alle diese Kreislaufprobleme und die Kopfschmerzen der letzten Wochen mit der umgeschulten Linkshändigkeit zu tun haben. Und damit, dass ich in den letzten Monaten so viel mit der linken Hand gearbeitet habe. Dr. S. widerspricht nicht, findet, dass das sehr gut möglich ist. Er fragt, warum ich nicht jetzt anfange, mit meiner linken Hand zu schreiben.

Ich bin erleichtert. Spüre, ich hätte es nicht ertragen, wenn mir der Arzt widersprochen hätte, so sicher war ich innerlich über das, was mit mir vorging. Auch meiner Theorie, dass ich eigentlich nur so viel Energie gehabt hätte bis vor ein paar Wochen, weil ich „falsch herum" funktioniert hätte – wie eine Spirale, die sich immer mehr aufzieht, und dass der Energiezusammenbruch nach der Massage damit zusammenhängt, dass die Spirale jetzt aufgesurrt sei, widerspricht er nicht.

Wir besprechen die Kur, ich soll mir Ruhe gönnen, so viel schlafen wie ich möchte. Auch meine Erfahrung mit dem Hausumbau bestätigt er, dass man eigentlich alles kann, wenn man die Intuition benutzt.

Jetzt begreife ich, welch ein Glück ich wiederhabe, dass meine Freundin zufällig zwei Wochen vorher mir einen Prospekt der Klinik schickte; und dass ich hier einen Arzt gefunden habe, der auf die Hintergründe meiner gesundheitlichen Probleme eingeht; ich merke, wie groß innerlich meine Angst war, einem Arzt „in die Hände zu fallen", der das alles als „Spinnerei" abtun würde.

---

1 Die folgenden Zitate sind dem Originalmanuskript entnommen.

Die Pancha-Karma-Kur hat sehr viel mit dem Ausgleich der beiden Gehirn-hälften zu tun, auch auf der körperlichen Ebene wird dieser Ausgleich durch Massagen, vorgenommen von zwei Behandlerinnen, angeregt. Es werden immer gleichzeitig beide Körperhälften massiert, beide Arme, Beine etc. Und die Meditation, von der ich gestern Abend schon gehört habe, ist ein wesentlicher Bestandteil der Therapie. Durch Meditation gleichen sich mit der Zeit die Gehirnwellenmuster an, die beiden Seiten des Gehirns arbeiten gleichmäßiger. Ich habe Bedenken, sage, ich könne mich inzwischen so gut auf meine Intuition verlassen, ich wolle das nicht riskieren. Andererseits hätte ich zeitweise extreme Angst, auszuführen, was die Intuition mir sagt. Er erklärt mir, dass die Intuition nicht weggeht, wohl aber die Angst.

Drei Tage später entschließe ich mich, mit TM zu beginnen. Nach der ersten Übung fühle ich weniger Druck im Kopf, ich fühle mich innerlich ruhiger.

Am nächsten Tag, einem Sonntag, ist die erste Anwendung, eine Massage und anschließend ein warmes Dampfbad. Ich habe ein wenig Angst, Sauna bekommt mir nicht, soll ich auch nicht haben wegen der Herzklappe, wurde mir damals in New York gesagt. Dann sehe ich, der Kopf guckt raus aus dem Schwitzkasten, kein Problem, denke ich, da kriege ich ja Luft.

Der Deckel wird gesenkt, mein Körper ist im Kasten, ich fühle mich wie in einem riesigen Steckkissen. Nach ein paar Minuten kriege ich plötzlich keine Luft mehr, ich habe Angst, nicht mehr sprechen zu können – die Erinnerung an New York damals, als die Stimme nicht mehr mitmachte, ist wieder da, ich rufe um Hilfe. Eine junge Frau ist im Zimmer geblieben, jetzt eilt sie herbei mit weit aufgerissenen Augen, sie hebt sofort den Deckel des Schwitzkastens ab.

Ich weine heftig, kann mich nicht mehr beherrschen.

Die Erinnerung an einen Traum von vergangener Nacht kommt wieder: Ich bin ein kleines Mädchen, und ich möchte, dass dieser Arm nicht da ist, wenn er nicht da wäre, könnte ich nicht so viel falsch machen, und die anderen wären nicht so böse mit mir. In mir höre ich die Stimme meiner Mutter, zornig, voller Verachtung, ungeduldig: Ach, du Linkstoodsch.

Linkstoodsch, jetzt ist das Wort wieder da, wie habe ich dieses Wort gehasst. Es hat mir gesagt, so wie ich bin, bin ich nicht gut, es hat mir die Enttäuschung meiner Mutter darüber, dass ich so ungeschickt bin, immer wieder in den Kopf gehämmert.

Ich weine und weine und kann gar nicht aufhören, zwischendurch entschuldige ich mich bei der jungen Frau, aber sie sagt, nein, bitte, alles, was du mir sagst, interessiert mich ja so.

Ich erzähle von den Situationen, wenn ich meine Aggressivität nicht mehr kontrollieren kann, dieses Gefühl der Hilflosigkeit, dass mich niemand versteht und ich mich nicht erklären kann. Und plötzlich wird mir klar, deshalb musste ich mein Haus mit meinen eigenen Händen umbauen, damit ich mir selbst glaube, ich bin nicht ungeschickt, es wird was, wenn ich das mache, was ich für richtig halte.

Das Dampfbad ist jetzt ganz runtergedreht, Pernilla sitzt am Kopfende und legt mir immer wieder feuchte kalte Tücher auf die Stirn. Und alle paar Minuten gibt sie mir ein kaltes Tuch, das lege ich mir im Kasten auf das Herz. Das tut gut, ich kann den Kasten jetzt ertragen. Sie erzählt von ihrer Mutter, dass sie wegen ihrer Mutter so interessiert ist an dem, was ich sage. Denn ihre Mutter ist auch Linkshänderin, hatte auch rechts schreiben lernen müssen; seit ein paar Jahren allerdings schreibe sie mit der linken und der rechten Hand.

Aber das mit der Aggressivität, das sei bei ihrer Mutter gleich wie bei mir. Und sie selbst habe als Kind sehr unter diesen Ausbrüchen ihrer Mutter gelitten. Sie sagt, sie sei mir dankbar für das, was ich ihr von mir erzählt habe, sie könne jetzt ihre Mutter besser verstehen. Und dass sie schon länger gemerkt habe, erst passe ihre Mutter sich immer an und sage zu allem ja und dann, ganz plötzlich, ohne dass sie eigentlich wisse, weshalb, rege sie sich fürchterlich auf.

Ja, das kenne ich."

Auf der Heimreise nach der Kur:

„Im Zug kommt es zu einer ungewöhnlichen Begegnung: Irgendwann geht ein Mann den Gang entlang, sieht mich an, öffnet die Tür, setzt sich mir gegenüber. Ich spüre, irgendwas liegt zwischen uns, ich bin unsicher, was das sein könnte.

Nach ein paar Minuten fangen wir spontan ein Gespräch an, ich hatte Notizen gemacht in meinem Heft, er sagt: „Sie schreiben ein Buch, nicht wahr." – „Ja", sage ich, „woran sehen Sie das?" – „Sie schreiben so flüssig", ist seine Antwort. Das macht mich stolz, denn schließlich schreibe ich erst zwei Wochen mit der linken Hand. Ich sage ihm das, er will das erst nicht glauben, dann sagt er, er sei auch Linkshänder, schreibe aber rechts. Und er schreibe auch seit acht Jahren Gedichte, damals habe ein Herzinfarkt ihn zum Umdenken gebracht, er habe sich dann auf die Suche begeben, irgendwann begriffen: Jeder von uns ist alleine, und jeder ist für sich selbst verantwortlich.

Es wird eine interessante Unterhaltung, ich erzähle von meinen Erfahrungen mit der Kur, über die Zusammenhänge, die ich für mich gefunden habe.

Ich vermute auch, dass diese Erfahrung der Ablehnung meiner linken Hand und meines linken Armes daran schuld ist, dass ich so wenig Körpergefühl hatte, dass ich mich fast „totgearbeitet" habe, ohne zu merken, dass es längst an der Zeit war, mir eine wirkliche Erholungspause zu gönnen.

Meine Traurigkeit ist immer noch da, manchmal lege ich mich einfach ins Bett und weine. Immer wieder überkommt mich großes Mitgefühl mit mir als kleinem Mädchen, das damals gelernt hatte: Alles, was ich spontan will, ist verkehrt, ich muss gucken, wie es die anderen machen, damit ich es richtig mache. Ich begreife, das ist der Grund, weshalb ich mich in Beziehungen so anstrenge, dieses Gefühl, ich muss mich anstrengen, stammt aus der Kindheit, ich habe das ganz früh gelernt, um geliebt zu werden, angenommen zu werden.

Mir geht die Radiosendung von vor mehr als einem Jahr durch den Kopf, daher wusste ich damals so sicher, dass es nicht gut ist, wenn wir tun, was wir glauben, dass die anderen von uns erwarten – und ich wusste damals auch, das lernen wir als erstes, wenn wir auf der Welt sind.

Auch mein Stressmuster habe ich wohl schon in meiner Kindheit „abgespeichert". Die Umlernung auf die andere Hand erzeugt einen Stress im Gehirn, und gelernt habe ich damals – weil ich ja gelobt wurde dafür, es mit dem *richtigen* Händchen zu können: Wenn ich gut sein will, muss ich Stress haben – nur wenn ich Stress habe, bin ich gut."

7.3.2 Die innere Einstellung des Betroffenen und seiner Bezugspersonen zur Linkshändigkeit

Bei Kindern ist es äußerst wichtig, deren subjektive Einstellung zur Linkshändigkeit zu untersuchen. Weiter sollte genau die Art und Weise der stattgefundenen Umschulung der Händigkeit überprüft werden, weil sich dabei oft auch Rückschlüsse auf die heutige Einstellung gegenüber der Rückschulung ergeben. Beides ist sehr bedeutsam für Erfolg oder Misserfolg einer Rückschulung auf die dominante Hand.

Wenn die Umschulung der Händigkeit durch

- körperliche Bestrafung (Schläge, Festbinden der Hand),
- psychische Bestrafung mittels Entzug von Zuwendung, Freiheiten und Gegenständen,
- in Aussicht gestellte Belohnungen

oder durch

- die Verhinderung des dominanten Handgebrauchs mithilfe moralischer Abwertungen der Hand (schmutzige, böse Hand) durchgeführt wurde, kann es bei dem betroffenen Kind zu tiefgreifenden seelischen Beeinträchtigungen kommen. Der Vorgang der Umschulung der Händigkeit ist oft, verbunden mit Scham und Enttäuschung, tabuisiert und verdrängt worden, sodass das Kind jegliche Auseinandersetzung mit der Linkshändigkeit und dem Gebrauch der linken Hand *aus unterbewussten Hemmungen und Verdrängungen vermeidet*. Diese verdrängten und mit Scham behafteten Erlebnisse wirken sich dann meist sehr negativ auf eine Rückschulung der Händigkeit aus und sind eine andauernde unsichtbare Kraft, die allen Rückschulungsbemühungen entgegenwirkt.

Kinder sind meistens sehr sensibel gegenüber Meinungen und Einstellungen in der Familie, und gerade in der Zeit bis zur Einschulung beobachten sie oft sehr genau ihre Umgebung und lernen durch Nachahmung und Verinnerlichung der von außen aufgenommenen Haltungen. Man findet dann Leitbilder, an denen sie sich orientieren und ausrichten, weil sie sich so in die Gesellschaft, in die sie hineingeboren wurden, *integrieren*. So übernehmen und verinnerlichen sie auch die Ansichten ihrer Eltern, Großeltern, Freunde und anderer Bezugspersonen über die Linkshändigkeit, und viele linkshändige Kinder stellen sich nach schon relativ wenigen Hinweisen von außen, als logische und automatische Anpassungsmaßnahme an die rechtshändige Umwelt, sogar selbstständig auf die rechte Hand um.

Daher ist es sehr wichtig, diese Faktoren in die Erfolgsaussichten einer Rückschulung einzubeziehen, ihre Wirkung zu überprüfen und entsprechende Maßnahmen rechtzeitig zu ergreifen, wenn eine Rückschulung vonseiten der Handgeschicklichkeit und Übung trotzdem als erfolgversprechend erscheint.

Fallbeispiel: Sophia

Die sechsjährige Sophia litt unter ungeklärten Erziehungsproblemen und Autoritätsdivergenzen zwischen ihren Eltern. Die regelmäßigen Auseinandersetzungen wirkten sich auf sie äußerst verunsichernd und irritierend aus. Sophia fiel im Kindergarten durch ihre zunehmende Zurückgezogenheit auf und durch beidhändiges Hantieren in Begleitung dauernder Unentschlossenheit, welche Hand sie „benutzen dürfe". Die Erzieherin veranlasste ihre Überweisung in die Beratungsstelle zur Testung der Händigkeit und zur Intervention mit Einbeziehung der Erziehungsprobleme der Eltern. Bei der Testuntersuchung im Sommer 1991, kurz vor Schulbeginn, ergab sich Folgendes: Sowohl Schwangerschaft und Geburt als auch Sprechen- und Laufenlernen verliefen normal, und feinmotorische Tätigkeiten (Basteln, Puzzle zusammensetzen, Malen) führte Sophia sehr geschickt und sehr gern durch. Die bereits früh sich manifestierende Linkshändigkeit versuchte der Vater mit bemerkenswertem persönlichem Einsatz umzustellen, und er hielt die Tochter für beidhändig. Linkshändigkeit sei angeblich bisher in der Familie nicht aufgetreten.

Sophias Mutter ist Deutsche, der Vater stammt aus dem ehemaligen Jugoslawien, wo man noch heute (wie in vielen südlichen Ländern und insbesondere in den von der arabischen Kultur beeinflussten Gesellschaftsformen), automatisch die Linkshändigkeit bei Kindern von klein an bekämpft. Die betroffenen Kinder werden so rigoros auf die Benutzung der rechten Hand umgestellt, dass ihre angeborene Linkshändigkeit später phänomenal nicht mehr als solche auffällt. Sophia hat übrigens noch einen drei Jahre alten, rechtshändigen Bruder.

Den Einschulungstest hatte Sophia sehr gut bestanden, und so war entschieden worden, dass sie – obgleich im Juli geboren – vorzeitig in die Schule aufgenommen wurde.

Testergebnis

- Schreib- und Malhand: links
- Händigkeitstests: Linkshänderwerte
- Tätigkeitsfragebogen: Sowohl die linke als auch die rechte Hand wurden benutzt, es wurde aber deutlich, dass sich hier der Einfluss des Vaters dominant auswirkte, der die Meinung vertrat, sie sei rechtshändig oder zumindest beidhändig; Sophia betonte immer wieder, dass „es mit links besser ginge"; linkshändiges Malen und Schreiben hatte Sophia schließlich selbst durchgesetzt.
- Linkshänderin mit Umschulungsversuchen ohne zerebrale Störungen.

163

Verhaltensanalyse

Sophia war durch die uneinheitliche Haltung der Eltern untereinander verunsichert und begann die Gespräche und Auseinandersetzungen über ihre Händigkeit, die oft bis zum Streit der Eltern ausarteten, auf sich persönlich zu beziehen. Sie hielt sich für schuldig und reagierte zunehmend mit Verunsicherung und Rückzugstendenzen.

Sophia fühlte sich sehr zur Mutter hingezogen, da diese sie auch in ihrer Linkshändigkeit unterstützte; gleichzeitig nahm sie aber die Konfliktsituation zwischen den Eltern in einer falschen Kausalität wahr und befürchtete zunehmend jede Diskussion über den Gebrauch ihrer linken Hand. Die Haltung des Vaters war milieubedingt geprägt. Auch in seiner Elternfamilie war Linkshändigkeit bei Kindern von klein an umgestellt worden und daher später nicht besonders aufgefallen. Für ihn bedeutete Rechtshändigkeit die gesellschaftlich geltende Norm und daher versuchte er sie automatisch bei seiner Tochter durchzusetzen. Sophia stand „zwischen den Fronten" und hätte es gerne beiden Eltern recht gemacht. Um die Zuwendung des Vaters zu bekommen, bestand die Gefahr einer demonstrativen Bevorzugung und Betonung der Benutzung der (genetisch bedingt) nicht dominanten rechten Hand. Beginnende Verhaltensstörungen durch Rückzugstendenzen und Irritationen waren schon deutlich feststellbar. Ansonsten ergab sich kein auffälliges Verhalten und kein organischer Befund.

Beratungsziel und -verlauf

Ziel der Intervention bei Sophia war die gründliche analytische Verarbeitung der Testuntersuchung ihrer Händigkeit und aller sich daraus ergebenden erzieherischen Verhaltenskonsequenzen für ihre Eltern. Die Testuntersuchungen der Händigkeit selbst haben auf Sophia großen Eindruck gemacht, und sie schien erleichtert zu sein über das emotionslose Herangehen an die Frage der Handdominanz.

Im Laufe des Gesprächs mit der Mutter wurde immer deutlicher, wie stark der Vater auf eine Erziehung zur Rechtshändigkeit pochte und wie tief sich bereits ein Konflikt zwischen den Eltern deswegen aufgebaut hatte und eskaliert war. Als dem Vater aber die physiologischen Grundlagen der Händigkeit erklärt wurden, wurde er sehr nachdenklich und entschied sich schließlich, die Händigkeitsentwicklung seiner Tochter nicht mehr zu beeinflussen. Es war sehr wichtig zu betonen, dass es hier nicht um Recht oder Unrecht eines Elternteils ging, sondern um eine physiologische Gegebenheit und den anschließenden Umgang mit diesem Wissen der Tochter gegenüber.

Ergebnis

Sophia hat nach dem Erlebnis, dass ihre Linkshändigkeit als „etwas völlig Normales" diagnostiziert und betrachtet wurde, sehr schnell ein natürliches Verhältnis zu ihrer Händigkeit gefunden und ist mit den meisten Tätigkeiten ganz auf den Gebrauch der linken Hand übergegangen.

Bei einer Kontrolluntersuchung nach Beendigung des ersten Schuljahres stellte sich heraus, dass Sophia, trotz vorzeitiger Einschulung, das Klassenziel hervorragend erreicht und eine schöne Schrift entwickelt hatte. Allerdings hat der – möglicherweise doch in seinem männlichen Stolz gekränkte – Vater die Legitimation der Linkshändigkeit seiner Tochter bisher noch nicht ganz „verschmerzt" und versucht bei jeder sich bietenden Gelegenheit, hypothetische, negative Auswirkungen der nicht umgestellten Linkshändigkeit bei Sophia zu finden. Da aber seit der Intervention ihm selbst Gründe für sein diesbezügliches Handeln bewusst gemacht worden sind und die Konsequenzen für Sophia in ihrem ganzen Leben, verlaufen diese Versuche nicht mehr in Anwesenheit des Kindes, sondern nur noch in separierten Auseinandersetzungen zwischen den Ehepartnern und sind so für Sophia nicht mehr belastend.

Fallbeispiel: Sabine

Im November 1992 kam die gerade sechs Jahre alte Sabine auf Empfehlung des Kindergartens in die Beratungsstelle für Linkshänder. Sie sei angeblich beidhändig und hätte sich vor einem Jahr den rechten Arm gebrochen, und nur deswegen sei sie danach beim Malen mit links geblieben. Vor dem Gips hat sie, nach Aussage der Mutter, beidhändig gemalt.

Die Testauswertung ergab eindeutige Linkshänderwerte, die Feinmotorik war relativ gut, trotz eines Geburtstraumas, und Sabine und ihre Mutter gingen, zufrieden mit dem Ergebnis, nach Hause.

Zehn Monate danach erschienen Mutter und Tochter wieder in der Beratungsstelle mit der Nachricht, dass Sabine, die vor zehn Tagen in die Schule aufgenommen worden war, jetzt durchgehend rechts schreibt, aber den Handgebrauch beim Malen wechselt. Die Schulaufgaben gingen angeblich schnell und würden schön.

Mutter und Tochter wurden noch einmal in die Beratungsstelle eingeladen. Sabine wirkte triumphierend und dickköpfig, und bei der Mutter schien sich eine eigenartige, zufriedene Resignation breitgemacht zu haben. Die Testuntersuchungen wurden noch einmal durchgeführt und ergaben allerdings wieder eindeutige Linkshänderwerte. Es war nicht genau zu eruieren, warum Sabine wieder auf rechts gewechselt hatte, aber dieser zweite Besuch in der Beratungsstelle wirkte so, als sollte er nur ein Alibi für die Mutter darstellen.

Die Situation war ziemlich kniffelig: In den ersten zehn Schultagen angeblich eine schöne, schnelle Schrift zu haben, war nicht sehr aussagekräftig. Wie viel wird überhaupt in den ersten zehn Schultagen geschrieben, um beurteilen zu können, wie die Schrift des Kindes sich entwickeln wird? Manche umgeschulten Kinder schaffen es sogar, über mehrere Schuljahre hinweg eine akzeptable Schrift zu behalten, und wirken auch von der Konzentration her völlig unauffällig, um dann plötzlich, in der vierten, fünften Klasse, leistungsmäßig abzufallen, was sich manchmal dann wie ein Zusammenbruch manifestiert. Auch die Schrift verändert sich bei solchen Kindern oft erst in dieser Zeit deutlich negativ.

Es blieb nichts anderes übrig, als die Mutter noch einmal mit den gesamten Testergebnissen zu konfrontieren und ihr zu empfehlen, dass es doch das Beste sei, wenn Sabine links schreiben lernte. Der Mutter wurde weiter dringend geraten, falls ihre Tochter meinte, dass rechtshändiges Schreiben besser sei und Linkshändigkeit etwas Negatives bedeutete, es gut wäre, einen Kinderpsychologen aufzusuchen, der Sabine begreiflich machen kann, dass für sie das Schreiben mit der linken Hand aus neurophysiologischen Gründen doch das Richtige ist. In dieser Psychotherapie sollte aber nichts Anderes besprochen werden als die Linkshändigkeit von Sabine, keine Familienangelegenheiten und Ähnliches, denn die Familie war innerlich nicht gestört und reagierte normal, und jegliche Möglichkeit für Sabine, sich auf anderen Gebieten wichtigmachen zu können, sollte vermieden werden. Die Mutter war recht nachdenklich geworden und entschied sich abzuwarten, mit der Lehrerin zu sprechen und sich eventuell beim Kinderarzt nach einem geeigneten Psychologen zu erkundigen.

Nach sechs Monaten meldete sich die Mutter wieder. Grund ihres Anrufes war die Schriftrichtung – Sabines Buchstaben „kippten nach links." Die Mutter berichtete, dass sich Sabine inzwischen doch „freiwillig auf links umgestellt habe". Zunächst hatte sie der Mutter gegenüber aber noch betont, dass sie trotz allem keine Linkshänderin sein möchte! Dann kam der Mutter ein Zufall zu Hilfe: Zwei Wochen nach dem Termin in der Beratungsstelle stand in der Zeitung, dass der neue Oberbürgermeister von München Linkshänder sei. Seine Aufgabe war es, das erste Fass Bier auf dem Oktoberfest anzuzapfen und damit das Fest zu eröffnen. Wegen seiner Linkshändigkeit musste aber alles umgestellt werden, damit er richtig mit dem Holzschläger zuhauen konnte. Und diesen Bericht las die Mutter ihrer Tochter vor. Die Nachricht, dass die Linkshändigkeit des Oberbürgermeisters so wichtig genommen wurde und alle sie akzeptierten und sogar die Zeitungen darüber positiv berichteten, hat auf Sabine einen so großen Eindruck gemacht, dass sie nun auch ihre eigene Linkshändigkeit akzeptieren konnte. Sie befreite sich selbst von ihren Vorbehalten, und innerhalb kurzer Zeit schrieb sie problemlos links. Ihre Schrift war inzwischen tatsächlich sehr schön und flüssig geworden.

Fazit: Nicht immer kommt ein linkshändiger Oberbürgermeister zur Hilfe, um die im verwirrten Kind aufgebauten Vorbehalte gegenüber der Linkshändigkeit zu eliminieren. Daher ist es äußerst wichtig, dass möglichst keine Vorurteile an das Kind herangetragen bzw., wenn es schon geschehen ist, diese mit ihm besprochen und ausgeräumt werden. Es sollte absolut eindeutig klargestellt und auch vermittelt werden, dass für einen Linkshänder die linke Hand die Schreibhand ist und für einen Rechtshänder die rechte und dass dies überhaupt nichts mit Wunschvorstellungen und vermeintlichen praktischen Nachteilen zu tun hat.

Im vergangenen Kapitel konnten Fallberichte zeigen, dass bei Kindern auch noch in der dritten bis vierten Grundschulklasse eine Rückschulung der Händigkeit zu positiven Ergebnissen führen kann, wenn wichtige Bezugspersonen und das betroffene Kind selbst von Sinn und Zweck der Rückstellung auf die dominante linke Hand überzeugt sind. Viele Fallbeispiele beweisen jedoch deutlich, wie wichtig der Faktor der einstimmigen Überzeugung „das Richtige zu tun" ist und dass auch Kinder in dem Alter, in dem sie in die Schule kommen, manchmal schon sehr mit Zweifeln zu kämpfen haben, die den ganzen Erfolg der Rückschulung gefährden können. Dann bedarf es eines positiven Zusammenwirkens aller betreuenden Personen, um dem Kind zu helfen, solche Vorbehalte zu überwinden. Denn diese Vorurteile gegenüber der Händigkeit dringen tief in die Kinder ein und sind meistens durch Modellverhalten entstanden, das einen immensen Einfluss in der kindlichen Entwicklung mit ultimativer Prägung für die ganze Zukunft hat.

„Ich will keine Linkshänderin sein" – Die Heimtücke und der Sinn des Modellverhaltens

Modellverhalten ist ein wesentlicher Zug der Integration eines Wesens in die Gruppe seiner Artgenossen. Modellverhalten kommt bei Tieren ebenso vor wie beim Menschen, und es ist ein animalischer, grundlegender Instinkt, der das Überleben sichert. Durch Modellverhalten ahmen junge Vögel das Verhalten ihrer Eltern nach und lernen, sich zu ernähren und zu fliegen. Vor allem durch Modellverhalten lernen Säugetiere ihre arterhaltenden Verhaltensweisen. Durch Modellverhalten lernt das Kind, sich in die menschliche Gesellschaft einzufügen, und dieser Instinkt scheint besonders zu Beginn der Entwicklung des Individuums von überragender Bedeutung zu sein. Er schwächt sich dann, wie viele Erfahrungen aus der Praxis zeigen, zunehmend bis in die Pubertät ab, und erst danach wird es wahrscheinlich den meisten Menschen leichter möglich, ein freies Verhalten auf der Basis der eigenen Entscheidungen zu erreichen.

Vielen Eltern ist nicht bewusst, dass ein Intelligenzquotient (IQ), als messbare Größe schon im Vorschulalter, meistens das ganze Leben eines gesunden Menschen praktisch unverändert bleibt (also nicht eine Variable, sondern, wie die Mehrheit der Untersuchungen zu bestätigen scheint, eine Konstante darstellt). Wir sind demnach bei einem Kind mit der vollen Intelligenz des erwachsenen Menschen konfrontiert, aber ohne seine Erfahrungen, ohne sein Wissen, aber auch ohne Toleranz und Selbstdisziplin. Es fehlt vor allem der Sozialisationsfaktor. Ein Kind ist also kein kleiner, noch dummer, zukünftiger Erwachsener, sondern ein voll intelligentes Wesen, das alle Mitteilungen, Wahrnehmungen und emotionalen Eindrücke *„einsaugt"* – aber weil es noch nicht fähig ist, diese Informationen insbesondere auf ihre Existenzrelevanz, Bedeutsamkeit und ihren Wahrheitsgehalt auszuwerten (durch Verifikation, Falsifikation, Hierarchisieren usw.) und den Umgang mit verschiedenartigen Einflüssen nicht beherrscht, kommt es oft zu fehlerhafter und meist sogar sehr beständiger Prägung der folgenden Handlungsweise des Kindes.

Viele Beispiele von Kindern, die von Tieren (z. B. Wölfen) großgezogen wurden, zeigen, dass sie nach einem bestimmten Alter nicht mehr fähig sind, die menschliche Sprache richtig zu erlernen und sich in die menschliche Gesellschaft zu integrieren. Aber auch verschiedene Kulturen prägen sehr früh die menschlichen Eigenschaften. Zahlreiche Geschichten sind z. B. von Siedlerkindern in Amerika überliefert, die von Indianern entführt und aufgezogen wurden. Diese Berichte dokumentieren ebenfalls, dass die Jugendlichen es nicht schafften, wieder in ihr ursprüngliches Umfeld zurückzukehren (und es auch nicht wollten). Diese Menschen haben andere Verhaltensmodelle erlernt und automatisch übernommen und können sie praktisch nicht mehr verlassen, bzw. sind überaus stark durch übernommene, verinnerlichte Modelle determiniert. Ähnlich können wir uns den massiven Einfluss dieses Instinkts auch auf die Händigkeitsentwicklung des Kindes vorstellen und die Konsequenzen, die sich daraus ergeben.

Auf der anderen Seite bewiesen schon im Mittelalter Experimente, durchgeführt von dem wissenschaftlich äußerst interessierten Staufenkaiser Friedrich II., die lebenserhaltende Notwendigkeit des Modellverhaltens. Friedrich II. war ein in dem Bereich der Zoologie (besonders der Vogelkunde) derart erfolgreicher Forscher und aufmerksamer Beobachter, dass er erst mit Konrad Lorenz zu vergleichen ist. Er machte aber darüber hinaus auch Versuche mit Kindern, die künstlich von jedem Erziehungskontakt, von Zuwendung und Zärtlichkeit und vor allem von der Möglichkeit, durch Modellverhalten zu lernen, vollkommen abgeschnitten wurden. Die Kinder starben eins nach dem anderen, ohne eine erkennbare körperliche Ursache und obgleich ihnen die – gezwungenermaßen sich wie stumme Automaten verhaltenden – Ammen genügend Nahrung gaben.

Die in uns vorhandenen biologischen Instinktmechanismen haben wahrscheinlich festgestellt, dass Kinder keine Entwicklungschance ohne gesteuerte Außenimpulse haben, dass sie nicht fähig sind zu lernen und somit lebensunfähig bleiben, und haben quasi als „pragmatisches Resultat" die Existenz der Kinder „abgeschaltet".

Aber wohin kann, im Gegensatz dazu, ein fehlgeleitetes Modellverhalten führen?

Dazu sollen zwei Beispiele aus dem Familienkreis der Mitarbeiter in der Beratungsstelle geschildert werden, die nicht mit der Händigkeitsproblematik zusammenhängen:

Ein Mädchen, geboren auf einem Bauernhof, der auf Milchproduktion ausgerichtet war, erlebte bei ihrer Tante, die es kindlich verehrte, dass diese aufgrund eines Leberleidens keine Vollmilch trinken durfte. Und dieses Mädchen, heute schon eine erwachsene Frau, lehnt noch immer mit Ekelgefühlen jedes Milchgetränk ab.

Das zweite Beispiel eines irrationalen Wirkens des Modellverhaltens bietet ein heute auch schon erwachsener Mann, der im Alter zwischen vier und sechs

Jahren die Mainzelmännchen im Fernsehen ins Herz geschlossen hatte. Somit nahm er aber auch die damalige Werbung wahr, und bis heute besteht seine Ernährung aus einer Kette von Vermeidungsreaktionen: Anstelle „ungesunder Butter" wird nur die „so gesunde Margarine" konsumiert, dazu nur ganz bestimmte Sorten von Käse – aber dafür liebt er heiß den Spinat – der Popeye war doch dadurch so stark ...

Im Vergleich mit solchen, in der Praxis weit komplizierteren (weil nach außen leicht wahrnehmbaren und identifizierbaren) Essensverhaltensmodifikationen, *die ihrer Umgebung gegenüber einen provokativen Charakter haben,* benötigt die durch Modellverhalten geänderte Handbenutzung zu Beginn eines Umschulungsprozesses subjektiv weit geringere Belastungen und *ist fast immer ein Anpassungsvorgang gegenüber der Umgebung,* der sogar oft noch gelobt und belohnt wird. Mit anderen Worten, das Kind muss, bei der selbstständig vorgenommenen Einstellung an die rechtshändige Umwelt, nicht mit der eigenen Natur und zusätzlich mit der negativen Reaktion der Umgebung kämpfen, sondern nur sich selbst überwinden.

Dabei ist die Kausalität zwischen der Ursache und den (negativen) Auswirkungen zeitlich voneinander und unnachvollziehbar getrennt (dadurch keine Autokorrekturfunktion), bei aktuell verlaufender Selbstumschulung nicht individuell wahrnehmbar und schon gar nicht als mögliche (und vermeidbare) Gefahr zu werten.

Fallbeispiel: Michaela

Vorgeschichte

Im August 1994 suchte der Vater wegen seiner achtjährigen Tochter Michaela bei einer Psychotherapeutin Rat und Hilfe. Bemängelt wurden in erster Linie die völlig unkontrollierten Wutanfälle der Tochter: „Michaela rastet vollkommen aus und es ist dann überhaupt nicht mehr möglich, mit ihr zu reden." Sie hat in solchen Situationen dann der Mutter auch schon vorgeworfen, sie sei „die schlechteste Mutter überhaupt", und kurz darauf warf sie sich ihr spontan in die Arme und wollte wieder schmusen.

Weiter machte dem Vater Sorgen, dass sie plötzlich sogar aus der Haushaltskasse Geld zu entwenden begann, wobei hier auch eine große Rolle der starke Einfluss ihrer Freundin spielte, die sehr viel Geld zur Verfügung hatte. „Michaela zeigt schon eine Art Hörigkeit gegenüber der Freundin." Sie gab zu, dass sie einmal die Geldsumme, die man ihr nachweisen konnte, tatsächlich genommen hatte, um mit dem Geld Eindruck auf die Freundin zu machen.

Des Weiteren sei die Tochter angeblich vorlaut und gebe mit der beruflichen Stellung des Vaters an, was den sozial eingestellten Eltern sehr unangenehm ist.

Ein anderer Vorfall hatte sich unlängst im Urlaub abgespielt, wo Michaela der Hotelbesitzerin, die sie darauf aufmerksam gemacht hatte, dass ihr ein Bunt-stift auf den Boden gefallen war, antwortete: „Ich habe Ihnen nicht erlaubt, DU zu mir zu sagen." Dieser Reaktion war am Vorabend ein Gespräch mit den Eltern vorausgegangen, in dem ihr erklärt worden war, dass sie nicht jeden Erwachsenen duzen dürfte. Sie störte sich, entsprechend ihrem Gerechtig-keitsgefühl daran, dass die Erwachsenen die Kinder aber duzen dürfen.

In einem noch früheren Gespräch zwischen der Therapeutin und der Mutter hatte diese beiläufig auch ihre Sorgen geäußert, dass die Tochter unausgegli-chen sei, dass sie kein stabiles Selbstbewusstsein habe und dass sie äußerst schwankende Gefühlsstimmungen zeige und sich sehr an anderen Kindern orientiere. Auch ihre Konzentrationsphasen seien nicht sehr lang, was sich aber durch kinesiologische Übungen schon etwas gebessert habe. Aber ir-gendwie machte sich die Mutter weit intensivere Sorgen um Michaela, mehr als das der – an sich normalen – Entwicklung des Kindes entsprach. Bei dieser Unterhaltung kam man auch auf die schwere Geburt zu sprechen, und die The-rapeutin wunderte sich nicht weiter über die beklagten Schwierigkeiten des nach allen Anzeichen sehr intelligenten Kindes und beruhigte die Mutter, dass sich die Probleme im Laufe der Zeit schon geben würden. Beiläufig erwähnte die Mutter auch, dass man zeitweise sogar nicht sicher war, ob Michaela linkshändig sei, denn sie wechselte eine Weile den Handgebrauch beim Essen und beim Malen, benutzte dann aber eindeutig zum Malen und Schreiben die rechte Hand. „Vielleicht ist sie beidhändig veranlagt", meinte die Mutter und betonte, dass sie ihr extra das Besteck über den Teller gelegt hatten, sodass sie frei wählen konnte, mit welcher Hand sie besser zurechtkommt.

Es ist wichtig anzumerken, dass Michaelas Vater ein umgeschulter Links-händer ist und in seiner Gymnasialzeit unter den Primärfolgen der Umschu-lung sehr gelitten hatte. Dann hat er ein Universitätsstudium absolviert und erfolgreich abgeschlossen und das Unternehmen seines Vaters, mit vielen Filialbetrieben und Mitarbeitern, übernommen und zum Blühen gebracht. Er leitet es noch heute beispielhaft. Seine Frau ist Rechtshänderin, hat auch ein Universitätsstudium absolviert und arbeitet in der Unternehmensführung mit.

Die Eltern waren sich der Händigkeitsproblematik sehr bewusst (der Vater ist ein aktives Mitglied der Interessenvereinigung für Linkshänder) und haben auch deswegen jede diesbezügliche Entwicklung Michaelas aufmerksam beobachtet.

Michaela war inzwischen in der zweiten Klasse, und die Schule machte ihr an sich keinerlei Schwierigkeiten (die von der Mutter sehr aufmerksam beobachteten Konzentrationsprobleme wirkten sich in ihren Schulleistungen überhaupt nicht aus), und auch ihre Schrift war schön.

Aber die oben beschriebenen Wutanfälle, bei denen sie völlig durchdrehte, machten den Eltern doch Sorgen. Weiter schienen auch die Klassenkameraden sich immer mehr vor dem engeren Kontakt mit Michaela zurückzuziehen, weil sie zu sehr versuchte, immer im Mittelpunkt zu stehen, möglicherweise um eigene Unsicherheiten zu überwinden. Die Eltern hatten sich übrigens schon zuvor an eine andere Psychotherapeutin gewandt, die ihre Familie etwas kannte, und diese hatte sehr vor einer Therapie gewarnt, um der intelligenten Tochter nicht eine Plattform zu geben, auf der sie sich ungebührlich mehr Aufmerksamkeit in der Familie herauspressen konnte. Michaela hatte nämlich noch einen vier Jahre jüngeren Bruder und zeigte schon massive Reaktionen auf die geteilte Aufmerksamkeit der Mutter, gleich nach seiner Geburt.

Erste Kontaktaufnahme mit Michaela

Es wurde ein Abendbesuch bei den Eltern beschlossen, wo unter anderem über die Tochter ausführlich geredet werden sollte, und bei dieser Gelegenheit war es auch möglich, die Interaktionen innerhalb der Familie zu beobachten. An dem Abend zeigte sich den überraschten Besuchern ein entzückendes Mädchen, charmant, gesprächig, wohlerzogen und nicht im Entferntesten von irgendwelchen Normen abweichend.

Um das aus der Beschreibung der Eltern bekannte, deutlich mangelnde Selbstwertgefühl der Tochter aber doch etwas aufzubauen und gleichzeitig ein Mittel zu erlangen, das unangemessene, unbegründete, explosionsartige und unkontrollierte Verhalten etwas steuern zu können, wurde ein Token-System (Belohnungssystem mit einlösbaren Chips für erwünschte Gegenstände, Unternehmungen, Vergünstigungen usw.) mit den Eltern diskutiert. Ungünstigerweise zeigte sich dabei aber, dass Michaela keinen sehr engen Bezug zu Geld hatte und die einmalige Plünderung der Haushaltskasse wohl mehr auf der Basis einer kurzfristigen Stimmung geschehen war, eben um bei der Freundin Eindruck zu machen.

Interessant war, dass der Vater seine eigenen Schwierigkeiten mit der Tochter sehr impulsiv äußerte: Seine Tochter sei ihm überhaupt nicht ähnlich, sie sei ihm wesensfremd. Er erwarte, dass sie funktioniere, worunter er verstand, dass sie sich an die abgesprochenen Verhaltensregeln hielt, und besonders sollte sie ihre emotionalen Ausbrüche unter Kontrolle bekommen. Des Weiteren wünschte er sich, dass sie nicht mehr versuchen sollte, sich so wichtig zu machen, sei das mit Angebereien, vorlauten Antworten oder in der Schule, wo sie auch sehr stark die Aufmerksamkeit der Lehrerin beanspruchte und oft „eine Show abzog".

Beschlossen wurde dann, dass sich die Eltern die Einführung eines Belohnungssystems überlegen und man nach den Sommerferien wieder Kontakt aufnehmen würde.

Reaktionsweise der neuen Lehrerin

Im Herbst bekam Michaela eine neue Lehrerin, der auch sehr schnell auffiel, wie stark die Schülerin auf ihre Zuwendung und Aufmerksamkeit angewiesen war, wie sie während des Unterrichts andauernd nach vorne gerannt kam, damit die Lehrerin ihre Arbeit begutachtete und dass sie emotional ungewöhnlich unausgeglichen reagierte. Die Lehrerin beschloss, ein Gespräch mit den Eltern zu führen, um herauszufinden, ob sie hier eine kleine Prinzessin vor sich hatte, um die sich als Einzelkind alles drehte und die diese Situation auch in der Schule für sich aufbauen wollte. Aber Michaela war kein Einzelkind, und die Eltern gingen sehr vernünftig mit ihr um und wandten sich ihren beiden Kindern ausgeglichen zu.

Der Besuch in der Beratungsstelle für Linkshänder

Da die Wutausbrüche sich nicht milderten und die Sorgen der Eltern weiter bestanden, nahm der Vater Michaela einfach einmal zu einem Besuch in die Beratungsstelle für Linkshänder mit, an der Michaela bereits Interesse gezeigt hatte.

Dort betonte sie aber gleich am Anfang ausdrücklich, dass sie keine Linkshänderin sei und dass Linkshänder Schwierigkeiten im Leben hätten, wie z. B. der linkshändige Jonathan aus ihrer Klasse. Aber das betreffe sie ja nicht, denn sie sei Rechtshänderin, und im Grunde gehe sie das mit der Linkshänderei gar nichts an. Sie erklärte sich aber bereit, interessehalber, die Testuntersuchungen mitzumachen. Es wurden auch ein Konzentrations- und ein nonverbaler Intelligenztest gemacht.

Testergebnis und Reaktionsweise darauf: IQ 130, Konzentrationsfähigkeit schwankend

Zum großen Erstaunen der anwesenden Fachleute ergaben die Händigkeitstests eindeutige Werte einer umgeschulten Linkshänderin.

Dem sehr gespannten Vater wurde dieses Ergebnis mitgeteilt und er war geschockt, denn die Familie hatte Michaelas Händigkeitsentwicklung von Anfang an doch so aufmerksam beobachtet …

Da der Vater noch etwas Administratives zu erledigen hatte, kam es zu einem Gespräch allein mit Michaela, die bisher nicht über das Testergebnis informiert worden war. Dieses sehr offene und kontaktfreudige Mädchen hatte Vertrauen gefasst und sagte: „Soll ich dir mal ein Geheimnis erzählen?" Und dann eröffnete Michaela, dass ihr schon im Kindergarten eine Freundin gesagt hatte, dass man mit der linken Hand später Schwierigkeiten bekommen würde, dass sowieso alle Linkshänder blöd wären und es besser sei, mit rechts zu malen und möglichst alles mit rechts zu machen. „Und da habe ich mich lieber auf rechts gezwungen, denn ich will doch nicht doof sein, und Schwierigkeiten mit der linken Hand möchte ich dann später auch nicht haben. Und weißt du", fuhr sie fort, „der Papa hat mal erzählt, wie schlimm das früher für die Linkshänder war und dass man sie mit Gewalt dazu gebracht hat, rechts zu schreiben, und da habe ich mich lieber selbst auf die rechte Hand gezwungen."

Diese Erklärungen sprudelten spontan und absolut glaubwürdig aus ihr heraus, das konnte nicht erfunden sein, und so wurde Michaela gebeten, ob sie dieses Geheimnis nicht auch dem Vater mitteilen wolle, denn er habe sie sehr lieb und sollte doch eigentlich auch so ein wichtiges Geheimnis wissen. Und Michaela war nach kurzem Überlegen einverstanden und erzählte praktisch wortgetreu nochmal, was ihr die Freundin gesagt und was sie selbst für sich daraufhin beschlossen hatte.

Der Vater war erschüttert, aber gewohnt, schnell zu entscheiden und zu handeln, hielt er es für das Beste, Michaela über die Testergebnisse ihrer Händigkeit zu informieren. Weiter stellte er sofort die Frage, ob eine Rückschulung auf die linke Hand sinnvoll und überhaupt noch möglich sei.

Danach ging man gemeinsam zum Essen. Auf dem Weg dorthin erklärte Michaela unmissverständlich, dass sie keine Linkshänderin sein möchte. Während des Essens wurde über berühmte Linkshänder gesprochen und darüber, dass es ganz normal sei, linkshändig zu sein. Und plötzlich begann

Michaela zu weinen und schluchzte: „Ich will aber keine Linkshänderin sein!" Es kam noch zu mehreren weiteren Tränenausbrüchen, bei denen sie Schutz in den Armen ihres Vaters suchte, und er tröstete sie und sagte, dass jetzt erst einmal Weihnachten komme und die Skiferien und dass man dann gemeinsam Weiteres entscheiden würde, und Michaela beruhigte sich wieder.

Plötzlich begann sie mit der linken Hand ein Pferd zu malen, sie liebte Pferde und hatte seit Kurzem Reitstunden, und das Pferd gelang auf Anhieb hervorragend. Ermutigt von dem Erfolg, schrieb sie die ersten Worte mit der linken Hand auf einen Zettel, und auch das ging erstaunlich gut. Schließlich überlegte sie, dass es „vielleicht doch nicht so schlimm ist, linkshändig zu sein". Und der Vater fügte hinzu, dass er selbst sehr unglücklich sei, dass er nicht links schreiben durfte. Aber dann wunderte er sich plötzlich, wieso Michaela mit der rechten, nicht dominanten Hand, eine schöne Schrift habe, während er, auch umgeschulter Linkshänder, ein sehr schlechtes Schriftbild hat.

Im Folgenden stellte sich heraus, dass gerade in der letzten Zeit Michaelas Schrift gar nicht mehr so gut war wie in den ersten beiden Schuljahren. Bei einer späteren Durchsicht der Schreibhefte bestätigte sich, dass ihre Schrift zwar im oberen Durchschnitt der Gleichaltrigen war, aber wenn man genau hinsah, bemerkte man doch, dass Michaela ziemlich stark aufdrückte und bei längeren Texten im letzten Abschnitt die Buchstaben z. T. wackeliger und unsicherer wurden. Besonders deutlich wurde es aber bei den Zahlen, die nicht aus dem Schwung der Buchstabenabfolge ganzer Wörter, sondern als einzelne Zeichen weit stärker bei den immer größeren Anforderungen an die Schreibgeschwindigkeit die feinmotorischen Schwierigkeiten Michaelas zu manifestieren begannen.

Im Laufe des Abends fand Michaela ihr seelisches Gleichgewicht wieder und fragte, ob es vielleicht Übungsblätter für die Rückschulung auf ihre linke Hand gäbe, die sie über Weihnachten bearbeiten könnte. Das bedeutete, Michaela hatte zunächst einmal das Testergebnis akzeptiert.

Verlauf der Rückschulung

Ein sehr wichtiger Faktor war auch die neue Lehrerin, die zwei Jahre Michaelas Klasse leiten würde. Diese Lehrerin war sehr kooperativ, hatte sich, wie gesagt, schon ihre eigenen Gedanken über das Mädchen gemacht und war sofort bereit, die Rückschulung auf die linke Hand zu unterstützen und zu fördern. Sie gab Michaela für die Weihnachtsferien auch noch Schreibübungen aus der ersten und zweiten Jahrgangsstufe mit und motivierte sie damit zusätzlich sehr wirksam.

Nach den Weihnachtsferien berichtete die Mutter, dass praktisch alle Schwungübungen ganz gut mit der linken Hand gegangen waren, dass Michaela aber nicht viel Ausdauer gezeigt hatte, sich hinzusetzen und zu üben. Sie zermürbte die Mutter, die sehr einfühlsam versuchte, sie zu weiteren Übungen anzuhalten. Es kam zu emotionalem Widerstand und zu dem Satz, „Ich will keine Linkshänderin werden", verbunden mit den bekannten Wutausbrüchen. Aber die Eltern stellten auf der anderen Seite übereinstimmend fest, dass Michaela zwar nach wie vor immer wieder „explodierte", aber die Ausbrüche würden bedeutend weniger und sie zeigte sich danach für Argumente immer zugänglicher. Was der Mutter auffiel und sich in den folgenden Wochen weiter bestätigte, war, dass die Tochter „weicher und verständnisvoller" wurde. Die tagtägliche gefühlsmäßige Anspannung, unter der Michaela litt, schien sich zu reduzieren.

Diese emotionale Beruhigung fiel auch sehr bald der Klassenlehrerin auf. Natürlich brauchte Michaela nach wie vor viel Zuwendung, und jetzt besonders, aber sie spielte sich nicht mehr ganz so in den Mittelpunkt wie früher und die Klassenkameraden halfen ihr und zeigten auch großes Verständnis. Ihre Schrift war schon sehr bald erstaunlich gut und die Lehrerin half ihr, wenn sie nicht so schnell mit dem Schreiben mitkam und trug ihr die fehlenden Wörter ins Heft nach. Als Michaela klagte, dass es in ihrem Bauch kribbele, wenn sie mit der linken Hand schreibe, empfahl ihr die Lehrerin, sich mit der rechten Hand leicht auf den Bauch zu klopfen, und seitdem sitzt sie in der Klasse, schreibt links und klopft sich auf den Bauch.

Verhaltensanalyse

Hier hat es nichts genutzt, dass die Eltern von Anfang an wach die Händigkeitsentwicklung der Tochter beobachteten, absichtlich das Essbesteck zur freien Auswahl hinlegten und sogar betonten, dass sie Linkshändigkeit für normal halten und dass heute linkshändige Kinder nicht mehr gezwungen werden, rechts zu schreiben. Die Argumentation der Freundin hat mehr gezogen und das zusätzliche Erlebnis, wie ein anderes Kind von seinen Eltern umgeschult wurde und welche Begründungen diese dafür gaben. Das zählte bei dem wachen, die Umwelt beobachtenden Kind weit mehr als alles andere. Die hohe Intelligenz und die trotz der schwierigen Geburt wahrscheinlich nicht beeinträchtigte Feinmotorik halfen ihr, alle anfänglich auftauchenden Schwierigkeiten zu überwinden.

Aber mit den innerlich aufgebauten Anspannungen kam sie nicht zurecht, dort konnte sie nur teilweise kompensieren, „explodierte regelrecht", „machte dann zu" und war für sachliche Argumente nicht mehr zugänglich. Diese Eigenschaft und ihr Bedürfnis, Anerkennung zu bekommen, oft auch nur für Leistungen, die in der allgemeinen Beurteilung zwar gut waren, die sie aber, nach ihrer eigenen inneren Einschätzung, hätte besser machen können, und weiter ihr Bedürfnis, sich in den Mittelpunkt zu stellen und auf diese Art und Weise sich zu versichern, dass sie geliebt wird, hat zu diesen „Verhaltensstörungen" geführt.

Eigentlich war der Hinweis der Mutter, dass die Tochter zeitweise ausgesprochen beidhändig hantiert hatte, der Schlüssel gewesen, an die Wurzel der beklagten Probleme heranzukommen (siehe dazu in Kapitel 8.1.2: Beidhändigkeit ist kein erstrebenswertes Ziel). Dass aber nicht gleich eine ausgiebige Testuntersuchung vorgenommen worden war, wurde durch eine Irritation verhindert. Diese entstand durch die Aussage, dass Michaelas Schrift sehr schön sei und dass sie keine feinmotorischen Probleme habe. Außerdem konnte Michaela bisher sehr gut Geschichten erzählen und neigte dabei nicht zu Stockungen, wie ein großer Teil der umgeschulten linkshändigen Kinder. Aber es ist kaum nachzuvollziehen, wie viel an Mehrenergie sie dafür aufbringen musste. Dass sie fähig ist, immense Energieleistungen zu vollbringen, haben Untersuchungen in dem Institut für Rechenschwäche gezeigt, in dem Michaela getestet wurde, weil sie zusätzlich zu ihren Problemen noch eine sehr eigentümliche Art und Weise der Subtraktion zeigte. Dort stellte man fest, dass es sich dabei lediglich um einen Fehler bei dem immer wieder vollzogenen Rechenablauf handelte, aber bei Weitem nicht um eine Rechenschwäche. Bei den Untersuchungen hatte Michaela eine ungewöhnliche Leistung vollbracht: Wenn sie rechnen sollte, erfasste sie die Zahlen nicht als Mengen innerhalb der sonst üblichen Konzentration auf die Lösung der gestellten Aufgaben, sondern nebenbei, während sie sich mit der Mutter unterhielt (also die Mutter durch das Gespräch ablenkte, um Zeit zu gewinnen), zählte sie gleichzeitig leise für sich die entsprechenden Zahlen hinzu oder ab und dann plötzlich, mitten im Satz, schoss das Ergebnis heraus.

Fazit: Irritierend für eine frühzeitigere Diagnose der umgeschulten Linkshändigkeit war hier die starke Persönlichkeit des Kindes, das sich hellwach an der Außenwelt orientierte, Schlüsse aus den aufgeschnappten Informationen zog und konsequent befolgte. Sie hatte durch ihre engste Freundin vermittelt bekommen, dass die Umwelt Linkshändern Schwierigkeiten mache, und vom Vater gehört, wie früher Linkshänder zu dem ausschließlichen Gebrauch der rechten Hand durch Gewalt gezwungen worden waren, und das wollte sie sich ersparen und hat danach gehandelt. Sie hat diese Auffassung so weit verinnerlicht, dass die Vorstellung, Linkshänderin zu sein, von ihr aus ganzem Herzen abgelehnt wurde. Dass der Vater aber ausdrücklich bedauert hatte, dass er selbst nicht links schreiben durfte, das hat sie nicht mehr wahrgenommen.

Fallbeispiel: Eineiige Zwillinge Jan und Lukas

Im Dezember 1991 kamen die eineiigen Zwillinge Jan und Lukas mit ihren Eltern zur Testuntersuchung der Händigkeit. Einem aufmerksamen Beratungslehrer war aufgefallen, dass mit dem Handgebrauch der beiden Zweitklässler etwas nicht stimmte, und so sprach er die Eltern darauf an. Diese gaben zu, dass sie „schon ein bisschen versucht hatten, die Kinder auf die rechte Hand zu erziehen, besonders Jan, der nach einer Verletzung der rechten Hand in der ersten Klasse immer mehr links geschrieben hatte. „Denn", so argumentierten sie weiter, „eineiige Zwillinge müssen doch die gleiche Händigkeit haben."

Jan hatte während und auch noch nach der Verletzung seiner rechten Hand links geschrieben und es war, zur allgemeinen Verwunderung, besser gegangen als rechts.

Im Alter von drei bis vier Jahren hatten die sich äußerst ähnelnden Jungen beidhändig hantiert, Jan aber weit ausgeprägter in Richtung Linkshändigkeit. Damals wurde, laut dem Bericht der Eltern, „etwas versucht, die Söhne auf den Gebrauch der rechten Hand zu erziehen, ganz besonders beim Essen". Sie hätten sich dann auch beide rechtshändig entwickelt. Allerdings klagte Jan jetzt oft, im Gegensatz zu Lukas, dass ihn die rechte Hand beim Schreiben schmerzte. Erst nach der Verletzung seiner rechten Hand und seinem erneuten verstärkten Gebrauch der linken haben die Eltern wieder auf seine Händigkeit eingewirkt.

Testverlauf

Beide Jungen wurden getestet und eigentümlicherweise fiel bei der Beobachtung ihres Handgebrauchs auf, dass Lukas für Tätigkeiten, die leicht als Testung der Händigkeit zu durchschauen waren, weit mehr die linke Hand benutzte als Jan. Letzterer hingegen führte viele anerzogene Handgriffe, wie z. B. Essen, Malen und Schreiben, rechts durch, während er für spontane, in Spielen verborgene Tätigkeiten die linke Hand benutzte.

Beim Hand-Dominanz-Test strengten sich beide mächtig an und beim Spurennachzeichnen waren bei Lukas keine großen Unterschiede zwischen den Händen feststellbar, bei Jan hingegen schien sich die geübtere rechte Hand durchzusetzen. Beim Punktiertest gingen die Werte aber plötzlich stark auseinander und in Führung lag eindeutig die linke Hand von Jan und die rechte von Lukas.

Das war alles schon recht merkwürdig, ebenso der Eifer, mit dem beide offensichtlich versuchten, Linkshänder zu sein. Also sollten beide einen Text abschreiben, und zwar ein Stück rechts und ein Stück links. Völlig unerwartet, nach dem guten Ergebnis beim Spurennachzeichen mit der linken Hand, brachte Lukas nur ein reines Gekrakel mit dieser Hand zustande. Jan hingegen schrieb ganz ordentlich mit der linken Hand. Was war hier nur los?

Der Computertest zeigte eindeutige Rechtshänderwerte bei Lukas, und das auch bei dem letzten Durchgang, bei dem Lukas sehr offensichtlich versuchte, mit der rechten Hand langsamer als zuvor zu tappen. Die Werte von Jan dagegen waren die eines umgeschulten Linkshänders und blieben konstant.

Da der letzte Test mit jedem Kind jeweils einzeln durchgeführt wurde, ohne das Beisein des Bruders oder der Eltern, kam in dem Gespräch plötzlich die Enttäuschung von Lukas heraus, als ihm eröffnet wurde, dass er Rechtshänderwerte habe und folglich ein Rechtshänder sei. „Aber der Vater hat doch dem von uns beiden, der Linkshänder ist, eine Belohnung versprochen", klagte er, „und ich habe mich so angestrengt."

In dem folgenden Gespräch mit den Eltern erklärte der Vater, dass er an denjenigem der Buben, der auf die falsche Hand erzogen worden war, das wiedergutmachen wollte und dass ihm bewusst war, dass beide Kinder Vorbehalte gegenüber der Linkshändigkeit hatten und schon als sie klein waren, „tüchtig mit rechts geübt hatten". Jan fiel dabei damals immer hinter seinen Bruder zurück, strengte sich aber mächtig an, und er wollte jetzt sicher gehen, dass wirklich der richtige bei dem Test als Linkshänder herauskommt, und deshalb habe er diese Belohnung für den Linkshänder in Aussicht gestellt. Er hatte aber nicht damit gerechnet, dass auch der Rechtshänder, eben Lukas, versuchen könnte, die Testwerte zu verfälschen. Der Vater hatte auch nicht ausgeschlossen, dass vielleicht sogar beide Linkshänder wären, da sie doch eineiige Zwillinge sind.

Verlauf des Beratungsgesprächs

Die eindeutigen Testergebnisse, die bewiesen, dass Lukas Rechts- und Jan Linkshänder war, wurden den Eltern erläutert. Es war sehr wichtig, die bereits mehrfach gemachte Erfahrung den Eltern bekannt zu machen, dass es häufig vorkommt, dass bei eineiigen Zwillingen einer links- und der andere rechtshändig veranlagt ist, auch wenn die Wissenschaft dafür bisher keine plausible Erklärung hat. Dies ist aber ein Erfahrungswert und die Fachleute in der Beratungsstelle waren bereits häufiger mit diesem Phänomen konfrontiert worden. Auf der anderen Seite war aber besonders wichtig, den Eltern die Gefahr und die Sensibilität gerade so sich ähnelnder Kinder nahezubringen, die viele Entwicklungsschritte gleichzeitig durchlebten. Des Weiteren, dass es wichtig ist, im Auge zu behalten, ob durch Nachahmungs- oder Modellverhalten sich einer dem anderen anzupassen versucht. In der Zukunft soll auf jeden Fall verhindert werden, dass die beiden Zwillinge durch bewusste Manipulation von außen, z. B. durch Versprechungen oder erzieherische Hinweise, beeinflusst werden.

Damit die Enttäuschung nach dem Testergebnis bei Lukas nicht zu groß würde und er sich nicht zu sehr zurückgesetzt fühlte, wurde vorgeschlagen, dass beide Kinder die versprochene Belohnung bekommen sollten und zu Hause mit beiden Zeichenübungen zur Förderung der Feinmotorik gemacht werden sollten: rechts mit Lukas und links mit Jan.

Ergebnis

Die Rückschulung von Jan auf die linke Hand ist gut verlaufen und die Jungen haben sich prächtig entwickelt. Zwar hat es noch einige Aufregung bei den Lehrern gegeben, denn es war damals noch relativ ungewöhnlich, dass ein Kind auf die linke Hand zurückgeschult wurde, und bei Zwillingen war das noch ungewöhnlicher.

Zwei Jahre später meldete sich die Mutter noch einmal bei dem Beratungslehrer und erkundigte sich, ob es besser sei, dass die Söhne gemeinsam eine Klasse im Gymnasium besuchten oder ob sie getrennt werden sollten. Beide Kinder hatten das Klassenziel sehr gut erreicht, beide waren mit ihrer Händigkeit zufrieden, und beide wollten aufs Gymnasium gehen.

Fazit: Gerade Zwillinge sind sehr leicht durch Modellverhalten und Vorgaben zu beeinflussen und sprechen sich dann oft sogar untereinander ab. Es geschieht häufig, dass gerade eineiige Zwillinge eine unterschiedliche Händigkeit haben und sie ist besonders genau zu beobachten, denn es besteht eindeutige Gefahr, dass diese Kinder von ihren Überzeugungen und Entschlüssen den Erwachsenen noch weniger mitteilen als andere.

Fallbeispiel: Veronika

Fünf Monate nach Schuleintritt schickte eine aufmerksame Lehrerin die siebenjährige Veronika in die Beratungsstelle für Linkshänder. Ihr war aufgefallen, dass die Schülerin zwar rechts zeichnete und schrieb, die Buchstaben aber mit der linken Hand „in die Luft malte" und dass sie beim Lesen mit dem linken Zeigefinger die Zeilen nachfuhr. Weiter hatte die Lehrerin bei ihrer Schülerin auch feinmotorische Unsicherheiten beobachtet, sodass sie inzwischen auch eine begleitende ergotherapeutische Behandlung empfohlen hatte.

Vorgeschichte

Veronika kam vier Wochen zu früh auf die Welt und die Herztöne waren während der Geburt zeitweise schwach. Die frühzeitige Geburt hing mit Bluthochdruck der Mutter zusammen. Veronika musste jedoch nicht in den Brutkasten.

Ihre Mutter berichtete, dass sich später, nach der Geburt von Veronikas Schwester, praktisch nur die Großeltern um die zwei Jahre alte Veronika gekümmert hätten. Damals hat Veronika sowohl links als auch rechts gemalt und unter der sorgfältigen Anleitung der Großmutter wurde mit ihr das rechtshändige Malen ständig geübt. Die Großmutter hat übrigens auch ihren eigenen Sohn, Veronikas Vater, umgeschult. Damals hat es, laut Aussage der Mutter, auch Diskussionen um Veronikas Linkshändigkeit gegeben, aber die Schwiegermutter hat sich durchgesetzt. Veronika hat dann angeblich sehr schnell Malen und Essen mit der rechten Hand gelernt. Im Kindergarten verhielt sich Veronika anfangs sehr zaghaft und schaffte es erst sehr langsam, sich an die anderen Kinder und an die Situation allgemein zu gewöhnen. Basteln und kleinteilige Spiele wie Puzzle und Lego® hat sie eher vermieden.

Anders als zum Kindergarten, geht Veronika gerne zur Schule, hat keine Probleme mehr, morgens aufzustehen, und ist inzwischen sehr genau bei vielen Tätigkeiten, z. B. beim Tischdecken. „Sie hat ein gutes Gedächtnis, aber eine ziemlich verminderte Konzentrationsfähigkeit und ermüdet schnell", erzählt die Mutter. Raum-Lage-Probleme, wie das Verwechseln von links und rechts, Schleifebinden und das Verdrehen von Buchstaben haben sich inzwischen bereits gebessert.

Testergebnis und Beratungsschwerpunkte

Die Testuntersuchung ergab Werte einer umgeschulten Linkshänderin, wobei viele Tätigkeiten rechts durchgeführt wurden und nur spontane Handlungen links.

Plötzlich sagte Veronika schuldbewusst: „Das mit der linken Hand mache ich doch nicht absichtlich …"

Hier kam eine unterschwellige Kontrolle ihrer Tätigkeiten zum Vorschein sowie eine ausgeprägte, moralisch negativ besetzte Haltung zur Linkshändigkeit. Bei Veronika zeigte sich sehr deutlich die unterbewusste Abwertung der linken Seite und linkshändiger Tätigkeiten. Aufgrund dieser starken, auch restriktiv behafteten Fixierung auf die rechte Hand wurde nach den Testuntersuchungen empfohlen, sehr vorsichtig an eine Rückschulung heranzugehen und, wenn Probleme auftauchten, eher den Handgebrauch bei rechts zu belassen.

Entscheidung zur Rückschulung und Verlauf

In der Ergotherapie kam es dann aber zu einem ausführlichen Gespräch über die Linkshändigkeit. Daraufhin beschloss Veronika, links zu schreiben und äußerte: „Wenn ich schon linkshändig bin, dann könnte ich doch auch links schreiben. Eigentlich ist Linkshändigkeit etwas Besonderes und auch der Papa ist ja Linkshänder."

Die Osterferien wurden genutzt, die linke Hand etwas zu üben, und danach führte sie ihren Entschluss durch. Die Ergotherapeutin unterstützte Veronika sowohl beim Erlernen der richtigen Handhaltung als auch beim Ausräumen von Bedenken, die aus dem Unterbewusstsein auftauchten. Diese betrafen die gesamte Einstellung gegenüber Linkshändigkeit, die Veronika im Alter von zwei Jahren hauptsächlich von ihrer Großmutter induziert worden war und die anscheinend nicht ohne Weiteres vergessen werden konnte. Die Lehrerin half von ihrer Seite unterstützend und fördernd durchzuhalten, und Veronikas Schrift mit der linken Hand war bald nicht schlechter als die mit der rechten.

Etwa zweieinhalb Monate später, Ende Juni, meldete sich die Lehrerin in der Beratungsstelle, weil es erneut Probleme mit Veronika gäbe. Diese hatte wieder angefangen, mit rechts zu malen, und der Lehrerin mit großen Augen erklärt, dass es die Ergotherapeutin gewesen wäre, die angeordnet hätte, dass sie wieder rechts malen sollte. Daraufhin setzte sich die Lehrerin mit der Ergotherapeutin in Verbindung und stellte fest, dass Veronika einen beiläufigen Hinweis „absichtlich missverstanden" und die verzerrte Information an die Lehrerin weitergegeben hatte.

Veronika hatte sich zu allem Pech etwa einen Monat nach dem Beginn des linkshändigen Schreibens gerade den linken Arm gebrochen und musste vier Wochen lang wieder alles mit der rechten Hand machen. Das Kind neigte überdies von der Persönlichkeitsstruktur her eher dazu, sich den einfacheren Weg zu suchen und aus Bequemlichkeit relativ schnell aufzugeben. Aber es war auch deutlich geworden, dass die Großmutter väterlicherseits nach wie vor Einfluss in der Familie ausübte und die Rückstellung auf die linke Hand überhaupt nicht guthieß und das auch deutlich und wirkungsvoll vermittelte.

Problematik und Vorgehensweise

Zwei Fragen wurden zwischen Lehrerin, Ergotherapeutin und Beratungsstelle für Linkshänder besonders diskutiert:

1. Soll bei Veronika konsequent darauf geachtet werden, dass sie auch links malt, oder kann sie hin und wieder rechts malen, unter der Voraussetzung, dass sie links schreibt.

2. Wie lange soll Veronika Zeit gegeben werden, mit dem linkshändigen Schreiben zu einem passablen Ergebnis zu kommen, und wann sollte bei Misserfolg der Versuch abgebrochen werden.

Die Lehrerin und die Ergotherapeutin tendierten dazu, es Veronika nicht zu einfach zu machen, sondern ihr zu helfen, durchzuhalten. Beide waren sich bewusst, dass die Eltern irritiert von der Entwicklung waren und die Großmutter im Hintergrund triumphierte. Es wurde besprochen, dass Veronika das Schreiben mit links durchführen solle, ihr beim Malen aber der Handgebrauch selbst überlassen werde. Der Hintergedanke war, dass sie, wenn sie weiter rechts male, gewisse Erfolgserlebnisse haben könne. Man hoffte, dass sich in dieser Zeit die noch manifesten zerebralen Anspannungen lösen könnten und Veronika so eine Art Ausgleich gewänne.

Ursprünglich hatte man Veronika bis zu den Sommerferien Zeit geben wollen, um ihre Erfolge mit der linken Hand und ihr Allgemeinbefinden zu beobachten und erst dann eine endgültige Entscheidung zu treffen. Durch den gebrochenen Arm war aber einiges durcheinandergekommen und „Zeit verloren gegangen". Daher weitete man die Planung bis Weihnachten aus. Diese Frist wurde aber nicht mit den Eltern abgesprochen, da es Veronika mühelos schaffte, geschickt einen Elternteil gegen den anderen auszuspielen. Geleitet von ihren unterbewussten Vorbehalten gegenüber der Linkshändigkeit und gleichzeitig dem Bedürfnis, sich dem Wunsch der Familie anzupassen, war abzusehen, dass Veronika in der Kenntnis, dass es ein „Experiment" und nichts Endgültiges sei, fähig sein würde, bewusst die Übungen zu stören. Sie zeigte auch großes Talent, jede Diskussion um ihre Händigkeit auch als ein Manipulationsmittel in ihrer Familie zu nutzen, Aufmerksamkeit zu wecken und sich vor allem damit gegenüber der jüngeren Schwester interessant zu machen. Falls es bis Weihnachten weiter diesbezüglich Probleme geben sollte, war beabsichtigt, ein erneutes Gespräch mit den Eltern zu führen.

Ergebnis

Im November berichtete die Ergotherapeutin, dass Veronika jetzt schon, unerwartet problemlos, links schreibe und auch dazu stehe. Ihre Schrift sei dabei schön und die Schreibhaltung gut. Auch die Lehrerin sei zufrieden. Gleichzeitig gehe auch das Lesen überraschend gut. Die Ergotherapeutin hatte mit Veronika Kreuzungsübungen aus der Kinesiologie gemacht, die ihr auch halfen und die Veronika selbstständig weiter übte.

Fazit: Hier ist es der guten Zusammenarbeit zwischen Lehrerin und Ergotherapeutin zu verdanken, dass die Rückschulung durchgestanden wurde. Dem Kind wurde bei der praktischen Rückschulung auf die dominante linke Hand durch Ermunterung, Lob und Hilfe bei der Schreibhaltung mit ständigen, begleitenden Entspannungsübungen ermöglicht, sich zu stabilisieren. Auch die psychischen Vorbehalte, die während der Rückschulungsphase auftauchten, sodass man auch hier eine Stabilisierung erzielen musste, wurden bearbeitet. Auf diese Art konnte man die Unsicherheiten, die durch den Bruch der linken Hand verstärkt auftraten und die zu Irritationen in der Familie geführt hatten, ausräumen. Es gab verschiedene sekundäre Höhen und Tiefen bei der Rückschulung, die erfolgreich durchgestanden wurden. Positiv wirkte sich auch aus, dass die Lehrerin das Mädchen erst nach der zweiten Klasse an eine andere Lehrerin abgeben wird und die Kontinuität so lange bewahrt bleiben kann.

Gerade der Beginn der Schule, bzw. kurz davor ist eigentlich eine günstige Rückschulungszeit, die zwar auf der einen Seite erfolgversprechend wegen der noch nicht automatisierten Schreibabläufe ist, aber auf der anderen Seite einen Abschnitt darstellt, in dem manche Kinder besonders wenig geneigt sind, wieder auf die eigentlich dominante Hand zurückzukehren. Das ist vor allem dann der Fall, wenn das Kind schon Erfolge mit den ersten Buchstaben und Wörtern hinter sich hat und nicht begreift, warum es sich eine Rückschulung auf die dominante Hand antun soll. Manchmal ist es auch nicht leicht, den Eltern die gesamte Problematik zu vermitteln, weil sie noch keine Misserfolge ihres Kindes in der Schule wahrnehmen und noch keinen Leidensdruck durch schlechte Schulleistungen ihres Kindes verspüren.

Kinder in dieser Altersgruppe, die sich, zum Teil auch mühevoll, zu dem Gebrauch der nicht dominanten Hand irgendwie durchgearbeitet haben und dann hören, dass es besser für sie sei, mit der anderen Hand zu schreiben, reagieren manchmal, wie sich auch in dem beschriebenen Verlauf der Entdeckung der Umschulung der Linkshändigkeit bei Michaela gezeigt hat, sehr emotional, enttäuscht, verletzt und sogar mit Weinen und gefühlsmäßigem Widerstand. Aber hier ist immer zu bedenken, dass der jetzt gefühlte seelische Schmerz im Vergleich mit dem Leid in der Zukunft nur ein Bruchteil der Belastungen und Beeinträchtigungen ausmacht.

Fallbeispiel: Thomas

Thomas kam mit seiner Mutter im April 1993 auf Empfehlung einer Ergotherapeutin in die Beratungsstelle für Linkshänder zur Testuntersuchung. Er war sechs Jahre und zehn Monate alt. Thomas war ein Jahr zurückgestellt worden und ging inzwischen in den Schulkindergarten. Die Ergotherapeutin wollte Klarheit über seine Händigkeit haben.

Vorgeschichte

Die Mutter war sich bis vor einem Jahr sicher gewesen, dass Thomas Linkshänder sei, dann aber fing er an, seinen Handgebrauch zu wechseln. Wahrscheinlich war der Auslöser der Einschulungstest gewesen, bei dem seine Feinmotorik beanstandet worden war und auch die allgemeine Reife als noch nicht ausreichend erschien. Mutter und Thomas hatten sich einverstanden erklärt, dass er zurückgestellt wurde. Seitdem ging er in die Kinderhilfe zur Ergotherapie, eine Stunde pro Woche. Bei Testuntersuchungen wurde dort festgestellt, dass seine Feinmotorik zwar etwas gestört sei, die Irritation wurde aber nicht als besonders gravierend beschrieben.

Seit damals fiel aber der Mutter auf, dass Thomas die rechte Hand mehr zu benutzen und zu üben begann.

Testverlauf und -ergebnis

Interessant war, dass Thomas in der Beratungsstelle nicht, wie andere Kinder, malen wollte, sondern sich intensiv mit Hämmern beschäftigte. Wegen der gestörten Feinmotorik kam er in Ergotherapie, aber malt bisher auch dort nicht gern. Während der Testuntersuchung hat er verschiedene Tätigkeiten oft zunächst spontan links gemacht, dann aber auf rechts gewechselt; wenn er rechts hantierte, wirkte das sehr bewusst und mit starker Konzentration durchgeführt.

Bei den Händigkeitstests pendelten sich immer deutlicher Linkshänderwerte ein. Thomas versuchte zwar zunächst, die Durchführung der Tests links absichtlich schlechter zu machen, dann setzte sich aber doch die linke Hand immer stärker durch.

Thomas hatte Neugeborenengelbsucht und war etwa 20 Stunden im Inkubator. Damit könnte als Folgeerscheinung eine leichte feinmotorische Störung zusammenhängen. Krabbeln, laufen, sprechen hat er normal erlernt.

Als dann, nach der gesamten Untersuchung, Thomas gesagt wurde, dass er Linkshänder sei und dass sich diese Tatsache aus seinen Testwerten eindeutig ergäbe, schien er richtig geschockt zu sein. Dann wurde ihm auch das einfache Gehirnmodell erklärt, um die Zusammenhänge zwischen Handgebrauch und Gehirn plausibel deutlich zu machen. Thomas sperrte sich aber gegen jegliche Argumentation und begann sich abzuwenden und tief enttäuscht zu weinen. Es war anscheinend nicht aus Trotz, höchstwahrscheinlich fühlte er sich zutiefst enttäuscht, verraten und in seinem Identitätsgefühl verletzt. Er wollte doch „wie seine Kameraden sein"! Seine Mutter reagierte darauf sehr verständnisvoll und gut. Weil Thomas sich völlig abgewandt hatte, wurde nur der Mutter die richtige Handhaltung gezeigt. Thomas war so enttäuscht, dass er sich nicht mehr verabschiedete.

Nachgeschichte

Ende September 1993 besuchte jene Ergotherapeutin, die Thomas überwiesen hatte, die Beratungsstelle und schilderte, dass sie nach dem Testtermin noch ein paar Stunden mit ihm gearbeitet habe. Danach schaffte er es, seinen Kummer doch zu überwinden, und inzwischen schreibt er problemlos links.

Fazit: Die tiefe Enttäuschung ist zu verstehen, aber als Vermeidungsreaktion konnte die Wahrheit nicht verschwiegen werden: lieber jetzt Tränen, als Leid für das ganze Leben!

Jedoch auch bei *Erwachsenen* ist es wichtig, möglichst alle Umstände der oft in der entferntesten Vergangenheit vorgenommenen Umschulung der Händigkeit herauszufinden. Zur Hilfe müssen manchmal auch Erinnerungen und Aussagen der damals Beteiligten herangezogen werden, die Einzelheiten über die in der Kindheit abgelaufenen tiefgreifenden Prozesse erleuchten können. Wie schon gesagt, eine Händigkeitsumschulung ist meistens von psychisch sehr belastenden, verdrängten Erlebnissen begleitet worden. Gerade durch eine Rückschulung ist es aber möglich, dass Ereignisse aus dieser Zeit unerwartet auftauchen und sich in ansonsten unbegründbare, depressive Verstimmungen und plötzlich auftretende Albträume niederschlagen.

Außerdem können aus dem Unterbewusstsein auftauchende moralische Abwertungen gegenüber der linken Hand dazu führen, dass der Betroffene ihm selbst unerklärliche Widerstände gegen seine linke Hand bekommt. Es können z. B. Gedanken und Gefühle auftauchen, dass hier ein Tabu durchbrochen wird, z. B. „das darf ich doch nicht, das gehört sich nicht". Solche Menschen fallen oft in neue innere Widersprüche, die ihnen meistens gar nicht richtig bewusst werden, die aber das Gefühl der Befreiung durch die Rückschulung nachhaltig verhindern und abblocken. In so einer Situation ist therapeutische Begleitung der Rückschulung unentbehrlich.

Vielfach hilft auch der Versuch, in einer Art Rollenspiel zwischen „sich und der Hand" manche lang vergessenen und verdrängten Argumentationen ins Bewusstsein zurückzurufen. Gemeint ist, so eigenartig es vielleicht auch klingen mag, ein Gespräch mit der linken Hand, in dem Vorbehalte, Vorurteile, aber auch das Leid und die Scham, die manchem Kind zugefügt wurden, an die Wahrnehmungsoberfläche kommen und so verarbeitet werden können.

7.3.3 Umschulungsalter und Umschulungsgrad

Rückschulung im Kindesalter

Die Rückschulung eines Schulkindes ist umso erfolgversprechender, je länger das Kind links gemalt und auch seine ersten Schreibversuche links gemacht hat. Dadurch bildet sich die Handgeschicklichkeit bereits sehr weit aus, und das Kind kann auf automatisierte Abläufe zurückgreifen.

Hinzu kommt, dass sich das Kind in seinen Gedanken und Erinnerungen weit besser mit der Umschulung auseinandersetzen kann.

Wenn also die Umschulungsargumente und die Personen, die sie umgesetzt haben, durch Gedächtnisfunktion identifizierbar sind und der gesamte Prozess bewusst wiederholt wird, wie er in der Vergangenheit erlebt wurde, können sich die Betroffenen damit auch auseinandersetzen und begreifen, dass jemand in ihrem Fall einen Fehler gemacht hat. Man kann ihnen auch plausibel erklären, dass diejenigen Personen, z. B. ein Elternteil oder die Erzieherin, es nicht böse gemeint haben, niemandem schaden wollten, sondern dass sie aufgrund von falschen Informationen handelten. Das können auch Kinder begreifen, verarbeiten und sich darauf einstellen.

Hat aber die Umschulung sehr früh begonnen, dann fällt sie in eine vergessene und verdrängte Zeit, oft verbunden mit der Erziehung zur Sauberkeit, und das Kind kann sich nicht klar damit auseinandersetzen. Es fehlen auch die feinmotorischen Automatismen in der dominanten Hand und vielfach haben bereits mannigfache zusätzliche Verunsicherungen und Störungen stattgefunden. Das Kind kann jetzt nachträglich die Durchführung des Umschulungsvorganges nicht gedanklich nachvollziehen. Es erinnert sich nicht mehr an die Vorgänge, hält sich oft für einen Rechtshänder und hat das alles bereits so verinnerlicht, dass häufig eine richtige Therapie vorgenommen werden muss, die sowohl jede notwendige psychische Verarbeitung als auch die feinmotorische Schulung der dominanten Hand berücksichtigt. Am ehesten können hier Ergo- oder Mototherapeuten helfen, die sich mit der Förderung und Schulung der Feinmotorik beschäftigen und die meist auch entsprechende psychologische Kenntnisse besitzen, um mit dem Kind therapeutisch die Rückschulungsvorgänge zu bearbeiten. Aber leider fehlt auch hier in der obligatorischen Fachausbildung sehr oft eine Auseinandersetzung mit der Linkshändigkeit und ihren Erscheinungsformen. Mancher Ergotherapeut, mit der besten Absicht, stellt in der Praxis trotzdem ein linkshändiges Kind auf rechts um, weil ihm die bereits abgelaufenen Umschulungsversuche durch Familienmitglieder oder Nachahmungsverhalten des Kindes nicht auffallen.

Rückschulung im Erwachsenenalter

Anders ist die Situation bei der Rückschulung eines Erwachsenen im Hinblick auf den Umschulungszeitpunkt zu bewerten. Hier spielt die zeitliche Bestimmung des Umschulungsvorganges zwar auch eine Rolle, aber vor allem ist man mit den unter 7.1, Punkt i) aufgeführten Anstrengungen konfrontiert und den bereits aufgebauten und im Denksystem fest eingegliederten „Eselsbrücken". Die Umschulungsfolgen zu überwinden bedeutet, *ein im Gehirn aufgebautes System zu überwinden* und außer Kraft zu setzen, und zwar mit allen denkbaren Begleiterscheinungen psychischer und physiologischer Art. Wie dieser Prozess gelingt – und die Umschulung der angeborenen Händigkeit war ein Prozess, ebenso wie die Rückschulung ein Prozess ist – wirkt sich entscheidend auf den Erfolg oder Misserfolg aller Bemühungen aus, die es zum Ziel haben, jener ursprünglichen, angeborenen motorischen Dominanz der Händigkeit wieder Geltung zu verschaffen.

7.3.4 Beidhändige Tätigkeiten und ihre Wirkung auf die Rückschulung der Händigkeit

In der Praxis hat sich oft gezeigt, dass das gleichzeitige Training beider Hände, wie es z. B. beim Musizieren vorkommt, ein wichtiger, prägender Faktor sein kann, der sich positiv und bestimmend auf den Erfolg einer Rückschulung der Händigkeit auswirkt.

Interessante Beispiele dazu sind die Rückschulungsergebnisse zweier Betroffener im Erwachsenenalter, bei denen allerdings die anderen begleitenden Umstände sehr verschieden sind.

Bericht *über und von Burkhard Händel:*

Im Februar 1993 suchte Herr Händel das Gespräch mit einem Psychotherapeuten. Der Grund waren seine Depressionen, Ängste und massiven Schlafstörungen, begleitet von Konzentrationsschwierigkeiten. Herr Händel wollte sich Klarheit über die Kausalität von Ursache und Wirkung verschaffen: Sind seine Ängste und Depressionen Folge der Schlaf- und Konzentrationsstörungen und stehen sie vielleicht im Zusammenhang mit seinem Studium (Überbelastung) oder verhält sich die Bedingtheit umgekehrt. Auf alle Fälle wollte er sich mit diesem Zustand nicht abfinden, sondern aktiv etwas dagegen unternehmen. Der Psychotherapeut untersuchte ihn ausgiebig und bekam den Verdacht, dass Herr Händel ein umgeschulter Linkshänder sein könnte, der sich selbst als Kind, durch Nachahmungsverhalten, auf die rechte Hand umgestellt hat.

Herr Händel war 22 Jahre alt, studierte Ingenieurwesen und stammte aus einer sehr musikalischen Familie. Er selbst hat drei Jahre Klavier gespielt, war aber über die erzielten Leistungen, vor allem bezüglich der feinmotorischen Präzision und des Zusammenspiels der beiden Hände, nie sehr zufrieden.

Herr Händel hat noch vier Geschwister, wobei er der Zweitälteste ist. Seine jüngste Schwester soll eine umgeschulte Linkshänderin sein.

Bei der Testuntersuchung von Herrn Händel ergaben sich Linkshänderwerte und somit bestätigte sich die Diagnose des Therapeuten. Da sich Herr Händel durch einzelne Probleme, besonders im Gedächtnis- und Konzentrations-bereich, sehr belastet fühlte, entschloss er sich „auf eigene Faust zu einer Rückschulung" auf die linke, dominante Hand. Diesen Prozess beschrieb er eineinhalb Jahre später folgendermaßen:

„Anfang 1993 machte ich einen Test, der ergab, dass ich umgeschulter Links-händer bin.

Später machte ich ein paar Schreibübungen mit der linken Hand. Das Schreiben ging allerdings sehr langsam. Ich hatte dabei den Eindruck, als ob die Fähigkeiten der linken Hand unterentwickelt seien, aber ich empfand das Schreiben trotzdem als angenehm. Deshalb beschloss ich, mich ganz auf links zurückzuschulen.

Etwa neun Monate später, nachdem ich angefangen hatte, machte ich schon die meisten Handgriffe mit links, aber bis ich die notwendige Geschicklichkeit erreicht habe, wird es sicher noch einige Jahre dauern. Vor allem am Anfang habe ich bemerkt, dass die Rückschulung viel Energie erfordert. Die erste Tätigkeit, die ich umstellte, war das Schreiben. Am Anfang übte ich jeden Tag, immer morgens, genau so lange, wie meine Konzentrationsfähigkeit noch gut war, ungefähr eine halbe Stunde. Wenn die Konzentration nachließ oder die Hand sich verkrampft anfühlte, unterbrach ich. Ich benutzte ab sofort nur noch die linke Hand zum Schreiben. Nach vier bis fünf Wochen hatte sich das Schreiben wesentlich verbessert. Ich schrieb dann ungefähr halb so schnell wie mit der rechten Hand. Ich machte jetzt einige Übungen, bei denen ich Gedachtes in Schrift umsetzen musste, z. B. Aufgaben rechnen und Briefe schreiben. Ich bemerkte, dass ich meine Gedanken flüssiger umsetzen konnte als beim Schreiben mit der rechten Hand. Auch beim Lösen von Aufgaben fühlte ich mich sicherer. Beim Schreiben meiner Briefe musste ich weniger oft unterbrechen als früher.

In den nächsten zweieinhalb Monaten übte ich weiter täglich eine halbe Stunde Schreiben. Es war wichtig, dass ich in den ersten zwei bis drei Monaten keine längeren Schreibarbeiten zu erledigen hatte. So konnte sich die linke Hand langsam auf das Schreiben einstellen. Ich habe in dieser Zeit ein Freisemester gehabt, was meinen Schreibübungen sehr entgegengekommen ist.

Nach weiteren dreieinhalb Monaten wurde es dann durch mein Studium nötig, ungefähr acht Stunden täglich zu schreiben. Vor allem am Anfang hatte ich noch Schwierigkeiten mit der Schreibgeschwindigkeit und dem benötigten Umfang. Das wurde mit der Zeit aber immer besser.

Ich bin der Meinung, dass sich durch die Rückschulung meine Konzentrationsfähigkeit wesentlich verbessert hat. Früher musste ich beim Lernen nach einer halben Stunde Pause machen, jetzt sind es neunzig Minuten bis zwei Stunden. Ich bin in der Lage, mich besser auf eine Aufgabenstellung – auf eine Arbeit, die ich tue, oder auf ein Gespräch, das ich führe – zu konzentrieren. Meine Handschrift ist um einiges besser geworden, allerdings bin ich noch nicht in der Lage, sehr schnell zu schreiben.

Ich habe auch bemerkt, dass die Rückschulung auf die linke Hand relativ anstrengend ist. Darum ist es notwendig, einzelne Tätigkeiten, wie Schreiben, Werkzeuge gebrauchen, Tätigkeiten im Haushalt durchführen usw., allmählich auf die linke Hand umzusetzen, nicht alles auf einmal. Am Anfang war es sehr wichtig, die Belastung der linken Hand richtig zu dosieren, vor allem beim Schreiben. Als günstig empfand ich Körperübungen, die ich jeweils spiegelverkehrt (erst mit rechts, dann mit links) machte, wie z. B. beim Sport. Das verbesserte maßgeblich die Koordination und die Sicherheit bei allen Tätigkeiten der linken Hand. Als negativen Einfluss empfand ich Stress und Überbelastung. Das bemerkte ich gleich an schlechter werdender Handschrift und daran, dass die linke Hand schnell verkrampft war.

Ismaning, 8. 9. 1994"

Der folgende Bericht ist von einer Flötistin, die inzwischen bereits seit sieben Jahren wieder links schreibt und äußerst intensiv ihre eigene Entwicklung beobachtet hat und auch weiter wahrnimmt.

Bericht *von Solvejg Fiederling:*

„Nachdem ich 1986 zufällig einen Artikel über umgeschulte Linkshänder gelesen hatte, in dem ich mich in sehr vielen Aspekten wiederentdeckte, bin ich sofort in die Beratungsstelle für Linkshänder gegangen, habe mich informiert und viele Schlüssel zu meiner Persönlichkeit erhalten.

Von fassungsloser Wut über abgrundtiefen Zorn bis zu lähmender Niedergeschlagenheit reichten meine Reaktionen über das, was meinem Hirn und damit meiner Person im Ganzen in der Kindheit angetan worden war.

Die Jahre zwischen der Umschulung und meiner Rückschulung auf die linke Hand waren ein Albtraum an Schwierigkeiten. Ich kann nur erahnen, wie viel einfacher und anders mein Lebensweg verlaufen wäre ohne die Umschulung.

Jetzt endlich hatte ich den Schlüssel gefunden, der passte und der mir brutal eröffnete, dass meine Umschulung mit allen ihren negativen Folgen stattgefunden hatte. Meine Schäden und Schwierigkeiten aufzuzählen wäre zu privat, schulisch, musikalisch (mein Beruf). Ich bin trotzdem relativ gut weggekommen im Vergleich zu anderen. Ich habe immer links gemalt, auch sonst alles mit links gemacht, auch Hantieren mit Messer und Gabel, Löffel, Haushaltsgeräten, Handwerkszeug.

Mithilfe der Beratungen habe ich durch die im Inneren weiter ablaufenden, andauernden Prozesse viele Situationen nochmal durchdacht, durchlebt, durchlitten und durchgearbeitet, um mein Leben unter dem Aspekt „linkshändig" zu verstehen und neu zu bewerten. Manchmal verspüre ich ein Gefühl, endlich zu wissen, wie ich eigentlich bin, bzw. wie ich vielleicht hätte sein können, wenn nicht …

Eine sehr wichtige Frage war: Werden die Folgen der Umschulung allein schon durch die Beratung besser, oder wäre es ratsam, sich wieder zurückzuschulen auf die linke Hand? Statistiken gab es keine, Erfahrungswerte auch kaum, und daher beschloss ich nach vielen, langen Gesprächen, dass ich versuchen werde, wieder mit links zu schreiben. Ich hatte nichts zu verlieren, die Negativfolgen der Umschulung waren mir zu klar und damit wollte ich jetzt endgültig Schluss machen.

Ein tiefes Gefühl der Befriedigung war in mir und die Idee, dass die Dinge wieder ins Lot kommen.

Ich habe mir einen Linkshänderfüller gekauft, das Abc und die richtige Schreibhaltung geübt.

Welche Erleichterung die ersten Buchstaben, Worte, Sätze: Mit Lust und Freude habe ich Schreibübungen gemacht, ausprobiert mit dem Füller in der richtigen Schreibhaltung. Meine Schrift entdeckt. Zu Beginn hatte ich einen Zorn auf die Rechtshänder. Aber es wurde ungeheuer spannend, den Prozess innerhalb der mittlerweile sieben Jahre zu beobachten, wie sich meine Schrift nochmal entwickelt und verändert hat und wie sie nun wirklich *meine Schrift* geworden ist.

Natürlich weiß ich, dass ich nicht alle Schäden beheben kann, z. B. Rechts-Links-Unsicherheit, als deren Folge Unsicherheit im Straßenverkehr, labiler Gleichgewichtssinn, Verheddern der Füße beim schnellen Treppensteigen.

Ich weiß aber heute, warum ich Ruhepausen benötige, um Blackouts bei meinem Beruf als Musikerin auszuschließen bzw. um sie rechtzeitig abzufangen. Auch dringt mein fröhliches Gemüt temperamentvoll durch, ich bin glücklicher geworden, lustiger, entspannter.

Meine Kopfschmerzen sind weniger, ich benötige weniger Schlaf, die Blackouts sind auch viel, viel weniger geworden, ich spüre sie oft noch anrollen und kann gelassen darauf reagieren. Ich habe gelernt, bewusst linkshändig zu denken, d.h. bildhaft zu lernen, ich schreibe gerne Gedichte, es macht Spaß, meine Schrift zu betrachten, auch die Entwicklung in der Schrift zu sehen, die Regelmäßigkeit, ein klares Schriftbild, die Größe, die Energie in der Schrift.

Auch die psychischen Veränderungen durch die Rückschulung über Jahre hinweg sind deutlich bemerkbar: Mehr Klarheit im Denken. Ich muss nicht mehr in allem einen Angriff sehen. Ich empfinde größere Differenziertheit, besseres Abstraktionsvermögen, höhere Leistungsfähigkeit, Ausdauer, größere Toleranz, um nur ein paar Punkte zu nennen. Auch die

„Musiklegasthenie", die ich an so vielen meiner Schüler in großem Umfang auch feststelle, ist bei mir kaum mehr vorhanden.

Aber ich weiß auch um meine Schäden, weiß, dass ich immer noch viel Entspannung brauche, trotz der sieben Jahre, um z. B. ein Konzert durchzustehen, dass ich nicht so belastbar bin, wie ich gerne wäre. Ich kenne von früher meine Sturheit, meine Intoleranz, mein „Auge-um-Auge-Denken", meine Langsamkeit im Denken. Meine immer wieder durchschimmernde Neigung, zuerst „Nein" zu sagen und dann erst die Gründe für ein „Nein" zu finden und endlich „Doch" sagen zu können und „eigentlich ganz gut". Ich kann öfters über mich lachen, bin nicht mehr so ernst wie früher. Auch mein Misstrauen gegenüber Autoritäten ist geringer geworden. Geblieben aber ist mein soziales Engagement ... auch Tierschutz und umgeschulte Linkshänder, aber nicht mit Gefühlsduselei, sondern mit Verstand und Gefühl.

Leider neigen, nach meinen Beobachtungen, viele umgeschulte Linkshänder oft zu fanatischen Versuchen, die für sie und für ihr Leben als richtig und wichtig erkannten Lösungen ihrer eigenen Probleme anderen aufzuzwingen und als einzige, „Glück verheißende" Hilfsmaßnahme darzustellen.

Um Missverständnisse auszuschließen: Eine Umschulung der Händigkeit ist etwas, was ich meinem ärgsten Feind nicht antun möchte, weil die Bewältigung und das Lernen, damit umzugehen, so viel Kraft erfordert, so viel Kraft bedeutet, wenn die umgeschulte Person psychisch nicht untergehen möchte, und dieser Energieaufwand fehlt an anderen Stellen, und so kann ein großes Defizit in der Persönlichkeit entstehen. Schrulligkeit, Humorlosigkeit, Pedanterie, Gefühllosigkeit können leider auch auftreten.

Aus der Not habe ich eine Tugend gemacht: mich als Studienobjekt zu sehen, im Laufe meines Lebens mich weiter zu erforschen, zu entwickeln und die Wunden zu verarbeiten, so z. B. Kritikempfindlichkeit, und ich versuche, überhaupt nicht so schnell gekränkt zu sein.

Ich bin zuversichtlich, dass noch vieles gelingt.

München, den 16. 10. 1994"

Fazit: Bei Solvejg Fiederling kommt sicher erleichternd hinzu, dass sie von Berufs wegen nicht gezwungen ist, viel und unter Zeitdruck zu schreiben. Das Schreiben beschränkt sich für sie hauptsächlich auf Briefe und Tagebucheintragungen und so besteht auch eine Möglichkeit der Aufarbeitung der primären und sekundären Umschulungsfolgen der Händigkeit, was sich auf den Rückschulungsvorgang sicher sehr positiv auswirkt; es ist eine Art der Selbsttherapie.

Musizieren als ein Training beider Hände, vor allem in der Kindheit, scheint eine Erklärungsmöglichkeit zu sein, warum die zerebralen Strukturen in Bezug auf ihre Interaktion zwischen den beiden Gehirnhemisphären bei diesen Betroffenen vielleicht nicht so fest verankert sind. Durch die *beidhändigen, gleichzeitigen, aber nicht identischen Tätigkeitsabläufe* beim Musizieren könnte es zu einer gewissen zerebralen Labilität kommen und solche Menschen scheinen dann leichter rückschulbar zu sein.

Schriftproben aus den verschiedenen Jahren:

24. 3. 87

Links - rechts

Wie verheddertes Wollknäul

Wo ist der Anfang, wo
ist der Schluß.

Hirnsignale, Richtung unbekannt
totaler Kabelsalat

Buchstäblich keine Ahnung
dumm, doof
psychisch gestört

Links - rechts rechts - links
Wie zuviel angerührtes Mondamin
als Ersatz für die Gehirnmasse.

ich bin nicht doof
ich kann denken, um nicht immer auf *Befehl*

Silberner Klang der Flöte
der tröstet und verzaubert !

Töne in der Tiefe etwas rauh
steigen höher
werden glatter wie gemalte Sterne
leuchten in der Höhe
glänzen wie Goldpulver
.

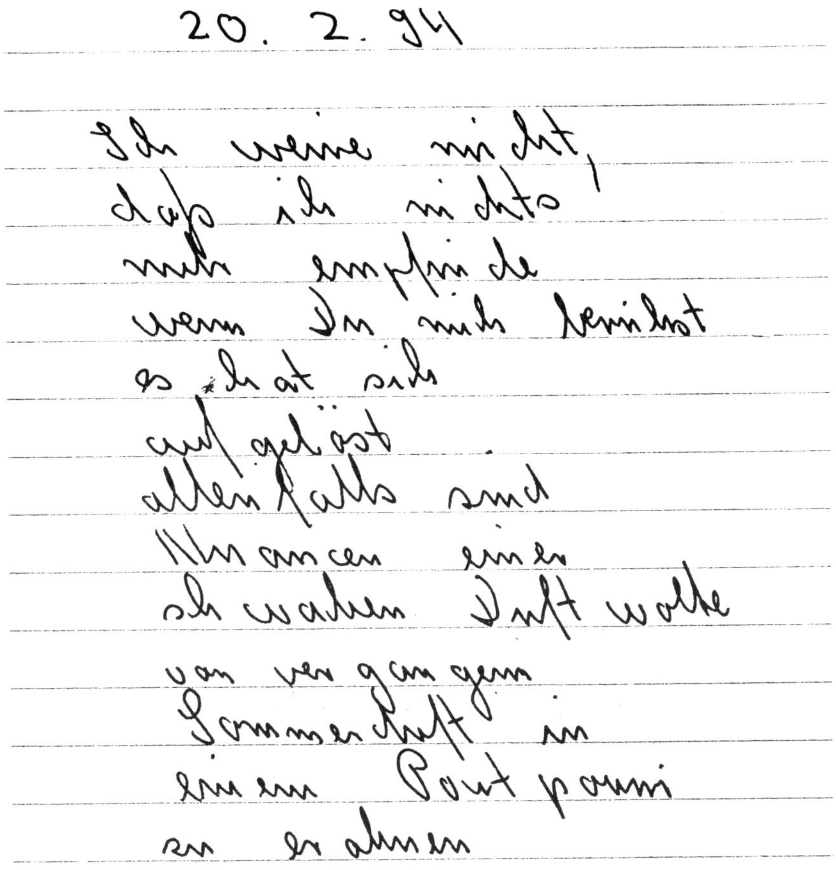
20. 2. 94
Ich weine nicht,
daß ich nichts
mehr empfinde
wenn Du mich berührst
es hat sich
aufgelöst
allenfalls sind
Nuancen einer
schwachen Duftwolke
von vergangenen
Sommerluft in
einem Potpourri
zu erahnen

7.3.5 Der Aufbau von Hilfskonstruktionen und „Eselsbrücken" und die Rolle des Schreibens im täglichen Leben

Sehr wichtig ist die Frage, wie viel jemand täglich schreiben muss und ob das unter starkem beruflichem Stress und möglicherweise auch noch in der Öffentlichkeit geschieht.

Umgeschulte Linkshänder, die von Berufs wegen sehr viel mit der Hand schreiben müssen, sollten sich den Entschluss zu einer Rückschulung ihrer Händigkeit besonders reiflich überlegen. Dies trifft hauptsächlich auf solche Menschen zu, die gezwungen sind, schnell oder sogar unter Zeitdruck Notizen anzufertigen, z. B. in Besprechungen.

Diese Betroffenen schaffen es meistens anfangs nicht, mit der linken Hand das erforderliche Tempo zu erreichen. Sie sind daher gezwungen, die Schreibhand andauernd zu wechseln, was Gehirnprozesse und automatisierte zerebrale Abläufe ziemlich durcheinanderbringen kann.

Natürlich kann man ohne Druck und Gefahr, z. B. im Urlaub, mit den Übungen beginnen. Das ist auch sehr ratsam, aber es besteht immer die Frage, ob derjenige danach im Berufsalltag bereits so weit ist, bei allen Anforderungen durchzuhalten. Denn gerade jemand, der gewohnt ist, viel zu schreiben, macht es meistens auch sehr schnell, benutzt Kürzel, Auslassungen und Stichworte. Daran bindet er seine Erinnerungen und Assoziationen, und bei der Durchsicht der Aufzeichnungen kommen ihm dann viele Gedanken und Zusammenhänge wieder, die er nicht notiert hatte.

Diese mnemotechnischen Hilfskonstrukte sind oft sehr kompliziert aufgebaut und werden bei einer Rückschulung entweder ganz zerstört oder zumindest stark strapaziert und funktionell angegriffen, und es kann sogar zu einem Zusammenbruch des ganzen Systems kommen.

Vor allem, wenn der umgeschulte Linkshänder einen Beruf hat, der im Bereich des *Schreibens und der schnellen Reproduktion von Gedächtnisinhalten* große Anforderungen an eine *leistungsfähige Konzentration* stellt, ist der Eingriff in diese Abläufe durch eine Rückschulung *nicht ungefährlich*. Hinzu kommt, dass diese Betroffenen sich nur begrenzt ihre Zeiteinteilung selbst gestalten können und meist Schwierigkeiten haben, sich die gerade während einer Rückschulungsphase äußerst dringend benötigten Freiräume zu schaffen, eben weil sie von Teamarbeit und von außen bestimmten Vorgaben abhängig sind.

Betroffene in diesen Berufen bekommen keine Schonzeit von ihrem Arbeitgeber, sie können sich nicht auf einen „Rückschulungsschutz" von einigen Monaten oder vielleicht Jahren berufen, sondern sie müssen funktionieren, ihren Leistungsstandard voll erbringen und sind eingespannt zwischen Sachzwängen von außen und einem dauernden Druck von innen.

Bei der geschilderten Problematik kommen also besonders zwei Faktorenkomplexe zusammen:

1. ein hohes Aufgebot an „Eselsbrücken", an die Umschulungsfolgen überbrückenden Systemen, verbunden mit einem großen Kräfteeinsatz und

2. berufliche Strukturen, die weder Freiräume noch Schonung gewähren.

Beide Punkte sind, nach den heutigen Erfahrungen aus der Praxis, kontraindiziert für den Entschluss zu einer Rückschulung der Händigkeit.

Dies gilt auch für Betroffene, die sich gerade *in der Ausbildung* oder *im Studium befinden*, und führt, bei Missachtung der Warnung, oft zu einer nicht unerheblichen Verlängerung des Studiums und manchmal sogar zum Abbruch der Ausbildung.

Erleichterung bietet in diesem Kontext die Digitalisierung bzw. die überall etablierte Nutzung von Computern und mobilen Endgeräten in nahezu allen Berufszweigen. Durch das Arbeiten mit Maus, Bildschirm und Tastatur wird dem Linkshänder das Schreiben erleichtert und die Geräte lassen sich zudem genau auf den Linkshänder ausrichten.

Fallbeispiel: Herbert J.

Der 26-jährige Student der Geografie, Herbert J., hatte im Februar 1993 begonnen, sich auf seine dominante linke Hand zurückzuschulen. Auf die Idee war er schon vier Jahre zuvor gekommen durch eine im April 1989 ausgestrahlte, damals sehr populäre Fernsehsendung (Bay. Fernsehen: Live aus dem Schlachthof).

Herbert J. schrieb sofort konsequent nur noch links. Am Anfang fühlte er sich sehr gut, weit besser als zuvor. Aber nach einiger Zeit empfand er, dass mit ihm „irgendetwas nicht stimmte". Ihm fiel plötzlich auf, dass bei ihm Freunde und Kontakte zu anderen Kommilitonen fehlten, und er empfand das plötzlich als einen erdrückenden Mangel.

Herbert J. war noch vor dem Schulbesuch von den Eltern zum Schreiben und Malen auf die rechte Hand umgeschult worden, die meisten anderen Tätigkeiten vollzog er weiter links. Er hatte in der Schule ziemlich unter den Umschulungsfolgen gelitten und sich innerlich sehr zurückgezogen.

Jetzt, durch seine Rückschulung, hatten sich aber auch psychische Veränderungen eingestellt, die er z. T. positiv empfand, und auch seine Schrift hatte sich innerhalb der eineinhalb Jahre, bis er im Sommer 1994 Hilfe in der Beratungsstelle für Linkshänder suchte, sehr verbessert. Er schrieb inzwischen weit schneller, lockerer und runder als zuvor, und eine Seite Aufzeichnungen dauerte jetzt nur noch zehn Minuten, zuvor mit der rechten Hand jedoch eineinhalb Stunden.

Seine Konzentration war aber nach wie vor schlecht, und auch seine Rechtschreibung schien nicht besonders sicher. In den letzten zwei Semestern hatte er „nichts mehr geschafft" und war „durch das Vordiplom gefallen".

Zu seiner neuen Aktivität in Bezug auf seine Händigkeit, insbesondere zu den bei ihm aufgetretenen Umschulungsfolgen, hatte ein kurzer Beitrag zu der Thematik in der in jenen Tagen sehr populären Fernsehsendung „Schreinemakers live" im Juni 1994 beigetragen. Er hatte bisher bei seinen Eltern keinerlei Verständnis für seine Probleme und deren kausale Verbindung zur Umschulung der Händigkeit gefunden, sondern seine Argumente und Klagen waren als Ausreden abgetan worden, und der Vater hatte ihm vorgeworfen, faul und inkonsequent beim Lernen zu sein. Sein Vater pflegte aber auch regelmäßig selbst die Sendung „Schreinemakers live" anzusehen und hatte diesen sehr prägnanten, fachlich gut vorbereiteten und dargestellten Beitrag angeschaut, und nachdem Frau Schreinemakers selbst erklärt hatte, dass sie auch eine umgeschulte Linkshänderin sei und ganz besonders unter Problemen mit ihrer Handschrift und deren Langsamkeit gelitten hatte, war es zu einem Umdenkungsprozess bei dem Vater gekommen, und er hatte endlich dem Sohn zugestanden, dass auch seine Klagen keine faulen Ausreden, sondern begründet sein könnten[1].

Diese Art der elterlichen „Rehabilitation" hatte auch mit dazu beigetragen, dass Herbert J. feststellte, „dass sich auf psychischer Ebene einiges plötzlich in Bewegung setzte". Es wirkte so, als würde er selbstständiger, und er begann endlich auch die anderen Menschen wahrzunehmen. Er konnte allmählich mehr Kontakte knüpfen, ging auch eine Beziehung zu einer Frau ein. Aber er stellte schnell fest, dass er zunehmend überfordert war, z. B. schaffte er es nicht, in der Gruppe adäquat zu reagieren, seine Wünsche und Bedürfnisse zu formulieren oder die Initiative zu ergreifen. Als Problem zeigte sich dabei auch, dass er unfähig war, seine Gedanken genügend zu strukturieren und zu begrenzen. Er dachte stark assoziativ und wenn er konnte, redete er viel, war aber nicht fähig, das Wesentliche in einem Gespräch herauszustellen

---

1 Es ist sehr bemerkenswert, welchen gesellschaftlichen Effekt eine derartige Sendung haben konnte, in der, wenn auch nur kurz und prägnant, in dem für Margarete Schreinemakers damals typischen Stil, ein Thema sachlich und ernsthaft aufgegriffen wird. Hierdurch kann es für eine gesellschaftliche Problematik zu einem positiven Schub kommen und eine große Anzahl betroffener Bürger können angesprochen und in ihrem Handeln positiv beeinflusst werden. Es ist eine zusätzliche wichtige Art und Weise der Öffentlichkeitsarbeit und der Problematisierung des Themas im Bewusstsein der Bevölkerung, die allein durch Fachartikel und Aufklärungsarbeit bei den betroffenen Berufs- und Bevölkerungsgruppen kaum zu erreichen ist.

und die Gedanken klar und prägnant zu formulieren. Dadurch zogen sich die anderen Kommilitonen schnell wieder von ihm zurück. Plötzlich erschreckte und nervte sie der früher so stille, zurückgezogene Kommilitone, und es kostete ziemlich viel Zeit, sich mit seinem unstrukturierten und äußerst auf sich selbst bezogenen Denken auseinanderzusetzen.

Fazit: Die Rückschulung der Händigkeit ist hier nur zum Teil gelungen. Positiv ist bei dem Betroffenen besonders die Entwicklung seiner Schrift und deren weit größere Geschwindigkeit. Positiv ist auch, mit gewissen Einschränkungen, seine psychische Entwicklung, ganz besonders in Verbindung mit der plötzlichen Akzeptanz seiner Probleme durch die Eltern. Aber hier hätte eine Psychotherapie sehr wirksame Hilfestellungen, besonders beim Strukturieren seiner Gedanken und dem Entdecken seiner Bedürfnisse zur Kontaktaufnahme mit anderen Menschen, leisten können. Keine Verbesserung erlangte er bei seiner Konzentrationsfähigkeit und seiner Sicherheit in der Rechtschreibung. An Studienzeit gingen mindestens zwei Semester verloren, wobei es sehr fraglich ist, ob er nach den negativen Erfahrungen mit seinem Vordiplom und der psychischen Irritation, in der er sich zwischenzeitlich befand, noch jemals einen Abschluss schaffen wird. Die psychisch empfundene Befreiung und Verbesserung nach der Rückschulung auf die linke Hand wurde nicht aufgefangen und zu einer gezielten positiven Entwicklung bearbeitet, sondern wirkte sich unkontrolliert und verwirrend aus und führte zu einer emotionalen Instabilität, die sein weiteres Studium und dessen erfolgreiche Beendigung massiv gefährdet.

7.3.6 Die aktuelle Lebenssituation und ihre Auswirkungen auf Erfolg oder Misserfolg einer Rückschulung der Händigkeit

Der Zeitpunkt für eine Rückschulung auf die dominante Hand sollte möglichst so gewählt werden, dass er nicht in eine Krisen- oder Umbruchsituation fällt. In dieser Zeit braucht der umgeschulte Linkshänder, der meist sowieso schon andauernd an der Grenze seiner Belastungsfähigkeit lebt, all seine Energie, um Kräfte für das tagtägliche Leben zu sammeln. Der andauernde Mehreinsatz an Energie zehrt alle seine Reserven auf, und eine zusätzliche Belastung durch die Rückschulung der Händigkeit kann zu einem physischen und psychischen Zusammenbruch führen.

Solche eher *ungünstigen* Situationen sind z. B.:

- Ausbildung und Studium, insbesondere in der Abschlussphase,
- Wechsel des Arbeitsplatzes oder Beginn im Berufsleben,
- partnerschaftliche Probleme und Trennung vom Partner,
- Instabilität durch eine körperliche oder psychische, länger andauernde Krankheit, starke Belastung durch psychische Labilität oder die Krankheit eines sehr nahestehenden Menschens.

Günstig erscheinen hingegen, den heutigen Erfahrungen nach, Lebenssituationen, die durch eine ruhige Kontinuität charakterisiert sind:

- ein regelmäßiger Tages- und Wochenablauf,
- Stabilität im Berufs- und Privatleben und
- Einbindung in eine möglichst wenig belastende partnerschaftliche Beziehung.

Selbstverständlich kann so eine Zeit auch mit Leistung und Stress verbunden sein, aber es sollte in absehbarer Zukunft nicht zu außergewöhnlichen Anforderungen und Belastungen kommen.

7.3.7 Zwischenzeitliches Schreiben mit der linken Hand und Erfolgsprognosen für eine Rückschulung

Auf eine Rückschulung der Händigkeit im Erwachsenenalter scheint sich das zeitweilige Schreiben mit der linken Hand in der Kindheit bzw. während der Schulzeit positiv auszuwirken. Ähnlich wie bei dem beidhändigen Musizieren (Kap. 7.3.4) scheinen bei diesen Menschen zerebrale Abläufe häufig labiler zu sein, was eine Rückschulung auf die dominante Hand aller Wahrscheinlichkeit nach begünstigt. Trotzdem wirkt sich aber das Hin- und Herwechseln des Handgebrauchs zum Schreiben in der Schulzeit insgesamt, in der Summe der Folgen, negativ aus und sollte möglichst vermieden werden. Wenn dies aber bei umgeschulten Linkshändern, aus welchen Gründen auch immer, doch in ihrer Schulzeit geschehen ist und diese zeitweise links geschrieben haben, fällt es ihnen, der Erfahrung nach, im Erwachsenenalter leichter, wieder links zu schreiben. Das sagt allerdings nichts über die Qualität des Schriftbildes aus und auch die anderen Primärfolgen der Umschulung können sehr wohl auftreten, aber die Gedankengänge sind oft eindeutig klarer und präziser und die Blackouts treten nicht so häufig auf.

Fallbeispiel: Marion W.

1991 begab sich die damals 31-jährige Studentin der Musik- und Theaterwissenschaften, Marion W., in Psychotherapie. Sie war gerade durch die mündliche Magisterprüfung gefallen, war tief deprimiert und wusste sich keinen anderen Ausweg mehr. Ihre Misserfolge erinnerten sie stark an ihre mündliche Abiturprüfung, die sie auch erst im zweiten Anlauf geschafft hatte. In solchen Krisensituationen kam es auch regelmäßig zu massiven Konflikten mit ihrer Mutter, die gerade dann besonders intensiv versuchte, durch mannigfache Demonstrationen ihrer eigenen Probleme und Sorgen die Tochter an sich zu binden.

Schon bald stellte sich in der Therapie heraus, dass Marion eine umgeschulte Linkshänderin war und unter einem großen Anteil der primären und sekundären Umschulungsfolgen litt und auch während ihrer ganzen Schulzeit gelitten hatte.

Schulzeit

Marion war in der ersten Klasse von ihren Eltern und in der Schule auf die rechte Hand umgeschult worden. Ein Elternteil hat immer bei ihren Hausaufgaben daneben gesessen und darauf geachtet, dass sie nicht links schrieb. Durch diese Bedrohung wurde ein starker psychischer Druck auf sie ausgeübt. Geschlagen wurde sie bei der Umschulung der Händigkeit nicht, aber Schläge kannte sie bereits genügend aus der Zeit zuvor, wenn sie nicht mehr Geige üben wollte. Auch beim Essen kam es häufig zu Szenen, die mit körperlicher Züchtigung endeten, wenn das zierliche Mädchen nicht essen wollte. Der Vater setzte seinen ganzen Ehrgeiz in die Tochter und, selber ein guter Violinist, erhoffte er sich Großes von seinem einzigen Kind. Darum begann er auch sehr früh und konsequent mit der musikalischen Ausbildung. So war die bloße Gegenwart des Vaters bei den Schreibübungen zu Schulbeginn ausreichend für Marion, durchgehend die rechte Hand zu benutzen, in Erinnerung an die Schläge beim Geige spielen.

Die Geige wurde aber für Marion zu einer Ausdrucksmöglichkeit ihrer unterdrückten Gefühle, ihrer Enttäuschungen, und besonders in der Pubertät war das Instrument für sie ein Strohhalm, an den sie sich mit allen Kräften klammerte. Sie war nicht unbeliebt bei ihren Schulfreundinnen, im Gegenteil, diese versuchten Marion immer wieder aus ihrer selbstgewählten Isolation herauszureißen. Es wurde ihr aber alles zu viel, sie zog sich lieber mit ihrer Geige zurück. Bis zum Ende der Schulzeit nahm sie Geigenunterricht. Danach wurde sie durch eine sehr gute Gesangslehrerin für den Ausdruck der Stimme und das vertonte Wort begeistert.

Ihre Jahresarbeit für das Abitur schrieb sie im Fach Kunst und dabei empfand sie sehr stark, dass sie nicht das ausdrücken konnte, was sie dachte und fühlte. Da im Kunstunterricht auch Zeichnen und Malen geübt wurden, was sie seit je mit der linken Hand erfolgreich durchgeführt hatte mit der Erfahrung, dass sie sich dabei weit wohler fühlte, als wenn sie mit der rechten Hand schrieb, kam sie auf die Idee zu versuchen, auch ihre Facharbeit mit der linken Hand zu schreiben.

Marion hatte bis dahin nie links geschrieben und ihre Schrift war eckig und langsam. Aber plötzlich war sie fähig, das niederzuschreiben, was sie dachte, und die Empfindungen auszudrücken, welche die in ihrer Facharbeit behandelten Kunstwerke auf sie ausübten. Während sie beim Schreiben mit der rechten Hand zwei Drittel der Sätze auf einer Seite wieder ausgestrichen und korrigiert hatte, brauchte sie mit der linken Hand nichts mehr durchzustreichen. Die Hand schrieb präzis und ohne Störungen ihre Gedanken nieder. Ihre Arbeit wurde angenommen und gut benotet.

Weit schlechter erging es aber Marion mit der mündlichen Abiturprüfung, bei der sie kläglich versagte, sodass sie das Jahr wiederholen musste. Die Facharbeit musste jedoch nicht nochmal geschrieben werden.

Studium und psychische Loslösung von der Mutter

Linkshändiges Schreiben ging aber sehr langsam. Daher führte Marion sowohl ihr Tagebuch als auch die Mitschriften in dem dann begonnenen Studium an der Universität wieder mit der rechten Hand aus.

In Vorlesungen mitzuschreiben war für sie sehr anstrengend, sie schaffte es kaum, längere Zeit zu schreiben und gleichzeitig dem Vortrag zu folgen. Bald überlappten sich die Sätze und versickerten im Vergessen. Ihre Schrift war kaum von ihr selbst zu entziffern. Doch erlangte sie alle notwendigen Voraussetzungen, um sich für die Magisterprüfung anzumelden.

Das Thema der schriftlichen Hausarbeit interessierte Marion sehr, aber es ging sehr zäh voran. Schließlich erinnerte sie sich an ihre Facharbeit zum Abitur und begann wieder mit der linken Hand zu schreiben. Und Marion erlebte wieder, dass sie beim Schreiben mit der linken Hand ihre Gedanken flüssig zu Papier bringen konnte, dass sie nichts mehr durchzustreichen brauchte, wohingegen der erste, mit rechts geschriebene Teil wieder voller Streichungen und Korrekturen war, der Gedankenstrom „zäh dahinfloss" und sie oft den Zusammenhang verlor und sich in ihren Ideen „verhedderte".

Ihre handschriftlichen Aufzeichnungen wurden selbstverständlich mit der Schreibmaschine umgeschrieben und so war nicht erkenntlich, dass die Handschrift sich in der Mitte der Arbeit plötzlich verändert hatte. Darum war Marion sehr erstaunt, als ihr Professor, nach der Durchsicht ihrer Arbeit, dann plötzlich fragte, welchen Teil sie denn nun selbst geschrieben hätte, den mäßigen ersten oder den sehr guten zweiten?

Und dann wiederholte sich das gleiche wie beim Abitur: Sie versagte völlig bei der mündlichen Prüfung und musste sie nochmal machen. In dieser Zeit kam es zu massiven Konflikten mit ihrer Mutter, mit der sie noch lange Zeit während ihres Studiums in einer sehr engen, fast symbiotischen Beziehung, nach dem Unfalltod des Vaters, gelebt hatte. Die Mutter hatte regelmäßig jeden Versuch ihrer Tochter, sich zu verselbstständigen, torpediert, bis Marion W. mit großem Krach, spontan entschlossen, ausgezogen war. Aber nach dem Versagen in den mündlichen Prüfungen, in dieser Zeit der Schwäche, der eigenen Hilfsbedürftigkeit und Suche nach Geborgenheit und Stütze, reagierte die Mutter mit Selbstmorddrohungen, massiven Bindungsversuchen und psychischem Anklammern an die seelisch geschwächte Tochter.

Die so entstandene, äußerst belastende und komplizierte Situation veranlasste Marion, psychotherapeutische Hilfe aufzusuchen.

Therapeutische Intervention

Alle von dem Therapeuten eingeleiteten Testuntersuchungen der Händigkeit ergaben eindeutige Linkshänderwerte und daher wurden die Folgen der Händigkeitsumschulung mit Marion eingehend besprochen und in ihren Einzelheiten analysiert. Für sie waren die kausalen Zusammenhänge zwischen einer Umschulung der Händigkeit und ihren eigenen Misserfolgen in der Schule und im Studium äußerst plausibel und nachvollziehbar.

Marion entschloss sich dann, mehr mit der linken Hand zu schreiben. Ihre Tagebuchaufzeichnungen hatte sie seit der Magisterarbeit sowieso nur mit links gemacht. Aber es ging sehr langsam und die Schrift war krakelig. Nachdem ihr aber die richtige Schreibhaltung mit der linken Hand gezeigt worden war, konnte sie kontinuierlich ihre Schriftgeschwindigkeit steigern. Jedoch bis zur Wiederholung ihrer mündlichen Prüfungen schrieb sie die Studienaufzeichnungen sicherheitshalber weiter mit rechts.

Durch die therapeutische Stärkung ihres Selbstbewusstseins und die strikte Einhaltung von abgesprochenen Lernschritten schaffte sie die Wiederholung ihrer mündlichen Prüfungen und schloss ihr Studium erfolgreich ab.

Ergebnis

Seit Studienende schreibt Marion W., inzwischen bereits vier Jahre, konsequent links. Die Schrift hat sich sehr geändert, ist auch für andere leserlich geworden und das Schreibtempo hat sich erstaunlich gesteigert.

Da sie in ihrem Ausbildungsfeld keine langfristige Anstellung fand, machte sie eine Umschulung in einen kaufmännischen Beruf. Dabei kam es zu einem bemerkenswerten, von ihr zuvor nie gekannten Interesse der Kollegen an ihren Mitschriften. Sie war schon immer gewohnt, sich viele Aufzeichnungen zu machen, und setzte das auch jetzt fort. Zu ihrem eigenen Erstaunen schaffte sie es ohne Schwierigkeiten, links alles mitzuschreiben.

Die Sätze des Vortragenden überlappen und verlöschen nicht mehr in ihrem Gedächtnis, bevor Marion sie festgehalten hat, sondern sie kann problemlos zuhören und gleichzeitig mitschreiben – also zwei komplizierte intellektuelle Vorgänge nebeneinander ablaufen lassen, ohne dass es zu den früheren Blockaden und Störungen kommt. Ihre Schrift ist so gut geworden, dass die Aufzeichnungen sehr begehrt bei den anderen geworden sind. Das ist eine Erfahrung, die sie noch nie in ihrem Leben gemacht hatte.

Psychisch ist Marion weit ausgeglichener geworden, neigt nicht mehr dazu, in tiefe Depressionen zu fallen, und ist sich sehr wohl ihrer Grenzen, aber auch ihrer Fähigkeiten bewusst.

Fazit: Der schließliche Erfolg bei dieser Rückschulung der Händigkeit ist zwei Faktoren zuzuschreiben: auf der einen Seite der Wirkung des beidhändigen Trainings durch ein Musikinstrument in der Kindheit und Jugend und auf der anderen dem zeitweiligen Wechseln des Handgebrauchs in Verbindung mit dem Rückgang auf die nicht dominante, aber geübtere rechte Hand zum Schreiben.

Ein Versuch, schon zu Beginn oder während des Studiums weiter mit der dominanten linken Hand zu schreiben, hätte wahrscheinlich zu einer Katastrophe, dem völligen Zusammenbruch und dem möglichen frühzeitigen Ende des Studiums geführt. Die Schreibgeschwindigkeit war noch nicht geeignet für

Mitschriften von Vorlesungen. Außerdem bestand Gefahr, dass die mit einer Rückschulung der Händigkeit verbundenen Prozesse im Gehirn die wichtigen, komplizierten mnemotechnischen Konstrukte aus „Eselsbrücken", Gedankenverbindungen und der Notwendigkeit, konsequent und hart zu lernen, völlig durcheinandergebracht hätten. Für Marion wäre nicht nur die Rückschulung dadurch wahrscheinlich beendet gewesen, sondern, wie gesagt, vielleicht sogar ihr Studium. Die durch gestörte Gehirnabläufe entstandenen psychischen Folgen hätten sich auf ihre weitere Entwicklung und ihre Zukunft sehr negativ auswirken können. Auch wenn es nicht zu dieser dramatischen Entwicklung gekommen wäre, sind solche Gefahren nicht zu unterschätzen.

Der zweimalige Erfolg beim Schreiben mit der linken Hand (Facharbeit für Abitur und Magisterarbeit) hatte die Betroffene psychisch und physisch langsam auf die Rückschulung vorbereitet. Allerdings ist nicht auszuschließen, dass das jeweils auf das Schreiben mit der linken Hand folgende Versagen in der mündlichen Prüfung durch einen teilweisen Zusammenbruch der Gedächtnisstrukturen verursacht wurde und die Mechanismen, auf die sich Marion sonst beim Lernen und Abrufen des Gelernten verlassen konnte, plötzlich nicht mehr ausreichend funktionierten. Sie reagierte mit innerer Panik auf die sich anbahnende, nicht derartig gewohnte Überbelastung, und dieser psychische Faktor trug zusätzlich zu dem Versagen bei.

Man kann davon ausgehen, dass Marions jahrelanges Üben auf der Geige durch dieses automatische, beidhändige Training sehr stark zu dem erstaunlich erfolgreichen Ergebnis einer Rückschulung beigetragen hat und dass daher bestimmte zerebrale Abläufe der Handkoordination zwischen den beiden Hemisphären nicht völlig neu aufgebaut werden mussten, sondern bestimmte Wege bereits rudimentär angelegt waren. Der erzielte Erfolg darf aber nicht über die äußerst belastende psychische und psychosomatische Situation in der Schule und im Studium hinwegtäuschen, und man darf nicht vergessen, dass es, zeitlich gesehen, sehr lange gedauert hat, bis die Schrift lesbar und schnell genug wurde und für den täglichen Gebrauch ausreichte.

Faszinierend ist aber Marions Schilderung, wie ihre Fähigkeit, Gedankengänge besser auszudrücken und auch emotionale Erlebnisse besser zu formulieren, was in der Kunst-, Musik- und Theaterwissenschaft grundlegende Voraussetzung ist, sich völlig unerwartet vertiefte.

Fallbeispiel: Sieglinde A.

Der Vater der linkshändigen Sieglinde war selbst ein umgeschulter Linkshänder und litt sehr darunter. Er versuchte, als seine Tochter 1977 eingeschult wurde, linkshändiges Schreiben durchzusetzen. Die Lehrerin redete aber so lange auf die Eltern ein, bis diese sich bereit erklärten, dass doch versucht wurde, Sieglinde zum rechtshändigen Schreiben zu erziehen. Nach längerem Widerstand gab Sieglinde schließlich selbst nach und schrieb rechts. Zum Malen und Zeichnen blieb sie aber bei der linken Hand.

Sieglinde bemühte sich in der folgenden Zeit sehr um ein schönes Schriftbild und die Buchstaben wurden anfangs auch leidlich rund. Aber schon in der zweiten Klasse wurden die liebevoll gemalten Buchstaben immer zittriger und die Lehrerin schrieb nicht selten unter ihre Arbeit: „Gleichmäßiger schreiben!"

Aber Sieglindes Schrift wurde trotz aller Mühe immer eckiger und krakeliger. In der sechsten Klasse versuchte sie, durch das Schreiben sehr kleiner Buchstaben ihre Probleme in den Griff zu bekommen, aber es nützte nicht viel. Wenn ihre Aufmerksamkeit nur etwas nachließ und sie etwas größer schrieb, war die schlechte Schrift deutlich erkennbar.

Ende der siebten Klasse wechselte sie schließlich verzweifelt die Hand und schrieb von da an nur noch links. Zum Erstaunen aller wurde ihre Schrift schnell gleichmäßig, runder und bekam „Persönlichkeit". Sieglinde hatte auch keine ausgesprochenen Probleme, das notwendige Schreibtempo mit der linken Hand einzuhalten.

Jetzt, im Erwachsenenalter, ist ihre Schrift schön, charakteristisch und ausgeglichen.

Fazit: Offensichtlich funktioniert es in Einzelfällen sogar noch bis in höhere Klassen, die Schreibhand zu wechseln. Vermutlich haben sich bei Sieglinde aber die anfänglichen Schreibversuche mit der linken Hand positiv auf die Schreibmotorik ausgewirkt, verbunden mit der eindeutigen Thematisierung der Händigkeitsumschulung zwischen Vater und Lehrerin. So kam es nicht zu einer psychischen Tabuisierung der linken oder Idealisierung der rechten Hand.

Sieglinde scheint auch nicht unter Resten von primären Umschulungsfolgen zu leiden, denn sie erwähnte nichts von derartigen Problemen. Es fällt ihr auch sehr schwer, sich diese vorzustellen, wenn ihr Vater seine eigene Vergangenheit anspricht und sich über den Umfang der Auswirkungen und die dadurch erlittenen Schwierigkeiten beklagt.

Schriftproben:

25. 9 1978

Du, Mutter, wenn ich größer bin, werde ich ein Schupomann. Ich stelle mich auf die Straße hin und zeige, was ich kann. Habt acht! Bei Rotlicht wird Halt gemacht. Geschwind, geschwind, bei Grünlicht grn Grünlicht geht jedes Kind. Geschwn Geschwin, geschwind, bei Grünlicht geht jedes Kind.

2. Klasse, rechts geschrieben

an den Füßen. Und dann schrie
es so laut, daß ich mir die Ohren
zuhalten mußte. Aber da war
noch ein liebes sanftes Tier, das
ging ganz leise und leckte sich
die Pfoten. Am liebsten wäre ich
hingegangen und hätte mit dem
Tier gespielt, wenn nicht der böse
Flügelmann dagewesen wäre.

Gut!
Gleichmäßiger schreiben!

Ende 2. Klasse (29. 6. 1979), rechts geschrieben

Herbst

Gefühle/Gedanken	Wetter	Natur	Eigenschaften/Tätigkeiten
Farbe	Sturm	Reifes Obst	Drachensteigen
Trauer	Regen	Eicheln	Spaziergänge
Dunkelheit	Tau	Blätter	Gartenarbeit
(Angst)	Reif	Nüsse	Schnupfen
Kälte	Nebel	Kastanien	Erkältung
Langeweile	erster Schnee	Vogelzug	Bücher lesen
Einsamkeit	Wind		basteln

Hausaufgabe
Anderer Takt, das zweite Gedicht ist
länger, das erste Gedicht ist schwer-
mütigen.

6. Klasse, rechts geschrieben

Haushund

16414

Er ist ein:

<u>Wirbeltier</u>: Alle Tiere, die eine Wirbelsäu-
le aus knöchernen Wirbeln
besitzen nennen wir Wirbel-
tiere. Diese Wirbelsäule heißt
auch Rückgrat.

<u>Säugetier</u>: Alle Tiere die lebende Junge
gebären, diese in den ersten
Wochen säugen, sind Säugetiere, Meist haben sie ein Fell.

6. Klasse, rechts geschrieben

put prices on them by the assistants. A
lot of tins are sold every week. Every morning
at eight o'clock fresh milk are delivered
by a lorry. On Tuesdays and Fridays
fresh fruit are brought them by a van.
In autumn apples and pears are
bought from the farmers in the area.

Homework p.65,3
Everyone knows that Stainton is a
beautiful old town, but its streets
are not wide enough for modern
traffic. I am this will be changed.
Next year a new ring road will be built;
so that cars which now have to drive
through the center of Stainton will
be took round the town. This means
that the town center will be quieter

8. Klasse, links geschrieben

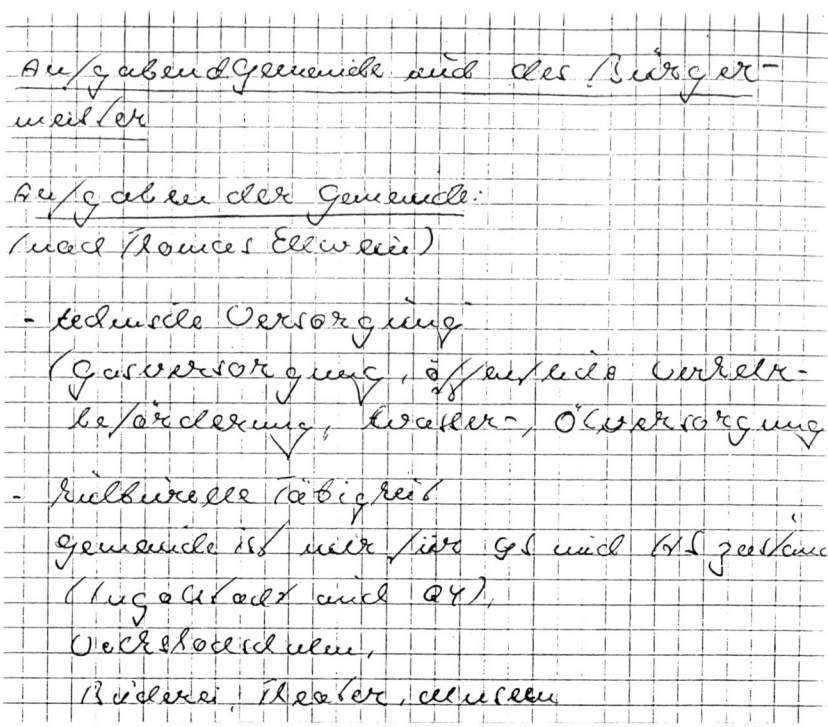

Schrift als Erwachsene (1993), links geschrieben

7.3.8 Zusätzliche zerebrale Störungen und ihre Wirkung auf eine Rückschulung der Händigkeit

Auch der Verdacht bzw. das Wissen darüber, dass zusätzlich zu einer Umschulung der Händigkeit bei dem Betroffenen eine leichte zerebrale Irritation vorliegt, ist ein wichtiger, zu berücksichtigender Faktor.

Zerebrale, die Gehirnabläufe störende Irritationen können vor allem durch Geburtstraumata hervorgerufen werden. Besonders sind hier zu nennen: kurzfristige Sauerstoffunterversorgung des Gehirns z. B. durch Geburtsstillstand, Rückgang der Herztöne, Verschlingung der Nabelschnur während der Geburt um den Hals des Kindes, wodurch die Sauerstoffzufuhr behindert wird (sichtbares Zeichen ist eine oft kurzfristige Blaufärbung der Haut direkt nach der Geburt – siehe dazu auch Kap. 8.1.2 sowie den im Anhang abgedruckten Artikel „Beidhänder' sind hirngeschädigt").

Diese Kinder werden durch eine Umschulung auf die nicht dominante Hand *zerebral doppelt belastet*. Die bisherigen Beobachtungen und Untersuchungen legen nahe, dass auch hier die Erfolgsaussichten einer Rückschulung auf die dominante Hand besonders vom Alter des Betroffenen und von seiner Erwartungshaltung auf positive Veränderungen durch diese Händigkeitsrückschulung abhängig sind.

Wahrscheinlich sind, allein gesehen, die Erfolgsaussichten eines akzeptablen Rückschulungsverlaufs bei solchen Betroffenen sogar besser als bei einem Menschen, der keine zerebrale Irritation vor der Umschulung der Händigkeit erfahren hat. Oft sind sie sogar mit den Erfolgsaussichten vergleichbar, die bei Betroffenen bestehen, die beide Hände und beide Gehirnhälften durch das Spielen eines Musikinstruments trainiert haben. Problematisch ist aber, dass nach der Rückschulung in dem ersten Fall die vorherigen zerebralen Störungen anfangs bestehen bleiben und sich erst langsam regenerieren. Bei emotional nicht entsprechend belastungsfähigen Menschen kann es dadurch zu Enttäuschungen, zur Resignation und zur vorzeitigen Aufgabe der Rückschulungsbemühungen kommen.

Bei Kindern ist der folgende Umstand besonders zu beachten: Oft gelingt zwar die Rückschulung leichter als angenommen, aber die Erwartungen von Kind und Eltern sind dadurch meist noch höhergesteckt und somit wirken sich die ersten guten Erfolge im Endeffekt negativ aus. Es muss *ausreichend Zeit* für die Rückschulung angesetzt werden.

7.3.9 Gefahren der Rückschulung bei einem berufsbedingten, hohen, komplexen intellektuellen Leistungsniveau

Von einer Rückschulung scheint, der praktischen Erfahrung nach, bei denjenigen umgeschulten Linkshändern sehr abzuraten zu sein, die gerade durch eine andauernde Überkompensation (Demosthenes-Effekt) beruflich sehr weit gekommen sind und sich dabei fast ununterbrochen Höchstleistungen abfordern müssen.

Diese Menschen sind oft übersensibel für Außeneinflüsse, sie reagieren sehr schnell und empfindlich auf neue Situationen, auf Äußerungen von anderen und müssen meist von Berufs wegen laufend neue Impulse von außen aufnehmen, verarbeiten und richtig integrieren. Sie funktionieren im übertragenen Sinne wie ein getunter Motor eines Autos, der andauernd an seiner oberen Leistungsgrenze läuft. Wenn jetzt von irgendwoher ein zusätzlicher störender Impuls in diese Abläufe eingreift, kann das zu einem massiven Motorschaden führen. Es kann aber auch geschehen, dass die den Motor umgebende Fahrzeugkonstruktion diese Überbelastung nicht durchhält, kaputt geht und einen schweren Unfall verursacht.

Zurück zu den in einem gewissen Sinne vergleichbaren, auf Hochtouren laufenden Menschen: Sie besitzen keine Kraftreserven mehr, sie können nicht noch mehr Energie freimachen und haben sich praktisch „bis an die Decke gestreckt". So einem Menschen noch intensiv eine Rückschulung zu empfehlen, ist ein Attentat auf seine Karriere. Hinzu kommt auch, dass solche Betroffenen meist nicht mehr sehr ausgeprägt unter Umschulungsfolgen der Händigkeit leiden, weil sie eben einen Großteil dieser Folgen mit allen ihren Kräften überwunden haben bzw. tagtäglich überwinden und sich dabei auf „feste Gehirnstrukturen und -abläufe" verlassen müssen, die sie sich zwischenzeitlich aufgebaut haben.

Natürlich könnte für den einen oder anderen Menschen eine Reduzierung dieser Überbelastung wünschenswert sein oder sogar lebensnotwendig erscheinen, und es könnte durch eine Rückschulung der Händigkeit, und das auch in Verbindung mit einem eventuellen Zusammenbruch, geschehen, aber es ist hier nicht Sinn und Zweck der Sache, Schicksal zu spielen und durch eine derartige, gut gemeinte, positive Verstärkung die Gefahr zu provozieren, den Betroffenen derart zu destabilisieren, dass ein Rückschulungsversuch für sein zukünftiges Leben mit großer Wahrscheinlichkeit ein negativer Eingriff bleibt. Wir haben noch nicht genügend Erkenntnisse, um gerade bei solchen Menschen auf ausreichende Erfahrungswerte zurückgreifen zu können.

7.4 Erwartungen von einer Rückschulung der Händigkeit

Eine sehr wesentliche Frage ist, was der Betroffene von der Rückschulung der Händigkeit als Effekt bzw. als Veränderung erwartet. Dies könnte sein:

1. Verbesserung des Schriftbilds, erhöhte Schreibgeschwindigkeit
2. Abbau von Wortfindungsproblemen und Blackouts bzw. Störungen der schriftlichen oder mündlichen Äußerung von Gedanken à „Entknotung des Gehirns"
3. Konzentrations- und Gedächtnisverbesserung
4. Lösung der sekundären, psychischen und psychosomatischen Probleme
5. Unpräzisierte, unkonkrete und oft unausgesprochene Hoffnungen, „dass alles danach besser wird".

Wie in den vorherigen Kapiteln schon gezeigt wurde, ist eine Rückschulung auf die dominante Hand kein Wundermittel, sondern die entsprechenden Bemühungen sollen mit einer psychischen Aufarbeitung der Umschulungsfolgen einhergehen. Häufig braucht die Rückschulung sehr viel Zeit und Geduld und es gilt eine Erfahrungsregel, dass jede Art einer gezielten Rückschulung die zwei- bis dreifache Menge an Zeit bedarf, als für die eigentliche Umschulung der Händigkeit in der Vergangenheit aufgewendet wurde. Mit dieser aufgewendeten Zeit für eine stattgefundene Umschulung der Händigkeit ist die Zeit gemeint, bis das Kind nach diesem Eingriff wieder etwas sein Gleichgewicht gefunden und sich notdürftig stabilisiert hat, und das bedarf in vielen Fällen mehrerer Jahre.

Erfolgsaussichten auf eine qualitative Besserung des bisherigen Zustands durch eine Rückschulung der Händigkeit sind am ehesten entsprechend der Reihenfolge der oben aufgeführten erhofften Veränderungen zu erwarten.

Verbesserung der Schrift und weniger Störungen und Blackouts in Gedankenabläufen werden von vielen Betroffenen an erster Stelle geschildert. Häufig geht das aber mit starker, überraschend schnell auftretender Ermüdung und anfänglichen Verkrampfungen der dominanten Hand einher.

Erst langsam und bei manchen Betroffenen auch mit den verschiedensten Rückfällen verbunden, zeigen sich Erfolge bei Konzentrations- und Gedächtnisleistungen.

Sehr differenziert ist aber die Überwindung der verschiedenen sekundären Umschulungsfolgen aus dem Bereich der psychischen und psychosomatischen Probleme. Gefühle der Erleichterung und Befreiung stellen sich, wie beobachtet, meist nicht zwangsläufig ein. Hier ist es oft, im Laufe der Zeit, schon zu individuellen, verselbstständigten Abläufen und Verhaltensmustern gekommen, die sich sogar über ihr Wirkungsgebiet hinaus automatisiert haben und die durch eine Rückschulung der Händigkeit nicht selbstverständlich positiv beeinflussbar sind.

Die Hoffnung also, dass sich alles schlagartig ändert und bessert, wird sich kaum erfüllen. Viele psychische Probleme aus dem Bereich der Sekundärfolgen, die gerade durch Ängste und negative Erfahrungen entstanden und fest in die Persönlichkeitszüge übergegangen sind, werden sich auch nicht schnell lösen und sind besser durch eine Psychotherapie behandelbar, durch welche tatsächliche Verhaltensmodifikationen und damit verbundene Besserungen des Allgemeinzustandes erzielt werden können. Der Therapeut kann auch auf die psychosomatischen Schwierigkeiten eingehen, die auf der Basis der entsprechenden Methodik behandelt und gelöst werden müssen. Erfolge oder Misserfolge einer Rückschulung der Händigkeit wirken sich selbstverständlich auch auf psychosomatische Schwierigkeiten positiv oder negativ aus, aber wahrscheinlich nicht viel mehr als andere positive und negative einprägsame Ereignisse aus dem Bereich des Arbeits- und Privatlebens.

7.5 Spiegelschrift – das „Leonardo-Phänomen"

Ein Phänomen, das allen mit dem Thema der Linkshändigkeit vertrauten Wissenschaftlern und ganz besonders Praktikern bekannt ist, betrifft die Spiegelschrift.

Mit Spiegelschrift ist gemeint, dass mit dem Schreiben vom rechten Blattrand aus begonnen wird und nicht nur die Buchstaben, sondern auch die ganzen Wörter seitenverkehrt, linksläufig, aufgeschrieben werden.

Viele umgeschulte Linkshänder können, meist ohne Schwierigkeiten, mit der dominanten linken Hand Spiegelschrift schreiben. Das kommt spontan, problemlos und ohne nachzudenken. Häufig fühlen sich die Menschen dabei auch sehr wohl. Schwieriger ist für sie oft allerdings das Lesen von Spiegelschrift, selbst ihrer eigenen.

Viele schaffen es auch ohne Anstrengung, von der Mitte der Zeile beginnend, gleichzeitig mit der rechten Hand nach rechts normale Schrift und mit der linken nach links gespiegelt zu schreiben.

Der berühmteste Linkshänder, der all seine wissenschaftlichen, technischen und anatomischen Studien in Spiegelschrift geschrieben hat, ist der italienische Künstler der Hochrenaissance Leonardo da Vinci.

Es ist anzunehmen, dass er ein umgeschulter Linkshänder war und dass Spiegelschrift für ihn weniger einen Versuch, seine Schriften zu verschleiern und geheim zu halten, darstellte, wie es heute noch manchmal interpretiert wird, sondern als ein spontaner Ausdruck seines Gedankenflusses zu verstehen ist. Inquisition und prüde Vertreter der Kirche, die sich z. B. für seine anatomischen Studien interessieren konnten, wären schnell hinter das Geheimnis der Schrift gekommen und hätten es mittels eines Spiegels gelüftet. Genauso leicht kann man die Schrift lesen, wenn man das Blatt umgekehrt gegen das Licht hält.

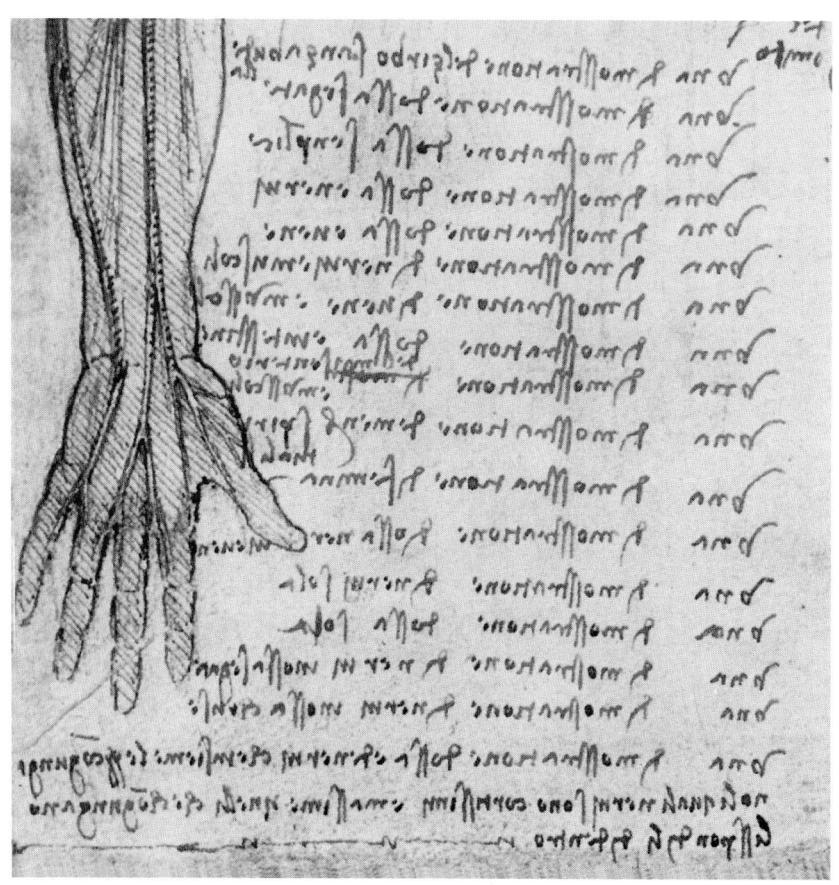

Anatomische Zeichnung Leonardo da Vincis mit Notizen in Spiegelschrift (Königliche Bibliothek auf Schloss Windsor).

Die verdutzte Reaktion auf dieses Phänomen schildert auch der zeitgenössische Künstler Bernhard Jott Keller in seinem **Brief vom 25. 2. 1987** an die Autorin:

„Liebe Johanna Barbara Sattler,

es gibt nahezu nichts, was es nicht gibt. Durch Zufall stieß ich auf Ihr „Portrait" vom 23. 2. 87 in der Süddeutschen Zeitung. Aber es war wahrscheinlich kein Zufall.

Ich gehöre zu den linkshändigen Menschen, denen die Volksschule noch das rechtshändige Schreiben eingebleut hat. Im Laufe meiner bildnerischen Arbeit entdeckte ich eines Tages, dass ich mit links völlig locker Spiegelschrift schreiben konnte, ohne das jemals vorher geübt zu haben. Seither steht, wenn etwas auf meinen Bildern, die zum Glück schon immer linkshändig gemalt wurden, zu lesen ist, alles in Spiegelschrift, einschließlich der Signatur.

Das Phänomen, etwas zu können, ohne es jemals trainiert zu haben, bleibt mir bis heute verborgen. Kennen Sie vielleicht den Schlüssel dazu?"

In der Fachliteratur gibt es relativ wenige Hinweise auf das Phänomen der Spiegelschrift und noch weniger schlüssige und einleuchtende Erklärungsversuche. Vieles beruht auf Hypothesen über die Lokalisation des Sprachzentrums[1] und über eine Spiegelung von Steuerbefehlen in die nicht dominante Hemisphäre bei Umschulung der Händigkeit[2]. Ohne hier eine Wertung aussprechen zu wollen, soll aber darauf hingewiesen werden, dass bei vielen Gehirnprozessen unsere Wissenschaft z. T. noch recht dürftige Möglichkeiten hat, sie angemessen zu erklären. Es ist wohl weit wichtiger, dass dieses Phänomen regelmäßig auftritt und dass Spiegelschrift ein besonderes Merkmal von Menschen mit umgeschulter Händigkeit zu sein scheint.

---

1 Schäfer, Ernst L., Das Hand-Buch. Die Linke und die Rechte. Geschichte und Alltag unserer zwei Seiten. Droste Verlag, Düsseldorf, 1988, S. 139 f.
2 Smetacek, Victor, „Mirror-script and left-handedness." In: Nature, Bd. 355, 9. 1. 1992, S. 118–119.

Bernhard Jott Keller, „Wenig Hoffnung auf Änderung", 1981. Mit der linken Hand gemalt und mit der rechten Hand den Text eingetragen[1].

---

1 Beide Zeichnungen sind dem Katalog „Moment mal" entnommen. Die Bilder stammen von Bernhard J. Keller und die Texte von Felicitas Frischmuth. Kunstverein Coburg e.V., Dussa Verlag, S. 19 und 41, Format 59,4 x 42 cm, Mischtechnik.

Bernhard Jott Keller, „Erleichterung", 1982. Im Jahr 1982 begann Keller auch mit links Texte in seine Bilder zu schreiben und entdeckte überrascht, dass die Worte spontan in Spiegelschrift erschienen. Seitdem integriert er diese Schriftform als Teil des künstlerischen Ausdrucks in seine Bilder[1].

Es gibt einfach verschiedene Phänomene im menschlichen Leben, die unsere Wissenschaft noch nicht ausreichend erklären kann, aber mit deren Funktionsweise wir arbeiten müssen und aus denen wir Nutzen ziehen sollen.

---

1 Beide Zeichnungen sind dem Katalog „Moment mal" entnommen. Die Bilder stammen von Bernhard J. Keller und die Texte von Felicitas Frischmuth. Kunstverein Coburg e.V., Dussa Verlag, S. 19 und 41, Format 59,4 x 42 cm, Mischtechnik.

Und so stellt der Arzt und Neurologe Manfred P. Heuser in diesem Zusammenhang fest: „Da die Fähigkeit zum spiegelschriftlichen Mitschreiben auf der Gegenseite nicht trainiert werden muss, wird offenbar die hierfür zuständige Hemisphäre automatisch, allerdings spiegelbildlich und mit entsprechender Latenzverzögerung, informiert", und er fügt hinzu:

„Als anatomische Variante gibt es das Phänomen der nicht unterdrückbaren „simultanen" kontralateralen spiegelbildlichen Mitbewegungen (Synkinesien) der Hände und Füße", und er weist darauf hin, dass erstaunlicherweise „räumliche Trauminhalte gelegentlich spiegelbildliche Geografien aufweisen können"[1].

In praktischen Untersuchungen wäre zu hinterfragen, ob gerade die umgeschulten Linkshänder überproportional häufig und spontan Spiegelschrift schreiben können oder ob auch nicht-umgeschulte Linkshänder ebenso spontan fähig sind, Spiegelschrift zu schreiben. Diesbezügliche Untersuchungen und Befragungen von umgeschulten und nicht umgeschulten Linkshändern in dem Tätigkeitsbereich der Beratungsstelle für Linkshänder legen allerdings nahe, dass das Phänomen der Spiegelschrift bevorzugt bei umgeschulten Linkshändern auftritt.

Fallbeispiel: Matthias N.

Matthias hatte sich, als er eingeschult wurde, an den anderen Kindern orientiert und sich selbst auf die rechte Hand umgestellt. Er bekam bald die verschiedensten Schulprobleme, die seine Eltern zwangen, ihn neunmal die Schule wechseln zu lassen. Er verließ schließlich die Schule und machte eine Schuhmacherlehre. Doch die Arbeit füllte ihn nicht wirklich aus und nachdem er die entsprechenden Aufnahmeerfordernisse über den zweiten Bildungsweg nachgeholt hatte, begann er im Alter von etwa dreißig Jahren, Musiktherapie an der Fachhochschule zu studieren.

Da er meistens beim Rhythmus „daneben war", ganz besonders, wenn er Schlagzeug spielte, machte ihn einmal sein Lehrer darauf aufmerksam, dass jeder Mensch eigentlich eine stabile Führungsseite habe und dass dies bei ihm offensichtlich nicht die rechte Seite sei. Matthias wechselte nach links und innerhalb kürzester Zeit gelang es ihm, beim Schlagzeug den Rhythmus zu halten.

---

1 Heuser, Manfred P., „Das Rätsel des Neckerschen Würfels." In: Münchener Medizinische Wochenschrift, 125 (1993), S. 47/813–48/814.

In dieser Zeit entschloss er sich auch, die Gitarre umgekehrt zu spielen und sogar wieder links zu schreiben. Zu seiner größten Überraschung schrieb er intuitiv in Spiegelschrift und es ging flüssig und leicht. Daher begann er seine Tagebuchaufzeichnungen und persönlichen Notizen in Spiegelschrift anzufertigen und bald schrieb er auch so in Vorlesungen mit. Als Nebeneffekt stellte Matthias schnell fest, dass er derartig angefertigte Vorlesungsmitschriften weit besser im Gedächtnis behalten konnte und sie später nur kurz durchzuschauen brauchte, um sich an den Inhalt richtig zu erinnern. Er empfand die Spiegelschrift subjektiv „als weit organischer."

Seit den zwei Jahren, in denen er dies praktiziert, fühlt er sich unvergleichlich wohler gegenüber früher und hat keine Rückfälle mehr in seinem Studium erlitten. Im Gegenteil, seit dieser Zeit kann er sich Texte weit besser merken, er ist fähiger, den Lernstoff gut zu strukturieren, „bekommt so viel mehr mit" als je zuvor und seine Gedächtnisleistungen sind gestiegen.

Seit er entdeckt hat, dass er die Funktion der Spiegelschrift auf eine gewisse Art und Weise nachvollzieht, wenn er ein Buch „auf dem Kopf" liest, praktiziert er das inzwischen auch regelmäßig und oft zum großen Erstaunen seiner Kommilitonen.

Fazit: Matthias hat durch die Erleichterungen, die er mittels Spiegelschrift erfuhr, für sich allein einen Weg gefunden, die primären Umschulungsfolgen deutlich zu reduzieren, und es gelang ihm, sein Studium ohne nennenswerte Störungen fortzusetzen, zumindest innerhalb dieser zwei Jahre.

Bei der so stark empfundenen Erleichterung durch die Rückschulung der Händigkeit hat sich sicher auf der einen Seite das beidhändige Spielen von Instrumenten als positiver Faktor ausgewirkt. Auf der anderen Seite hat aber seine eher chaotische Schullaufbahn, mit den entsprechenden Ergebnissen, eine wichtige Funktion ausgeübt. Es waren hier wahrscheinlich keine verfestigten Abläufe wirksam, die durch eine Rückschulung der Händigkeit und Andersbelastung der Gehirnfunktionen zu neuen Störungen und Irritation hätten führen können.

Zu diesen seltenen, derartig positiven Ergebnissen bei einer Rückschulung der Händigkeit führte wahrscheinlich eine Art Multiplizierungseffekt von beidhändigem Musizieren ohne zu sehr verfestigte Lernstrukturen, die sonst auf Eselsbrücken und anderen mnemotechnischen Hilfsmitteln aufgebaut werden.

Interessant ist, dass Matthias betont, dass er seine „gespiegelte Schrift" auch besser lesen bzw. den Inhalt besser strukturiert im Gedächtnis behalten kann. Das ist bei den wenigsten der „spiegelschriftfähigen Menschen" der Fall, die meisten haben eher Probleme, das von der linken Hand spontan und flüssig Geschriebene dann auch lesen zu können.

Rückschulung durch Spiegelschrift?

Sicher ist nicht für jeden Betroffenen eine Rückschulung durch das Schreiben in Spiegelschrift verwirklichbar und akzeptabel. Aber auf der anderen Seite ist diese vielleicht etwas exzentrische und von anderen auch oft als exaltiert wahrgenommene Art zu schreiben doch bei vielen Betroffenen eine Lösungsmöglichkeit, die überdacht werden sollte.

Für Menschen, die sehr wenig von Berufs wegen handschriftlich schreiben müssen, ist die Anwendung dieser Technik möglicherweise am unproblematischsten, und sie können durch diese Methode, wie Leonardo da Vinci, ihrer Neigung und ihren Fähigkeiten besser nachgehen und den Rückschulungsanforderungen entsprechen.

Da jedoch die meisten Betroffenen ihre Spiegelschrift nicht automatisch lesen können und manches auch für andere entzifferbar sein sollte, kann man den Kunstgriff benutzen, dass man unter das Schreibblatt ein Blaupapier mit der abdruckenden Seite nach oben legt und sich so auf der Rückseite der Text in normaler Schrift abdruckt. Freunde und Bekannte, die solche Briefe bekommen, werden sich mit der Zeit schon daran gewöhnen. Ein normaler Kugelschreiber drückt ausreichend durch und dies kann sogar „Zeichen eines persönlichen Stils" werden.

Menschen, die mehr handschriftlich schreiben müssen, z. B. auch im Beruf, werden sich die Anwendung dieses Kunstgriffes natürlich sehr gut überlegen müssen, aber auch hier ist dies in vielen Fällen eine praktikable Möglichkeit. Auch der größere Verbrauch an Papier (weil nur einseitig beschrieben) und die Kosten für das regelmäßig zu wechselnde Blaupapier sind sicher zu verschmerzen, wenn damit eine tatsächliche Erleichterung im Gedankenfluss und eine Verbesserung der sonst oft quälenden Gedächtnis- und Konzentrationsschwierigkeiten einhergehen sollte.

Etwas problematisch ist es natürlich mit Eintragungen in Terminkalendern, weil diese immer auch rückseitig bedruckt sind, sodass man kein Blaupapier dazwischen legen kann.

Fallbeispiel: Herr M.

Bei Herrn M. wurde im Sommer 1994 eine Totaloperation des linken Schläfenlappens vorgenommen. Diese war notwendig geworden, da er wegen eines Tumors bereits Wortfindungsprobleme hatte. Bei dem Sprachtest der linken Gehirnhemisphäre vor der Operation blieb die Sprache etwa zwanzig Sekunden weg und kam dann ziemlich gut wieder, und der Professor in der Klinik war irritiert und fragte, ob er wirklich Linkshänder sei (hier hat sich offensichtlich die noch heute oft angenommene Hypothese über die kausale Verbindung der Händigkeit und der Lokalisation des Sprachzentrums ausgewirkt).

Herr M. konnte auch nach der Operation gleich wieder sprechen und hatte einzig leichte Probleme mit sehr schwierigen Wörtern und mit dem Kurzzeitgedächtnis.

Herr M. wurde schon als Kind, noch vor Schuleintritt, von seiner Mutter auf die rechte Hand umgeschult, wobei er alles außer Schreiben weiter links machte.

Seit dem Alter von zehn Jahren hat er Geige gespielt, so erfolgreich und mit Freude, dass er dies im Orchester bis ins Erwachsenenalter, genauer bis kurz vor seiner Operation, zu tun pflegte, dann ging es nicht mehr. Er hat einen technischen Beruf erlernt und als hochqualifizierter Fachmann im Patentwesen gearbeitet.

Interessanterweise sind seine beiden Kinder auch linkshändig veranlagt und wegen Fragen zu ihrer richtigen Schreibhaltung besuchte Herr M. die Beratungsstelle für Linkshänder. Dabei erzählte er, dass er jetzt auch links schreiben müsse, da die Motorik der rechten Hand nicht gut genug sei, und er sagte, es ginge recht gut, aber noch nicht so flüssig, wie er sich das wünschte. Als er aufgefordert wurde, Spiegelschrift zu schreiben, wobei man ein Blaupapier unter das Blatt mit der abdruckenden Seite nach oben legte, schrieb er flüssig und leicht mit der linken Hand. Er war äußerst erstaunt, wie flüssig seine Schrift auf der durchgedrückten Rückseite war. Dann versuchte er, darunter einen ähnlichen Satz nochmal mit links zu schreiben, diesmal aber in normaler Schriftrichtung, also rechtsläufig. Es ist phänomenal, wie weit unsicherer seine Buchstaben dabei ausfielen und wie schwungvoll die linksläufige Spiegelschrift im Gegensatz dazu war.

Mit der linken Hand spontan in Spiegelschrift linksläufig geschrieben

7.6 Zusammenfassung

Festzuhalten ist also, dass eine Rückschulung der Händigkeit auf die dominante Hand nicht bei jedem Betroffenen die erwünschten Erfolge bringt, sondern dass es häufig zu negativen Begleiterscheinungen kommen kann. Diese können psychosomatischer Natur sein, z. B. Schwindelgefühle oder unerwartet starke Ermüdungs- und Erschöpfungszustände. Es kann auch zu psychischen Schwierigkeiten kommen, wie plötzlich auftretende Depressionen und depressive Verstimmungen, die ein bereits vorhandenes neurotisches Störungspotenzial vertiefen können, z. B. Panikattacken und Angstzustände. Auch psychotische Dispositionen können durchbrechen, ebenso wie andere Krankheiten, die der Anlage nach bereits vorhanden sind.

Mittels eines umgekehrten Blaupapiers entstandener Abdruck des in Spiegelschrift geschriebenen Satzes auf der Rückseite des Blattes

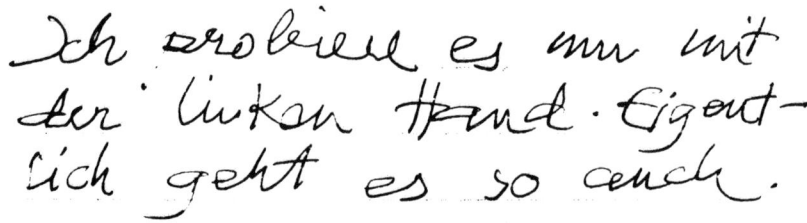

Normale, rechtsläufige Schrift von Herrn M. mit der linken Hand

Des Weiteren muss auch eine angemessene Zeitspanne für die Rückschulung eingeplant werden und sie sollte weder unter innerem Erfolgsdruck noch in einer außergewöhnlich belastenden Lebensphase stattfinden. Und leider muss auch festgestellt werden, dass nicht jede Rückschulung zu den erhofften Erleichterungen führt.

Auf der anderen Seite zeigen die bisherigen Ergebnisse aber eindeutig, dass viele Menschen durch eine Rückschulung eine bemerkenswerte Verbesserung auf den verschiedensten Gebieten erfahren, dass sie sich erleichtert fühlen, bessere Leistungen erbringen, Gedanken leichter formulieren und oft ihre Persönlichkeit in einem richtiggehend positiven Schub weiter entfalten können.

Dass dies aber ein Experiment mit dem eigenen Gehirn bedeutet und ebenso Gefahren wie auch Chancen in sich birgt, die abhängig von vielen individuellen Faktoren sind, sollte gerade in der ausführlichen Beschreibung dieses Kapitels gezeigt werden.

7.7 Praktische Tipps für eine Rückschulung auf die dominante Hand

Achtung: Sie experimentieren mit Ihrem eigenen Gehirn und müssen jegliche Risiken und Folgen selbst tragen!

Diese Tipps sind *keine* Aufforderung zu einer Rückschulung der Händigkeit auf die genuine dominante Hand. Es muss letztendlich jeder für sich selbst entscheiden, ob er dieses Experiment wagt. Als Richtwert kann man davon ausgehen, dass eine Rückschulung ein Mehrfaches an Zeit in Anspruch nimmt, wie die vormalige Umschulung erfordert hat.

1. Schwungübungen machen, so wie zu Beginn der Schulzeit, einzelne Buchstaben und Wörter üben und erst langsam zu einem regelmäßigen Schrei-

ben übergehen, um die Hand nicht zu überfordern. So wird verhindert, dass Verkrampfungen entstehen, die sich dann festsetzen und vielleicht chronifizieren.

2. Langsam versuchen, sich an die ungewohnte Blattlage (Blatt nach rechts gekippt, siehe Kapitel 8.1.3) zu gewöhnen. Die Blattlage entspricht nicht unserer viso-motorischen Gewohnheit und führt bei manchen Menschen zunächst zu starken Irritationen. Für eine lockere Hand- und Körperhaltung beim Schreiben ist diese Blattlage aber günstiger.

3. Mit der Hand kommunizieren, gemeint ist, „mit ihr sprechen, wie mit einem Partner", ihr gut zureden, aber auch wahrnehmen, was für Widersprüche aus dem Unterbewusstsein hochkommen können und was man im Inneren dabei empfindet – es ist oft eine Aufarbeitung von traumatischen, meist verdrängten Erlebnissen während der vergangenen Umschulung auf die nicht dominante Hand in der Kindheit.

4. Eine Rückschulung „locker angehen". Die Neigung vieler umgeschulter Linkshänder, „sich andauernd Höchstleistungen abzufordern", sollte gerade hier vermieden werden – man soll eine Rückschulung nur dann vollziehen, wenn man sich dabei wohl fühlt, und nicht versuchen, Erfolge zu erzwingen.

5. Da Spiegelschrift bei vielen umgeschulten Linkshändern bei der Rückschulung automatisch auftritt, ist es bei manchen Betroffenen unter bestimmten Bedingungen (z. B. wenn sich das Schreiben auf private Notizen und Briefe beschränkt) zu überlegen, diese Neigung zur Spiegelschrift tatsächlich real umzusetzen und als Hilfsmaßnahme zu praktizieren: Man legt ein Blaupapier mit der farbbeschichteten Seite unter das Schreibblatt und erhält so den Text auf der Rückseite des Blattes – das man mit Spiegelschrift beschrieben hat – in der normalen Schriftrichtung, und jeder kann es lesen.

6. Zeitweilige körperliche Reaktionen, wie z. B. Unwohlsein oder Schwindelgefühle, können auch unerwartet auftreten. Bei beruflichen und privaten starken Belastungen in dieser Zeit sollte man dann allerdings lieber die Rückschulung unterbrechen, besonders wenn die Beschwerden sich verschlimmern.

7. Schriftübungen sind ratsam zu datieren und aufzuheben, sodass die Veränderung der Schrift deutlich wird und Fortschritte und vielleicht auch Krisen wahrnehmbar und später nachvollziehbar werden.

8. Probleme umgeschulter Linkshänder in verschiedenen Lebensbereichen und Berufsfeldern

8.1 Umgeschulte Linkshänder in der Praxis des Kinderarztes, in der Frühförderung und in der Ergotherapie

8.1.1 Beobachtungskriterien und Interventionsmöglichkeiten des Kinderarztes

Die angeborene Händigkeit des Kindes zeigt sich meistens bereits im Alter von etwa einem Jahr (ab 10 bis 15 Monate), wenn die Kinder gezielte Greifbewegungen machen. Es handelt sich besonders um das Greifen nach Spielsachen und anderen Gegenständen sowie nach dem Essen, und bald kommt das Handgeben beim Begrüßen dazu. Und leider beginnen schon bei Kindern in diesem Alter oft die ersten Umschulungsversuche durch gezieltes Reichen der Spielsachen oder des Löffels in die rechte Hand, durch erzieherische Hinweise und durch den weit verbreiteten Spruch „gib doch das schöne Händchen".

Bereits zu dieser Zeit sollten Eltern darauf hingewiesen werden, die Händigkeit ihres Kindes sich unbehindert frei entwickeln zu lassen und keine Umschulungsversuche zu machen. Gerade in dieser Phase ist Aufklärungsarbeit besonders wichtig, denn viele Eltern haben tradierte Vorurteile gegenüber Linkshändigkeit, die ihnen überwiegend nicht bewusst sind, und versuchen doch ihr Kind „sanft umzuschulen". Daher sind klare, eindeutige und unmissverständliche Hinweise auf die Folgen einer Umschulung der Händigkeit äußerst notwendig.

Auch wenn die ersten Versuche, die „normale" Schere zu benutzen, und Schneiden überwiegend mit der linken Hand ausgeführt wird, manchmal jedoch aber auch mit der rechten, sollte man trotzdem eine entsprechende Linkshänderschere für das Kind besorgen, um nicht falsche viso-motorische Muster einzuüben, die später nur noch mit Mühe korrigiert werden können.

Heutzutage stellen sich aber auch viele an sich linkshändige Kinder (durch Nachahmungs- und Anpassungsverhalten an die rechtshändige Umwelt) selbst auf die rechte Hand um, um nicht aufzufallen, um sich wie die anderen zu benehmen, und irritieren Eltern und Betreuungspersonal, wie Ärzte, Erzieher und Lehrer durch „pseudorechtshändiges" Verhalten.

Es wäre hier sicher von großem Nutzen, wenn schon bei frühen ärztlichen Vorsorgeuntersuchungen bei Kindern auf Anzeichen einer Linkshändigkeit geachtet würde und Eltern zumindest einen Hinweis auf die Gefahren einer Umstellung der Händigkeit von fachlicher Seite bekämen. Erst kurz vor Schuleintritt, oder manchmal auch erst danach, beginnen sich nämlich auch heute noch viele Eltern wirklich um die Händigkeit ihres Kindes zu kümmern und Rat zu suchen. Sie sind dann oft besonders verunsichert durch die bei linkshändigen Kindern häufig auftretende Spiegelschrift und das Lesen von rechts nach links: beides irritierende Anzeichen, die aber bei nicht gestörter Linkshändigkeit bald wieder verschwinden.

Kinder, die noch im Alter von zwei bis drei Jahren *auffällig ihren Handgebrauch wechseln, sollten besonders beobachtet werden*. Dieser Wechsel der Hände kann Ausdruck einer MCD sein, und diese Kinder sollten unter Umständen genauer untersucht und in einer Einrichtung für Frühförderung oder einer Ergotherapiepraxis vorgestellt werden. Es ist mit großer Sicherheit anzunehmen, dass der Wechsel des Handgebrauchs, der nicht durch Außeneinflüsse motiviert oder bewusst durch das Kind selbst vorgenommen wird, ein sehr diffiziles Indiz für eine leichte Gehirnstörung ist und zu Bewegungsauffälligkeiten, z. B. Nicht-Krabbeln, bei Kindern gehört (siehe Kapitel 8.1.2 und den Artikel im Anhang: „‚Beidhänder' sind hirngeschädigt").

Eine unzulängliche Lateralisation ist nicht ein Zeichen einer (nach alten, überholten Vorstellungen) aufwertenden Ambidextrie: Ein Beidhänder hat meistens, wie der Volksmund sagt, zwei linke – gemeint sind ungeschickte – Hände.

Bei einem Kind, das andauernd den Handgebrauch wechselt und von einem Spezialisten auf leichte zerebrale Störungen untersucht wurde und sich als unauffällig bezüglich Koordinationsstörungen und Bewegungsauffälligkeiten zeigte, liegt der Verdacht nahe, dass schon Umschulungsversuche gemacht wurden oder dass sich das Kind selbst durch Modell- und Nachahmungsverhalten auf rechts umzustellen versucht.

Und auch hier muss durch gezielte Gespräche mit den Eltern eingegriffen werden, um ihre Vorbehalte und Bedenken zu zerstreuen und dem Kind eine freie Entwicklungsmöglichkeit zu eröffnen.

Ein häufiges Argument für eine Umschulung auf die rechte Hand ist (neben der verkrampften Schreibhaltung vieler Linkshänder), die oft nur für Rechtshänder bestimmte Konstruktion von Maschinen und technischen Apparaten sowie die Befürchtung, dass unsere Welt in der technischen Tradition mehrheitlich nur auf rechtshändigen Gebrauch hin ausgerichtet ist.

Fallbeispiel: Hilde T.

In einem Vorort von München fiel eine Schülerin der dritten Grundschulklasse durch Tobsuchtsanfälle auf, die erst kürzlich aufgetreten waren und zu Hause zu derartigen Szenen führten, dass sie sich schließlich auf den Boden warf und dort wälzte. Die Hausärztin diagnostizierte Schizophrenie und überwies das Kind an ihre Schwester, die als Neurologin am selben Ort praktizierte. Von ihr wurde die aufgestellte Diagnose bestätigt, ohne die in der medizinischen Fachliteratur häufig wiederholte Feststellung zu beachten, dass es keine Kinderschizophrenie im differenzialdiagnostischen Sinne des Begriffes gibt. Das Mädchen sollte dann mit entsprechenden Medikamenten behandelt werden. In Erwägung wurde sogar auch ein längerer Klinikaufenthalt gezogen.

Die Mutter war verzweifelt. Sie wusste mit dem Kind nicht umzugehen. Die Diagnose Schizophrenie sagte ihr zwar nicht viel, beunruhigte sie aber trotzdem sehr, und so suchte sie Rat bei allen möglichen Bekannten und besprach das ausführlich auch in dem örtlichen Postamt. Sie schloss ihre Klage damit ab, dass „zu allem Unglück die Tochter auch noch linkshändig sei" und ihre Lehrer sie in der Schule leider nicht umgeschult hätten, sondern im Gegenteil, dass sie das Kind noch in seiner Linkshändigkeit unterstützten! Der Vater verböte der Tochter aber radikal, links zu schreiben, worauf das Kind jedes Mal erneut einen Anfall bekäme.

Die wahre Krankheit war selbstverständlich keine Schizophrenie, sondern die Kausalität der Anfälle hing mit dem massiven Druck des Vaters auf die Tochter zusammen, mit der rechten Hand zu schreiben. Der Vater beabsichtigte nämlich, dass die Tochter seinen Fachbetrieb mit optischen Geräten „einmal übernehmen sollte", und er hatte richtig beobachtet, dass viele dieser Geräte für den rechtshändigen Gebrauch entwickelt worden waren. Die Tochter stellte aber mit Verzweiflung fest, dass sie rechts nicht schreiben kann … Sie befürchtete, dass sie in der Schule dann nicht mitkommen würde, und nach ersten Irritationen in Gedächtnis- und Konzentrationsfähigkeit wusste sie sich keinen anderen Ausweg als die ohnmächtigen Wutanfälle.

Hier half ein glücklicher Zufall: Die Mutter bekam durch einen in dem Postamt zufällig dem Gespräch beiwohnenden Arzt die Adresse der Beratungsstelle für Linkshänder, und nach mehreren Kontakten wurde der Vater einsichtig, und die Tochter blieb beim linkshändigen Schreiben. Die angeblichen Schizophrenieanfälle traten nie wieder auf.

Fazit: Der Arzt genießt oft ein großes Vertrauen bei den Eltern, und er kann die Entwicklung des Kindes vom Kleinkindalter bis zum Schulbeginn meist am kontinuierlichsten verfolgen. Durch die regelmäßigen ärztlichen Untersuchungen hat er auch die Möglichkeit, die Händigkeitsentwicklung zu beobachten und plötzliche Veränderungen, wie unbegründete Rückzugstendenzen, Unlust zum Malen und Basteln, aber auch unerklärliches Auftreten von Nägelkauen, Stottern und erneutes Einnässen, zu registrieren. Das sind alles Anzeichen, die für eine sich gerade vollziehende Umschulung der Händigkeit die Rolle des Indizienbeweises spielen können (siehe auch Kapitel 8.6).

8.1.2 Konsequenzen aus dem Wechsel des Handgebrauchs vom Kleinkindalter bis zum Schuleintritt

Ursprung des wechselnden Handgebrauchs

In breitangelegten Testuntersuchungen an Kindern mit noch nicht stabilisierter Bevorzugung der rechten oder linken Hand wurde festgestellt, dass diese – oft als beidhändig bezeichneten – Kinder entweder eindeutig schon sehr früh umgestellte Linkshänder waren oder dass bei dieser Gruppe durchgehend perinatale (den Zeitraum kurz vor, während und nach der Entbindung betreffend) Hirnschädigungen nachzuweisen waren. Daraus ergab sich die Annahme, dass Sauerstoffunterversorgungen in der perinatalen Phase vornehmlich die Funktion der dominanten Gehirnhemisphäre stören. Diese ist für die angeborene Händigkeit zuständig, und so kommt es phänomenal zum zeitweiligen Wechsel des Handgebrauchs, was fälschlicherweise dann als „Beidhändigkeit" diagnostiziert wird.

Im menschlichen Körper ist das Gehirn das am meisten von der ununterbrochenen Sauerstoffzufuhr abhängige Organ, und es wird folglich auch am stärksten von Sauerstoffmangel bzw. -unterversorgung betroffen.

Die Dominanz einer Gehirnhälfte bedeutet auch mehr Funktionsprozesse in dieser Hemisphäre, und das vor allem bei der Verarbeitung von Impulsen und bei der Aktivierung der kontralateral gelegenen Körperteile. Diese Hemisphäre erbringt eine größere Leistung, die entsprechend mit einem *größeren*

Sauerstoffverbrauch einhergeht. Tritt eine Sauerstoffunterversorgung des Gehirns ein, so wird die *dominante Hemisphäre zuerst und stärker betroffen.*

Auf die Händigkeitsproblematik übertragen, bedeutet das, dass Kinder, die unter Sauerstoffmangel in der perinatalen Zeit gelitten haben, meist stärkere Schäden in ihrer dominanten Gehirnhälfte aufweisen. Dies wirkt sich dann auf die phänomenale Händigkeitsentwicklung aus und erklärt, warum viele dieser Kinder bis zur Einschulung ihren Handgebrauch wechseln und sich erst sehr spät auf eine Hand festlegen (sie werden in der Literatur und in Testverfahren dann oft unter „Beidhändigkeit" eingeordnet)[1].

Damit ist auch erklärt, warum in der Zeit, zu der sich normalerweise die Hirnhemisphärendominanz durch Handpräferenz zu manifestieren beginnt, die richtige Händigkeit mancher Kinder bisher nicht zuverlässig eingeordnet werden konnte und es damit unbeabsichtigt zu ihrer Umschulung kommen kann.

Die Praxis zeigt äußerst beeindruckend, dass Lateralisationsstörungen und Störungen in der Entwicklung der Hirnhemisphärendominanz sich vor allem auf die *Fein- und Grobmotorik projizieren.*

Kinder, die eine minimale zerebrale Schädigung erlitten haben und in der Schule oft Teilleistungsstörungen aufweisen, können, der Erfahrung nach, diese Beeinträchtigungen bis etwa zur Pubertät abbauen und ausgleichen; zum Teil verschwinden die Störungen sogar völlig oder treten z. B. nur noch in unerwarteten Verdrehern beim schnellen Schreiben auf. In der Gehirnentwicklung können die Schädigungen wahrscheinlich durch Übernahme der Funktionen von anderen Regionen z. T. ausgeglichen werden (wie wir aus Erfahrungen nach Hirnoperationen wissen), weil es sich bei der Schädigung um einen rein *somatischen Prozess* handelt. Kommt es aber in dieser Phase auch noch zu einer Umschulung der angeborenen Händigkeit – einem *psychosomatischen Prozess,* so entsteht eine neue, zusätzliche Schädigung des Gehirns (mit Manifestation in der gleichen Richtung wie die physiologische Störung), und es kommt zu unverhältnismäßig stärkeren Hirnfehlfunktionen.

Beidhändigkeit ist kein erstrebenswertes Erziehungsziel

Beidhändigkeit erweist sich also immer deutlicher als Ausdruck einer zerebralen Schädigung und sollte auf keinen Fall absichtlich von außen herbeigeführt

---

1 Siehe dazu auch im Anhang den Abdruck des Artikels „‚Beidhänder' sind hirngeschädigt". In: Münchener Medizinische Wochenschrift, Nr. 21/1993, S. 291/35 – 294/40. Dieser Artikel ist eine Zusammenfassung des Forschungsberichtes vom 12.10.1992 der Autorin.

werden, sei es durch Umschulung auf die nicht dominante Hand oder durch Üben des Schreibens mit beiden Händen.

Auch hier ist wieder das Schreiben die ausschlaggebende Tätigkeit. Andere Tätigkeiten, bei denen beidhändige Abläufe gefordert und erwünscht sind, wie z. B. in manchen Sportarten und in der Musik, sind nicht so störungsrelevant.

Eine sehr breite Bewegung der Erziehung zur Beidhändigkeit (Ambidextrie), einschließlich des beidhändigen Schreibens für alle Kinder, ist Anfang des letzten Jahrhunderts kläglich gescheitert, nachdem sowohl Links- als auch Rechtshänder auffällig mehr Schwierigkeiten in der Schule aufwiesen.

Sovak geht in seinem Buch etwas ausführlicher auf diese Bewegung ein und zitiert die Schrift des tschechischen Pädagogen Kádner aus dem Jahr 1925. So „wurde diese Idee der Erziehung zur Beidhändigkeit (Ambidextrie) namentlich auf dem Londoner Hygienekongress von Jackson verkündet, der damals wollte, die Kinder sollten durchweg auch das linkshändige Schreiben lernen, und der in London eine Gesellschaft für die Erziehung zur Ambidextrie gründete"[1]. Diese Richtung soll auch in Frankreich propagiert worden sein. Man erhoffte sich dadurch eine Stärkung des Gedächtnisses und der Moral und eine Steigerung der allgemeinen Leistungsfähigkeit.

Sehr bald kam es aber zu negativen Berichten und zu unüberhörbaren Warnungen vor den Gefahren der Erziehung zur Beidhändigkeit, besonders vonseiten der Ärzteschaft (Zeitraum etwa zwischen 1910 und 1925).

Alle praktischen Versuche, die in dieser Zeit auch an Schulen in Berlin und Königsberg durchgeführt wurden, erwiesen sich als nachteilig, und so endete die Bewegung der Erziehung zur Ambidextrie beim Schreiben bald wieder. Übrig geblieben ist in der Bevölkerung aber eine gewisse Idealisierung der Beidhändigkeit, die man bis heute noch manchmal antreffen kann. Dabei wird meist ungenau definiert, was ein Beidhänder sein soll, und oft wird die Präferenz für den Gebrauch einer Hand zu bestimmten Tätigkeiten und der anderen Hand zu anderen für eine Beidhändigkeit gehalten. Dabei wird übersehen, dass diese Menschen meist nicht mit beiden Händen gleich geschickt für die gleichen Tätigkeiten sind, sondern dass sie sich durch verschiedenste Einflüsse auf bestimmte Tätigkeiten mit der einen oder anderen Hand eingeübt bzw. spezialisiert haben. Häufig weisen aber gerade Menschen, die auf ihre angebliche Beidhändigkeit stolz sind, feinmotorische Schwierigkeiten auf,

---

1 Sovak, 1968, S. 306.

die sich nicht nur in Ungeschicklichkeiten bei Bewegungsabläufen manifestieren, sondern oft auch in einem nicht wirklich flüssigen Sprechen und der Unfähigkeit, richtig fließend vorzulesen.

Testergebnisse von angeblich „beidhändigen" Kindern

Viele praktische Untersuchungen in der Beratungsstelle für Linkshänder und umgeschulte Linkshänder an Kindern und deren Familien haben äußerst problematische Ergebnisse gerade bei solchen Kindern ergeben, die ansonsten nach gängigen Testmethoden und Testnormierungen unter Beidhänder eingeordnet werden. Überzeugend dokumentieren dies die Auszüge aus den obligatorischen Untersuchungsprotokollen.

Im Folgenden werden aus der Personengruppe, die für beidhändig gehalten wurde, durch das Zufallsprinzip (mittels der registrierten Vp.-Nr.) ausgewählte einzelne Beispiele dargestellt, die repräsentativ für eine große Anzahl ähnlicher Fälle sind:

1. Klaus (Alter zum Zeitpunkt der Testuntersuchung: 10 Jahre, Vp.-Nr.: 2045)

Der zehnjährige Klaus fällt dem Schulpsychologen durch sehr schwankende Leistungen in dem KLI (Kombinierter Lern- und Intelligenztest von Schröder) auf. Klaus leidet sehr stark unter Teilleistungsstörungen in der Schule, wobei er hauptsächlich feinmotorisch bedingte Schwierigkeiten beim Schreiben hat. Es bestehen auch orthografische und Konzentrationsprobleme. Oft unterlaufen ihm Buchstaben- und Zahlenverdreher und Auslassungen, und besonders beim Diktat schafft er nicht mehr, sich die letzten Worte des diktierten Satzes zu merken – er empfindet es „wie ein Überlappen" durch den neu diktierten Satz. Beim Lesen hatte Klaus anfangs auch große Schwierigkeiten, die aber bis zur 4. Klasse besser geworden sind. Hier fiel besonders auf, dass einzelne Buchstaben aus einem weiter rechts gedruckten Wort „nach vorne gezogen wurden" (Blickrichtung von rechts nach links). Im Mündlichen ist er hingegen extrem gut.

Klaus ist blau geboren und kurz mit Sauerstoff beatmet worden. Seine folgende Entwicklung war angeblich normal und unauffällig. Linkshändigkeit ist den Eltern bei Klaus im Alter von drei bis vier Jahren aufgefallen, als er zu malen begann. Er hat eine sehr ausgeprägte Begabung für Farbzusammenstellung, malt gern, aber Basteln versuchte er von Anfang an zu vermeiden. Klaus hat zu Schulbeginn mehr die linke Hand benutzt, und die Lehrerin meinte, sie würde es leicht schaffen, ihn auf rechts umzustellen; wegen der Benutzung beider Hände zu verschiedenen Tätigkeiten bestand die Annahme, dass es sich bei Klaus um einen Ambidexter handelt, und die rechte Hand schien als Schreibhand „für das Leben die praktischere zu sein".

Testbatterie

- Schreibhand: rechts
- Spiegelschrift: ja
- H-D-T – Hand-Dominanz-Test von Steingrüber und Lienert[1]: Beidhänder-werte
- PTK – Punktiertest für Kinder von Friedhelm Schilling[2] wurde in diesem Fall nicht angewendet.
- Testen des Ausprägungsgrads der Händigkeit an den von der Universität Köln entwickelten Computeruntersuchungsapparaturen ergab Werte „links" von der Mitte, wobei die Daten sehr schwankend waren, trotz geübter rechter Hand.
- Tätigkeitsfragebogen[3]: Die meisten Tätigkeiten wurden inzwischen rechts durchgeführt.
- Fragebogen zur Abgrenzung von umgeschulter Händigkeit und Teilleistungsstörungen[4]: Geburt problematisch, mit Sauerstoffmangel, feinmotorische Störungen
- Anamnestisches Gespräch: Betonung auf „Schwierigkeiten mit allem Schriftlichen, das man selbst machen muss", Vorliebe für mündliche Äußerungen
- Fremdanamnese: Es stellte sich heraus, dass mit der Umschulung bereits im Elternhaus begonnen worden war und die Lehrerin diese abgeschlossen hatte.

---

1 Steingrüber, Hans-Joachim, Gustav A. Lienert, Hand-Dominanz-Test. H-D-T. Verlag für Psychologie, Dr. C.J. Hogrefe, Göttingen, 1971. Steingrüber hat den Test überarbeitet und neu normiert 2011 als 3. Auflage herausgegeben.
2 Schilling, Friedhelm, Punktiertest für Kinder (PTK). Leistungs-Dominanztest (LDT). Institut für Sportwissenschaft und Motologie, Universität Marburg. verlag modernes lernen. Dortmund, 2009.
3 Sattler, Das linkshändige Kind in der Grundschule. 2018 (17), S. 20 f. Inzwischen ist der „Tätigkeitsfragebogen" in den „Dokumentationsbogen zur Händigkeitsabklärung S-MH®" erweitert worden. In: Sattler, Händigkeitsabklärung S-MH® nach der Sattler-Methodik zu Händigkeitsfragen. Auer Verlag, Augsburg, 2019, Anlage.
4 Ebenda, S. 80 f.

- Intelligenztest (KLI): Es fiel auf, dass das Gesamtergebnis höher im Intelligenz- als im Lernbereich war, besonders wurde der uneinheitliche Leistungsprofilverlauf beanstandet.
- HAWIK und CTF 1 wurden hier nicht angewendet.

Testergebnis: umgeschulter Linkshänder mit zusätzlichen zerebralen Störungen

Kommentar: Die Auswirkung der zerebralen Störungen auf die Schulleistungen von Klaus wurden durch die Umschulung der Händigkeit verstärkt, und gleichzeitig wurden dadurch auch die zerebralen Ausheilungsprozesse gestört. Sehr schwerwiegend ist, dass sich gerade in der Übergangszeit zum Gymnasium ein sehr uneinheitliches Bild seiner Leistungsfähigkeit abzeichnete.

2. Gisela (Alter zum Zeitpunkt der Testuntersuchung: 28 Jahre, Vp.-Nr.: 1021)

Gisela litt während ihrer ganzen Schulzeit unter Lernschwierigkeiten, besonders stark ausgeprägt waren Konzentrations- und Gedächtnisprobleme. Sie schaffte es zwar, das Gymnasium mit Abitur abzuschließen, hatte aber wegen obiger Probleme Angst, ein Mathematikstudium zu beginnen, und ließ sich daher in einem Betrieb in Informatik ausbilden. Sie litt unter dem Gefühl, jegliche Belastungen „nicht durchhalten zu können", und vermied Anforderungen, deren Erfüllung sie sich ansonsten, ihrer Intelligenz nach, zugetraut hätte. Gisela heiratete einen Mann, der ihr bildungsmäßig und intellektuell weit unterlegen war, und reagierte mit ausgeprägten psychosomatischen Störungen, sodass ihr vom konsultierten Arzt eine Psychotherapie empfohlen wurde.

Gisela war eine Spätgeburt und hat „nicht gleich geschrien". Linkshändigkeit zeigte sich schon im Alter von einem Jahr, und in dieser Zeit begannen auch die Umschulungsversuche. Es wurde eine Beidhändigkeit angenommen, weil sie sich „verhältnismäßig leicht" an den Gebrauch der rechten Hand gewöhnt hatte.

(Testbatterie: In diesem und allen folgenden Fällen, wie bei Fall Nr. 1 – Klaus, mit persönlichkeits- und entwicklungsbedingten Variationen in einzelnen Punkten. Die in vielen Fällen oft zusätzlich erweiterte Testmethodik – verschiedene Intelligenz- und Persönlichkeitsteste, projektive Testverfahren,

Dichotischer Test usw. – beeinflusste das eindeutige Ergebnis der beschriebenen, obligatorisch angewandten Testbatterie nicht).

Testergebnis: umgeschulte Linkshänderin mit zusätzlichen zerebralen Störungen

Kommentar: Rechtshändige Durchführung vieler Tätigkeiten, bis auf den Gebrauch der Gabel ohne Messer und Benutzen des Schraubenziehers. Gisela hatte ihre ganze Schulzeit als sehr unangenehm empfunden, besonders weil sie die kausalen Zusammenhänge nicht begriffen hatte und genauso wie ihre Mutter sehr hohe Anforderungen an sich stellte, denen sie nicht gerecht werden konnte. Dadurch ausgeprägte Sekundärfolgen der Händigkeitsumschulung.

3. Ulrich (Alter zum Zeitpunkt der Testuntersuchung: 6 Jahre, Vp.-Nr.: 1982)

Ulrich wurde bei der Einschulungsuntersuchung um ein Jahr zurückgestellt, was er als ungerechte Abwertung empfand. Seine Geburt war sehr lang gewesen. Laufen lernte er im normalen Zeitraum, wobei auffiel, dass er dabei häufig gestolpert und gefallen ist. Sprechen lernte er spät wegen starker Polypen, die zu Hörschwierigkeiten führten. Feinmotorische Tätigkeiten, wie Basteln und Malen, machte er immer ungern; seine Handhaltung beim Malen war verkrampft, und beim Basteln arbeitete er ungenau im Vergleich zu Gleichaltrigen. Linkshändigkeit fiel beim Malen im Alter von etwa drei Jahren auf. Damals versuchte die Mutter ihn auf rechts umzustellen. Nach ihrer Meinung (zur Zeit der Testuntersuchungen) sei Ulrich Beidhänder, er selbst bevorzugte aber die linke Hand.

Testergebnis: Linkshänder mit zusätzlichen zerebralen Störungen

Kommentar: Da Ulrich in seiner Handpräferenz manchmal gewechselt hat und auch heute noch manche Tätigkeiten rechts ausführt, hielt ihn die Mutter für einen Beidhänder und unternahm erfolglose Umschulungsversuche auf rechts. Die leichten zerebralen Störungen äußern sich bisher bei Ulrich nur in der Feinmotorik.

4. Hans (Alter zum Zeitpunkt der Testuntersuchung: 33 Jahre, Vp.-Nr.: 2015)

Hans hatte von Anfang an Schwierigkeiten mit dem Schreibtempo, was ihn sowohl in der Schule als auch bei den schriftlichen Staatsexamensklausuren sehr behinderte und seinen akademischen Abschluss gefährdete.

Hans schreibt mit der rechten Hand, man hielt ihn aber für einen Beidhänder, insbesondere weil er praktisch, außer Schreiben und Dosenöffnen, für alles die linke Hand benutzte. Auch der HDT zeigte Beidhänderwerte.

Schwangerschaft und Geburt sind normal und ohne Probleme verlaufen, ebenso seine Sprach- und Bewegungsentwicklung als Kind. Die Linkshändigkeit bei Hans soll der Mutter bereits in den ersten Lebenswochen aufgefallen sein, durch besondere Aktivitäten der linken Hand. Vor Schulbeginn wurden keine Umschulungsversuche gemacht, da in der Familie Linkshändigkeit häufig auftrat. In der ersten Klasse wurde Hans aber doch umgeschult. Das Argument des Lehrers, so erinnert sich Hans, war, dass ihm ansonsten das linkshändige Schreiben im Leben Schwierigkeiten bereiten würde. In der Schulzeit litt er unter Gedächtnisstörungen und langsamer, unschöner Schrift.

Testergebnis: umgeschulter Linkshänder ohne zusätzliche zerebrale Störungen

Kommentar: Hans ist ein in der ersten Klasse auf rechts umgeschulter Linkshänder; die Umschulungsfolgen trafen ihn in der Schule ziemlich hart, und er hat auch später relativ lange gebraucht, bis er sich ausreichend auf die Staatsexamensprüfungen vorbereitet hatte. Seine Probleme dauern, auch wenn er mit ihnen umzugehen lernte, bis heute an und manifestieren sich besonders in Stresssituationen.

5. Anna (Alter zum Zeitpunkt der Testuntersuchung: 6 Jahre, Vp.-Nr.: 1968)

Den Einschulungstest hat Anna sehr gut bestanden, und im Kindergarten fiel ihr beidhändiges Hantieren auf, woraufhin sie zur Testuntersuchung in die Beratungsstelle für Linkshänder geschickt wurde.

Sowohl Schwangerschaft und Geburt als auch Sprechen- und Laufenlernen verliefen normal, und feinmotorische Tätigkeiten (Basteln, Puzzeln, Malen) führt sie sehr geschickt und sehr gern durch. Die bereits früh sich manifestierende Linkshändigkeit versuchte ihr Vater umzustellen. Er hielt die Tochter für beidhändig, wobei Anna immer wieder betonte, dass es „mit links besser ginge".

Testergebnis: Linkshänderin (mit Umschulungsversuchen) ohne zerebrale Störungen

Kommentar: Der Beidhänderwert bei dem Spurennachzeichnen des HDT-Tests geht auf die Bemühungen des Vaters zurück, sie beim Malen und bei ersten Schreibversuchen auf die rechte Hand umzustellen, ebenso der wechselnde Handgebrauch im Tätigkeitsfragebogen. Sowohl die linke als auch die rechte Hand wird zu verschiedenen Tätigkeiten benutzt, es wird aber deutlich, dass sich auch hier der Einfluss des Vaters auswirkt. Bei einer Kontrolluntersuchung nach Beendigung des ersten Schuljahres stellte sich heraus, dass Anna, trotz vorzeitiger Einschulung, das Klassenziel hervorragend erreicht und eine schöne Schrift hat und nur der Vater bei jeder sich bietenden Gelegenheit versucht, negative Auswirkungen der nicht umgestellten Linkshändigkeit zu finden. Linkshändiges Malen und Schreiben hat Anna selbst durchgesetzt.

6. Daniela (Alter zum Zeitpunkt der Testuntersuchung: 7 Jahre, Vp.-Nr.: 2021)

Daniela wurde zurückgestellt und war ein Jahr im Vorschulkindergarten. Dort hat eine Heilpädagogin die gute Leistungsfähigkeit der linken Hand festgestellt. Linkshändigkeit ist der Mutter bei Daniela etwa im Alter von drei Jahren aufgefallen, und sie hat ihre Tochter beim Essen und Malen bewusst auf rechts umgestellt. Auch im Kindergarten wurde die Umstellung weiter fortgesetzt. Die Mutter hält Daniela für beidhändig, wegen sowohl linkshändig als auch rechtshändig durchgeführter Tätigkeiten; erst auf Initiative der Heilpädagogin ist die Mutter mit Daniela in die Beratungsstelle zum Testen gekommen.

Geburt, Laufen- und Sprechenlernen verliefen normal. Daniela schreibt und malt links, bastelt sehr gern, manchmal etwas ungenau. Feinmotorische Störungen sind nicht aufgefallen, sie legt sehr gern Puzzle und malt gern.

Testergebnis: Linkshänderin (mit Umschulungsversuchen) ohne zerebrale Störungen

Kommentar: Die festgestellten Unsicherheiten des Kindes sind auf ziemlich ausgiebige Umschulungsversuche zurückzuführen.

7. Robert (Alter zum Zeitpunkt der Testuntersuchung: 16 Jahre, Vp.-Nr.: 1286)

Robert hat große Schwierigkeiten in der Schule, besonders Konzentrations- und Gedächtnisprobleme. Typisch sind Buchstabenauslassungen (Legasthenie wurde diagnostisch ausgeschlossen) und seine äußerst unregelmäßigen Leistungen (Zitat des Rektors: „Robert ist immer für schulische Überraschungen gut").

„Robert hatte alle Anzeichen einer Frühgeburt", erinnert sich seine Mutter, die selbst eine Krankenschwesternausbildung hat. Sprechen- und Laufenlernen sollen unauffällig gewesen sein, aber er hat nie gerne gebastelt. Linkshändigkeit ist der Mutter vor Beginn der Schule nie aufgefallen, aber Robert schrieb trotzdem ab der ersten Klasse links. Außer Malen und Schreiben wird von Robert alles rechtshändig durchgeführt, und so wurde eine Beidhändigkeit von der Lehrerin vermutet. In der Klasse zeigten sich dann auch Kontaktschwierigkeiten, und die Mutter unternahm alle erdenklichen Anstrengungen, um Robert den Gymnasialabschluss zu ermöglichen.

Testergebnis: umgeschulter Rechtshänder mit zusätzlichen zerebralen Störungen

Kommentar: Die zerebralen Störungen waren bei Robert derartig gravierend, dass wahrscheinlich seine dominante linke Hemisphäre in ihrer Tätigkeit stark gehemmt war. So konnte es geschehen, dass die nicht dominante rechte Hemisphäre, motorisch funktionsfähiger, die feinmotorisch höchst komplizierte Funktion des Schreibens besser übernahm. Wahrscheinlich durch Ausheilungsprozesse des Gehirns wurde die rechte Hand immer geschickter und auch mehr benutzt; Schreiben und Malen wurde aber schon mit der linken Hand eingeübt, sodass Robert viele der primären und sekundären Umschulungsprobleme bekam.

8. Markus (Alter zum Zeitpunkt der Testuntersuchung: 6 Jahre, Vp.-Nr.: 2109)

Markus war bei der Einschulung sechs Jahre und vier Monate alt, und die Mutter war nach wie vor äußerst besorgt über seine Händigkeitsentwicklung und beobachtete sie intensiv. Markus hatte bis zum Alter von etwa fünf Jahren alles rechts gemacht und begann dann plötzlich links zu malen. Er bastelt nur ungern, und seine Zeichnungen sind nicht altersgemäß entwickelt (ICD-

Nr. 315.4[1]). Den Handgebrauch habe er plötzlich gewechselt, und zwar etwa in der Zeit, als er auch zu malen begann, berichtet die Mutter. Viele hielten ihn daher für beidhändig. Kleinteilige Dinge, wie Puzzeln und Basteln, macht er auch weiter nicht gern.

Seine physische und psychische Entwicklung verlief angeblich unauffällig, ebenso Geburt (siehe unten), Laufen- und Sprechenlernen. Die Mutter war durch das plötzliche „Wechseln der Händigkeit" kurz vor Schuleintritt irritiert und beobachtete ihn genauer, zumal sie selbst eine umgeschulte Linkshänderin war und der ältere Bruder ein nicht umgeschulter Linkshänder. Sie stellte fest, dass Markus nach wie vor vorwiegend mit rechts hantiert und nur Malen und beginnendes Schreiben links macht.

Testergebnis: umgeschulter Rechtshänder mit zusätzlichen zerebralen Störungen

Kommentar: Bei näherer, intensiver Informationserhebung (Fremdanamnese) zeigte sich, dass die Geburt überhaupt nicht unauffällig war, das Kind verblieb unverhältnismäßig lange im Geburtskanal und wollte auch nicht gleich atmen. Auffällig waren starke, unerwartet auftretende Blockaden in der rechten Hand. Die extremen feinmotorischen Störungen bei Markus sind vermutlich in seiner eigentlich dominanten linken Hemisphäre (Rechtshänder) entstanden, sodass sie ihn dazu veranlasst haben, die linke, weniger gestörte Hand (rechte Hirnhälfte) beim Malen und Schreiben zu benutzen. Bei Schreibübungen fiel auf, dass die rechte Hand unter besonders starken feinmotorischen Störungen litt, aber bei der Durchführung einfacher Bogenzeichnungen schneller war. Rechtshändiges Hantieren, bis auf Schreiben und Malen. Hin und wieder wurde deutlich, dass Markus bewusst etwas links machte, was er aber, nach Ablenkung, später wieder automatisch rechts durchführte (Nachahmung des linkshändigen, älteren Bruders).

---

1 „International Classification of Diseases", abgekürzt ICD. Deutsche Ausgabe der internationalen Klassifikation der Krankheiten der WHO, herausgegeben von R. Degkwitz, H. Helmchen, G. Kockott, W. Mombour. 5. Auflage, korrigiert nach der 9. Revision der ICD. Springer-Verlag, Berlin, Heidelberg, New York, 1980. – ICD-Nr. 315.4: „Umschriebener Rückstand in der motorischen Entwicklung. Störungen, deren Hauptmerkmal eine ausgeprägte Beeinträchtigung in der Entwicklung der motorischen Koordination ist, die nicht durch eine allgemeine intellektuelle Behinderung erklärt werden kann. Die Ungeschicklichkeit ist gewöhnlich mit Wahrnehmungsstörungen verbunden. Dazugehörige Begriffe: Ungeschicklichkeit, Dyspraxiesyndrom."

9. Frank (Alter zum Zeitpunkt der Testuntersuchung: 6 Jahre, Vp.-Nr.: 2111)

Frank hatte eine äußerst schwere Geburt mit Wasser in der Lunge und musste sofort auf die Intensivstation gebracht werden. Sein rechter Arm hing schlaff herab, alle Aktivitäten waren auf seine linke Körperseite orientiert. Die sofort eingesetzte Krankengymnastik behob die Blockaden, sodass Frank auch zu krabbeln begann, mit 12 Monaten lief und sich motorisch gut entwickelte. Aber Frank wollte nicht sprechen, sondern verständigte sich mit der Mutter durch Zeichen (Gehör war in Ordnung. ICD-Nr. 315.3[1]); kurz bevor die logopädische Behandlung einsetzen sollte (als er bereits drei Jahre alt war), begann er plötzlich zu sprechen, und das derartig gut, dass keine Behandlung mehr notwendig war.

Als er mit vier Jahren in den Kindergarten kam, traten starke Probleme auf, da Frank sehr viele alterstypische Verhaltensweisen noch nicht aufwies. In Spieltherapie und psychotherapeutischer Behandlung wurden diese Defizite aufgearbeitet. Frank konnte sich daraufhin schnell in die Gemeinschaft einfügen, und es wurde sogar sowohl von der Kinderpsychologin als auch von der Kinderklinik (wo regelmäßige neurologische Untersuchungen bis ins Alter von fünf Jahren durchgeführt wurden) eine hohe Intelligenz gemessen (IQ 119–128). Linkshändiges Hantieren beim Essen und Spielen fiel der Mutter von Anfang an auf. Umschulungsversuche wurden nicht gemacht, man hielt ihn für beidhändig, und es wurde seine „freie Entscheidung" unterstützt, beim Malen und Schreiben die linke Hand zu benutzen. Frank bastelt nicht gerne, und seine Arbeiten werden ungenau, Puzzle legt er recht gern, aber lieber großteiligere. Frank wünschte sich, Klavier zu spielen, und bei der ersten Stunde stellte die Lehrerin fest, dass er seine rechte Hand besser hält und geschickter benutzt als die linke.

Testergebnis: umgeschulter Rechtshänder mit zusätzlichen zerebralen Störungen

---

Kommentar: Durch die schwere Geburt kam es zu einer Schädigung der eigentlich dominanten, linken Hemisphäre. Ergebnis war der zunächst schlaffe rechte Arm und das verspätete Sprechen. Die rechte Hemisphäre hat viele Funktionen übernommen, und Frank entwickelte sich dementsprechend

---

1 ICD-Nr. 315.3: „Störungen, deren Hauptmerkmal eine ausgeprägte Beeinträchtigung der Entwicklung des Sprechens oder der Sprache (Syntax oder Semantik) ist, die nicht durch eine allgemeine intellektuelle Behinderung erklärt werden kann."

linkshändig. Die linke, erblich dominante Hemisphäre, war aber nicht fähig, sich derart zu stabilisieren, dass sie das Schreiben übernehmen konnte. Das bedeutet, sie war nicht fähig, komplizierte Bewegungsabläufe durchzuführen, bei motorisch Einfachem setzt sich aber die angeborene Dominanz durch. Diese Dominanz zeigt sich darum vor allem deutlich nur bei der Computeruntersuchung und bei der Beobachtung der Klavierlehrerin bei den ersten Übungen. Diese Beobachtung fand dann weitere Bestätigung: Fußball spielt er rechts, und auch beim Hüpfen auf einem Bein (wobei er erstaunlich sicher war) wurde das rechte bevorzugt.

10. Philipp (Alter zum Zeitpunkt der Testuntersuchung: 4 Jahre und 7 Monate, zweite ausführliche Untersuchung im Alter von 5 Jahren und 11 Monaten, Vp.-Nr.: 1957)

Philipp hantierte links und rechts, sodass er für einen Beidhänder gehalten werden konnte, wobei der Mutter aber bereits sehr früh eine Präferenz für links auffiel. Im Kindergarten wurde dann zuerst auch Linkshändigkeit festgestellt und die linke Hand gefördert; wegen feinmotorischer Störungen hatte Philipp aber auch mit links Schwierigkeiten, im Vergleich mit Alterskameraden, und wurde dann in demselben Kindergarten auf rechts umgestellt, was die Großmutter, besonders beim Essen, noch vertiefte. Beim Einschulungstest wurden auch feinmotorische Probleme festgestellt und Krankengymnastik empfohlen. Philipp hatte in seiner Kindergartenzeit, wo viel gebastelt und sehr großer Wert auf Genauigkeit gelegt wurde, Vermeidungsängste entwickelt und war sehr ungeduldig.

Seine Geburt verlief sehr schwer, die Herztöne waren äußerst schwach und die Mutter war zeitweise bewusstlos. Laufen- und Sprechenlernen waren angeblich unauffällig.

Testergebnis: umgeschulter und wieder zurückgeschulter Linkshänder mit zusätzlichen zerebralen Störungen

Kommentar: Die Schwere der zerebralen Störungen manifestierte sich von Anfang an. Die Kindergärtnerin meinte, dass es egal sei, ob er „links oder rechts schlecht ist" und schulte ihn nach dem Misserfolg bei der Förderung der linken Hand gezielt auf die rechte um. Die Heilpädagogin der Förderklasse beobachtet nach wie vor große Unsicherheiten der Feinmotorik, aber Philipp darf jetzt mit links malen, wie er es durchgesetzt hat, und entwickelt sich seinem Alter entsprechend. Die Heilpädagogin meint, dass er für die Förderklasse zu intelligent sei. Die durch feinmotorische Störungen bedingte Unsicherheit und die zusätzlichen, starken Umschulungsversuche im Kindergarten und z. T. auch im Elternhaus haben Philipp sehr destabilisiert; die ursprünglich beginnenden Heilungsversuche des Gehirns wurden durch die Manipulation seiner Linkshändigkeit (Umschulung und Rückschulung) gestört und unterbrochen.

11. Nicole (Alter zum Zeitpunkt der Testuntersuchung: 9 Jahre, Vp.-Nr.: 2102)

Nicole wurde nach einer Risikoschwangerschaft geboren. Laufen- und Sprechenlernen waren normal und ohne auffällige Probleme. Nicole bastelte nicht gern, und ihre Arbeiten wurden im Altersvergleich ungenau. Sie wartete sogar lieber stundenlang vor dem Kindergarten, bis das Basteln vorbei war, ehe sie hineinging, um sich so der ungeliebten, für sie sehr mühevollen Tätigkeit zu entziehen. Linkshändigkeit fiel bereits im Kindergarten (im Alter von etwa drei Jahren) auf, und die Händigkeit entwickelte sich normal bis zum Schuleintritt, wo Nicole auf die rechte Hand umgeschult wurde. Nicole reagierte massiv, ihre ganze Persönlichkeit veränderte sich: Während sie in der Zeit bis zum Schuleintritt lebendig und aufgeweckt war, sodass sie „kaum Zeit zum Schlafen brauchte", ist sie heute nach der Schule äußerst erschöpft, geht früh zu Bett und schläft weit länger als früher.

Nachdem das erste Schuljahr sehr schlecht verlaufen ist, Probleme beim Lesen und Schreiben auftraten und sie zudem häufig alles von hinten las, sollte sie die erste Klasse wiederholen. Durch den Einsatz der Eltern wurde erreicht, dass Nicole „eine extra Lehrerin bekam", die sie auf die linke Hand zurückschulte. Spiegelschrift und Leseschwierigkeiten gingen zurück. Die nächste Klasse verlief einigermaßen gut, aber Nicoles Konzentrationsfähigkeit ist immer noch äußerst gering, die Phasen der Aufmerksamkeit dauern nur kurz, sodass sie, wenn das Tempo zunimmt, viel verpasst. Auf der anderen Seite zeigte sich Nicole als ein fantasievolles Kind, das sogar eigene Lieder und Spiele erfindet.

Testergebnis: umgeschulte und wieder zurückgeschulte Linkshänderin mit zusätzlichen zerebralen Störungen

Kommentar: Von der Fachpsychologin für Medizin (Berufsbezeichnung aus der früheren DDR) wurden Teilleistungsstörungen festgestellt, „die sich vor allem in einer Erschwerung der Figur-Hintergrund-Differenzierung, der Gestalterfassung und einer auditiven Erfassungs- und Differenzierungsstörung zeigen". Nicoles intellektuelle Befähigung wurde von der Psychologin als allgemein unterdurchschnittlich eingeschätzt, wobei ihre Konzentrationsschwierigkeiten auf die große Belastung durch die gestörten Wahrnehmungsprozesse zurückgeführt wurden. Im CFT 1 hingegen erreichte sie unerwartet gute Werte, die an der unteren Grenze zu „hoher Intelligenz" lagen. Nur der Untertest „Labyrinthe" war, ebenso unerwartet, negativ ausgefallen. Nicole leidet vornehmlich unter Störungen der Feinmotorik und der Raum-Lage-Labilität.

Durch die dreifache Belastung, leichte, sich bereits bessernde zerebrale Störung, dann Umschulung der Linkshändigkeit und schließlich wieder Rückschulung auf die linke Hand, sind die Hirnprozesse derartig durcheinandergeraten und gestört worden, dass Nicole massive Probleme bekam und noch einige Zeit brauchen wird, um die zerebrale Dauerbelastung auszugleichen. Die ursprüngliche Umschulung der Händigkeit in der ersten Klasse wird heute dadurch begründet, dass man Nicole für beidhändig gehalten hatte.

12. Michael (Alter zum Zeitpunkt der Testuntersuchung: 23 Jahre, Vp.-Nr.: 2108)

Michael, der mit der linken Hand schreibt, hatte seine ganze Schulzeit über massive Schwierigkeiten, besonders mit Konzentration und Gedächtnis, sowie zeitweilige Sprachprobleme (in Richtung Stammeln). Er beendete mit Mittlerer Reife frustriert nach 13 Jahren die Schule. Sein anschließendes Fachhochschulstudium brach er ab, und jegliche Arbeit empfindet er als sehr anstrengend und belastend, und er ist häufig krank. Auch die Fahrschule hat er abgebrochen, weil er links und rechts andauernd verwechselt und nicht fähig ist, sich ausreichend auf das Fahren zu konzentrieren.

Testergebnis: umgeschulter Rechtshänder ohne zusätzliche zerebrale Störungen

Kommentar: Es stellte sich heraus, dass Michael schon als kleines Kind eine sehr starke emotionale Beziehung zu seinem linkshändigen Großvater entwickelt hat, auf den er völlig fixiert war und den er sehr verehrte. Die Beziehung zu Mutter und Stiefvater war dagegen zerrüttet und massiv gestört. Er erinnert sich auch, wie er bewusst alles mit der linken Hand gemacht hat, aus Sympathie mit dem Großvater, und schließlich wurde er als Linkshänder in der

Schule behandelt. Nachdem Michael von einer Psychologin getestet worden war, diese beim HDT und PTK Beidhänderwerte festgestellt hatte und Michael sich bewusst wurde, dass von ihm bis auf Schreiben, Malen und Löffel halten alle Tätigkeiten rechts durchgeführt werden, hielt er sich für einen Beidhänder.

Bemerkung zur fallselektierenden Wirkung der Beratungsstelle für Linkshänder und umgeschulte Linkshänder:

Unter den Hilfe- und Ratsuchenden sind umgeschulte Rechtshänder höchstwahrscheinlich überproportional vertreten, verglichen mit ihrem *realen Anteil in der Bevölkerung,* was sich auch bei dem angewandten Zufallsprinzip bei der Auswahl der oben behandelten Fälle auswirkte. Die Begründung ist im soziologischen Bereich zu suchen: Die umgeschulten Rechtshänder halten sich subjektiv für Linkshänder und werden auch von anderen dafür gehalten. Sie haben und zeigen typische Probleme (primärer und sekundärer Art) aus dem Bereich der in Kapitel 2.1 geschilderten Folgen der Umschulung der Händigkeit. Als Angehörige einer angeblichen Minorität (Linkshänder) besteht hier weit geringere Schwellenangst, eine auf praktische Hilfe spezialisierte Einrichtung wie die Beratungsstelle für Linkshänder und umgeschulte Linkshänder aufzusuchen, die ihnen ihr Betätigungsfeld schon durch den Namen nahelegt.

Ein umgeschulter Linkshänder hält sich subjektiv (und wird auch von anderen dafür gehalten) noch heute, durch die vorherrschende (und mehr oder weniger die Linkshänder abwertende) öffentliche Meinung, für einen Rechtshänder oder weit seltener, und meistens nachträglich, durch entsprechende Informationen beeinflusst, für einen Beidhänder. In beiden Fällen werden seine wahrgenommenen Probleme fast regelmäßig anderen Ursachen zugeschrieben – es wird hier falsch attribuiert –, und für einen Rechtshänder oder Beidhänder wird die Zuständigkeit der Beratungsstelle für Linkshänder, die ihrem Namen nach auf andere Gruppen spezialisiert scheint, nicht wahrgenommen. So kommen die umgeschulten Linkshänder, die sich für Rechtshänder halten, bzw. die angeblichen Beidhänder vor allem durch Empfehlungen von Personen mit hohem fachlichem Wissensstand in die Beratungsstelle (Ärzte, Lehrer, Erzieher, Psychologen, Heilpädagogen, Ergo- und Mototherapeuten, Logopäden, Sozialpädagogen u. a., die differenzialdiagnostisch versiert sind). Weit seltener ist als Auslösungsfaktor das selbst erworbene Wissen zu beobachten, Wissen der Eltern, Verwandten oder Bekannten, und dann meistens initiiert durch verschiedene, diesbezüglich ausgerichtete Artikel. So kam es zu dem derzeitigen, die tatsächliche Population nicht repräsentierenden Verhältnis zwischen den hilfesuchenden umgeschulten Linkshändern und Rechtshändern, die die

Klientel der Beratungsstelle bilden. Dieser Zustand ist nur als eine Zeiterscheinung zu bewerten und wird sich sicher durch verstärktes Problembewusstsein in der Bevölkerung und unter den Fachleuten in den folgenden Jahren zu repräsentativeren Relationen im Hinblick auf die Gesamtpopulation verschieben, möglicherweise sogar sehr schnell. Wegen der Praxisbezogenheit dieser Arbeit und im Hinblick auf ihre Objektivität, gemäß der Auswahl der Fälle, wurde von sonstigen, auf die Statistik bezogenen Kriterien abgesehen, durch deren Anwendung ein tatsächlicher Bevölkerungsanteil an umgeschulten Rechtshändern in der Fallbeschreibung hätte manifestiert werden können.

Nicht umgeschulte Links- und Rechtshänder treten dagegen entweder als mituntersuchte Familienmitglieder der Hilfe- und Ratsuchenden auf oder gehören der inzwischen weit verbreiteten Selbsthilfegruppe, der „Interessenvereinigung für Linkshänder", an, die jede Erforschung der Händigkeit verfolgt. Die Mitglieder der Interessenvereinigung sind auch bereit, auf allen Ebenen der Tätigkeit der Beratungsstelle aktiv, manchmal sogar bis an die Grenze zur Aufopferung, mitzuarbeiten[1].

Resümee

Sauerstoffunterversorgung des Gehirns schadet deswegen der dominanten Gehirnhälfte mehr, weil diese mehr Funktionen erfüllen muss und folglich auch mehr Sauerstoff benötigt. Durch Sauerstoffunterversorgung wird die natürliche, angeborene Hirnhemisphärendominanz phänomenal gestört, d.h. das Kind wechselt beim Hantieren die Hände und kann sogar zunächst eindeutig schlechtere Einzelergebnisse (wie z. B. beim Malen und Schreiben) mit der eigentlich dominanten Hand erlangen.

Außeneinflüsse, z. B. des soziokulturellen Umfeldes – „Rechtshänderkultur" – im Falle der linkshändigen Kinder bewirken, dass die überwiegende Mehrheit der Betroffenen infolge der Einstellung ihrer Umgebung (z. B. „Linkshändigkeit ist eine Fehlfunktion") massive Schäden für das ganze Leben davonträgt, und das bis zur heutigen Zeit, weil Händigkeit noch immer oft als „bloße Geschicklichkeit" angesehen wird und man sie dann unter dem Slogan „Wir leben in einer für Rechtshänder gestalteten Welt …" bekämpft.

---

1 Dadurch konnte die Beratungsstelle für Linkshänder und umgeschulte Linkshänder in München ihrer Tätigkeit effektiv nachgehen. Offizielle Informationen aus internationalen Kontakten bestätigen, dass mit an Sicherheit grenzender Wahrscheinlichkeit in der Beratungsstelle inzwischen die größte Datensammlung der Welt über die Händigkeitsproblematik vorhanden ist.

So wird häufig die natürliche Entwicklung unterbrochen bzw. die Kompensationsprozesse des Gehirns und die Händigkeit werden in Richtung der Benutzung der nicht dominanten Hand beeinflusst, was sich besonders beim Schreiben vollzieht. Dadurch kommt es bei diesen Kindern zu einer erneuten Schädigung: Heilungsprozesse, die eine Übernahme der gestörten Funktion durch eine andere Hirnregion eingeleitet haben, werden wieder gestört, und die langsam genesende dominante Hemisphäre wird erneut geschädigt.

Die Schwere der Schädigung gradiert also von

- zerebraler Funktionsstörung über
- Umschulung der Händigkeit zu
- sowohl durch zerebrale Funktionsstörung als auch durch zusätzliche Umschulung der Händigkeit geschädigten Kindern.

Aufgabe in der Zukunft ist, gerade den angeblich beidhändigen Kindern, die sich oft lange nicht auf den Gebrauch einer Hand festlegen können und damit die Funktionsstörung bzw. Schädigung ihrer dominanten Hirnhemisphäre signalisieren, besondere Aufmerksamkeit zu schenken, sie besonders zu fördern und zu schützen. Es ist von größter Wichtigkeit, diagnostische Methoden weiterzuentwickeln, um die richtige Dominanz noch zuverlässiger feststellen zu können und das Kind nicht in eine vielleicht erwünschte, aber falsche Richtung der Handbenutzung zu fördern. Gerade bei Kindern mit hoher Intelligenz, Willenskraft und Durchsetzungsvermögen (oft noch unterstützt durch den intensiv fördernden Einfluss der Familie), die alle ihre Fähigkeiten voll einsetzen, um die wahrgenommenen negativen Erscheinungen auszugleichen und zu kompensieren, wird oft irrtümlich eine *positive Beidhändigkeit"* angenommen, ohne auf kausale Zusammenhänge zu achten. Dann werden – es muss nochmals wiederholt werden – die betroffenen Kinder durch den falschen Handgebrauch ein zweites Mal hirngeschädigt, und die langsam „verheilenden" ausgleichenden Funktionsübernahmeprozesse werden dadurch abrupt unterbrochen und zerstört.

Beidhändigkeit ist also kein erstrebenswertes Ziel, sie ist keine Gabe Gottes, sondern sie ist vor allem Ausdruck einer zerebralen Schädigung, die z. B. durch Sauerstoffunterversorgung oder phänomenal, durch Umschulung der Handdominanz und daraus resultierende zerebrale Funktionsstörungen, entstanden ist. Dieser Problematik wird die heutige medizinische und pädagogische Vorsorge bei Weitem noch nicht gerecht, ja sie wird oft noch überhaupt nicht richtig verstanden. Unser „Weltbild" und unsere übernommenen Muster und Dogmen haben uns bisher kaum Zugang gestattet, um dieses Phänomen richtig einzuordnen und zu begreifen.

Unser Blick auf die genannten Tatsachen wird auch dadurch vernebelt, dass z. B. Folgen leichter zerebraler Störungen häufig ab den ersten Lebensjahren das Kind zwar belasten, aber gleichzeitig sich Genesungsprozesse einleiten. Die Umschulung der Händigkeit bei zuvor nicht organisch hirngeschädigten Kindern trifft diese dagegen zu einem späteren, äußerst wichtigen Entwicklungszeitpunkt, nämlich der Einschulung, deshalb so hart, weil diese Schwierigkeiten für das *normal sich entwickelnde* Kind absolut unerwartet kommen und es völlig unvorbereitet, quasi wie ein in seiner Kausalität unbegriffenes Unfallerlebnis, treffen.

Und gerade in diesem Bereich liegt auch die Erklärung, warum bis heute oft eine Umschulung der angeborenen Händigkeit, mit allen primären und sekundären Folgen, stattfindet. Wenn Kinder sehr früh, von außen, ohne Gewaltanwendung jeglicher Art, sondern mittels Verstärkung und Motivation umgeschult wurden oder sich, wie es wahrscheinlich weit öfter geschieht, durch Modellverhalten selbst umschulen – *wird dieser Prozess* von dem betroffenen Kind auch *nicht negativ wahrgenommen.*

Das Kind und *später der Erwachsene* kann nicht einen Vergleich herstellen zwischen dem (unbeeinträchtigten) Zustand vor der Umschulung und dem (beeinträchtigten) danach, also in der Gegenwart. Die einzige Chance liegt in der gezielten Hilfeleistung von außen und in mühsamen, oft irritierenden und ungenauen, mehr intuitiven als methodischen Vergleichen mit anderen, unbeeinträchtigten Menschen. Eine entsprechende Parallele findet man bei Behinderungen, die angeboren sind (Blindheit, Taubheit usw.) und die erst später, durch Impulse und Informationen von außen, von dem Betroffenen als eigene Behinderung wahrgenommen werden. Ohne diese stellt sich der Betroffene individuell auf die Behinderung ein, nimmt sie als etwas völlig Normales wahr, und das auch dann, wenn er zu seiner Existenz die Benachteiligung auf oft komplizierteste Weise überwinden und durch übermäßigen Krafteinsatz kompensieren muss. Bevor er sich seiner Behinderung nicht bewusstwird, ist er sich auch nicht bewusst, dass ihm ein Teil an Lebensqualität verloren geht. Eine ganz andere Situation entsteht, wenn er seine Behinderung erst später *erwirbt* und diese Behinderung als solche sofort mit allen Konsequenzen wahrnimmt.

Bei all diesen Überlegungen dürfen aber niemals Wirkungsfaktoren vergessen werden, wie verschiedene Begabungen (Sprache, Gedächtnis u.Ä.), Durchsetzungsvermögen und individuelle Einflüsse durch Elternhaus, Geschwisterkonstellationen und Schule.

Die nicht umgeschulten Links- und Rechtshänder können sich meist nur sehr schwer, sozusagen rein theoretisch, die Probleme der umgeschulten vorstellen. Was aber auch nicht vergessen werden sollte, ist leider die andauernd zu beobachtende negative Wirkung umgeschulter Linkshänder, die sich mit ihrer erworbenen Behinderung durch den genannten immensen Kräfteeinsatz arrangiert oder auf der anderen Seite sich mit ihr resignierend abgefunden haben. In bewusster oder unbewusster Furcht, ihre Selbstwertgefühle zu beeinträchtigen, wird die Umschulungsproblematik *verdrängt oder sogar in Frage gestellt* (aus angenommenen praktischen oder ideologischen Gesichtspunkten) *bis zur aktiven Bekämpfung ihrer Relevanz.*

Die angesprochene Betroffenengruppe ist paradoxerweise oft äußerst stolz auf den angenommenen subjektiven Erfolg ihrer Auseinandersetzung mit der (für sie zwar nur hypothetischen, aber doch unterbewusst in der Realität erlebten) Behinderung.

Und hier wirkt es sich für die Gesellschaft am schlimmsten aus, wenn diese umgeschulten Linkshänder zur Gruppe der Meinungsbildenden und/oder Entscheidungsträger gehören und mit ihrer Einstellung ihren eigenen Wert im Hinblick auf Prestige und Image nach außen verbinden …

War Goethe wirklich linkshändig?

Johann Wolfgang von Goethe wird immer wieder unter berühmten Linkshändern genannt. Genauere Indizien dafür sind aber kaum zu finden. Richard Kobler[1] erwähnt Goethe als „linksbetont", und auch Paul Bergin[2] behauptet, dass Goethe ein ausgesprochener Linkshänder gewesen sei, der zwar mit der rechten Hand schrieb, jedoch links zeichnete. Seine römischen Skizzen seien mit der linken Hand angefertigt worden.

Aber auch gute Goethe-Kenner haben bisher Schwierigkeiten, Goethes Linkshändigkeit biografisch nachzuweisen.

Ein neuer, interessanter Aspekt, der bei der Frage nach der Linkshändigkeit Goethes eine Rolle spielen könnte, soll hier eingebracht werden. Ausdrücklich sei aber darauf hingewiesen, dass es sich nicht um eine Diskreditierung oder Abwertung des Genies und der Leistungen Goethes handelt, sondern um

---

1 Kobler, Richard, Der Weg des Menschen vom Linkshänder zum Rechtshänder. Perles Verlag, Wien und Leipzig, 1932.
2 Bergin, Paul, „Weltberühmte Linkshänder". In: Heim und Leben. Verlag C. J. Huber, Luzern, 10. Februar 1951, S. 7.

einen Erklärungsversuch der Zusammenhänge, wie man zu der Auffassung kommen konnte, dass Goethe linkshändig war.

Goethe kam wie tot, ganz schwarz und ohne Lebenszeichen zur Welt, und die Familie zweifelte, ob er überleben würde. In einer Fleischarde wurde er dann doch wiederbelebt. Das ist eine Metzger-Mulde – eine Art flacher Trog – in der der scheinbar leblose Neugeborene in Wein gebadet und seine Herzgrube mit warmen Umschlägen behandelt wurde[1].

Der Neurologe Manfred P. Heuser weist, aufgrund der Augenstellung auf Gemälden, die Goethe abbilden, darauf hin, dass dieser eine „perinatale Schädigung im Hirnstammbereich … im Sinne einer M.C.D. (minimal cerebral damage)[2] mit begleitender internuklearer Ophthalmoplegie, Gesichtsskoliose und optischer Halluzination" erlitten habe, deren Ergebnis auch diese, auf den Gemälden erkennbare, leichte Augenlähmung sei.[3]

Nach den hier aufgeführten Beobachtungsergebnissen ist mit hoher Wahrscheinlichkeit anzunehmen, dass auch der große Dichter als Kind zeitweilig beidhändig hantierte. Seine Ausbildung wurde frühzeitig begonnen, und es ist anzunehmen, dass er in dem Unterricht automatisch auf die rechte Hand fixiert wurde. Die erhöhte Erregbarkeit, die Übersensibilität und die offensichtliche auch arbeitsmäßig große Anstrengung bei seiner Tätigkeit weisen auf eine Überkompensation hin, die durch eine falsche Fixierung des Handgebrauchs noch verstärkt wurde. Denn Goethe selbst soll sich gegen das nur „Genialische" in seinem Werk gewehrt und sein „folgerechtes Bemühen" betont haben (nach Heuser[4]).

Johann Wolfgang von Goethe zeigt viele Eigenschaften, die für einen Linkshänder charakteristisch sein können. Manches in seinem umfassenden, vielschichtigen, ganzheitlichen Denkansatz würde dem sicher entsprechen.

Wenn sich die Behauptung von Bergin nachvollziehen lässt, so ist es wahrscheinlich, dass Goethe zu der MCD auch noch mit den Folgen einer umgeschulten Händigkeit zu kämpfen hatte, und sein Lebenswerk bestätigt dann die außergewöhnliche Wirkung des Demosthenes-Effektes bei entsprechend starkem Willen und einer ausgeprägten Persönlichkeit.

---

1 Heuser, Manfred P., „Goethe in der Fleischarde". In: TW Gynäkologie, Nr. 4, 1991, S. 197–204.
2 Dieser Begriff wird inzwischen seltener benutzt und überschneidet sich in seiner Bedeutung mit Minimaler Cerebraler Dysfunktion (MCD).
3 Heuser, Manfred P., „Litt J.W. v. Goethe an einer internukleären Ophthalmoplegie durch Geburtsasphyxie?" In: Neurot. Psychiat., Nr. 3, 7/8, 1977, S. 396–398. S. 398.
4 Ebenda, 1977, S. 397.

8.1.3 Interventionsmöglichkeiten in der Frühförderung und in der ergotherapeutischen Praxis

Es ist sehr wichtig, dass sich die Händigkeit des Kindes so lange wie möglich unbeeinflusst entwickelt. Förderung soll selbstverständlich vorgenommen werden, aber es sollte keine vorzeitige Festlegung auf die eine oder andere Hand geschehen.

In Frühförderung und Ergotherapie kommen vornehmlich Kinder mit leichten zerebralen Schädigungen, die sich in vielen Fällen größtenteils allmählich regulieren. Bei diesem Genesungsprozess kommt es gleichzeitig auch zu einer Regeneration der dominanten Gehirnhemisphäre, und die dominante Hand übernimmt immer mehr die komplizierten, *besonders mit dem Schreiben in Verbindung stehenden Funktionen.*

Häufig haben sich aber in der Zwischenzeit andere feinmotorische Tätigkeiten bereits auf die Ausführung durch die nicht dominante Hand funktionell automatisiert, z. B. das Schneiden. Es ist nicht notwendig, jetzt unbedingt diese schon automatisch ablaufenden Fertigkeiten auf die eigentlich dominante Hand zurückzuschulen. Jedoch das *Schreiben*, als höchst komplexer Ablauf im Gehirn, *sollte mit der dominanten Hand durchgeführt werden.* Wenn sich also im Alter von vier bis sechs Jahren die linke Hand immer mehr für die ersten Schreibübungen qualifiziert, entspricht das meistens der tatsächlichen Gehirndominanz. Voraussetzung ist aber, dass es nicht zu einem willentlich vollzogenen Nachahmungseffekt des Kindes gekommen ist bzw. zu Beeinflussungen durch die Eltern oder andere nahe Bezugspersonen. Dies ist nicht leicht herauszufinden, doch sollte hier besondere Aufmerksamkeit auf spontane, ungeübte Handlungsabläufe gerichtet werden, die noch nicht in eingeübten Automatismen verankert sind.

In Ergotherapie kommen oft auch Kinder, die *Schwierigkeiten haben, die Mittellinie zu überkreuzen:* Diese Kinder greifen z. B. den rechts liegenden Baustein mit der rechten Hand, wechseln ihn in die linke Hand hinüber und bauen ihn in ihren Turm ein. Dieses Verhalten führt dann, als weitere Konsequenz, beim Malen manchmal dazu, dass die Kinder sich angewöhnen, auf der rechten Seite des Blattes mit der rechten Hand zu malen und auf der linken Seite mit der linken Hand.

Bei genauerer Beobachtung der Feinmotorik fällt bei manchen Kindern auf, dass die nicht dominante Hand in bestimmten Bewegungsabläufen zwar sogar geschickter und kräftiger ist, aber spontane und neue Tätigkeiten mit der anderen, eben der dominanten Hand durchgeführt werden.

Das ist aus der Prämisse verständlich, dass die dominante Hemisphäre motorisch stärker gestört ist, aber sich schon im Heilungsprozess befindet! In der Praxis beweist sich dieser Genesungsprozess dann bei vielen Kindern durch die Tatsache, dass sie für Schreiben und Malen immer mehr auf die dominante Hand überwechseln.

Interessant ist, dass öfters die Muskelreaktionsuntersuchung, wie man sie z. B. in der Kinesiologie macht, zu richtigen Diagnosen kommt, wohingegen Methoden der Akupunktur ziemlich störungsempfindlich zu sein scheinen und oft nicht mit anderen Testergebnissen der Händigkeit übereinstimmen. Möglicherweise werden hier andere, sehr diffizile Irritationen gemessen und irrtümlich für den Ausdruck der Dominanz gehalten. Das scheint auch insofern plausibel, als die Methode der Kinesiologie auf Muskelspannungen, also Abläufe der Motorik beruht, während Akupunkteure hier mit Ableitung von sehr leichten elektrischen Spannungen des Gehirns arbeiten und vermutlich ein breitgefächertes Feld der Störungen erfassen und aufzeichnen.

Schwierigkeiten bei der Händigkeitsbestimmung in der Frühförderung und Ergotherapie machen auch *Hemiparesen*. Das sind leichte Halbseitenlähmungen, die dazu führen können, dass das Kind seine nicht dominante Hand durchgehend benutzt und, auch wenn sich später ein leichter Wechsel aufgrund des voranschreitenden Heilungsprozesses abzeichnet, eine Händigkeitsumstellung nicht mehr in Frage kommt.

Kinder, die sich bis kurz vor Schuleintritt noch nicht auf eine Hand festlegen konnten, sollten sehr genau auf ihren Handgebrauch untersucht werden.

Da wir heute immer noch von einer starken Beeinflussung der Händigkeit, gerade bei dieser Kindergruppe, ausgehen müssen, und zwar in Richtung einer erzwungenen Rechtshändigkeit, ist zu empfehlen, mit diesen Kindern Übungen auch mit der linken Hand zu machen. Besonders empfehlenswert sind *Übungen des Nachspurens* bei Beachtung der richtigen Blattlage und richtigen Schreibhaltung.

Blattlage und Schreibhaltung sind wesentlich, um das Kind so an viso-motorische Muster zu gewöhnen, da es sonst oft vor der – an sich richtigen und wünschenswerten – linkshändigen Schreibhaltung zurückschreckt und sich in die spiegelbildliche Blattlage des rechtshändig Schreibenden flüchtet. Gerade dadurch kommt es, nach Beginn des Schreibens mit dem Füller, zu der verkrampften sogenannten Hakenhaltung! Dabei ist auch sehr wesentlich, dass immer die Zeichenrichtung von links nach rechts eingehalten wird.

Zunächst soll das Kind nachspuren, d. h. die vorgezeichneten Linien nachfahren. Das geht am besten mit jeweils andersfarbigen Stiften und kann mehrmals an der gleichen Linie durchgeführt werden, sodass ein farbiges Band entsteht. Das Kind soll *noch nicht* die Bögen selbst entwerfen, sondern nur nachfahren und sich so vornehmlich auf die richtige Blattlage und Schreibhaltung konzentrieren und diese einüben.

Sinnvoll ist auch, dem Kind einen verwischenden Stift in die Hand zu geben, sodass es die Handhaltung nicht als Schikane des Erziehenden empfindet, sondern als Vorbereitung für das spätere Schreiben mit dem Füller begreift, dessen Tinte leicht verwischt. Es gibt inzwischen verschiedenfarbige Tintenstifte, z. B. der Marke Pelikan, mit denen durch wiederholtes Nachspuren der gleichen Vorlage ein buntes Band entstehen kann[1].

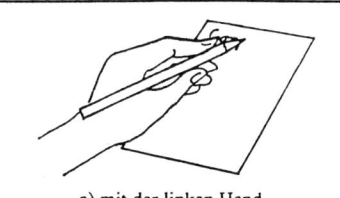

a) mit der linken Hand

Richtige Lage des Papiers beim Schreiben und korrekte Haltung des Schreibgerätes

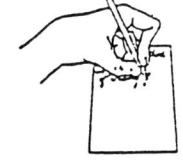

b) Arm hakenförmig über der Schrift

Falsche Haltung beim linkshändigen Schreiben

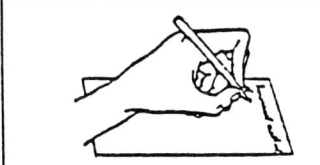

c) Schreiben gegen den Körper hin

Falsche Haltung beim linkshändigen Schreiben

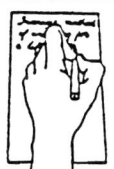

d) Arm krampfhaft an die Seite gepreßt

Falsche Haltung beim linkshändigen Schreiben

1 Weitere Hinweise zur Schreibhaltung und zu Nachspurübungen siehe in folgender Literatur:
Sattler, Johanna Barbara, Übungen für Linkshänder. Schreiben und Hantieren mit links. Auer Verlag, Augsburg, 1996, 2019 (14).
Sattler, Johanna Barbara, Übungsheft für Linkshänder. Auer Verlag, Augsburg, 1996, (2020) (15).

Beispiele für Lockerungsübungen (immer von links in Schriftrichtung beginnen, nie umgekehrt):

Möglichkeiten abzusetzen

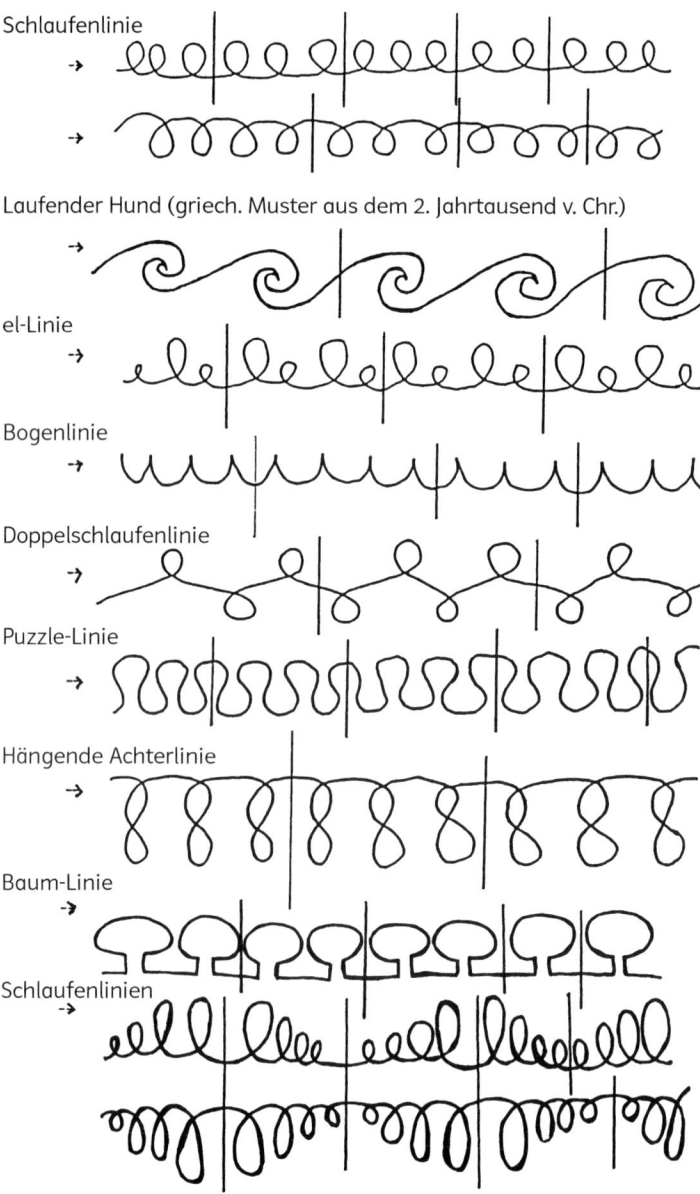

Schlaufenlinie

Laufender Hund (griech. Muster aus dem 2. Jahrtausend v. Chr.)

el-Linie

Bogenlinie

Doppelschlaufenlinie

Puzzle-Linie

Hängende Achterlinie

Baum-Linie

Schlaufenlinien

Diese Übungen sollten regelmäßig gemacht werden, alle paar Tage einige Zeilen. Sie können auch unter Aufsicht eines Elternteils durchgeführt werden, dem selbstverständlich zuvor auch die richtige Schreibhaltung gezeigt werden muss.

Wenn noch nicht Klarheit darüber besteht, welches die dominante Hand ist, dann kann man das Kind die Übungen auch mit beiden Händen abwechselnd machen lassen, aber die Beobachtung der Dominanz sollte dabei trotzdem sehr genau sein. Diese Versuche ersetzen nicht großangelegte Mal- und Zeichenübungen, wie sie z. B. von Schilling und Nazville[1] vorgeschlagen werden, und die gezielte ergotherapeutische Arbeit mit dem Kind[2].

Lähmung der dominanten Körperseite und Verlust der dominanten Hand führt zu Umschulungsfolgen

Ein Mensch, der z. B. durch einen Unfall mit Lähmung oder Verlust der Finger, der Hand oder des ganzen Armes mit der nicht dominanten Hand das Schreiben von neuem erlernen muss, leidet meist ebenso unter einem großen Teil der beschriebenen Umschulungsfolgen. Für ihn ist dann der Verlust der Sicherheit, „sich auf die eigenen Gedächtnisfunktionen verlassen zu können", oft auch kausal nicht zu begreifen und äußerst irritierend.

Die diesbezügliche Forschung ist, unseres Wissens, noch nicht sehr weit fortgeschritten. Da es bei einem großen Anteil der zu einer Umstellung gezwungenen Menschen angeblich nicht zu Schwierigkeiten kommt, ergibt sich für die Ärzte und Betreuer ein sehr indifferentes Bild.

Man kann allerdings auch die Vermutung aufstellen, dass gerade die Menschen, die ohne nennenswerte Probleme diese Umstellung verkraften, aber trotzdem glauben, eigentlich die dominante rechte Hand verloren zu haben, vermutlich umgeschulte Linkshänder gewesen sind, die sehr früh auf rechts übergewechselt waren und jetzt das Schreiben mit der ursprünglich domi-

---

1 Schilling, Friedhelm, Spielen – Malen – Schreiben. Marburger Grafomotorische Übungen. verlag modernes lernen. Dortmund, 2004 (12).
Naville, Suzanne (Text), Pia Marbacher (Bild), Vom Strich zur Schrift. Ideen und Anregungen zum grafomotorischen Training. verlag modernes lernen. Dortmund, 1991 (3).
2 Empfehlenswert sind die beiden Veröffentlichungen der Autorinnen Sabine Pauli und Andrea Kisch:
– Was ist los mit meinem Kind? Bewegungsauffälligkeiten bei Kindern. Ravensburger Buchverlag Otto Maier. Ravensburg, 1992.
– Geschickte Hände. Feinmotorische Übungen für Kinder in spielerischer Form. verlag modernes lernen. Dortmund, 1993.

nanten linken Hand erlernt haben und es aus diesem Grund manchmal sogar als eine Erleichterung empfinden. Der hypothetisch hohe Anteil umgeschulter Linkshänder in der Gesamtpopulation gibt dieser Schlussfolgerung eine besondere Akzentuierung.

Fallbeispiel: Ingrid F.

„Ingrid F. (24) kam halbseitig gelähmt in die psychotherapeutische Behandlung. Sie wurde während ihrer Schulzeit als Einserschülerin ausgezeichnet und bekam nach einem hervorragenden Abitur von ihrem Vater eine Reise in die USA als Belohnung geschenkt. Dort kam es zu einem Autounfall, ihre rechte Körperseite war gelähmt, und die Patientin begann, sich auf links umzustellen. Das betraf hauptsächlich das Schreiben, weil sie sich vorgenommen hatte, Literatur zu studieren und Übersetzerin zu werden. Mit Zielstrebigkeit ohnegleichen schulte sie sich selbst auf die linke Hand um.

Nach einem halben Jahr Bemühungen bekam sie große Probleme mit ihrem Gedächtnis, die sich progressiv entwickelten. Sie konnte den Stoff nicht behalten, hatte Konzentrationsschwierigkeiten und konnte vor allem das Gelernte nicht reproduzieren. Nach einem weiteren halben Jahr begann sie sogar zu stottern. Es wurde der Verdacht auf eine Hirnverletzung geäußert, die Patientin wurde mehrmals gründlich untersucht, aber ohne jeglichen Befund. Die Ursache wurde dann auf psychische Prozesse zurückgeführt.

Sie bekam Minderwertigkeitskomplexe (sie konnte sich auf das Beste, was sie hatte – ihr Denken – nicht mehr verlassen) und unternahm einen Suizidversuch. Nach diesem stellte sich heraus, dass die Lähmung nachließ. Sie konnte sich wieder bewegen und schrieb wieder mit der rechten Hand.

Heute, drei Jahre später, studiert sie mit Erfolg, ihr Stottern ist verschwunden und ihre Gedächtnisprobleme auch.

Interessant war: Die Patientin ist Rechtshänderin, im Zuge der Lähmung wurde sie auf die linke Hand umgeschult, nach Aufhebung der Lähmung wurde sie wieder zur Rechtshänderin."[1]

---

1 Sattler, J. B., „Umgeschulte Linkshänder – Links vorbeitherapiert". In: Münchener Medizinische Wochenschrift, Nr. 14, 1987, S. 16.

8.1.4 Händigkeitsbestimmung bei behinderten Kindern

Das sogenannte *Down-Syndrom*, bzw. die Trisomie 21, zeichnet sich auch dadurch aus, dass es meistens zu keiner motorischen Lateralisierung im Gehirn kommt. Diese Kinder greifen einmal links und einmal rechts. Bei Kindern mit Trisomie, bei denen sich doch eine Händigkeitsausprägung manifestiert, wurde diese meistens durch Umwelteinflüsse bestimmt.

Bei *Hemiplegien* (Halbseitenlähmung) einer Körperseite, die nicht reversibel sind, besteht wenig Hoffnung einer Händigkeitsbestimmung, die wir, zumindest bis zum heutigen Zeitpunkt, vornehmlich durch die Relation der Bewegungsabläufe und Bewegungsqualitäten der beiden Hände instrumentalisiert durchführen.

Hinzu kommt, dass, selbst wenn bei einer Hemiplegie die dominante Seite festgestellt werden könnte und dies die gelähmte Seite ist, das Kind mit ihr trotzdem nicht agieren kann. Eine Übung der behinderten Hand wird erst dann aktuell, wenn die vormals gelähmte Seite fähig wird, Bewegungen durchzuführen.

Solange *geistesbehinderte* Kinder nicht richtig schreiben und lesen können, sondern nur einzelne Wörter (wie z. B. ihren Namen) kennen, ist das weniger ein Schreiben als ein Malen der Buchstaben, und es kommt noch nicht zu den schädigenden, falschen Belastungen im Gehirn durch den Gebrauch der nicht dominanten Hand.

Allerdings sollte auch bei geistesbehinderten Kindern auf ihre Händigkeit geachtet und Bewegungsabläufe mit der Hand unterstützt werden, die sich als die dominante Hand herauskristallisiert. Diese Hand sollte beim Führen beübt werden. Aussagen darüber sind jedoch unter ärztlichen und therapeutischen Gesichtspunkten zu machen und die Entscheidung sollte gemeinsam aufgrund der Beobachtung kompetenter Fachleute, der Familie und der Betreuer gemacht werden.

8.2 Umgeschulte linkshändige Kinder im Kindergarten

In der Kindergartenzeit werden von elterlicher Seite oder von dem Kind selbst auch heute noch häufig Umschulungsversuche vorgenommen, die oft fast unbemerkt vor sich gehen.

Durch aufmerksame regelmäßige Beobachtung kann hier präventiv viel getan werden:

- Informationen an die Eltern vermitteln
- Umschulungsversuche verhindern
- Hilfestellungen bezüglich Gebrauchsgegenständen (Schere, Spitzer)
- Vorbereitung der richtigen Schreibhaltung für die Schule[1],
- Erkennen von Unsicherheiten im Handgebrauch in Verbindung mit feinmotorischen Schwierigkeiten und Anregung einer Konsultation in einer ergotherapeutischen Praxis

Kinder mit feinmotorischen und Koordinationsstörungen sind meist schon im Kindergarten auffällig; sie entziehen sich dem Basteln und Malen durch Bauen und Konstruieren in der Spielecke oder Herumtollen im Freien. Häufig wechseln diese Kinder (aus den im vorherigen Kapitel dargelegten Gründen) auch bei ihrer Bevorzugung der linken oder rechten Hand. Diese Kinder auf eine Hand zu fixieren und zum Malen und Basteln konsequent mit den anderen Kindern heranzuziehen bringt sehr selten den gewünschten Effekt. Im Gegenteil, sie ziehen sich dann oft noch weiter zurück oder verweigern Malen und Basteln ganz und versuchen über interessante und aufgeweckte Erklärungen und Ausflüchte den Erzieher von seinem Bestreben abzubringen. Sie überspielen auch häufig geschickt ihre feinmotorischen Schwierigkeiten und entziehen sich so weiter einer Übung ihrer Handgeschicklichkeit.

Sinnvoller ist es, solche Kinder in ergotherapeutische Untersuchung und Behandlung zu schicken, wo sie meist in Einzelsitzungen wieder Freude am Malen und Basteln finden, Erfolgserlebnisse haben und so Bestätigung für ihre Leistungen bekommen. Hier stehen sie nicht unter direktem Konkurrenzdruck mit anderen, feinmotorisch geschickteren und manchmal auch älteren Kindern, mit denen sie sich ansonsten vergleichen und deren Bilder und Bastelarbeiten ihnen ihre eigene Unfähigkeit äußerst deutlich vor Augen führen.

In der Ergotherapie können auch die Händigkeit getestet, Handgebrauch und -geschicklichkeit genau beobachtet und bei den Eltern genauere Informationen über die Händigkeitsentwicklung und eventuelle Beeinflussungen eingeholt werden.

Ergotherapeuten erweisen sich immer mehr als fähig, einen positiven Einfluss auf die Händigkeitsentwicklung auszuüben bzw. auch den richtigen Weg zu finden, Rückschulungen auf die eigentlich dominante Hand mit möglichst geringsten Begleitproblemen vorzunehmen.

---

1 Siehe genauere Hinweise dazu in: Sattler, Das linkshändige Kind in der Grundschule, 2018 (17).

Wichtig ist Informationsaustausch

Es geschieht nach wie vor häufig, dass Eltern mit dem Ziel, das Beste für ihr Kind zu tun, seine Händigkeit beeinflussen und die Erzieherinnen nicht oder nur unvollständig über diese Maßnahmen informieren. Dies passiert nicht in böser Absicht, sondern oft gelenkt von unterbewussten, tradierten Vorstellungen über die Richtigkeit der Umstellung auf die rechte Hand, die in vielen Kulturen noch gang und gäbe ist und unreflektiert durchgeführt wird.

Hier muss damit gerechnet werden, dass die Kinder sehr oft bewusst die Wünsche ihrer Eltern bezüglich des Handgebrauchs erfüllen und die Eltern manchmal auch ihre eigenen Umschulungsversuche und -wünsche verschweigen, nach außen sogar das Gegenteil behaupten und nicht aus dem tradierten Verständnis der Händigkeitserziehung herauskommen.

Fallbeispiel: Talia

Die fast sechsjährige Talia wurde von der Erzieherin in die Beratungsstelle für Linkshänder geschickt. Dieser war aufgefallen, dass Talia in diesem letzten Jahr vor Schuleintritt eine immer größere Unsicherheit im Handgebrauch zeigte: Während sie zuvor hauptsächlich mit der linken Hand gemalt hatte, stellte sie sich in letzter Zeit immer mehr auf die rechte Hand um. Auch ihre feinmotorischen Fertigkeiten waren nicht altersentsprechend. Talia war schon immer etwas ungeschickt und in ihren Bewegungsabläufen gestört.

Die Testuntersuchung der Händigkeit fand Ende 1992 statt. Anwesend waren der Vater, zwei jüngere Schwestern Talias und der knapp zwei Jahre alte Bruder.

Zuvor kam es noch zu einem Telefonat mit der Mutter, in dem sie erzählte, dass Talia bei der langen Geburt die Nabelschnur um den Hals gewickelt hatte. Die Tochter sei etwas tollpatschig und wachse zweisprachig, mit Türkisch und Deutsch, auf.

Anlässlich der Testuntersuchung seiner Tochter bezeichnete sich der Vater selbst als Beidhänder. Die Mutter und die anderen Geschwister seien aber eindeutige Rechtshänder. In der Familie des Vaters soll seine Schwester beidhändig sein und auch deren Tochter. Die Mutter, die leider nicht mitkommen konnte, erwähnte in einem späteren Telefonat, dass in ihrer eigenen Familie überdurchschnittlich viele Linkshänder vorkämen.

Der Vater beschrieb Talia als ein an sich problemloses Kind, das viel allein gespielt habe. Talias feinmotorische Schwierigkeiten waren ihm allerdings bewusst – diese hat er z. B. bei ihren Versuchen des Bauchtanzes festgestellt.

Testverlauf und -ergebnisse

Die Händigkeit von Talia sei, so die Aussage des Vaters, „nur beim Essen etwas beeinflusst worden."

Spontane Tätigkeiten führte Talia vorwiegend mit links durch, Schreiben, Malen und Essen aber mit rechts. Talia habe wenig gekrabbelt, viel gesessen und sei erst mit 14 Monaten frei gelaufen.

Die Testuntersuchungen ergaben Linkshänderwerte, wobei auffiel, dass Talia beim Zeichnen stark mit dem Stift aufdrückte, ganz besonders mit der rechten Hand.

Als auffällig positive Persönlichkeitseigenschaft schilderte der Vater, dass Talia nicht gleich aufgibt, sondern sich richtig anstrengt. Sie wirkte angepasst, aber aufgeweckt.

Talia selbst gab an, dass ihre linke Hand besser sei, warum sie aber viele Dinge, wie Malen, Schreiben und Essen, mit rechts ausführt, konnte sie nicht erklären.

Beratungshinweise an die Eltern

Dem Vater wurde mitgeteilt, dass die Testergebnisse seine Tochter eindeutig als Linkshänderin auswiesen. Die Eltern sollten mit ihr Zeichen- und Schwung-übungen mit der linken Hand machen. Alle diese Übungen wurden dem Vater, einschließlich der richtigen Haltung der linken Hand, gezeigt, und es wurde ihm geraten, die Händigkeitsentwicklung bei Talia genau zu beobachten und eventuell nochmals zu kommen.

Mitte Januar wurde in einem Telefonat auch der Mutter mitgeteilt, dass Talia Linkshänderin sei, und es wurden ihr die Folgen einer Umschulung der Hän-digkeit wunschgemäß genau erläutert.

Nachspiel

In einer Fortbildungsveranstaltung Ende Januar 1993 für Pädagogen der Stadt München meldete sich eine Erzieherin zu Wort und fragte vorwurfsvoll, wa-rum die Testergebnisse bei Talia Rechtshändigkeit ergeben hätten, wo doch ihre Linkshändigkeit sehr offensichtlich gewesen sei.

Es stellte sich heraus, dass die Eltern, etwa seit Herbst 1992, begonnen hatten, Talia gezielt auf die rechte Hand zum Malen und ersten Schreiben festzulegen und dass der elterliche Wunsch sehr intensiv an die Tochter herangetragen worden war.

Der Erzieherin wurde über die Testuntersuchung in der Beratungsstelle für Linkshänder von den Eltern berichtet, dass sich dort Talias Rechtshändigkeit eindeutig bestätigt hätte.

Die Erzieherin schilderte, dass sich Talia immer mehr zurückgezogen habe, sie sei immer verschlossener geworden, und auch die Feinmotorik habe sich nicht verbessert, aber seit sie rechts malt und schreibt, scheint sie zumindest mit den Eltern in Einklang zu sein.

Fazit: Hier zeigt sich, wie wichtig zur Beurteilung der Händigkeit der Kontakt zwischen den einzelnen Institutionen ist, soweit das allerdings überhaupt möglich ist und die Eltern damit einverstanden sind. Gleichzeitig werden aber auch die Grenzen deutlich, die gesetzt sind, wenn die Eltern den alle Realitäten ignorierenden Wunsch haben, dass ihr eigentlich linkshändiges Kind rechts schreiben soll … aufgrund von Glauben an was auch immer. Ein Kind möchte geliebt und akzeptiert werden: Kein Wunder, dass es versucht, alles den einflussreichsten Bezugspersonen recht zu machen und zumindest mit ihnen in Frieden zu leben, denn von ihnen ist es am abhängigsten. Hier sind schnell die Grenzen erreicht, in eine Händigkeitsentwicklung eingreifen zu können. Aber es ist trotzdem auf jeden Fall notwendig, dass die Eltern auf die Gefahren ihres Tuns hingewiesen werden.

8.3   Umgeschulte Linkshänder bei der Einschulung – Einschulungstest

Manche umgeschulten Linkshänder können bei dem vorgeschriebenen Einschulungstest relativ leicht erkannt werden. Bei anderen lässt sich zumindest ein Verdacht aufstellen, und den Eltern kann so eine genauere Untersuchung der Händigkeit ihres Kindes bei einer Fachstelle empfohlen werden.

Folgende Untersuchungen und Fragestellungen sind – als eine Art „Screening-Verfahren" – günstig und relativ einfach und schnell durchzuführen. Sie passen sich auch gut in die oft durchgeführten Einschulungstestverfahren ein (die Reihenfolge der Punkte ist beabsichtigt):

a) Beobachten des Kindes beim Malen und besonders auch beim Schreiben seines Namens.

b) Das Kind auffordern, eine Blume zu gießen, einen Nagel einzuhämmern. Beobachtung von spontanen Bewegungen, wie Greifen und Aufheben – dazu wie unbeabsichtigt etwas auf den Boden fallen lassen und feststellen, mit welcher Hand es greift.

c) Die Antwort und Reaktion (verbal und nonverbal) der Eltern auf die Frage nach der Händigkeit des Kindes genau registrieren.

d) Das Kind auf einem Bein durch den Raum hüpfen lassen.

Zu a) Oft fällt schon hier ein Wechsel des Handgebrauchs zwischen Malen und Schreiben auf, oder manchmal sogar nur beim Malen. So beginnen manche Kinder mit der einen Hand und wechseln spontan den Stift in die andere Hand, um gegebenenfalls dann an dem gegenüberliegenden Bildrand mit der vorherigen Hand weiter zu malen. Das sind Anzeichen für eine noch nicht festgelegte bzw. gestörte Händigkeit, und hier sollte auf alle Fälle „nachgehakt" werden.

Beachtung sollte auch finden, wenn ein Kind spontan seinen Namen teilweise oder ganz in Spiegelschrift schreibt und wie die Eltern darauf reagieren. Unter der emotionalen Erregung des Kindes bei dem Einschulungstest schreiben viele Kinder, die ansonsten „das schon überwunden haben" wieder Spiegelschrift, und die Reaktion der Eltern ist oft Enttäuschung „über diesen Fehler". (Auch manche rechtshändigen Kinder schreiben anfangs etwas Spiegelschrift, aber nicht so ausdauernd wie Linkshänder. Bei längerem Andauern kann das aber Zeichen einer zerebralen Störung sein.)

Zu b) Um festzustellen, ob bei einem Kind eine Umschulung der Händigkeit vorliegen könnte, ist die unauffällige Beobachtung der Handpräferenz bei einigen Tätigkeiten sehr geeignet, ohne dass für Kind und Eltern Sinn und Zweck sofort durchschaubar werden (ansonsten besteht die Gefahr der bewussten Einstellung darauf und der Verhaltensänderung beim Handgebrauch). Diese Tätigkeiten könnten offiziell unter der Testung der Feinmotorik und der allgemeinen Geschicklichkeit eingeordnet werden. Es ist aber weniger ein großes Szenario notwendig als eine genaue Beobachtung.

Hände falten, Arme einschlagen und in die Hände klatschen sind *ungeeignete* Tätigkeitsmerkmale zur Bestimmung der Händigkeit! Einzig das Klatschen hat eine gewisse Aussagekraft, die anderen Tätigkeiten sind für eine Händigkeitsbestimmung *nicht relevant* und weitgehend von zufälligen Angewohnheiten abhängig.

Wenn nach der Durchführung von Punkt a) und b) der Verdacht aufkommt, dass es sich um ein umgeschultes linkshändiges Kind handeln könnte, sollte die Reaktionsweise und Art der Antwort auf die Frage nach der Händigkeit des Kindes (Punkt c) besonders aufmerksam registriert werden.

Zu c) Aussagen der Eltern über eine angebliche Beidhändigkeit des Kindes, über seinen Wechsel des Handgebrauchs im Kleinkindalter und zu Beginn der Kindergartenzeit, müssen ganz besonders beachtet werden. Allerdings erzählen die Eltern oft nicht, wie stark und wie lange bei einem Kind versucht wurde, es auf eine Hand festzulegen: entweder weil sie es mehr oder weniger vergessen oder weil sie diesen Vorgang nicht registriert haben, da er von einem anderen Familienmitglied oder im Kindergarten durchgeführt wurde.

Zu d) Wenn dann das Hüpfen auf einem Bein (wobei es nicht so wichtig ist, welches Bein das Kind bevorzugt – Lateralitätsunsicherheit durch zerebrale Schädigung) auch auffällig verläuft, z. B. wenn das Kind nach nur wenigen Hüpfern die Balance verliert oder es zu eigentümlichen Simultanbewegungen des anderen Beines kommt, liegt der Verdacht nahe, dass man ein eigentlich linkshändiges Kind vor sich hat – aller Wahrscheinlichkeit nach mit einer zerebralen, perinatalen Schädigung. Dabei kann es zu der Umstellung auf die nicht dominante Hand, wie schon mehrmals ausgeführt, durch Außeneinflüsse gekommen sein oder durch eigenes Modellverhalten, manchmal sogar durch eine Mischung aus beidem.

Es kann nicht Aufgabe eines Einschulungstests sein, die Händigkeit des Kindes zuverlässig zu erfassen oder verbindlich zu bestimmen. Unsicherheiten im Handgebrauch sollten aber registriert werden. Den Eltern ist in solchen Fällen dringend zu empfehlen, sich so schnell wie möglich um eine fachliche Testung der Händigkeit zu bemühen, sodass zu Schulbeginn die richtige Schreibhand wirklich festliegt und nicht von Willkürentscheidungen beeinflusst wird. Besonders gefährlich sind Meinungen, Wünsche, Vorurteile und gegebenenfalls sogar angebliche Selbstentscheidung des Kindes.

Da bei diesen Kindern oft auch Verzögerungen oder Störungen in der Feinmotorik auffällig sind, kann vielfach durch eine Behandlung mit Ergotherapie den Kindern viel Leid und Enttäuschung erspart werden. Denn gerade im ersten Schuljahr sind die feinmotorischen Anforderungen, die das Schreiben und Malen an die Kinder stellt, subjektiv empfunden sehr groß, und Kinder aus dem gerade geschilderten Betroffenenkreis haben sich oft im Kindergarten dem Malen und kleinteiligem Basteln entzogen und können in der Schule dann nicht mit nicht-beschädigten Kindern vergleichbare Leistungen auf diesem Gebiet erbringen. Sie haben auch selten die Möglichkeit, das auf anderen Gebieten auszugleichen, da Denken, Kombinieren und Zusammenhänge aufzeigen erst in den höheren Klassen zu einer relevanten Anforderung werden.

Eltern von eindeutig linkshändigen Kindern sollten sicherheitshalber auf die negativen Folgen einer Händigkeitsumschulung hingewiesen werden. Denn manchmal ergreift erst kurz vor Schuleintritt ein Familienmitglied unerwartet noch die Initiative, mit dem linkshändigen Kind jetzt den vermeintlich richtigen Handgebrauch mit rechts zu üben.

Es ist auch sehr sinnvoll, die Eltern vorsichtshalber auf die richtige Blattlage und Schreibhaltung des linkshändigen Kindes aufmerksam zu machen und so dazu beizutragen, die ungünstige, verkrampfte Hakenhaltung zu verhindern. Man kann nicht die Verantwortung gänzlich dem Lehrer zuschieben, denn auch der umsichtigste Erstklasslehrer kann nicht immer hinter dem linkshändigen Kind stehen und seine Schreibhaltung korrigieren, sondern ist auf eine gute Zusammenarbeit zwischen Elternhaus und Schule angewiesen. Durch rechtzeitige Schwung- und Nachspurübungen (etwa ein halbes Jahr vor Schulbeginn, *nicht* durch vorschulisches Erlernen der Buchstaben) kann hier dem Kind erspart werden, unter dem späteren Verwischen der Tinte und Verkrampfungen durch die abgewinkelte Handhaltung zu leiden[1].

8.4 Umgeschulte Linkshänder in der Schule

8.4.1 Allgemeines und Grundschulzeit

Bei einem Kind in der *Grundschulzeit,* speziell in der ersten Klasse, gelten zur Diagnose einer eventuellen Umschulung der Händigkeit die für den Einschulungstest im vorausgehenden Kapitel aufgeführten Punkte. Der Lehrer hat jedoch durch die tagtägliche Beobachtung des Kindes weit mehr Möglichkeiten, sich ein Bild von dessen Handgebrauch zu machen.

Eine sehr gute Gelegenheit zur Beobachtung des spontanen Handgebrauchs ist auch das Nachfahren der Buchstabenformen in der Luft, das Kinder oft,

---

1 Hinweise und Hilfestellungen siehe Kapitel 8.1.3 und Sattler, Das linkshändige Kind in der Grundschule. 2018 (17), S. 33–39.

unbeeinflusst von Übung und Modellverhalten und konzentriert auf die richtige Durchführung, mit der dominanten Hand ausführen.

Ist bei einem Kind durch verschiedene Indizien und Testuntersuchungen eine Umschulung auf die nicht dominante Hand festgestellt worden, so steht der Lehrer nun vor der Frage, ob eine Rückschulung auf die dominante Hand sinnvoll und möglich ist und ob sie überhaupt innerhalb der ihm zur Verfügung stehenden Möglichkeiten und Kräfte liegt. Um unnötige Wiederholungen zu vermeiden, soll auf die ausführlichen Darlegungen zur Rückschulung der Händigkeit in Kapitel 7 verwiesen werden.

Es muss allerdings nochmals betont werden, dass eine Rückschulung auf die dominante Hand in jedem Fall von einem besonderen Engagement des Lehrers abhängig ist und davon, inwieweit er fähig ist, auf das Kind und dessen *familiäres Umfeld* einzugehen.

Hilfe für umgeschulte Kinder, die zum Schreiben beim Gebrauch der nicht dominanten Hand bleiben

Es ist nicht beabsichtigt, für umgeschulte linkshändige Kinder einen Bonus bei der Notengebung zu erreichen. Die Fehler beziehungsweise jene Auswirkungen in die nicht beabsichtigte Richtung, die bei der Behandlung von Legasthenikern gemacht wurden, sollen nicht wiederholt werden. Dort hatten Eltern, in ihrem guten Recht, dem eigenen Kind die bestmöglichen Ausgangsbedingungen zu schaffen, versucht, jedes Kind mit Lernstörungen als Legastheniker deklarieren zu lassen, umso einen Notenbonus für Schrift und Rechtschreibung zu erlangen.

Wünschenswert ist aber, dass das betroffene Kind in seiner Persönlichkeit verstanden wird, in seinen Stärken und Schwierigkeiten, und hier kann das Wissen, dass es sich um einen umgeschulten Linkshänder handelt, den Lehrer Verhalten und Reaktionen und auch Schwächen des Kindes weit deutlicher und klarer begreifen und nachvollziehen lassen. Es kommt dann wahrscheinlich nicht so leicht zu falschen Schuldzuweisungen für Schulversagen des Kindes, entweder an dieses selbst, an die Eltern oder an den Lehrer. Die Schwierigkeiten des Kindes können soweit emotionsloser verkraftet und akzeptiert werden, wodurch auch verhindert wird, dass sich die Angstreaktionen und Rückzugstendenzen des Kindes in den sekundären Folgebereichen der Umschulung der Händigkeit unnötig aufbauen und es, den praktischen Erfahrungen nach, zusätzlich progressiv belasten.

Mit einer erkannten, in ihren Einschränkungen akzeptierten Behinderung kann der Betroffene weit besser leben, als wenn er seine Schwierigkeiten und sein Versagen in Vergleich und Konkurrenz mit anderen nicht begreift und kausal falsch zuordnet. Für das Kind ist es leichter zu akzeptieren, dass z. B. große Leistungsschwankungen mit einer umgeschulten Linkshändigkeit in Zusammenhang stehen als mit einer verminderten Intelligenz, als welche diese Folgen fälschlicherweise oft interpretiert werden.

Sehr wichtig ist auch zu betonen, dass das betroffene Kind mit der Zeit lernt, mit den primären Umschulungsfolgen besser umzugehen, und dass es auch im Gehirn zu Kompensationsprozessen kommt, um die Störungen zu überwinden.

Auf alle Fälle muss das umgeschulte linkshändige Kind mehr Anstrengungen für die gleichen Leistungen aufbringen als andere, etwa gleich intelligente bzw. begabte Kinder. Es muss sich andauernd mehr anstrengen, und die Kraft und Motivation dazu muss, je nach Persönlichkeitsstruktur des Kindes, oft zumindest zeitweise auch von der Umwelt mit eingebracht werden. Dies kann durch Lernkontrolle, verstärkte Motivation und Belohnungen bzw. der Situation angemessene positive Beurteilung der Leistungen geschehen, auch wenn die erreichten Schulbenotungen unter denen der – eigentlich vergleichbaren – Klassenkameraden liegen.

Möglichkeiten des Ausgleichs aufgebauter Anspannungen

- Entspannung durch Spiel, Sport und Bewegung an der frischen Luft (Vorsicht: Gefahren für umgeschulte Linkshänder bei Leistungssport durch falsche Reaktionen)
- Kinesiologie
- Musikalische Betätigungen als Ausgleich, Lockerung und Entspannung
- Positive Verstärkung: „Die beste Nahrung für die Seele"

8.4.2 Erschreckender Leistungseinbruch am Gymnasium

Eine große Anzahl umgeschulter Linkshänder schafft es ziemlich problemlos und unauffällig, über die Grundschulzeit hinweg zu kommen. Begünstigend wirken sich da vor allem Begabungen, Fähigkeiten, Leistungswille und das soziale Umfeld, wie Elternhaus, aber auch Freunde, und die positive Beziehung zu den Grundschullehrern aus.

Im Gymnasium (weniger in Realschulen und in Gesamtschulen) kommt es dann aber relativ abrupt auf der einen Seite zu einem ziemlichen Anstieg der schulischen Leistungsanforderungen und auf der anderen Seite zu einer Auslese nach Intelligenz der Schüler, die den Weg ins Gymnasium wählen. Gemeint ist, dass durch die Selektion der Schüler, die weiter ins Gymnasium gehen, automatisch Kinder aus der oberen Leistungshälfte verschiedener Grundschulklassen zusammengefasst werden und sich so das durchschnittliche Intelligenzniveau der Schüler in der neuen Klasse erhöht. Der einzelne Schüler kann sich dann, für ihn völlig unerwartet, in der unteren Klassenhälfte wiederfinden, verglichen mit der Grundschule.

Belastend kann sich hier auch noch die oft verminderte Fähigkeit des umgeschulten Linkshänders auswirken, Freundschaften zu schließen, und die bestehenden werden durch den Schulwechsel meist beeinträchtigt oder beendet.

Eine zusätzliche Brisanz entsteht auch, weil der umgeschulte Linkshänder durch den Übertritt sein über mehrere Jahre hinweg mühsam bei seinen Klassenkameraden aufgebautes Image verliert. Und vor ihm liegt wieder der dornige Weg der anfänglichen allgemeinen Unterschätzung.

Und hier kommt es bei vielen umgeschulten Linkshändern plötzlich zum Leistungseinbruch (der sofort durch die Benotung sichtbar wird), und die meist folgenden emotionalen Panikreaktionen auf das völlig unerwartete plötzliche Versagen verstärken alles noch weiter.

Hier ist es praktisch nie sinnvoll, aufgrund der enttäuschten Erwartungshaltung gegenüber der Leistungsfähigkeit des Schülers, das Gymnasium zu schaffen, die Ansprüche „herunterzuschrauben" und das Kind in eine weniger Ansprüche stellende Schulart zu geben, wenn an sich die notwendige Intelligenz vorhanden ist (z. B. vom Gymnasium in die Realschule und von der Realschule in die Hauptschule), in der Hoffnung, dass das Kind dann wieder den oberen Klassendurchschnitt erreichen würde. Meistens erweist sich das als eine falsche Hoffnung, und das Kind rutscht wieder unter den Klassendurchschnitt ab und wird psychisch weiter in seinem Selbstwertgefühl geschädigt.

Die umgeschulten Linkshänder, die schon zuvor stärker von den Umschulungsfolgen getroffen worden waren und sich angewöhnt hatten, andauernd hart arbeiten zu müssen, die aber von ihrer Intelligenz her das Gymnasium schaffen können, erleiden oft nicht so einen starken Schock (Demosthenes-Effekt). Für sie sind massive, unberechenbare Leistungsschwankungen nichts Neues. Im Gegenteil, für manche ist z. B. die Befreiung von dem andauernden *Zwang, schön schreiben zu müssen,* eine Erleichterung.

Hinzu kommt noch ein weiterer Fakt: Im Lauf der höheren Klassen wird nicht nur Wert auf Gedächtnisleistungen, v.a. Erinnern und Abrufen von Lerninhalten gelegt, sondern auch auf das eigene Denken, auf die Fähigkeit, Vergleiche und Zusammenhänge herzustellen und Schlüsse daraus zu ziehen. Und dieses sind gerade Fähigkeiten, die dem synthetischen Denken des rechts betonten Gehirns (Linkshänder!) entgegenkommen.

Manche betroffenen Schüler machen plötzlich erstaunliche und für ihre Umgebung absolut unerwartete Fortschritte, weil die oben genannten Fähigkeiten endlich mehr gefordert und gefördert werden und auch mehr zählen. Durch neu gewonnene Erfolgserlebnisse können solche Schüler auch Schulängste und Unsicherheiten viel leichter überwinden.

Aber unerwarteten Erfolg zeigen auch oft jene Kinder, die durch Fehlinterpretationen ihrer Umwelt, wie geschildert, vom Gymnasium heruntergenommen wurden. Ihre Intelligenz setzt sich dann, nach anfänglichem Schock und Ungerechtigkeitsbewusstsein, meist *trotz* der Abwertung ihrer Umwelt durch (Demosthenes-Effekt) – und viele umgeschulte Linkshänder erfahren plötzlich verblüffende Erfolge im Beruf und im Leben. Aber wie viel an größerem Krafteinsatz es kostet und welchen Energieraub es bedeutet, wird leider meist nicht wahrgenommen.

Sehr beeindruckend ist ein solches **Schicksal in einem Brief** von Gisela Hößler geschildert:

„26. Januar 1995

Weißt du, liebe Freundin, ich wundere mich selbst oft, warum ich noch so fröhlich bin! Aber Du weißt auch wie ich, erst wenn wir schon mal todtraurig waren, können wir uns über etwas Gutes, Schönes mehr freuen. Gerade die Gegensätze ergeben doch erst ein rundes Ganzes, wie oft haben wir das in unseren Gesprächen bestätigt gefunden! Du hörst mit Freude und Aufmerksamkeit zu, wenn ich Dir von meinen Freuden und Nöten lebhaft erzähle. Du kennst aber auch die Zeit des Schweigens, wenn wir keine Gelegenheit haben, uns zu sehen. Schreiben kann ich Dir nicht, Du verstehst schon immer warum. Ich begreife es selbst erst langsam.

Alt-Ascheberger wissen noch zu gut, wie die Bomben ihre Stadt in Schutt und Asche legten. Meine Eltern verließen ihr Haus mit bereits neun Kindern, um in einem Spessartdorf Unterschlupf zu finden. Wen dauerten nicht die Eltern mit den Kindern wie die Orgelpfeifen? Im Schulhaus wurden sie einquartiert. Das zehnte Kind geboren, das war ich. Oft hat mir Mama erzählt, wie gut die Leute dort zu ihr waren. Traurige Anekdoten aus dieser Zeit der größten Armut hat sie mit Humor erzählt. Ich erinnere mich nur noch an Nachbars wüsten Gänserich, von dem ich eine Narbe am Oberschenkel zurückbehielt.

Sie schafften es, durch den Verkauf ihres heimatlichen Besitzes, ein Siedlungshaus zu bauen. Die Eltern wussten, so viele Kinder brauchen ein eigenes Dach überm Kopf, um leben zu können. Dort bauten damals alle Häuser, wir hatten viel Spielplatz. Gleich nebenan war der Kindergarten mit noch mehr Kindern und ein paar Ordensschwestern, die wussten, was Not und Arbeit ist. Die Kindergartenschwester wurde meine erste Freundin, an viele schöne Stunden erinnere ich mich noch. Spaziergänge im Feld, Theater spielen, wo ich öfters in Hauptrollen glänzte. Wer hatte damals schon viel Papier, Scheren, Stifte usw.? Aus Nichts wurde noch was gemacht. Ich lernte gern und wollte sehnlichst zur Schule. Aber die Schwester strich mir öfters über den Kopf und sagte, Du wirst es noch früh genug schwer haben dort. Ich verstand sie allzu schnell zu gut.

Im Herbst marschierte ich mit einem neuen Pappdeckelschulranzen zur Schule. Der Weg führte zum Waldrand, wo in einer Holzbaracke, die von Soldaten geräumt wurde, meine Schulzeit begann. Gleich nebenan benutzten Amis den Schießplatz. Angst machte mir dort bald alles. Die Armee-Fahrzeuge, von denen wir uns fernhalten sollten. Das Pfeifen und Krachen der Übungen. Der Weg durch den Wald. Und der Lehrer im Klassenzimmer. Er wollte, dass ich mit der anderen Hand schreibe, als mit der ich bisher gewöhnt war. Er prügelte mir ein, was rechts und links ist. Immer wenn ich den Stift in der für ihn falschen Hand hielt, musste ich vor zu ihm. Er nahm den Rohrstock, der sonst für die bösen Buben gemünzt war, und schlug auf meine Schreibhand. Bald setzte er mich in die letzte Bank, dass er mich nicht immer sehen müsse. Ich wollte doch soo gerne schreiben und rechnen, also übte ich. Wenn er mich wieder schlug, weil ich die falsche Hand benutzte, versuchte ich nicht zu heulen. Das machte ihn nur noch wilder! Ich übte und übte! Meine älteste Schwester, mit der ich auch das Bett zu teilen hatte, regte sich auf, weil ich anfing, ins Bett zu machen. Niemand schien mich zu verstehen.

Ich war fleißig, und der Lehrer nannte mich nach einem Jahr eine Musterschülerin. In der 3. Klasse erlebte ich Schule, wie ich sie erträumt hatte. Das Klassenzimmer in einem neuen Schulhaus und die Lehrerin jung und gerade mit ihrer Ausbildung fertig. Sie erkannte meinen Wissensdurst und wusste mich geschickt anzuleiten. Anstatt Hinterbänklerin war ich jetzt ein Sternchen. Was war ich stolz, wenn ich von ihr in die Natur geschickt wurde, um eine bestimmte Pflanze für den Naturkunde-Unterricht zu holen oder gar mit ihrem großen Fahrrad zu ihrem Elternhaus zu fahren, um Anschauungsmaterial zu besorgen.

In der 4. Klasse sagte sie mir, ein Kind wie Du muss ins Gymnasium. Natürlich wollte ich viel lernen. Der Pfarrer sagte, ein Mädchen aus kinderreicher Familie hat dort nichts zu suchen. Papa sagte, er möchte schon ja sagen, aber er habe nicht das Geld dafür. Doch ich kam ins Gymnasium; wieder zu Nonnen, das Zeugnis voll Einsern und einer drei in Religion.

Ich war jetzt etwas Besonderes für meine Geschwister und Freunde und nicht so glücklich darüber, wie sie wohl meinten. Ich musste früher aufstehen und mit dem Bus zur Schule fahren. In der Schule waren nur Mädchen, und es war nicht mehr so lustig. Aufsätze, die ich früher mit lebhafter Fantasie gern geschrieben hatte, wurden zum Schrecken. Die Lehrerin brachte uns die deutsche Schrift bei, und die Aufsätze mussten in dieser Schrift geschrieben werden. Ich verstand nicht, warum meine Aufsätze nun nicht mehr gut waren. Mittags war ich oft so erschöpft, dass ich ein paar Mal umgekippt bin. Ich habe die Busse mit den wassergekühlten Motoren, vollgedrängt mit Menschen mit dem Geruch körperlicher Arbeit, fast gehasst. Es hatte kaum jemand ein eigenes Auto. Ich musste dem Schularzt vorgestellt werden. Er fand keine Anzeichen von Krankheit, doch empfahl er meinen Eltern, mich kräftiger zu ernähren und weniger arbeiten zu lassen. Neben Schule musste ich viele Botendienste im Stadtgebiet erledigen, da ich eine Monatskarte für den Bus hatte. Aber leider hatte ich dadurch auch immer weniger Zeit für Sport und Freunde am Wohnort.

Der Religionslehrer war ein gemütlicher Schwabe, er hörte meine Geschichte mit Kopfschütteln. Ich hatte wieder eine Eins. Ich gewöhnte mich an die Stadtschule. Ich war begeisterte Handballspielerin und in jeder Mannschaft begehrt. In der 7. Klasse brach ich mir mal dabei den Daumen. Ich glaubte damals, eine ungeliebte Latein-Schulaufgabe nicht mitschreiben zu müssen. Aber die strenge Rektorin muss irgendwann bemerkt haben, dass ich auch links schreiben konnte. Ich musste die Arbeit mitschreiben; sie gab mir lediglich zehn Minuten mehr Zeit dafür! Ich bekam allmählich in vielen Fächern schlechtere Noten. Deutsch, Englisch, Latein, Mathe – überall, wo viel geschrieben wurde, strengte ich mich an. Lernfächer wie Biologie, Erdkunde, Geschichte waren nach wie vor eine Freude. An Handarbeiten hatte ich großes Interesse. Diese Lehrerin musste bald gewusst haben, dass ich Linkshänderin war. Sie hat aber nie darüber zu mir gesprochen. Ich erinnere mich voller Schmunzeln an ein Kunststrickdeckchen, wo ich bei Runde 39 aufhörte und das Deckchen von der Lehrerin vollendet wurde. Ich durfte mir ein Nachthemd mit der Maschine nähen und fand die Idee toll!

Ich war unglücklich, dass ich die in mich gesetzten Erwartungen nicht erfüllte, um weiterhin die Schulgeldermäßigung zu bekommen. Ich konnte nicht mehr in allen Fächern gut und sehr gut erreichen. Widerstrebend wurde ich in die Mittelschule versetzt. Mein Ziel, mal Lehrerin oder Apothekerin zu werden, musste ich nun vergessen. Ich paukte alle kaufmännischen Fächer, um die erwarteten guten Noten zu erreichen. Ich war nicht 16, als ich ein gutes Prüfungszeugnis in Händen hielt und mich entscheiden sollte, welchen Beruf ich ergreifen wollte. Es stand nur eine kaufmännische Lehre zur Auswahl. Ich entschied mich für die IHK, weil mich bei der Vorstellung der Bericht über die Außenhandels-Abteilung beeindruckte.

Die wenigen Fotos von mir aus jener Zeit zeigen ein ernstes Mädchen. Ich schrieb viel, und mit 18 hatte ich zum ersten Mal den rechten Arm in Gips wegen Sehnenscheidenentzündung. Meine rechte Hand, mein rechter Arm machten mir im Laufe meiner Berufsjahre oft Schmerzen.

Mit meinem Fleiß und meiner Vielseitigkeit hatte ich aber auch Erfolg im Beruf. Ich interessierte mich für Reisen in fremde Länder, für fremde Menschen und deren Lebensweise. Ich wurde lockerer und entwickelte mein Mundwerk. Was hatte ich doch für eine interessante Zeit bei meinem ersten England-Aufenthalt! Ich verdiente den Lebensunterhalt als Verkäuferin in einem Kaufhaus und lebte in einem Haus mit Frauen aus aller Welt. Meine Englischkenntnisse machten gute Fortschritte; ich saß nur noch wenige Stunden am Schreibtisch.

Zurück in Deutschland war ich wieder in der alten Firma beschäftigt. Meine Schmerzen im rechten Arm kamen immer wieder; niemals hatte einer der behandelnden Ärzte die Idee, mich nach meiner Händigkeit zu fragen. Denn ich schrieb nur rechts, machte aber alles andere mit links. Irgendwann heiratete ich und wurde Mutter.

Du weißt, welch aufmerksame, liebende Affen-Mama ich bin – anfangs genoss ich dieses Glück in vollen Zügen. Meine brachliegenden Talente konnte ich auskramen – malen, töpfern, Puppen spielen, Geschichten erzählen, verkleiden und und und … und ich sah bald, dass mein kleiner Junge auch ein

Linkshänder war! Er war so geschickt und kreativ mit seiner linken Hand. Durch ihn begriff ich nun auch mein Verhältnis zu einer alten Haushaltsschere. Da ich auch mit der linken Hand schneide, konnte ich nie andere Scheren benutzen ohne evtl. als Tollpatsch aufzufallen. Was habe ich nicht alles schon mit dieser Schere geschnitten – Papier und Stoff, Fingernägel und Petersilie. Meinem Jungen wollte ich das nicht antun. Ich graste deshalb ein paar Haushaltsgeschäfte in der nächsten Stadt ab und erstand eine Schere für Linkshänder. Der Junge konnte sofort damit hantieren. Ich jedoch nicht, was mir damals unverständlich war. Im Jahr seiner Einschulung wurde uns ein Mädchen geboren. Der Junge ging mit viel Freude zur Schule. Er durfte mit der linken Hand schreiben; ich erkannte mich in vielen Dingen wieder.

Mit Erstaunen registrierten wir, dass auch unser Mädchen Linkshänderin ist. Stifte und Papier waren ihre Lieblingsbeschäftigung – o, was haben wir schon für Gemälde in unserem Haus! Bei einer der Früherkennungs-Untersuchungen wurde ihre Feinmotorik so bewundert, sie macht alles mit links!

Und langsam begreife ich, liebe Freundin. Es haben nicht alle linkshändigen Kinder eine verstehende linkshändige Mutter. Du hast recht, mir zu sagen, ich soll nicht länger schweigen. Ich wünschte, ich hätte Dir das erzählen können – schreiben ist eine schwere Aufgabe.

Gisela"

8.4.3 Tipps für das Verständnis des umgeschulten linkshändigen Schülers und Tipps zur Erleichterung seiner schulischen Situation

Sicher sind die folgenden Überlegungen keine neue Weisheit, aber es ist oft zu beobachten, wie sich viele Eigenschaften bei umgeschulten Linkshändern im Laufe der Ausbildung verstärken und weit klarer herauskristallisieren. Durch die vertiefende Wirkung der Umschulungsfolgen kann man oft feststellen, dass der umgeschulte linkshändige Schüler bei dem einen Lehrer dem Unterricht hervorragend folgen kann und sein Denken begreift und plötzlich in einer vergleichbaren Situation mit der Lernstoffvermittlung eines anderen Lehrers, selbst wenn es sich zufällig um das gleiche Fach handelt, massive Schwierigkeiten hat. Häufig können dies sogar die Mitschüler überhaupt nicht oder nur ansatzweise nachvollziehen.

Hier liegen höchstwahrscheinlich verschiedene Arten des Denkens zugrunde, die der umgeschulte Linkshänder leichter begreift oder die seiner Art zu Denken fremd sind, und im letzteren Fall verpasst er besonders schmerzlich durch die folgenden Konzentrationsausfälle entscheidende Schritte und „verliert den Faden". Linkshänder verstehen das Denken anderer Linkshänder oft besser, sie können Auslassungen und Gedankensprünge leichter nachvollziehen, und auch mancher linkshändige Lehrer hat einen besseren Zugang zu dem Denken der umgeschulten Linkshänder als andere, rechtshändige Lehrer.

Diese Tatsache, dass der Schüler den einen Lehrer besser begreift und den anderen schlechter und dass sich das gerade bei umgeschulten Linkshändern noch verstärkt, muss akzeptiert werden. Es ist sinnlos, dem Lehrer seine andere Art zu denken und sich auszudrücken vorzuwerfen und ihn dafür zu kritisieren. Das bewirkt nur eine emotionale Anspannung, die dem umgeschulten linkshändigen Schüler besser erspart werden sollte.

Weit sinnvoller ist es, in dem Fall des häufigen Missverstehens und des „Aneinander-vorbei-Redens" zu versuchen, auf Lehrbücher auszuweichen. So kann sich der umgeschulte Linkshänder den Schulstoff selbst, seine individuelle Aufnahmeart nutzend, effektiv aneignen und sogar eigene Lernmethoden entwickeln, die seine verkürzte Konzentrationsfähigkeit und seinen schnelleren Leistungsabfall berücksichtigen.[1]

Lernprogramme am Computer

Eine weitere Möglichkeit besteht in dem heute immer größer werdenden Angebot an Lernprogrammen für Smartphone, Tablet und PC, die den Stoff entsprechend dem Lehrplan aufarbeiten.

Gerade für umgeschulte linkshändige Schüler kann es eine große Hilfe sein, sich über ein anderes Medium, eben über den digitalen Weg, Lernstoff zu erarbeiten. Er entwickelt dabei nicht die häufig bestehenden Schulängste wie im Kontakt mit dem Lehrer im Klassenzusammenhang, die sich dort oft zu einem eigenen Circulus vitiosus aufbauen.

Das Lernen mit digitalen Angeboten motiviert, macht Spaß und weckt gleichzeitig großes Interesse am jeweiligen Thema bei den Schülern. Daher kann ein derartiges Lernen äußerst hilfreich und motivierend sein und Schülern helfen, angstfreier und mit positiveren Gefühlen an den Lernstoff heranzugehen.

Diese Computerprogramme beinhalten Lehrstoff für Kita, Grundschule, Hauptschulen, Realschulen, Gymnasien und Berufsschulen.

---

1 Keller, 1999 (5).

Der Computer kann auch umgeschulten linkshändigen Schülern, die sehr unter den feinmotorischen Störungen in der Schrift, Verkrampfungen der Hand und langsamem Schreiben leiden, helfen, diese Schwierigkeiten zu lindern bzw. zu umgehen. Das beidhändige Eingeben der Buchstaben lockert auch Verspannungen, allerdings kann es öfters zu Buchstabenverdrehern kommen. Randbemerkung: Unter bestimmten Umständen wurde bereits heute umgeschulten Linkshändern mit Schreibschwierigkeiten oder bei Schreibblockaden eine Sondergenehmigung erteilt, die Abschlussklausuren an der Universität mit einem Laptop zu schreiben, gerade um hier eine Chancengleichheit wiederherzustellen.

Lehrpläne – keine große Hilfe beim Umgang mit linkshändigen Schülern

Die Lehrpläne der verschiedenen Bundesländer in Deutschland sind leider keine große Hilfe für den Umgang mit linkshändigen Kindern. Sie spiegeln meist die herrschende Unsicherheit wider und die Unkenntnis über die Folgen einer Umschulung der Händigkeit. In einigen Bundesländern hingegen gibt es zumindest kurz und knapp die wichtigsten Hinweise zur richtigen Blattlage und Schreibhaltung des linkshändigen Kindes.

Die aktuellen Lehrpläne in den verschiedenen Bundesländern finden sich auf den Seiten des jeweiligen Kultusministeriums. Dort gibt es Hinweise zu Linkshändigkeit oft in den Fachprofilen und -lehrplänen für Deutsch oder für Werken/Textiles Gestalten; außerdem auch bei Hinweisen zu Schriftspracherwerb, Feinmotorik, Schreibfertigkeiten o. Ä.

Das Referat – ein Stolperstein für den umgeschulten linkshändigen Schüler

Umgeschulte Linkshänder sollten Referate entweder möglichst frei, nur mit einer Stichpunktliste halten oder ganz vom Blatt ablesen. Mischformen sind äußerst anstrengend und Kräfte verzehrend. Durch die Überanstrengung beim Ablesen kommt es oft zu einer derartigen Überforderung und Überlastung der geistigen Kapazitäten, dass die frei vorgetragenen Gedanken meist in ihrer inhaltlichen Substanz, ihrer Formulierung der Idee und in dem flüssigen Sprechen weit absacken. Dieses Absacken des Niveaus wird den Zuhörern sehr wohl bewusst. Der umgeschulte Linkshänder hingegen nimmt das selbst bei Weitem nicht so stark wahr, empfindet aber die Überanstrengung und reagiert dann mit Blockaden, Ängsten und Unsicherheiten, die wieder seinem Vortrag schaden. Bei dem freien Vortrag mit Stichpunkten entwickelt er die Gedanken weit lockerer und leichter, und der Vortrag wird für die Zuhörer viel interessanter als die – oft mit Stockungen, Versprechern, falschen Betonungen und manchmal sogar recht monoton abgelesenen – schriftlichen Vorformulierungen.

Erläuterungen und Zeichnungen, die über den Overheadprojektor, den Beamer oder das Whiteboard an die Wand projiziert werden, können dem Referenten kleine Verschnaufpausen ermöglichen, die er gerade als umgeschulter Linkshänder braucht.

Den „Faden zu verlieren" sollte keine Tragödie sein, sondern kann sogar als Möglichkeit genutzt werden, mit den Zuhörern zu kommunizieren und den Gedankengang an der richtigen Stelle wieder aufzunehmen.

8.5 Berufsberatung und Berufswahl des umgeschulten Linkshänders

Bei der Berufswahl sollte berücksichtigt werden, dass viele umgeschulte Linkshänder bis ins Erwachsenenalter kürzere Konzentrationsphasen haben, ihre Feinmotorik bei aller Kompensation oft nicht so gut ist, sie insgesamt zu Gedächtnisschwierigkeiten neigen und häufiger Pausen brauchen. Auf der anderen Seite darf aber nicht vergessen werden, dass die Intelligenz davon nicht reduziert ist. Das bedeutet, es muss ein Beruf gefunden werden, der diesen Voraussetzungen möglichst gerecht wird.

Ungünstig ist ein Beruf, in dem der Betroffene den ganzen Tag stillsitzen muss, um feinteilige Arbeiten herzustellen, die vielleicht auch noch auf Bruchteile von Millimetern genau sein müssen (z. B. Werkzeughersteller). Dabei hat er keine Möglichkeit, sich Entspannung durch Bewegung und Arbeitsabwechslung zu verschaffen. Ein typisches Beispiel ist hier der Beruf des Zahntechnikers, der durch die andauernde kleinteilige Arbeit die Feinmotorik überbeansprucht und normalerweise keinen besonderen Grund ergibt, sich zu bewegen und häufiger den Platz zu wechseln.

Weit besser kommt dem umgeschulten Linkshänder eine Tätigkeit entgegen, wo er immer wieder berufsbedingt den Platz wechseln, aufstehen, eine andere Betätigungsvariante dazwischenschieben kann und sich mit neu gewonnener Konzentration wieder an die Arbeit macht.

Die Intelligenz sollte nicht unterfordert werden, aber wenn sich der umgeschulte Linkshänder einen intellektuell anspruchsvollen Beruf auswählt, der zwar seiner Intelligenz entspricht, muss er sich bewusst sein, dass er in der Zukunft Abstriche im Privatleben und bei seinen Hobbys wird machen müssen, um die etwa dreißig Prozent mehr Energie aufzubringen. Das kann der Preis für eine erfüllte, befriedigende berufliche Tätigkeit sein, und man sollte sich dabei sehr genau überlegen, was einem im Leben wichtiger ist, denn der Beruf nimmt dann einen großen Zeitraum im Leben des Einzelnen ein. Mancher Mensch verwirklicht sich dagegen in seinem Privatleben und erträgt bzw. gewöhnt sich an eine eintönige berufliche Routine und ist damit zufrieden und glücklich, aber andere brauchen die Abwechslung und gehen innerlich an der Monotonie zugrunde.

Der zweite Bildungsweg, ein typischer Schicksalsweg vieler umgeschulter Linkshänder

Zahlreiche umgeschulte Linkshänder haben nicht die Möglichkeit, einen ihrer Intelligenz entsprechenden Schulabschluss zu erlangen. Häufig wechseln sie die Schule in der Hoffnung, in der anderen Schulform etwas weniger überfordert zu sein, aber damit werden ihre Konzentrationsprobleme nicht gelöst. Sie haben ihre Konzentrationsstörungen weiter und erreichen nicht die erwünschten Leistungen, sondern bleiben durchschnittlich oder in der unteren Hälfte. Viele leiden unter der dauernden Frustration, und ein großer Teil bricht auch vorzeitig die Schule ab.

Oft wächst aber nachträglich doch das Interesse, einen interessanten Beruf zu erlernen, und so holen viele umgeschulte Linkshänder auf dem zweiten Bildungsweg diesen Mangel auf. Meist kostet es sie dann aber noch größere Anstrengungen, viele Enttäuschungen, „Büffeln" und zusätzliches Leid.

Allerdings liegt in der Möglichkeit, über den zweiten Bildungsweg verpasste Schulabschlüsse nachzuholen, doch wieder eine Chance, der gewünschten Berufsrichtung zumindest etwas näherzukommen, wenn auch der dann erlernte und ausgeübte Beruf oft nicht ganz dem eigentlich angestrebten Ziel entspricht.

„Umschulungsmaßnahmen" des Arbeitsamtes und die Tücken bei der Auswahl der neuen Berufsausbildung für den umgeschulten Linkshänder

Unter Umschulungsmaßnahmen sind in diesem Zusammenhang keine Eingriffe in den Handgebrauch gemeint, sondern der vom Arbeitsamt unterstützte Berufswechsel von Menschen, die aus irgendeinem Grund in ihrem Beruf nicht mehr arbeiten können oder wollen. Auch unter diesen Menschen findet sich ein großer Anteil umgeschulter Linkshänder, die irgendwann bemerkt haben, dass sie dem erlernten Beruf in der Praxis nicht gewachsen sind und in ihm scheitern.

Hier lässt sich ein ähnliches Phänomen beobachten wie bei dem Schulwechsel bezüglich der Hoffnung, in einer anderen Schule alle bisher belastenden Schwierigkeiten los zu werden. Meist trifft man in dem neuen Berufsfeld aber auf seine alten Schwierigkeiten, und die Hoffnung, jetzt „zur Elite zu gehören", verfliegt bald, und man findet sich im Durchschnitt wieder.

Jemand, der einen anspruchsvollen Fachberuf erlernt hat und z. B. eine Umschulungsmaßnahme in eine administrative Richtung macht und hofft, dass er hier nicht nur unterer Durchschnitt bleibt, sondern sich Spitzenleistungen erträumt, wird meist enttäuscht. Besonders bitter ist das dann, wenn er zuvor den neu gewählten Arbeitsbereich eher als untergeordnete Tätigkeit abgewertet hatte und dort wieder an die gleichen Grenzen wie zuvor stößt.

Rechtshandorientierte Maschinen, Arbeitsabläufe und Lehrpläne in der Berufsschule

Selbstverständlich ist auch immer auf bestimmte Handlungsabläufe an Maschinen oder in Teamarbeit besonders zu achten, die mit der rechten Hand durchgeführt werden müssen. Denn viele zum Schreiben umgeschulte Linkshänder benutzen ansonsten für viele Tätigkeiten weiter die linke Hand, und das kann zu falschen Abläufen, zu erhöhter Unfallgefährdung und zu Benachteiligungen am Arbeitsplatz führen.

Aber diese Fragestellung ist an sich ein Thema für weitere Forschungen, bei der einzelne Berufsbilder berücksichtigt und untersucht werden müssten. Eine vom Fraunhofer-Institut für Arbeitswirtschaft und Organisation erarbeitete Studie „Einfluss der Händigkeit bei der Handhabung von Arbeitsmitteln" hat erste Überlegungen zu diesen Fragen angestellt und viele Detailaspekte untersucht.[1]

Notwendig ist aber nach wie vor ein praxisnaher Ratgeber mit eindeutigen Hinweisen über Schwierigkeiten und Benachteiligungen im Berufsalltag für vorzugsweise linkshändig hantierende Menschen. Dazu muss festgestellt werden, dass für eine wirkliche Beurteilung der Handgriffe hauptsächlich *nicht umgeschulte Linkshänder* gefragt und ihre *ersten* Erfahrungen und Schwierigkeiten mit Gerätschaften und Maschinen aufgezeichnet und unter-

---

1 Schmauder, Martin, Johannes Josef Solf, Einfluss der Händigkeit bei der Handhabung von Arbeitsmitteln. Schriftenreihe der Bundesanstalt für Arbeitsschutz. Dortmund, 1992.

sucht werden müssen. Umgeschulte Linkshänder, die sich sowieso in vielem auf rechts umgewöhnen mussten, können, nachdem sie sich bestimmte Handlungsabläufe mit rechts angewöhnt haben, nicht mehr objektiv beurteilen, was ursprünglich für sie günstiger gewesen wäre. Ihnen geht es ähnlich wie den Linkshändern, die sich eine ungünstige Schreibhaltung angewöhnt haben und diese nicht mehr ändern können, weil ihre viso-motorischen Abläufe derart festgelegt sind, dass sie nicht mehr fähig sind, unvoreingenommen an die Sache heranzugehen.

Eine immer größer werdende Anzahl nicht umgeschulter Linkshänder wird in der Zukunft an die Berufsberater herantreten und von ihnen Antworten und Hilfeleistungen erwarten und fordern, über die sich die Berufsberater und Ergonomen bisher wenig Gedanken gemacht haben. Ein umgeschulter Linkshänder hingegen hat meist nicht mehr das Selbstbewusstsein, für sich adäquate Arbeitsbedingungen zu fordern, er ist froh, wenn er überhaupt eine Arbeit findet, die ihm recht und schlecht gerecht wird.

Im Berufsleben kann es notwendig sein, vor Beginn der Ausbildung auf Hinweise des Lehrplans, „alles rechts durchführen zu müssen", zu achten. Dies trifft manchmal sogar auch auf Handlungsabläufe zu, bei denen es an sich gleichgültig ist, welche Hand benutzt wird, z. B. in manchen Ausbildungen in Hauswirtschaft: rechts muss gerührt und mit der rechten Hand das Ei aufgeschlagen werden. Dies sollte man zuvor überprüfen, da hier mögliche Stolpersteine für eine Karriere verborgen sein können, die eine weitere Ausbildung, z. B. zum Meister, verhindern. Ausnahmegenehmigungen könnten sicher im Bedarfsfall vorher beantragt werden und haben erfahrungsgemäß auch Erfolgsaussichten.

8.6 Der umgeschulte Linkshänder beim Hausarzt (Arzt für Allgemeinmedizin) und Internisten

Insbesondere die umgeschulten Linkshänder mit einer stärkeren, durchsetzungsfähigeren Persönlichkeit neigen zu psychosomatischen Erkrankungen. Diese können je nach körperlicher Veranlagung an den verschiedensten organischen Schwachpunkten auftreten. Durch die für solche Betroffenen charakteristische andauernde Überanstrengung werden auch ihrem Körper Höchstleistungen abgefordert, und sie „klappen schließlich darunter zusammen".

Die schwächeren Persönlichkeitstypen neigen allerdings eher zu neurotischen Erscheinungen.

Folgendes ist wichtig und sollte dem Patienten besonders nachhaltig vermittelt werden:

- Seinen Kräftehaushalt nicht überstrapazieren und lernen, mit den Umschulungsfolgen zurechtzukommen.
- Rücksicht auf das zunehmende Alter nehmen, in dem die Menschen nicht mehr die gewohnte Kraft zur Überkompensation haben und daher ein Zusammenbruch droht.
- Warnung vor unüberlegter Rückschulung der Händigkeit: Die Umschulung als gegeben akzeptieren und auf keinen Fall durch Hasard agieren.

In vielen Fällen ist es ratsam, den Patienten an einen erfahrenen Psychotherapeuten weiter zu überweisen, um die kausalen Zusammenhänge der Umschulungsfolgen und der daraus entwickelten falschen Verhaltensmuster aufzuarbeiten und zu ändern.

8.7 Der umgeschulte Linkshänder in der Psychotherapie – Mit Geleitwort von Dr. med Dr. phil Serge Sulz

Geleitwort zum Buch von Frau Dr. Barbara Sattler über psychische Probleme umgeschulter Linkshänder

Es ist eine eindeutige und zugleich kaum bekannte Tatsache, dass sich immer häufiger Patienten an Psychotherapeuten wenden, bei denen psychische Probleme im Zusammenhang mit ihrer Umschulung vom Linkshänder zum „Rechtshänder" entstanden sind. Es ist für Psychotherapeuten von großer Bedeutung, fundiertes Wissen über Reiz- und Reaktionsabläufe zu haben, die oft völlig losgelöst von der ursprünglichen Problematik eine tagtägliche Belastung für den Patienten darstellen. Besonders Psychotherapeuten, die keine verhaltenstherapeutische Ausbildung haben, neigen in solchen Fällen zu sehr dazu, symbolische Zusammenhänge psychodynamischer Art zu konstatieren, statt zwangsläufige Reizreaktionsketten zur Erklärung heranzuziehen. Zweifelsohne ist dies ein Problembereich, der oft genug Krankheitswert erreicht und dann in die Hände gut ausgebildeter Psychotherapeuten gehört. Erleichterung wird oft dadurch geschaffen, dass der Betroffene akzeptiert, dass mit seiner Umschulung der Händigkeit Folgen für das ganze Leben zusammenhängen können. Ein zweiter wichtiger Aspekt ist das Erkennen bedingungsanalytischer und funktionaler Zusammenhänge von negativ verlaufenden Interaktionsketten. Es ist eine wichtige Aufgabe der Psychotherapie, auf der Mikroebene verhaltens- und bedingungsanalytisch falsch aufgebaute Reaktionsweisen zu identifizieren, die sich sekundär auf Partnerbeziehungen, Familienstrukturen, den Arbeitsplatz und natürlich auch auf die Kinder negativ auswirken. Schließlich ist die Frage nach dem Sinn einer Rückschulung von der nicht dominanten auf die dominante Hand zu beantworten. Dass die Beantwortung dieser Frage bei jedem Betroffenen individuell erfolgen muss und die Begleitung einer Rückschulung von psychotherapeutischer Seite aus geschehen sollte, ist bisher zu wenig berücksichtigt worden.

Dr. med. Dr. phil. Serge K. D. Sulz
(Dipl.-Psych., Ausbildungsleiter der Bayerischen Privaten Akademie für Psychotherapie BAP, München)

In vielen Fällen ist es notwendig, die Folgen der Umschulung der Händigkeit auch als ein Leid zu verarbeiten, das dem Betroffenen widerfahren ist, das durch die Primärfolgen auch im Erwachsenenalter fortwirkt und das vielleicht zwar gelindert, aber nicht behoben (u. U. nicht mehr *völlig* behoben) werden kann. Diese „Trauerarbeit" muss geleistet und die Akzeptanz gefunden werden, mit diesen Schwierigkeiten zu leben.

Was für die primären Folgen der Umschulung der angeborenen Händigkeit gilt, hat noch verstärkte Gültigkeit für die sekundären (psychischen) Folgen, die sich daraus – oft in einer Art Schneeballeffekt – entwickelt haben. Auch diese wurden in ihren Manifestationen und ihren Störungsbildern schon immer durch die Psychotherapie behandelt, jedoch meistens in zahlreichen anderen Zusammenhängen.

Besonders typisch sind dafür die in Kapitel 3 aufgeführten Persönlichkeitszüge vieler umgeschulter Linkshänder und ganz besonders häufig das „Sich-andauernd-im-Kreise-Drehen" der Gedanken. Weiter sind auch tiefe Minderwertigkeitsgefühle sehr bezeichnend.

Grund dafür ist, dass sich der Mensch in einem Prozess entwickelt, der von Geburt bis zum Tode andauert. In diese Entwicklung aus einem Aktions- und Reaktionsgefüge sind auch jegliche Störungen als fester Bestandteil integriert. Je aktueller (je näher an der Jetzt-Zeit) die jeweilige Störung ist, umso wirkungsvoller kann sie durch therapeutische Maßnahmen angegangen werden. Je weiter sie aber zurückliegt, umso mehr verselbstständigen sich die Folgen dieser Störung. Dann genügt es nicht, eine Korrektur, eine Weichenstellung in der Gegenwart zu unternehmen (wie z. B. durch Rückschulung der Händigkeit), um durch solche Ursachenbeseitigung die Wirkung für die Zukunft zu ändern oder ganz zu eliminieren, sondern man muss sich mit dem gesamten, von der Dauer der Störungsumsetzung abhängigen Gesamtkomplex beschäftigen, der sich inzwischen auf der Störungsbasis aufgebaut hat und verinnerlicht wurde. Dieser ist oft Teil der Persönlichkeit des Betroffenen geworden, mit allen Interaktionen und deren Rückwirkungen, die mit der Umgebung stattfanden. Wir haben es hier *mit dem gesamten bisherigen Lebensweg* des Betroffenen zu tun, vom Entstehen der Störung bis heute.

Mit anderen Worten: Die Störungskonstruktion verhält sich hier nicht wie bei einem Turm aus Bausteinen, wo es genügt, den untersten herauszuziehen, und der ganze Turm bricht dann zusammen. Diese Denkweise (Hoffnung vieler umgeschulter Linkshänder) lässt sich auf die Lösung der aus der primären Störung entwickelten sekundären Problematik nicht übertragen. Der Störungskomplex fällt durch eine Rückschulung der Händigkeit nicht in sich zusammen, sodass der Mensch frei von den bisherigen Problemen würde, es entsteht keine Tabula rasa, wo man wieder an dem Punkt vor der Störung neu anfangen kann. Bildlich gesehen, stehen der ganze Turm der Folgen und der daraus abgeleiteten Geschehnisse weiter – auch bei dem entfernten (oder ausgetauschten) Grundstein. Die Folgen haben sich inzwischen verselbstständigt – *sie wurden erlebt* – mit allen kausalen Zusammenhängen und gehören so in den vergangenen, absolvierten Schicksalsweg der jeweiligen Person, und sie wurden gleichzeitig als solche in *ihrer Umgebung verankert*.

Man kann übrigens, was jedem Therapeuten bekannt ist, oft Zeuge sein, dass auch, wenn es zu Änderungen in dem Verhalten eines Menschen kommt – seine Umwelt sie aber nicht als solche registriert und sich nicht darauf einstellt, sondern sich nach früheren Modellen verhält – sich die ursprüngliche Problematik wieder zurück *induziert,* und nach einer gewissen Zeit geht seine individuelle Verhaltensänderung verloren, und es bleibt alles beim Alten …

Damit ist auch ein Hauptproblem der Psychotherapie umschrieben: Die Umgebung des Patienten muss in direkter oder indirekter Weise in die Behandlung einbezogen werden. Und das können die Therapeuten, aber bei Selbsthilfe ist es praktisch unmöglich. Auch Gruppen können sehr schwer helfen.

Oft geschieht es aber noch zusätzlich, dass die Umgebung (trotz geäußerten positiven Interesses) sich sogar negativ gegen die Wirkung der therapeutischen Behandlung stellt, und das besonders dann, wenn es durch Stärkung des Behandelten zu Änderungen in den bestehenden Strukturen und Hierarchien kommt, die von den anderen als Benachteiligung empfunden werden und diese bestimmte angestammte eigene Rechte gefährdet sehen.

Alle diese Aspekte müssen in einer therapeutischen Behandlung berücksichtigt werden, wenn die Therapie einen dauernden Erfolg haben und nicht nur einen periodisch zurückkehrenden Dauerpatienten produzieren soll ...

Und gerade hier besteht die Gefahr bei einer Rückschulung der Händigkeit „auf eigene Faust" oder wenn sie durch begeisterte Laien initiiert wird: Der Rückgeschulte verfällt oft nach ersten, subjektiv wahrgenommenen Erfolgen in unkritische Euphorie und Aktivismus, kollidiert dann mit seiner Umwelt und wird im wahrsten Sinne des Wortes erst dann zu einem wirklichen Therapiefall.

Wenn das fachliche Wissen und die Praxis fehlen, kann es darüber hinaus, wie diesbezügliche breite Untersuchungen der Beratungsstelle ergaben, zur intuitiven Vereinfachung der Störungskomplexe kommen. Sie werden oft z. B. auf eine bilingual-bikulturelle oder multikulturelle Problematik[1] reduziert, und im Hintergrund grummelt manchmal deren pervertierte Geschwulst: der Rassismus. Wie kompliziert und wie mannigfaltig unterschiedlich die von ursächlichen Störungen (Umschulung der angeborenen Händigkeit) beeinflussten Schicksale werden können und was für Therapiemethoden zwangsweise angewendet werden müssen, um sich mit der Störungsganzheit auseinanderzusetzen, zeigen die zwei folgenden Fallstudien. Sie führen aber auch gleichzeitig die unumgängliche Notwendigkeit einer therapeutischen Behandlung deutlich vor Augen.

Fallstudie: Uwe H., Jahrgang 1971

Symptomatik

Die Eltern kamen im Herbst 1985 mit dem 14-jährigen Uwe H. in die Therapie wegen Schulschwierigkeiten, besonders Legasthenie, Konzentrations- und Leseproblemen, Schulangst, Kontaktschwierigkeiten mit Schulkameraden und seiner oft sehr patzigen Verhaltensart gegenüber fremden Leuten.

Anamnese

Uwe begann mit etwa einem Jahr selbstständig zu laufen und hat bald danach sprechen gelernt. Er hat nie gekrabbelt, sondern sich nur gerollt und ist

---

1 Ähnliches gilt auch für die Fallbeispiele: Agnes (2.4.2), Monika (7.2.1), Sophia (7.2.2) und Talia (8.2).

dann gleich gelaufen. Seinem Schuldirektor ist bei Uwe die ungewöhnliche Ungeschicklichkeit aufgefallen, und er ließ ihn daher untersuchen. Es wurden Koordinationsprobleme mit zerebralem Ursprung festgestellt, und der Arzt meinte, dass dies an dem fehlenden Krabbeln als Kleinkind läge und er dadurch die notwendige Koordinierung der Bewegungsabläufe nicht gelernt habe. Uwe wurde deshalb auf ein „Krabbelgerät" gestellt, auf dem er diese Krabbelbewegungen nachvollziehen musste. Das hat ihm allerdings keine Freude gemacht, sondern nur gelangweilt.

Uwe war erst mit dreieinhalb Jahren sauber. Er reagierte allergisch auf Milch und Milchprodukte und hatte schon immer Ekzeme, die früher sehr stark waren. Nachdem er die genannten Nahrungsmittel nicht mehr zu sich genommen hatte, gingen die Ekzeme zurück, und auch sein Verhalten besserte sich danach. Er war angeblich früher sehr aggressiv, jähzornig und unleidlich. Für seine Ekzeme schämte er sich so, dass er keine offenen Schuhe trug und nie ohne Strümpfe gehen wollte. Er hielt sich auch für zu dick und wollte aus beiderlei Gründen nicht in der Badehose herumlaufen. Uwe hat Krupp und Pseudokrupp gehabt, allerdings zum Zeitpunkt des Therapiebeginns nicht mehr.

Uwe war Linkshänder, und seine Händigkeit hat sich immer stark manifestiert. Es ist nach Aussage der Mutter auch nicht versucht worden, ihn umzustellen. Eine Psychologin in Frankfurt hatte ihn vor der Einschulung untersucht und festgestellt, dass er „ein echter Linkshänder" sei, und empfohlen, seine Händigkeit zu belassen.

In der Schule in München ließ man ihn links schreiben, er zeigte damals die Tendenz zu Spiegelschrift, das schwächte sich aber ab und war zu Therapiebeginn kaum noch festzustellen.

Uwes bisheriger Lebensweg und Schullaufbahn waren sehr bewegt. Sie sollen, zur besseren Orientierung, zunächst schematisch dargestellt werden:

Geburt	Lindau	1971	
Kindergartenbesuch	Lindau	ca. 1 Jahr	
Kindergartenbesuch	Hamburg	ca. 2 Jahre	
Kindergartenbesuch	Frankfurt	bis zur Einschulung	
Volksschule	München	1. bis 4. Klasse	1. Schule

Spezialschule	Australien	1981	2. Schule
	Australien	7. bis 9. Klasse (andere Klassenzählung)	3. Schule
Grundschule	Australien	7. Klasse	4. Schule
Highschool	Australien	8. Klasse	5. Schule
Schulwechsel Highschool	Australien	9. Klasse	6. Schule
Realschule	München	1985 8. Klasse	7. Schule

Uwe wurde in Deutschland eingeschult und verbrachte die ersten vier Schuljahre in München. Er wurde in der 3./4. Volksschulklasse etwa ein Jahr lang psychotherapeutisch behandelt, aber seine Probleme (Legasthenie, Kontaktschwierigkeiten) besserten sich wenig.

Nach der 4. Klasse zogen seine Eltern nach Australien, und Uwe hat dort in einer speziell für Einwanderer eingerichteten Schule mit besonderen Förderungs- und Eingliederungsmaßnahmen Englisch gelernt. Dann kam er in eine andere Schule, und es traten sehr bald große Schwierigkeiten im sozialen Kontakt mit seinen Klassenkameraden auf, die ihn vermutlich hänselten. Sein Vater vermutete, dass diese Hänseleien auch damit im Zusammenhang standen, dass er Deutscher war und aus diesen Gründen „Beschimpfungen in Richtung Faschist gingen". Er erwähnte, dass in Australien damals noch häufig Propagandafilme gezeigt wurden, ähnlich wie z. B. in Frankreich, England oder Amerika, die ein absolut negatives Bild der Deutschen zeichneten (diese Beobachtung kann aus eigener Erfahrung bestätigt werden, durch Erlebnisse in Frankreich 1972 als Au-pair-Mädchen in einer Familie, in der die Kinder Deutsche allgemein als Faschisten bezeichneten und der Meinung waren, dass Hitler noch an der Macht sei, was den sehr gebildeten und kultivierten Eltern äußerst peinlich und mir völlig unverständlich war).

Außerdem sei Uwe „etwas tappig und linkisch" gewesen, was vielleicht auch den Spott anderer Kinder herausforderte. Die Mutter bestätigte, dass er in der Schule von anderen Kindern laufend provoziert worden und es sogar zu einer Art „Messerstecherei" gekommen ist: Uwe war von einem anderen Kind gehänselt worden, er warnte das Kind, wenn es ihm zu nahekäme, „steche ich mit dem Messer zu". Ein Junge näherte sich ihm von hinten, griff nach dem Messer in Uwes Hand, und „Uwe zog es runter". Der Junge verletzte sich die Hand schwer. Daraus wurde eine große Affäre gemacht, und die Eltern entschlossen sich, Uwe in eine andere Schule zu schicken.

In dieser, bereits sechsten Schule ging es ihm besser, und auch seine sozialen Kontakte verbesserten sich etwas.

Im Juli 1985 kam die Familie wieder zurück nach Deutschland, wo der Vater in München ein Semester als Gastdozent für Volkswirtschaft an der Ludwig-Maximilians-Universität lehrte.

Uwe besucht seit September 1985 in München die Realschule (7. Schule) und ist – nach seiner Aussage – gut. Die Lehrerin sagte aber seiner Mutter, dass er die Hälfte der Zeit träume. Als seine Hauptschwierigkeit bezeichneten die Eltern mangelnde Konzentrations- und Aufnahmefähigkeit. Er bekomme in der Schule nur die Hälfte der gestellten Aufgaben mit, und wenn man ihn anspreche, „ist er oft wie weggetreten". Er sei auch schnell frustriert beim Lesen. Auf der anderen Seite schien er, wenn er motiviert war, „sich sehr für die Sache zu interessieren und sich richtig hineinknien zu können". Zum Beispiel bastele er Flugzeuge, spiele gut Karten und mit dem Vater Schach und sei ein guter Spieler.

Probleme der Motivation waren schon in der 3.–4. Klasse (noch in München) bei den Untersuchungen festgestellt und dann therapeutisch behandelt worden. Laut Aussage der Mutter seien bei den neurologischen Untersuchungen „erhebliche Störungen diagnostiziert worden", aber sie meinte weiter, es könne sich auch um eine Übertreibung gehandelt haben, um eine Therapiegenehmigung zu bekommen, denn eine Untersuchung nach einer Gehirnerschütterung im September 1985 ergab keinen derartigen Befund. In dem Gutachten des Nervenarztes vom 18. 9. 85 wird ausgeführt: Es waren „keine charakteristischen posttraumatischen Veränderungen nachweisbar. Das Wellenbild ist aber für das Lebensalter von 14 Jahren noch recht dysrhythmisch, ohne dass man dadurch auf einen Intelligenzrückstand oder eine frühkindliche Hirnschädigung schließen könnte, zumal Seitendifferenzen und Herdveränderungen fehlen ... Bei dem Linkshänder besteht gegenwärtig keine Rechts-Links-Unterscheidungsschwäche, er ist aber Legastheniker. Die Geburt war asphyktisch, er verblieb eine Woche länger im Krankenhaus als die Mutter. Die frühkindliche Entwicklung war unauffällig ... Er war bis vor 2 Monaten in Australien und war 10 Jahre alt, als die Familie aus beruflichen Gründen dorthin ging. Die Legasthenie erstreckt sich auch auf die englische Sprache."

Die Mutter schien sehr großes Gewicht auf Uwes Schulschwierigkeiten zu legen: „Man muss doch richtig lesen und schreiben können, das geht doch nicht, dass man ein Wort immer wieder falsch schreibt, wenn man es schon so oft gehört hat." Hingegen äußerte der Vater, „er sei in dem Alter von Uwe auch nicht sehr gut in der Schule gewesen". Er sah das also gar nicht so tragisch wie die Mutter. Der Vater schien selbst hin und wieder unter einem „Blackout" zu leiden, sowohl in seiner Schulzeit als auch jetzt bei Vorlesungen. Inzwischen hatte er eine Möglichkeit gefunden, damit umzugehen: Er sagte sich, „na gut, habe ich halt einen Blackout" und so käme er viel leichter darüber hinweg.

Die Mutter schien linkshändig veranlagt zu sein, sie bügelte mit links und verrichtete auch verschiedene andere Tätigkeiten mit links, gab aber an, dass sie als Kind angeblich nicht gezielt von außen umgeschult worden sei, das sei von selbst gekommen, sie benutze einfach beide Hände, schreibe aber mit der rechten. Ihre eigene Mutter hat aber, als es die ersten Schwierigkeiten mit Uwe in der Schule gegeben hatte, bemängelt, dass man ihn doch auf die rechte Hand hätte umziehen sollen. Aufgrund dessen besteht die Möglichkeit, dass sie ihre eigene Tochter (Uwes Mutter) umzogen hat und diese nur heute keine Erinnerungen mehr daran hat.

Die Erwartung an die Therapie war, die Ursache für Uwes Schwierigkeiten herauszufinden und zu versuchen, sie zu beheben. Auf den Einwand, dass das aber ein sehr hoher Anspruch sei, wurde differenziert: „Man möchte, dass Uwe ein normaler Mensch wird und eine normale Entwicklung haben kann."

Über Uwes Selbstbewusstsein waren sich die Eltern nicht ganz klar. Besonders der Vater war unsicher: „Uwe habe das Talent, frei zu sprechen", und es war Erstaunen und Bewunderung der Eltern dafür festzustellen. Nach ihrer Aussage hat Uwe in Australien sehr schnell Englisch gelernt. Die Eltern haben mit ihm nur in deutscher Sprache gesprochen, „denn er hatte die Tendenz, das Deutsche zu vergessen". Später hat er Englisch gesprochen, und die Eltern haben auf Deutsch geantwortet, sodass sich oft ein zweisprachiger Dialog entwickelte (hier ist wichtig, darauf hinzuweisen, dass bei zwei- und mehrsprachig aufwachsenden Kindern überdurchschnittlich oft deutliche psychische Entwicklungsrückstände zu beobachten sind, und das sogar bis zur zeitweiligen Lernbehinderung1). Uwe interessierte sich für Computer, was aber der Vater nicht gerne sah, er hielt den Bildschirm für gesundheitlich sehr fragwürdig.

Uwe interessierten auch Hubschrauber, und er wollte sogar Pilot werden, worauf die Mutter sagte: „Wie willst du Pilot werden, da musst du ja das

Abitur haben, und wenn du jetzt so viele Schreibfehler machst, wird daraus sicher nichts."

Uwes Schilderungen in der nächsten Sitzung, in die er allein, ohne Begleitung kam, waren ziemlich geballt mit Aggressionen gegenüber anderen Kindern. „Schon in den ersten Schuljahren habe ihn ein Robert wegen seiner Kleidung gehänselt", erinnerte er sich sofort. „Genauso mies waren die Kinder in Australien gewesen", und er berichtete auch über die Geschichte mit dem Messer, zeigte sich als äußerst nachtragend und formulierte deutlich seine Vergeltungsgelüste und Schadenfreude über die Verletzung des anderen Schülers. Er schilderte, wie er dann erstaunt war, als er zur Polizei musste. Ihm wurde später erzählt, dass, nachdem er die Schule bereits gewechselt hatte, überall dort an den Wänden geschmiert worden sei „kill Uwe".

In Australien hatte er einen belgischen Freund, den er in Deutschland etwas vermisste, aber viel mehr fehlte ihm sein Fahrrad. Seine Erzählungen über vergangene, meist allein unternommene Abenteuer mit dem durch Sonderausstattungen „getunten" Fahrrad waren voll von Beschreibungen, wie er die Leute geärgert habe, z. B. indem er laut klingelnd und hupend nachts durch ein Dorf gefahren sei.

Psychischer und somatischer Befund zu Behandlungsbeginn

Uwe war beim ersten Kontakt sehr misstrauisch und überprüfte die Kompetenz der Anwesenden, indem er zunächst englisch sprach; als ihm aber auch auf Englisch geantwortet wurde, ging er schnell auf Deutsch über. Er erzählte von seinem Interesse für Computer und dass er Pilot werden wolle. Dass beides nicht dazu dienen sollte, die Eltern zu provozieren, zeigte sich später, als es gelang, den Vorhang zu seiner völlig abgekapselten Traumwelt, in die er sich zurückgezogen hatte, etwas zu lüften, und sich herausstellte, dass diese Gedankenausflüge in Fliegen und Computersysteme absolut notwendig waren, um mit dem Leben an verschiedenen Plätzen der Welt (aufgrund der beruflichen Situation seines Vaters) zurechtzukommen. Seine Schilderungen waren voller Aggressionen gegenüber anderen Kindern, die sich in nachtragender, aber theoretischer Weise, auch in Schadenfreude und Vergeltungsgelüsten auf andere Menschen generalisierten.

Es bestanden legasthenische Probleme beim Schreiben und Lesen, die er mit einer gewissen „Schnoddrigkeit" nicht wahrzuhaben versuchte. Der IQ im HAWIK betrug 115, wobei der Verbalteil mit 123 zum Handlungsteil mit 107 sehr differierte. Der FPI zeigte ein unausgeglichenes Profil, wobei Uwe bei spontaner Aggressivität nur etwas unter der Norm lag, aber besonders starkes Dominanzstreben und reaktive aggressive Werte zeigte, die sich in seinem Verhalten noch mit Ungeselligkeit und Zurückhaltung paarten. Weitere Tests waren HAPEF-K und Thematischer Apperzeptionstest (TAT).

Wahrscheinlich durch die Interpretation der TAT-Bilder wurden Uwes Widerstände und Verschlossenheit „angeknackst", vor allem aber, weil er hier ungestraft Aggressionen äußern konnte, die er den abgebildeten Personen in den Mund legte, glitt er langsam in die Schilderung seiner eigenen Traumwelt hinüber.

Uwe nahm seine Schulprobleme ziemlich locker, er konnte keine emotionale Beziehung zu seinen neuen Schulkameraden aufbauen. Er wehrte sich auch deswegen dagegen, weil er wusste, dass der Vater Mitte des kommenden Jahres beruflich nach Holland musste und er somit wieder in eine andere Schule, an einen anderen Ort gehen würde.

Somatisch wurde bei der neurologischen Untersuchung kein Befund erhoben, allerdings wurde dort die asphyktische Geburt erwähnt, was einen drohenden Erstickungszustand des Neugeborenen infolge des Absinkens des Sauerstoffgehalts im Blut bedeutet (Asphyxie). Die bereits genannten Ekzeme wurden behandelt, und es zeigten sich deutliche Besserungen.

Verhaltensanalyse

Drei Symptome erschienen besonders belastend und wurden einzeln analysiert:

a) Kontaktschwierigkeiten zu Gleichaltrigen
b) Aggressives Verhalten, oft ohne direkten Bezug zur jeweiligen Situation
c) Schulprobleme, schlechtes Gedächtnis und legasthenische Schwierigkeiten

Es wurde vermutet, dass alle drei Symptome in einem engen Zusammenhang zueinanderstanden; sie sollten aber zunächst doch als eigene Problembereiche beschrieben werden.

Zu a) Kontaktschwierigkeiten zu Gleichaltrigen

Symptombeschreibung

Uwe zeigte kein positives Interesse an seinen neuen Schulkameraden. Er sagte: „Die sind mir egal und sicher genau so doof wie damals Robert." (Robert hatte ihn in seinen ersten Schuljahren in München wegen seiner Kleidung gehänselt, denn Uwe zog sich wegen seiner Ekzeme möglichst bei jedem Wetter so an, dass Arme und Beine bedeckt waren.) Gleichzeitig äußerte er aber seinen Hass ihnen gegenüber, „sie sind so dumm wie Aborigines, die Ureinwohner Australiens." Er ging schnell wieder auf Schilderungen der „Messerstecherei" in Australien über, und es mischten sich Schadenfreude und Hass gegenüber dem Jungen, der ihn gehänselt und dann in das Messer gegriffen hatte, und Erstaunen, dass er, Uwe, dafür bestraft wurde, die Polizei sich dafür interessierte und er sogar die Schule wechseln musste, und dass man ihm den Tod wünschte. Wenn das Gespräch auf die jetzige Schulsituation und die Mitschüler gelenkt wurde, begann er unruhig zu werden, mied den Blickkontakt und äußerte höchstens Aggressionen gegenüber diesen Kindern und denen in Australien. Uwe wechselte allerdings so schnell wie möglich das Thema und kam immer wieder auf seine Traumwelt zu sprechen, in der „Charly" eine wesentliche Rolle spielte. Charly gehörte zu einer Armee von kleinen Wesen, die fünfzig Zentimeter groß sein sollten und blaue Uniformen trugen. Charly war eigentlich eine ferngesteuerte Puppe und noch kleiner als die anderen. Diese Wesen kämpften gegen andere Wesen, ohne sich gegenseitig zu töten oder zu verletzen, nur die einzelnen Kampffahrzeuge gingen dabei kaputt, und so entstand für sie viel Mühe und Ärger, weil sie sich alles wiederaufbauen mussten. Das Hauptquartier war bei Uwe im Haus, dort war auch der Zentralcomputer, der alles steuerte. Über die einzelnen Kampffahrzeuge, Flugzeuge und Schiffe besaß Uwe ein ganzes Buch, das aus großformatigen Papieren bestand, in das diese Fahrzeuge sorgfältig von ihm gezeichnet oder eingeklebt waren. Unter den Zeichnungen befanden sich auch genaue schematische Darstellungen: Querschnitte, Draufsichten, Ansichten, Einzelteile und Beschriftungen.

Charly flog bzw. schwebte immer bei Uwe, auch wenn Uwe in der U-Bahn zur Therapie fuhr, und er wurde durch Uwes „Gedanken bedient": Er konnte Charly eingeben, was er tun sollte. Charly konnte auch in einem Geländewagen fahren. Wie Charly und die ganze Armee die Reise von Australien nach München durchgeführt hatten, war nicht ganz klar. Auf alle Fälle „stehen sie nachts irgendwo unter". Und weil nur Uwe Charly wahrnehmen konnte, gab es ja auch keine Probleme. Auf die Frage, warum Uwe diese Figuren erfunden hatte, sagte er mit nachdenklichem Blick:

„Damals in Australien war ich in einer Schule, in der ich keine Freunde hatte, und da habe ich sie mir ausgedacht." Uwe brachte zur nächsten Sitzung seine Zeichnungen mit, und es fiel auf, dass in den sehr akkurat gezeichneten

Fahrzeugen oft Kleidung von Charly abgebildet war, z. B. Schuhe, Helm und Ausrüstung, aber alles andere war unsichtbar. Es konnte ja auch nur Uwe sehen… Die Eltern hatten von dieser Traumwelt keine Ahnung! (Später bemerkte sein Vater trocken, dass es Uwes Glück sei, dass er keinem jungen, fleißigen Psychiater in die Hände fiel: Der hätte sicher daraus eine Psychose aus dem Schizophreniekreis abgeleitet …)

Vorausgehende Reizbedingungen

- Schulkameraden oder andere Kinder, die lachen, und Uwe weiß nicht warum
- Schulkameraden oder andere Kinder, die über Themen sprechen, die Uwe fremd sind
- Mitschüler allgemein

Nachfolgende Reizbedingungen

- Uwe fürchtet, dass sie über ihn lachen
- Uwe kennt sich mit den Gesprächsthemen nicht aus
- Uwe provoziert, um sich doch in die Gemeinschaft einzubringen und Aufmerksamkeit auf sich zu ziehen.

Konsequenz

- Angst, dass man über ihn lacht – Rückzug, Unsicherheit
- auf Uwes Provokation reagieren die anderen Kinder mit Hänseln (SD), worauf neue Aggressionen bei Uwe aufgebaut werden
- Uwe zieht sich in seine Traumwelt zurück, in der er durch seine bloßen Gedanken fähig ist, Charly zu manipulieren bzw. zu veranlassen, Dinge zu tun oder zu lassen, und er quasi der Herrscher über ein ganzes Heer ist, wobei typisch ist, dass Charly und die uniformierten Wesen alle weit kleiner sind als Uwe selbst.

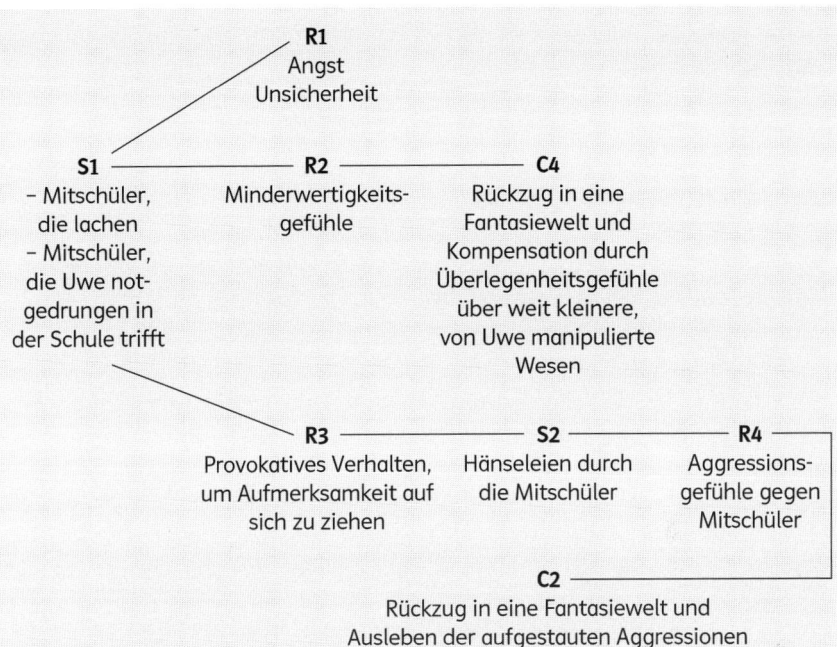

R1
Angst
Unsicherheit

S1 ———————— **R2** ———————— **C4**
– Mitschüler,　　Minderwertigkeits-　　Rückzug in eine
die lachen　　　gefühle　　　　　　Fantasiewelt und
– Mitschüler,　　　　　　　　　　　Kompensation durch
die Uwe not-　　　　　　　　　　　Überlegenheitsgefühle
gedrungen in　　　　　　　　　　　über weit kleinere,
der Schule trifft　　　　　　　　　von Uwe manipulierte
　　　　　　　　　　　　　　　　　Wesen

R3 ———————— **S2** ———————— **R4**
Provokatives Verhalten,　　Hänseleien durch　　Aggressions-
um Aufmerksamkeit auf　　die Mitschüler　　　gefühle gegen
sich zu ziehen　　　　　　　　　　　　　　Mitschüler

C2 ———————————————————————
Rückzug in eine Fantasiewelt und
Ausleben der aufgestauten Aggressionen
in Kämpfen seiner Heere

Diese zunächst isoliert analysierten Reiz-Reaktions-Abläufe und deren Konsequenzen stehen vermutlich in einem funktionellen Zusammenhang, nämlich,
dass es hier zu diskriminativen, auslösenden Reizen gekommen ist, die zu
einer Deprivation bzw. zu keinem Erlernen positiver Verstärker mehr führten.

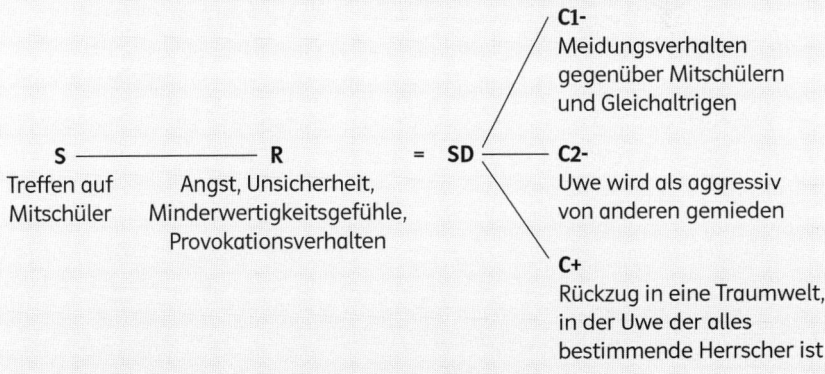

C1-
Meidungsverhalten
gegenüber Mitschülern
und Gleichaltrigen

S ———————— **R** ＝ **SD** **C2-**
Treffen auf　　　Angst, Unsicherheit,　　　Uwe wird als aggressiv
Mitschüler　　　Minderwertigkeitsgefühle,　von anderen gemieden
　　　　　　　　Provokationsverhalten

C+
Rückzug in eine Traumwelt,
in der Uwe der alles
bestimmende Herrscher ist

In der Therapiesituation und auch im Kontakt mit Studenten, die im Institut
ihr Sozialpädagogisches Praktikum ableisteten, zeigte sich Uwe nicht ag-

gressiv, sie gehörten für ihn in die „Erwachsenenwelt" und wirkten nicht als diskriminativer Reiz.

Organismusvariable

Uwe befand sich in der Pubertät und reagierte auf seine wenigen Pickel besonders stark. Wahrscheinlich war hier eine Verbindung zu früheren starken Schamgefühlen wegen seiner Ekzeme am ganzen Körper in vergangenen Jahren zu sehen. Diese Organismusvariable war aber besonders früher mitauslösend für das symptomatische Verhalten, verstärkt es aber heute nur in C1-. Seine frühere Ungeschicklichkeit („tappig und linkisch") ist keine symptomerhaltende Organismusvariable mehr, hat aber sicher zur Genese des symptomatischen Verhaltens beigetragen.

Selbstkontrolle

Uwe kontrollierte sein symptomatisches Verhalten insofern, als er möglichst keinen Kontakt zu Gleichaltrigen aufnahm, sich zurückzog und die fehlenden sozialen Kontakte durch soziale Pseudokontakte in seiner Fantasiewelt ersetzte. Da er sich hier keinen wirklichen Auseinandersetzungen mit anderen stellen musste, kam es zu einer symptomverstärkenden Kontrolle.

Bedingungsmodell

Bei dem symptomatischen Verhalten der Kontaktschwierigkeiten zu Gleichaltrigen, verbunden mit Minderwertigkeits- und Unsicherheitsgefühlen, die oft auch von aggressiven Reaktionen begleitet waren, handelte es sich um ein operantes Flucht- und Meidungsverhalten. Es kam somit zu keiner positiven Verstärkung von außen. Angenehm getönt waren für ihn allerdings seine Fantasien, in die er sich hineinträumte, in denen er der Bestimmende war, und da er alles durch seine Gedanken steuerte, musste er sich auch nicht mit anderen auseinandersetzen.

Weiter regten diese Fantasien seine Konstruktionslust von Fahr- und Flugzeugen an, die ihn auch von technischer Seite her sehr interessierten. Der Computer, dessen Möglichkeiten er durch den Beruf seines Vaters (Hochschuldozent für Volkswirtschaft) kannte, war für ihn eine interessante Möglichkeit, seine Wünsche, ohne irgendwelche Auseinandersetzungen mit realen Gleichaltrigen, in der Fantasie zu steuern: Überheblichkeitsgefühle als Auspendelung der Minderwertigkeitsgefühle konnten sich hier ausleben bzw. entladen.

Genese

Es zeigte sich, dass das symptomatische Verhalten „Kontaktschwierigkeiten" nicht ohne das symptomatische Verhalten „Aggression" beschrieben werden konnte und dass die Konditionierung zusammengefasst werden musste. Allerdings sind wahrscheinlich zwei Konditionierungsphasen (zu verschiedenen Zeiten) festzustellen:

UCS	UCR
– Hänseleien der anderen Kinder, weil sich Uwe andersartig kleidet, um einen körperlichen Makel zu verstecken – Uwe wird durch ungeschickte und tollpatschige Bewegungsabläufe auffällig	– Wut – Aggressionsaufbau – Provozierendes Verhalten

Diese Konditionierung hat bereits im Kindergarten angefangen und war zu Schulbeginn schon klassisch konditioniert, sodass Uwe auf Hänseleien und kleine Streitereien nicht mit einem der jeweiligen Situation angemessenen Verhalten reagierte, sondern sofort wütend und aggressiv wurde und andere unangemessen provozierte.

CS	CR
– Hänseleien, Spötteleien – Streitereien unter Kindern	– massive Aggressionen – sofortige Provokationen

Dieses bereits so konditionierte Verhalten, das in der psychotherapeutischen Behandlung in der dritten und vierten Klasse anscheinend nicht gelöscht und durch angemessene Reaktionen ersetzt werden konnte, wurde in Australien weiter verstärkt, wo er als Zugehöriger zu einem fremden Volk (Deutscher) mit Pauschalvorurteilen „Faschist" konfrontiert wurde, die er nicht verstand, denen er hilflos gegenüberstand und die seine klassisch konditionierten Reaktionen (Aggression und Provokation) noch verstärkt haben.

Dann kam es zu dem Ereignis der „Messerstecherei". Dort hatte sein symptomatisches Verhalten nicht dazu geführt, dass ihn die Kinder in Ruhe ließen, sondern auf seine Provokation mit Angriff reagiert wurde und es so zu der Verletzung des anderen Schülers kam.

CS ───────────	CR ───────────	C-
Provokation	Aggression, Drohung der Selbstverteidigung mit Messer und Verletzung des Mitschülers	– Uwe muss zur Polizei – Schulwechsel – Morddrohungen gegen Uwe an den Wänden der Schule

Uwe entwickelte hieraus wahrscheinlich eine neue Konditionierung, nämlich „ich darf mich nicht wehren, wenn ich angegriffen werde", und zog sich folgend immer mehr in seine Fantasiewelt zurück.

Zu b) Aggressives Verhalten, oft ohne direkten Bezug zur Situation

Die Verhaltensanalyse hat die Hypothese bestätigt, dass es sich bei den Kontaktschwierigkeiten zu Gleichaltrigen (a) und dem aggressiven Verhalten nicht um zwei separat analysierbare Symptome handelt, sondern dass sie in engem, funktionellem Zusammenhang stehen.

Zu c) Schulprobleme, schlechtes Gedächtnis und legasthenische Schwierigkeiten

Uwes Schulprobleme äußerten sich bei Therapiebeginn durch seine Gleichgültigkeit schulischen Belangen gegenüber. Er schätzte seine Leistungen nicht richtig ein, und im Grunde waren sie ihm ziemlich egal; Schule war für ihn eine Last, die überlagert wurde von den *Konflikten* mit Gleichaltrigen und seinen Rückzugstendenzen vor *Kontakten* mit Gleichaltrigen. Uwe hatte keine Schulangst, denn er wusste, dass er im kommenden Herbst wieder in eine andere Schule kommen würde, vielleicht sogar wieder in eine fremdsprachige, „und dann sieht man weiter".

Festzustellen waren Lese- und Rechtschreibschwierigkeiten. Er las mühsam und stockend vor und seine Orthografie war typisch für legasthenische Probleme. Das Schriftbild war zwar relativ gleichmäßig, aber er verschrieb sich oft, machte unnötige Kringel und Zacken und das Ergebnis hinterließ einen „fahrigen" Eindruck. Konzentrationsprobleme waren auch vorhanden. Sein IQ war überdurchschnittlich.

Die Fürsorglichkeit der Eltern wirkte sich verschieden aus. Der Vater sah die ganze Problematik nicht so tragisch und war sich bewusst, dass Uwe intelligent, unter Motivation zu arbeiten und Leistung zu erbringen fähig war und „manches noch nachgeholt werden kann". Gleichzeitig fühlte er sich aber auch mitschuldig, dass wegen seiner eigenen Karriere, die ihn zwang, Lehraufträge in verschiedenen Ländern anzunehmen, das Kind unter den häufigen Schulwechseln litt, er schrieb sich Schuld an Uwes Problemen zu und verzieh ihm deshalb überdurchschnittlich viel.

Die Mutter, die als Hausfrau weit mehr mit dem Jungen zusammen war, zeigte sich besorgter um seine Schullaufbahn, hoffte, dass mittels einer Therapie diese Problematik behoben werden könnte, und versuchte Uwe damit zu motivieren, dass sie sein Ziel, Pilot zu werden, an das Abitur koppelte. Da sie damit Uwe aber die Hoffnungslosigkeit seines Wunsches mehr vor Augen führte als ihn, wie beabsichtigt, durch Anreize positiv zu verstärken, wirkten ihre Bemühungen als ein negativer Verstärker und Uwe zog sich weiter in seine Traumwelt zurück.

S	R1	C-
Uwes schlechte Schulleistungen	Mutter ist unzufrieden und äußert ihre Zweifel an Uwes ausreichenden Fähigkeiten, Pilot zu werden	Uwe zieht sich weiter in seine Traumwelt zurück, in der er schon Pilot mit „Freund Charly" ist

Organismusvariable

Die in dem neurologischen Befund erwähnte Asphyxie bei der Geburt (Sauerstoffmangel im Blut) führt zu leichten Hirnschädigungen und wirkt sich bei vielen Kindern in Legasthenie, feinmotorischen und/oder Konzentrationsproblemen aus. Die Intelligenz ist davon nicht betroffen. Diese zerebralen Störungen „verheilen" meist bis etwa in die Pubertät, daher wurden sie oft auch als Entwicklungsrückstand beschrieben (ICD-Nr. 315.0), bzw. das Kind lernt mit ihnen umzugehen. Voraussetzung ist aber, dass die Umfeldbedingungen sich möglichst fördernd auf die Entwicklung des Kindes auswirken und die sekundären Folgeerscheinungen, wie z. B. Minderwertigkeitsgefühle und Rückzugstendenzen, aber auch Verhaltensstörungen, möglichst geringgehalten werden. Bei Uwe kam es bereits im Kindergarten zu Störungen, er bemerkte sehr wohl, dass er nicht so geschickt wie andere Kinder war, und wollte dies ausgleichen, wurde wütend und jähzornig und provozierte die anderen. Diese rächten sich wieder dadurch, dass sie ihn wegen seiner Ungeschicklichkeit hänselten und fanden sofort seinen zweiten wunden Punkt heraus, die wegen der Ekzeme geschlossene Kleidung.

In der Schule kamen dann noch legasthenische Schwierigkeiten hinzu. Die Psychologin hatte damals anscheinend die Kausalität richtig herausgefunden, konnte sie aber den Eltern nicht vermitteln, denn die Mutter hielt das für eine Übertreibung, um die Therapiegenehmigung zu bekommen. Problematisch ist hier, dass die Eltern sehr große Abwehrreaktionen zeigten gegenüber der Feststellung, dass ihr Kind leichte zerebrale Schwierigkeiten haben sollte, und entsprechend hohe Erwartungen an eine Therapie stellten, die diese nicht erfüllen kann.

Hinzu kam bei Uwe noch der „Kulturschock" einschließlich einer anderen Sprache und Lebensart in Australien. Was sich noch schlimmer auswirkte war, dass versucht wurde, ihn probeweise in jeder neuen Schule zunächst auf das Schreiben mit der rechten Hand umzustellen, bis schließlich festgestellt wurde, dass sich seine Linkshändigkeit doch durchsetzte. Dies führte jeweils zu kurzfristigen organischen Funktionsstörungen in der Hemisphärenlateralisation und zur erneuten Beeinträchtigung der sich im Heilungsprozess befindenden zerebralen Störungen.

Selbstkontrolle

Uwe versuchte zwar immer wieder, schulische Leistungen zu erbringen, wobei die Bemühungen auch vom Vater verstärkt und anerkannt wurden, die pessimistische Haltung der Mutter bewirkte aber immer wieder das Gegenteil und machte seine Hoffnungen zunichte, sodass er sich in eine Traumwelt mit akkuraten Entwürfen der Fahrzeuge für sein Fantasie-Heer zurückzog.

Bedingungsmodell

Weder Uwe noch die Eltern hatten die Kausalität voll begriffen. Der Vater zeigte zwar größeres Verständnis, aber auch er erwartete, dass man die Schulprobleme durch einfache Verhaltensänderung eliminieren könnte. Beide Eltern wollten den Anteil der organischen Funktionsstörungen an den Symptomen nicht wahrhaben und verstärkten Uwe so negativ durch Frustration (Mutter), durch falsche Leistungsbewertungen und eine „Das-wird- schon-werden-Haltung" des Vaters. Die Mutter warf ihn zurück in seine Traumwelt und verstärkte ihn hier negativ (ohne von dieser überhaupt etwas zu ahnen), und der Vater, der Schuldgefühle hatte, weil er meinte, dass er ungerechtfertigterweise seine eigene Karriere über die Entwicklung seines Sohnes stellte, unterstützte die Gleichgültigkeit des Sohnes gegenüber schulischen Leistungen. Die Therapie sollte als „bezahlbarer Eingriff" helfen, aus diesem Dilemma herauszukommen, und damit hätte man etwas getan und brauchte sich das später auch nicht vorzuwerfen.

Genese

Bereits vor Schulbeginn hatte Uwe erfahren, dass ihm die angestrebten Tätigkeiten nicht so gelangen wie anderen Gleichaltrigen. Er begriff das nicht als „ich bin eben nicht so geschickt, aber dafür kann ich andere Dinge gut", sondern verband das mit seinem körperlichen Makel (Ekzeme) und den Hänseleien der anderen, auf die er mit Provokation reagierte. Hier steht wieder die Konditionierung der Kontaktschwierigkeiten mit der Konditionierung, die aus den organischen Funktionsstörungen (MCD) entstanden ist, in direktem Zusammenhang, und beide lassen sich nicht als voneinander getrennte Konditionierungen beschreiben.

Diagnose zu Behandlungsbeginn

Anpassungsstörung im Sozialverhalten mit emotionaler Symptomatik – ICD-Nr. 309.4.

Auffällig waren Uwes Kontaktstörungen zu Gleichaltrigen, oft gepaart mit aggressivem Verhalten, und dann besonders seine Schulschwierigkeiten, deren Hauptmerkmal eine Lese- und Rechtschreibschwäche war, verbunden mit Konzentrationsproblemen und – inzwischen gebesserten – feinmotorischen Störungen. Die Verhaltensanalyse ergab aber noch eine, den Eltern völlig unbemerkt gebliebene, emotionale Störung, deren Hauptsymptom Abkapselung von der Außenwelt war und Leben in einer eigenen Fantasiewelt, die erschaffen worden war, um mit den Gegebenheiten der Außenwelt zurecht zu kommen.

Die organischen Funktionsstörungen wurden von den Eltern zwar bemerkt und kommentiert, aber nicht in ihrer Kausalität begriffen, und so konnte auch Uwe sie nicht verstehen.

Therapieziele und Prognose

In Anbetracht dessen, dass die Eltern im nächsten Sommer wieder umziehen würden und Uwe keine besondere Motivation empfand, sich mit seiner hiesigen Umgebung auseinanderzusetzen und Beziehungen zu knüpfen, mussten die Therapieziele realistisch ausgewählt werden. Es sollte durch die Aufdeckung und Besprechung der Fantasiewelt versucht werden, ihr den Platz zuzuweisen, der ihr zukam, nämlich den einer schönen kreativen Geschichte, die aber kein Ersatz für Kontakte zu Gleichaltrigen sein konnte.

Weiter sollte die Kausalität zwischen den organischen Funktionsstörungen (MCD) und den konditionierten Reaktionen aufgedeckt und besprochen werden, und zwar auch mit den Eltern. Es sollte deutlich gemacht werden, was erreichbar ist und was nicht. Dabei war es besonders wichtig, die aversiven Verstärker der Mutter zu löschen, die ihren Sohn anzuspornen versuchte, indem sie ihm die Aussichtslosigkeit seines Zieles, Pilot zu werden, bei aktuellen Schulleistungen immer wieder vor Augen führte.

Eine breite Analyse der legasthenischen Schwierigkeiten erschien insofern nicht sinnvoll, als noch nicht feststand, in welchen Schultyp Uwe im nächsten Herbst gehen würde, in welchem Bundesland oder Ausland, und es erschien sinnvoller, die Zeit für gezielte Übungen in Lesen und Schreiben zu verwenden. Wichtiger erschien auch, mit Uwe Übungen und Rollenspiele zu machen, um seine Kontaktbereitschaft zu Gleichaltrigen positiv zu verändern.

Die Prognose schien gut zu sein, da die Eltern schließlich einsichtig und bereit waren, mitzuarbeiten, und Uwe z. T. doch unter der Pseudowelt litt und ihm, auch ohne dass er es sich selbst zugeben wollte, Kontakte zu anderen fehlten.

Behandlungsplan

a) Rollenspiele, um andere Reaktionsmodelle zu entwickeln und mit Uwe Möglichkeiten der verschiedenen Reaktionsweisen zu üben; Desensibilisierung in sensu auf ablehnendes Verhalten Gleichaltriger, ohne darauf mit Aggressionen und Rückzug zu reagieren.

b) Ausführliches Besprechen seiner Traumwelt, sodass diese nicht mehr versteckt, fast tabuisiert, latent wirkte, sondern in deutlichem Gegensatz zur Wirklichkeit stehen sollte und als solche akzeptiert und behandelt wird.

c) Die Haltung der Eltern gegenüber der Beschäftigung des Sohnes mit Computern und Flugzeugen musste überdacht werden, denn in beiden liegt eine große Motivation für seine schulischen Leistungsanstrengungen verborgen. Hier sollte besonders die aversive Verstärkung der Mutter auf Leistungsverhalten des Sohnes gelöscht und durch positive Verstärker in Richtung Schulleistung ersetzt werden.

d) Gespräche mit den Eltern, um ihre Schuldgefühle abzubauen und klarzustellen, dass die legasthenischen Probleme nicht Reaktion auf den häufigen Schulwechsel sind. So sollte man der Gefahr vorbeugen, dass sich Uwe hier eine billige Ausrede für sein Schulversagen sucht, die in ihrer

Kausalität nicht stimmt. Selbstverständlich wurden seine Schulprobleme durch die vielen Schulwechsel verstärkt, aber ihr primärer Ursprung liegt nicht hier.

Behandlungsverlauf

Es wurde ein Verstärkerprogramm für Uwes Schulleistungen ausgearbeitet, in dem die erzielten Noten nicht das einzige Bewertungskriterium waren, sondern auch eine Selbsteinschätzung der eigenen Anstrengungen durch Uwe selbst und Fremdeinschätzung durch die Eltern, wie viel und wie ernsthaft sich Uwe um gute Leistungen bemüht hatte. Hierbei war auch sehr wichtig, dass die Mutter nicht ihre Normvorstellungen „man muss richtig deutsch schreiben können" durchsetzte, sondern in erster Linie Uwes Einsatz und Vorbereitung beurteilte und so seine Motivation zu lernen, und Befriedigung durch erbrachte Schulleistungen statt durch Kämpfe in seiner Fantasiewelt erreicht wird.

Auch seine Zeichnungen sollten akzeptiert und positiv bewertet und nicht einfach als „unnütze Zeitvergeudung und unsinnige Spinnereien" abgelehnt werden. Hier konnte Uwe einen großen Teil seines konstruktiven Verstandes anwenden und trainieren, über technische Lösungsmodelle nachdenken und sich ein Interessensfeld aufbauen, das unabhängig von dem jeweiligen Lehrplan der jeweiligen Schule war.

Die Mutter führte über Uwes Schulleistungen und Arbeit für die Schule Protokollbögen, in die sie so objektiv wie möglich eintrug, wie viel Zeit Uwe für die Hausarbeiten verwendete und wie groß sein Einsatz dabei war.

Auch Uwe führte Protokollbögen, in die er seinen selbst eingeschätzten Leistungseinsatz und die Zeit, die er für die verschiedenen Beschäftigungen verwendete, eintrug. Diese Protokollbögen durften Mutter und Uwe zu Hause nicht vergleichen, sie wurden erst in der Therapiestunde besprochen, und zwar zusammen mit Mutter und Uwe. Diese gemeinsamen Besprechungen fanden etwa sechs Wochen lang statt.

Es stellte sich heraus, dass die Schulnoten häufig weniger von der Intensität der eingesetzten Energie für Lernleistungen abhingen als von anderen Faktoren, die mit Angst, Stress und Uwes Allgemeinbefinden zu tun hatten. Für die Mutter war das sehr überraschend, denn sie hatte Uwes Schulnoten nur in Abhängigkeit vom Lerneinsatz gesehen. So gelang es, die negative Verstärkung der Mutter immer mehr zu löschen und durch eine positive Verstärkung zu ersetzen. Dadurch lockerte sich auch der psychische Leistungsdruck auf Uwe.

Interessant war, dass zu Beginn des Führens der Protokollbögen über Uwes Anstrengungen die Eintragungen von Mutter und Uwe ziemlich unterschiedlich ausfielen, es aber innerhalb der sechs Wochen zu einer Annäherung und einer objektiveren Einschätzung der Leistungsanstrengungen kam, wobei auch Uwe immer präzisere Angaben machte, denn er wusste, dass er in der nächsten Therapiestunde dazu stehen musste. Da er aber durch die Rückmeldung der Mutter sich mit den Wahrheitsgehalten seiner Angaben auseinandersetzen musste, wurde ihm selbst immer deutlicher, wie viel und wie intensiv oder nachlässig er lernte. Sehr positiv wirkte sich aus, dass dadurch weit mehr als früher seine Bemühungen berücksichtigt wurden, gleichgültig, wie die Schulnoten ausfielen.

Parallel kam es zu einer Verminderung der Zeit, in der sich Uwe mit seiner Pseudowelt beschäftigte, da er plötzlich deutlich vor Augen hatte, wie viel Zeit er zuvor damit verbracht hatte, statt Hausaufgaben zu machen, und weil er durch die Verstärkung der Mutter zunehmend Befriedigung bei seinen Arbeiten für die Schule empfand. Gleichzeitig plante er jetzt aber bewusst etwas Zeit für seine Konstruktionspläne ein und besprach entsprechende technische Möglichkeiten sogar mit seinem Vater.

Die Eltern wurden beauftragt, Uwes Fantasiewelt weder zu kritisieren noch sich sonderlich dafür zu interessieren, um keine neue negative Verstärkung aufzubauen. Belohnt durch Aufmerksamkeit und Zuwendung wurden

1. Schulleistungen,
2. Leistungen für die Schule, die zu Hause erbracht wurden (wenn sich Uwe und Mutter einig waren, dass er sich bemüht hatte zu arbeiten bzw. Uwe glaubhaft nachweisen konnte, dass er es getan hatte),
3. interessante Fragestellungen über technische Konstruktionen, Flugzeuge und Computer.

Der Vater machte einen Umwertungsprozess durch und gestand sich ein, dass es unsinnig ist zu versuchen, dem Kind das Interesse an Computern zu nehmen (Gesundheitsgründe), wenn sie gleichzeitig Teil seines eigenen Berufes sind und er sich dauernd damit beschäftigt und Computer immer mehr in alle Lebensbereiche, bis in die Schule, eindringen und damit ein Stück Auseinandersetzung mit dem gegenwärtigen Leben sind.

Die Rollenspiele beschäftigten sich mit zwei Hauptthemen: Charly und Schulkameraden. Der Raum, den Charly in Uwes Fantasie als „fremdbestimmter Supermann" einnahm, verkleinerte sich durch die Rollenspiele immer mehr, denn es langweilte ihn schließlich, alles für Charly selbst erfinden zu müssen und keine Außenimpulse zu bekommen, die eine Interaktion interessant gemacht hätten.

Die Rollenspiele, die eine Desensibilisierung gegenüber Kontakten mit Gleichaltrigen bewirken sollten, wurden für Uwe immer interessanter, und er begann langsam mehr und vor allem einfühlsamer, entsprechende Kontakte zu Gleichaltrigen aufzunehmen.

Therapieergebnis

Uwe H. hat gelernt, sein eigenes Leistungsverhalten besser zu beurteilen und zu kontrollieren. Die Protokollbögen hat er bis zum Ende der Therapie geführt, und sie wurden regelmäßig besprochen. Er hat auch begonnen, besser mit seinen legasthenischen Problemen umzugehen.

Durch die Zuwendung der Eltern und die Verstärkung seiner Interessen und seiner tatsächlichen Leistungsanstrengungen stabilisierte sich sein Selbstbewusstsein. Dadurch wurden auch seine Kontaktaufnahmen zu Gleichaltrigen und diesbezügliche Übungen in vivo positiv verstärkt.

Fallstudie: Dagmar G., Jahrgang 1955

Symptomatik

Dagmar G. war psychisch äußerst gehemmt, hatte große Kontaktschwierigkeiten, ihr Verhalten war auffällig und sie reagierte oft mit inadäquatem Lachen. Des Weiteren wurden Angstzustände, Depressionen und eine starke Suizidgefährdung festgestellt. Besonders belastend waren ihre anfallartigen Aggressionsausbrüche, die mit Wutanfällen begannen, sich in Angriffen gegenüber der Wohnung und dem Partner steigerten und z. T. mit Amnesie endeten.

Dagmar war nach einem derartigen Anfall, der auch der ganzen Familie bekannt geworden war, vom Vertrauensärztlichen Dienst die Therapie dringend empfohlen worden. Im Herbst 1985 suchte sie die Therapie auf bzw. sie wurde quasi, wie ein defekter Gebrauchsgegenstand, von ihrem türkischen Ehemann abgeliefert, mit dem Wunsch, dass sie da geheilt und ihm ungefährlich, „repariert" zurückgegeben würde.

Anamnese

Die 30-jährige Dagmar wuchs in einer kinderreichen Familie in Bonn auf. Mit allen fünf Geschwistern kam sie angeblich gut zurecht. Über die Schwester Verena erklärte Dagmar, „wenn ich mit ihr nicht zufällig verwandt wäre, dann hätte ich sie mir auch als Freundin ausgesucht". Der Vater war sehr autoritär, die Mutter streng, aber von ihr erhielt Dagmar doch zeitweise Unterstützung.

In der Schule galt sie als Legasthenikerin und sie fiel massiv in ihren Leistungen ab. Eine schwere Beeinträchtigung ihres Selbstwertgefühls und ihrer Entwicklung erlitt sie nach einer nicht bestandenen Probezeit im Gymnasium und der Rückkehr in die Volksschule, die von Kindern, „mit denen man nicht verkehrte", besucht wurde. Spielverbot vonseiten der Eltern mit ihren Schulkameraden (welches Dagmar nicht einhielt, sondern nach Auffassung des Vaters „streunte") und Ablehnung vonseiten ihrer ehemaligen Mitschüler, die weiter auf das Gymnasium gingen, stürzten sie in starke Konflikte und bewirkten einen massiven Rückzug in sich selbst.

In der Pubertät begann Dagmar schulisch aufzuholen (sie holte sogar ihre jüngere Schwester wieder ein, die „Dagmar bereits voraus gewesen war"). Mit sechzehn Jahren verließ sie die Volksschule und machte eine Lehre als Bauzeichnerin. Die Eltern schöpften wieder Hoffnung, dass ihre Tochter vielleicht doch noch „vernünftig würde". Als sie die Fachoberschule mit dem Fachabitur abschloss, waren sie „endlich" mit ihr zufrieden. Dann studierte sie in München Architektur. Zu dieser Zeit war der Vater inzwischen „sogar stolz" auf sie und zitierte immer wieder einen Schulleiter, der in der Volksschule, nach dem Desaster ihres Abgangs vom Gymnasium, gesagt hatte, „die Dagmar schafft es".

Dagmar hatte eine sehr starke Beziehung zu ihrer Mutter, bei der sie fühlte, dass sie ihre Problematik verstand und unterstützte. Die Mutter starb aber, als Dagmar in München studierte.

Der Vater zog dann in die Nähe von München, wo er mit Dagmars jüngstem Bruder lebte. Auch die Freundin des Vaters lebte dort, die Dagmar nicht sehr mochte und am liebsten aus der Beziehung zu ihrem Vater herausgedrängt hätte: „Die Freundin ist kein Ersatz für die Mutti ... sie ist seine Gefährtin, aber nicht unsere Mutter. Der Vater soll ihr nicht so viel erzählen."

Dagmars Neigung zu „Außenseitern der Gesellschaft" führte in eine Beziehung zu ihrem türkischen Kommilitonen, den sie halb im Trotz gegen die Gesellschaft, halb in einem verwandtschaftlichen Gefühl eines ähnlichen Schicksals (als Außenseiter), heiratete. Dieser, aus einem völlig anderen Kulturkreis stammende Mann, veränderte nach der Heirat abrupt sein Verhalten gegenüber der Ehefrau, und sie fühlte sich nur noch „als sein versächlichter Besitz". Sie war dadurch tief in ihrem Gerechtigkeitsgefühl getroffen und zog sich immer weiter in sich zurück. So fand sie andauernde Bestätigung, „dass es besser ist, nichts von sich preiszugeben, dann ist man auch nicht so verletzlich".

Ihr aus Istanbul stammender Ehemann war der älteste Sohn und in ihn wurden viele Hoffnungen und Erwartungen vonseiten seiner Familie gesetzt. Nach Abschluss seines Architekturstudiums jobbte er drei Jahre „als freier Mitarbeiter", dann absolvierte er eine halbjährige Militärzeit in der Türkei und informierte die Familie, dass er zurück nach Deutschland gehe und dort (Dagmar) heiraten würde. Die Erwartungen an den Sohn während des Studiums und den Gelegenheitsarbeiten hielten sich in Grenzen, aber nach seiner Rückkehr stiegen sie immer mehr an, denn „er ist ja kein Gastarbeiter, sondern er hat in Deutschland studiert".

In den zwei Ehejahren, nachdem er nach Deutschland zurückgekommen war und Dagmar geheiratet hatte, stiegen die Erwartungen seiner Verwandten noch weiter an und „wollten erfüllt werden". Es kam zu falschen Informationen über die wirkliche wirtschaftliche und soziale Situation des jungen Ehepaars und zur Angst vor der großen Enttäuschung der Familie über ihn. Der Ehemann der Patientin machte eine negative Entwicklung durch, änderte sich psychisch und verhaltensmäßig zunehmend, ohne dass Dagmar nur einen Bruchteil der Problematik begriff. Die Fragen, warum er nach Deutschland wirklich zurückgekehrt war und warum er sie geheiratet hatte, stellte sie sich erst lange nach der Trennung. Die Konflikte waren sehr stark sozio-kulturell geprägt, hatten aber auch eine zusätzliche Komponente in dem Fakt, dass Dagmar eine feste Stelle in der Bauabteilung eines Ministeriums hatte, während ihr Mann unter massiven Integrationsproblemen litt. Dagmars Probleme galten für ihn nicht, denn „sie lebte ja in ihrem Heimatland, hatte eine feste Arbeit, war sozial abgesichert und sollte daher ausgeglichen, tolerant und verständnisvoll ihrem Ehemann gegenüber sein".

Er beneidete seine Frau um ihre berufliche Stellung, gerade diese entsprach dem, was er seiner Familie in der Türkei gerne als seinen erreichten Lebensstandard in Deutschland vorgezeigt hätte, als das, was von ihm erwartet wurde. So versuchte er sich nach außen korrekt, höflich, tolerant und verständnisvoll wie bisher zu verhalten, gegenüber seiner Frau war er aber seit der Heirat oft launisch, wütend, beleidigend und erwartete, dass sie alles tolerierte in Anbetracht seiner vielen Probleme:

1. Einbürgerung: die er zwar gerne gehabt hätte, aber er stellte keinen Antrag,
2. Eintragung in der Architektenkammer: auch dafür stellte er keinen Antrag,
3. Arbeit: Er figurierte weiter als „Papierstudent" und wechselte Stellen als freier Mitarbeiter, wobei er überaus gerne eine feste Anstellung gehabt hätte, aber er bewarb sich nicht, weder beim städtischen Baureferat, in dem Stellen frei waren, noch beim Arbeitsamt, denn „zum Arbeitsamt gehen nur einfache Leute".

Untätig und unzufrieden sah er, wie seine Ehefrau Geld verdiente, einer geregelten Tätigkeit nachging, sozialversichert war usw., und versuchte jegliche Aktionen ihrerseits, um ihm und seinem Kulturkreis näher zu kommen, zu unterdrücken. Er „torpedierte einen Türkischkurs", den sie besuchen wollte, denn „da sitzen deutsche Frauen von Gastarbeitern drin", und, „was seine Frau über die Türkei wissen müsse, könnte er ihr auch sagen". Ganz besonders misstrauisch war er wegen eines Hinweises (den Dagmar beim Standesamt mitbekommen hatte) über eine Stelle, in der sich Deutsche über die Länder ihrer zukünftigen Ehepartner informieren können und in der der Frau eines Bekannten angeblich „nur schlechte Dinge erzählt worden seien". Dagmar war empört, dass er ihr nicht zutraute, sich ihr eigenes Urteil zu bilden, aber sie schöpfte auch Verdacht, „dass da doch mehr dahinter sei" und er ihr die wahre Situation nicht schildern wollte, sie meinte, „es sollten mich keine Informationen erreichen, die nicht über ihn kamen (Käseglocke)."

Die intelligente Frau litt sehr darunter, dass gerade sie, die geglaubt hatte, in diesem Mann eine „verwandte Seele" gefunden zu haben, feststellen musste, dass vieles nur nach außen getragene Fassade war: Für sich selbst forderte er zwar ständig viel Toleranz und Verständnis, das auch zu seinem theoretischen Überbau gehörte und das er als seine Ideologie verkündete. Im täglichen Leben, also in der Praxis, verhielt er sich aber völlig anders: unbeherrscht, intolerant, jähzornig, voller Vorurteile gegenüber Gastarbeitern u.Ä. Am meisten bedrückte sie aber, dass „vieles nicht ausdiskutiert wurde und ungeklärt blieb". Dagmar verstand die Veränderung nicht, die mit ihrem Ehemann geschah, den sie vor der Heirat ganz anders wahrgenommen hatte: „optimistisch, zwar immer mit Problemen, die aber dazu da waren, um bewältigt zu werden, zuversichtlich, ehrlich, er konnte zuhören, war offen, er diskutierte bis zum Ende, zeigte Respekt vor der Persönlichkeit eines jeden, war beherrscht und ruhig, keine Beleidigungen oder Beschimpfungen, fleißig und erfolgreich." Damals fühlte sie sich so akzeptiert, wie sie war, auch mit ihren Schwächen (schüchtern, einzelgängerisch, stolz, Kopf voller Ideale).

In ihren Streitereien, bevor es zur Trennung kam, erschien eine Nuance, aus der man auf die tiefe Verachtung dieses Moslems gegenüber seiner ungläubigen, ausländischen Frau schließen konnte: Nach Dagmars Tagebuchaufzeichnungen hatte er im Zorn zu ihr gesagt: „Aus dem Müll habe ich dich geholt, und dorthin stoße ich dich wieder zurück." Sie hat diese Worte erst nach der Trennung, „als nicht durch den Zorn entstanden" analysiert und deduzierte aus seinem gleichgültigen Verhalten ihr gegenüber, dass er das wirklich so gemeint hatte.

Sie war in ihrem Selbstwert- und ausgeprägten Gerechtigkeitsgefühl zutiefst getroffen und kämpfte verzweifelt um den „nach wie vor geliebten" und ursprünglich menschlich sehr geschätzten Ehemann. Für Dagmar brach eine Welt zusammen, und sie stand fassungslos vor diesem veränderten Menschen. Sie verstand ihn nicht in seiner eigenen Verletzlichkeit, mit der schmerzenden Wunde seines Bewusstwerdens, dass er in Deutschland nicht fähig war, das zu schaffen, was man von ihm zu Hause erwartete. Dagmar konnte nicht nachvollziehen, wie sein Selbstwertgefühl in Deutschland dadurch verletzt war, dass seine Familie ihm nicht die Mittel geben konnte, die er für ein „angemessenes Leben" gebraucht hätte, und noch weniger begriff sie seine Haltung ihr gegenüber. Ihre Bewunderung und Anhänglichkeit hatte ihm in der Studienzeit sicher geschmeichelt und ihm möglicherweise z. T. seine Integration an der Fachhochschule erleichtert, auch wenn sie weder besonders hübsch war noch fähig, sich attraktiv zu kleiden, sondern betont burschikose, unweibliche Kleidung trug und sich weder schminkte noch herrichtete. „Trotz allem bin ich doch eine Deutsche und stamme aus einer guten Familie", wiederholte sie oft verzweifelt.

Sicher bestand bei ihrem Mann ein gewisses Gefühl der Überheblichkeit ihr gegenüber, das durch die Heirat verstärkt wurde, durch die er sie sich „zum Untertan gemacht hatte", und nach seinem kulturellen Verständnis hatte sie sich als Frau ihm auch unterzuordnen. Das Gegenteil war aber geschehen, sie fand eine gute Stelle, mietete die gemeinsame Wohnung, war beruflich erfolgreich und blieb somit eine dauernde Provokation für ihn, indem er vor sich das sah, was er erreichen wollte und nicht schaffte und was sie, scheinbar mühelos, erreicht hatte.

Die Streitereien und Szenen zwischen den Eheleuten kulminierten in Dagmars massiven Wutausbrüchen, die oft mit hysterischen Anfällen, welche mit einer selektiven Amnesie verbunden waren, endeten. Der Mann reagierte mit immer größerem Unverständnis und als Dagmar auch noch mehrmals versuchte, sich das Leben zu nehmen, versuchte er die Verantwortung auf sie selbst bzw. auf medizinische Institutionen abzuschieben. Schließlich zog er im Herbst 1985 aus der gemeinsamen Wohnung aus und lieferte seine Frau „in der Therapie ab", von der er sich erhoffte, wie gesagt, dass sie dort geheilt und ihm als „ungefährlich zurückgegeben würde". Mehrere Hinweise auf seine eigene Beteiligung an den Schwierigkeiten seiner Frau und Angebote, partnerschaftliche Probleme gemeinsam mit ihr aufzuarbeiten, lehnte er immer äußerst entrüstet ab.

Psychischer und somatischer Befund zu Behandlungsbeginn

Die Patientin sprach sehr leise, ihre Gedankengänge waren sprunghaft und sie versuchte möglichst wenig Ansatzpunkte für ein Gespräch zu geben. Massiv auftretende Grübelzwänge, die in Begleitung von Alkoholkonsum zu nächtlichen Wutausbrüchen führten und sich meist gegen die Patientin selbst und ihren Ehemann oder Partner richteten, entluden sich oft in plötzlichem Aggressionsabbau, der meist mit selektiver Amnesie verbunden war. Von Bekannten und auch ihren Eltern wurde der Verdacht auf Epilepsie geäußert.

Nur äußerst mühsam waren Einzelheiten von der Patientin zu erfahren. Sie sprang mit ihren Gedanken andauernd assoziativ hin und her, sprach von der Schmach, dass der Ehemann ihre Familie nach so einem Anfall informiert hatte, wodurch auch die Freundin ihres Vaters davon hörte, was ihr besonders unangenehm war, über die handgreiflichen Streitereien mit ihrem Mann und über „die Wut, die sie im Bauch hatte".

Gleichzeitig traten Ängste auf, ob sie vielleicht „doch nicht normal sei". Minderwertigkeits- und Unsicherheitsgefühle waren sehr stark vorhanden. Der angewendete FPI zeigte erhöhte Werte der spontanen Aggressivität mit emotionaler Unreife, Depressivität, Dominanzstreben und Gehemmtheit. Der HAWIE ergab einen IQ von 115.

Körperlich war die Patientin absolut gesund, ansonsten hätte sie nicht Fallschirmspringen dürfen, weswegen sie regelmäßig ärztlich untersucht wurde.

Verhaltensanalyse

Symptombeschreibung

Die Wutanfälle der Patientin, verbunden mit Demolieren der Wohnung und wildem „Um-sich-herum-Schlagen" und schließlich völliger Erschöpfung waren der Grund, die Therapie aufzusuchen. Besonders beunruhigend für die Patientin waren die selektiven Amnesien; sie erinnerte sich an einen großen Teil des Geschehens nicht mehr. Sie hatte in den beiden Ehejahren zunehmend Streitereien mit ihrem Mann, die häufig in Handgreiflichkeiten endeten. Gründe für diese Streitereien waren:

a) Nörgeleien, Passivität und Depressionen des Ehemanns,
b) Vorwürfe der Patientin, „dass er doch endlich etwas unternehmen solle",
c) verändertes, dominantes Verhalten des Ehemannes gegenüber der Patientin,
d) provokatives Verhalten der Patientin selbst,
e) Ablehnung des Ehemannes, Probleme durchzudiskutieren,
f) Gefühl der Patientin „wie ein ‚Eigentumsstück' des Ehemanns behandelt zu werden, wie ein Gegenstand, über den man verfügen kann, wie ein eingesperrtes Tier zu sein".

Der Ehemann der Patientin, der von den Erwartungen seiner eigenen Familie an ihn völlig überfordert zu sein schien, wobei er durch Halbwahrheiten und Lügen mit dazu beigetragen hatte, kam mit der ganzen Situation nicht mehr zurecht. Inwieweit er sich durch die Heirat die Einbürgerung in Deutschland, die finanzielle Hilfe der Familie der Patientin und möglicherweise auch, durch ihre Hilfe, seine Karriere aufzubauen erhofft hatte, wurde nicht ganz klar. Zumindest hatte sich die Patientin in seinen Augen selbst entwickelt, sich, ohne ihn einzubeziehen, etabliert und war existentiell nicht von ihm abhängig. Somit lebte sie ihm seine erwünschte Karriere vor und provozierte vermutlich *unbeabsichtigt* schon dadurch. *Beabsichtigt* provozierte sie hingegen dadurch, dass sie ihn in seinem „Stolz kränkte" und ihm vorhielt, er solle sich doch mehr um seine berufliche Zukunft kümmern. Die sehr verschlossene Patientin „ließ sich einiges gefallen, bevor sie sich wehrte", und beschrieb dann ihre Gefühle mit lapidaren Sätzen, wie „sie habe eine Wut im Bauch". Irgendwann kam es dann zu einem derartigen Aufschaukelungsprozess, dass sich die angestauten Aggressionen in Wutanfälle entluden. Oft wurde das Ganze noch durch Alkoholeinnahme verstärkt (es bestand aber keine Alkoholabhängigkeit).

Der letzte „Anfall" vor Therapiebeginn wurde durch einen furchtbaren Streit zwischen den Eheleuten ausgelöst, wobei die Patientin ihren Mann schlug, die Wohnung demolierte und schließlich völlig erschöpft ohnmächtig liegen blieb. Die Patientin hatte keinerlei Erinnerungen an das Geschehen und die Außmaße des Streites. Der Ehemann „veranstaltete einen riesigen Wirbel" in der Familie der Patientin, empörte sich, dass „man ihn nicht informiert hätte, dass sie einen Fehler, eine geistige Störung habe", und somit hielt er sich für berechtigt, sie der Familie zurückzugeben, denn er hatte sich quasi eine Frau bei der Familie geholt, die nicht richtig funktionierte und worüber man ihn nicht aufgeklärt hatte (hier tauchte immer wieder der Verdacht der Epilepsie auf). Die Patientin fühlte sich „wie ein Gegenstand, der nach einem Probegebrauch wieder zurückgegeben wurde".

Vorausgehende Reizbedingungen

a) Nörgeleien und depressiv-aggressives Verhalten des Ehemannes, intolerantes Verhalten
b) Versuch der Patientin mit dem Ehemann zu sprechen, wobei sie ihn mehr und mehr provoziert
c) Ablehnung des Ehemannes, auf die Patientin einzugehen, ihre Probleme und ihre Bedürfnisse durchzusprechen
d) Anstauen der unbesprochenen Probleme und Aggressionen über Tage hinweg („Wut im Bauch")
e) Patientin trinkt Alkohol, meist Bier

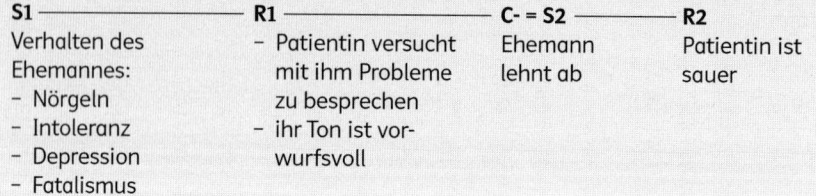

S1 ———————	R1 ———————	C- = S2 ———————	R2
Verhalten des Ehemannes:	– Patientin versucht mit ihm Probleme	Ehemann lehnt ab	Patientin ist sauer
– Nörgeln	zu besprechen		
– Intoleranz	– ihr Ton ist vor-		
– Depression	wurfsvoll		
– Fatalismus			

Mehrmalige ähnliche Interaktionen zwischen den Eheleuten führten zu einem Aggressionsstau bei der Patientin, der nicht abgebaut wurde, und beim nächsten Anlass konnte es zu dem anfallartigen Ausbruch kommen:

S2 ———————	R2 ———————	R3 ———————	C+
Ehemann ist unzufrieden und beschimpft die Patientin	Patientin wird wütend und greift Ehemann tätlich an	– Patientin schlägt wütend um sich – schreit laut – Anfall mit selektiver Amnesie	durch Schuldgefühle und Fürsorglichkeit geprägte Zuwendung von Ehemann und Freunden

Organismusvariablen

1. Verdacht einer Epilepsie

In einer neurologischen Untersuchung an der Universitätsklinik wurde der Verdacht einer Epilepsie überprüft: Es ergab sich kein iktales (Ictus u. a. Anfall des Epileptikers) Korrelat als Ursprung der Wutanfälle. „Auch das EEG hatte mit einem Normalbefund ebenfalls keine Hinweise für eine unterliegende Epilepsie ergeben. Auch der neurologische Untersuchungsbefund war unauffällig. Dagegen wirkte die Patientin psychisch ausgesprochen auffällig, gehemmt, aggressiv, mit häufigem inadäquatem Lachen."

Den Gipfel ihrer Gehemmtheit und Unfähigkeit, sich adäquat zu artikulieren, hat die Patientin bei der Frage der Psychiater nach ihrer Lieblingsbeschäftigung erreicht: Sie antwortete kurz, „springen". Die Psychiater, die nicht über ihr Hobby Fallschirmspringen informiert waren, aber umso mehr über ihre Suizidgefährdung, waren zunächst sprachlos, blickten aus dem achten Stockwerk des Krankenhauses nach unten und empfahlen dann eine begleitende medikamentöse Behandlung. Als sich dieses Missverständnis aufgeklärt hatte, wurde von dieser Empfehlung wieder abgegangen, da eine Ruhigstellung der Patientin auf medikamentösem Weg weder eine Suizidgefährdung reduziert noch die Bereitschaft, ihre inneren Probleme mit anderen Menschen rechtzeitig zu ventilieren, erhöht hätte. Dieses Missverständnis hatte fast zur Folge, dass man die Patientin wegen massiver suizidaler Eigengefährdung zunächst in der geschlossenen Abteilung zur Beobachtung behalten hätte (denn das Gebäude der Uniklinik ist sehr hoch!).

2. Umschulung der Händigkeit bei Schulbeginn

Eine zweite Organismusvariable wurde aber durch Testuntersuchungen bestätigt: Die Patientin war eine bei Schuleintritt auf rechts umgeschulte Linkshänderin. Sie konnte immer noch spontan, ohne es geübt zu haben, links schreiben und zeichnen.

Die Umschulung der Händigkeit bewirkt eine Störung der Gehirnhemisphärenlateralisation und ist nur z. T. durch Begabungen und überhöhten Leistungseinsatz (Demosthenes-Effekt) zu kompensieren. Folge ist eine relativ dauerhafte organische Funktionsstörung, eine zerebrale Störung. Die primären Folgen können sich in Konzentrations- und Gedächtnisstörungen auswirken, in Sprachschwierigkeiten und Raum-Lage-Labilität, u. a. bei Erhaltenbleiben der normalen Intelligenz (ICD-Nr. 315.0 – Umschriebene Lese-/Rechtschreibschwäche, sie gehört zu umschriebenen Entwicklungsrückständen). Diese Primärfolgen setzten sich dann in Sekundärfolgen um (klassische

Ursache-Wirkung-Entwicklung). Sie haben meist mehrere Störungen (von individuell variierender Ausprägung) im Verhalten des Menschen zur Folge. Diese organischen Funktionsstörungen stehen mit der Symptomatik der Patientin in direktem sowie in indirektem Zusammenhang und sind daher in die Verhaltensanalyse der Symptomatik mit aufzunehmen.

a) Lerngeschichtlicher Teil der organischen Funktionsstörungen aufgrund der Umschulung der Händigkeit

b) Gegenwärtiger Teil der permanenten Beeinflussung des Verhaltens bzw. der Symptome der Pat. durch die organischen Funktionsstörungen

Zu a) Der große Bruch im Leben der Patientin war ihr Versagen im Gymnasium. Sie erlebte andauernd, dass sie den Lehrstoff sehr wohl begriff, aber dass sie weder im Schriftlichen noch im Mündlichen fähig war, ihre Gedanken und das Gelernte adäquat auszudrücken. Somit konnte sie in der Schule nicht die entsprechenden Leistungen erbringen.

Durch die Rückversetzung in die Volksschule kam es zusätzlich zu einer großen inneren Verunsicherung, zu Minderwertigkeitsgefühlen, Rückzugstendenzen, Enttäuschungen und zu Schamgefühlen vor den früheren Klassenkameraden im Gymnasium, vor den neuen in der Volksschule (in einem anderen Ortsteil, sodass sie sich nicht auf alte Freundschaften stützen konnte), die eine gewisse Schadenfreude empfanden, und für die Enttäuschung, die sie ihren Eltern zugefügt hatte. Der einzige Lichtblick, der ihr in Erinnerung geblieben ist, war die oben genannte Aussage des Schulleiters, „die Dagmar schafft es am Ende doch."

Ihr weiterer schulischer Werdegang war typisch für umgeschulte Linkshänder. Da die Intelligenz nicht reduziert war, lernte die Patientin langsam mit ihren Schwierigkeiten (vor allem dem Gedächtnis) und anderen Beeinträchtigungen umzugehen und machte auf einem Umweg über eine Bauzeichnerlehre das Fachabitur und schließlich den Abschluss als Architektin an der Fachhochschule.

Die damalige tiefe Verunsicherung, Enttäuschung und Frustration konnten aber nie aufgearbeitet werden, weil sie nie in ihrem kausalen Zusammenhang begriffen worden war. Die Patientin zog sich darum immer weiter in sich zurück, pflegte überwiegend Kontakt mit Kindern und Jugendlichen, die ihr unterlegen waren, und lernte nie, sich angemessen verbal zu äußern. Die Patientin drückte sich vor Diskussionen und Auseinandersetzungen mit „ihr gewachsenen" Gleichaltrigen und verschloss sich immer mehr. Vor diesem Hintergrund ist auch ihre Heirat zu verstehen, mit einem Mann, dem sie als Deutsche in Deutschland überlegen war (was ihr wahrnehmbare Vorteile verschaffte), der in Deutschland nicht integriert war und sich dadurch minderwertig fühlte.

Zu b) Zerebrale Störungen, die durch eine Umschulung der Händigkeit entstanden sind, bleiben auch im Erwachsenenalter erhalten, nur hat der Mensch mehr oder weniger gelernt, damit umzugehen (wie mit einer Behinderung). Wenn es aber unerwartet zu massiven, emotionalen Ereignissen kommt, die „Energie verschlingen", verliert der Mensch rapide seine Kompensationskräfte, es kommt erst zu „Aussetzern", dann oft zu einem Wiederauftreten oder verstärkten Auftreten der Primärstörungen, und es entsteht ein Circulus vitiosus: Durch Ängste und Irritationen werden die organischen Funktionsstörungen verstärkt und das ruft wieder Ängste und Irritationen hervor. Bei der Patientin wirkte sich das oft in starken Artikulationsstörungen aus, die sowohl in den Diskussionen mit ihrem Mann als auch in der Therapie massiv auffielen. Sie sprach sehr wenig, jeden Satz musste man ihr förmlich „aus der Nase ziehen" und oft waren die Assoziationen und Gedankensprünge kaum nachvollziehbar. Innerlich liefen die Gedankenketten zwar ab, sie konnten aber anfangs weder bearbeitet noch strukturiert werden, da die Patientin sehr wenig davon preisgab und unfähig war, sich angemessen zu äußern.

Selbstkontrolle

Die Patientin versuchte die Anfälle zu kontrollieren, indem sie möglichst noch weniger Informationen über sich gab, um nicht wieder angegriffen werden zu können, und fand so immer erneut die Bestätigung, „je weniger ich von mir preisgebe, umso weniger verletzlich bin ich." Damit erreichte sie zwar, dass sie nicht andauernd mit anderen in Konflikte geriet, verhinderte aber eine Aufarbeitung ihrer Probleme, eine Klärung von Missverständnissen und eine Möglichkeit, ihre Aggressionsschübe vorzeitig abzubauen.

Ein wesentlicher Versuch, Aggressionen abzubauen, ohne dass es zu Anfällen kam, war ihr Hobby: Fallschirmspringen. Bei der Überwindung der realen Angst kommt es (wahrscheinlich durch physiologische Prozesse) zur Befreiung und zum Abbau von Aggressionen. Die wirklichen zwischenmenschlichen Probleme wurden damit aber nicht angegangen noch die eigenen Reaktionen kontrolliert. Es bestand sogar Gefahr, dass die Patientin, in einer ihrer depressiven Zeiten, diese angestauten Aggressionen gegen sich selbst richten könnte und z. B. den Fallschirm nicht öffnete. So schilderte sie ungewöhnlich ausführlich, wie während des Weihnachtsurlaubs auf einem katalanischen

Springplatz „einer so umgekommen ist", und spekulierte, ob das Selbstmord oder ein Unfall war, und gab ihre derartigen Überlegungen im Hinblick auf einen eigenen Suizid erstaunlich freimütig zu. Die Selbstkontrollversuche der Patientin wirkten also symptomverstärkend und führten zu einem noch größeren Vermeidungsverhalten, mit anderen über ihre Probleme zu sprechen.

Bedingungsmodell

Als diskriminative Reize (SD) sind also Reaktionen des Ehemanns zu sehen, mit denen die Patientin nicht einverstanden war (S1 und S2). Die Patientin reagierte darauf mit Wut und Aggressionsaufbau (CR), die sie nicht fähig war situationsentsprechend abzubauen und mit dem Partner zu besprechen. Durch ihre Unfähigkeit, sich verbal gut auszudrücken (O), erhöhte sich das Aggressionspotenzial weiter, und es kam dann zur Dekompensation durch den Wutanfall mit selektiver Amnesie:

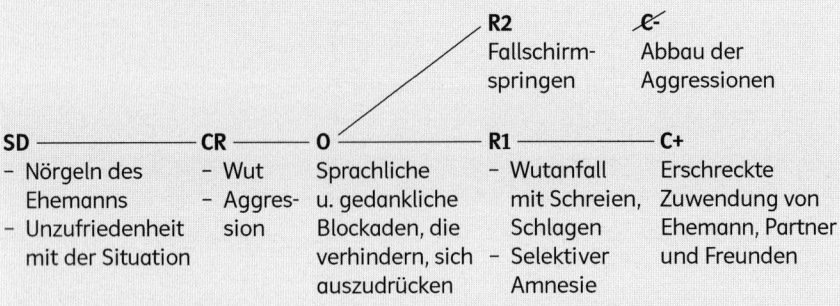

SD	CR	O	R1	C+
– Nörgeln des Ehemanns	– Wut	Sprachliche u. gedankliche	– Wutanfall mit Schreien,	Erschreckte Zuwendung von
– Unzufriedenheit mit der Situation	– Aggression	Blockaden, die verhindern, sich auszudrücken	Schlagen – Selektiver Amnesie	Ehemann, Partner und Freunden

Mit Pfeil oberhalb O zu R2 / C–:

R2 – Fallschirmspringen; C– – Abbau der Aggressionen

Das Symptom scheint als respondent beschreibbar zu sein.

Genese

Zur Genese des Symptoms ist die Hilflosigkeit, Enttäuschung und das Gefühl der ungerechten Behandlung bei der Rückversetzung in die Volksschule als auslösender Reiz zu sehen. Die Patientin reagierte mit Frustration, Schuldgefühlen, Angst und dem Gefühl, falsch beurteilt zu werden, ohne aber die Ungerechtigkeit der Beurteilung der Umwelt direkt nachweisen zu können.

Durch die Organismusvariable hat sich dieses weiter verstärkt und es ist zu einer klassischen Konditionierung gekommen: Wut und Aggressionsstau als Reaktion auf das Gefühl, ungerecht behandelt zu werden und sich nicht wehren zu können.

UCS	UCR
- Hilflosigkeit	- Schuldgefühle, weil sie Erwartungen
- Enttäuschung	nicht erfüllen konnte
- Ungerechtigkeitsgefühle	- unterdrückte Aggression auf die
bei der Rückversetzung	empfundene Ungerechtigkeit, für die
in die Volksschule	sie aber niemandem die Schuld
	zuweisen konnte
	- Wut auf sich selbst, dass sie keine
	ihrer Intelligenz entsprechenden
	Schulleistungen erbringen konnte

Diese klassische Konditionierung wurde durch die zerebralen Funktionsstörungen, die nicht als solche erkannt worden waren, weiter verstärkt und aufrechterhalten.

Diagnose zu Behandlungsbeginn

Hysterische Neurose – ICD-Nr. 300.1.

Die Konversionssymptome sind die in einem Anfall sich entladenden Aggressionen, die dann von Dämmerzuständen begleitet werden, mit einer Einengung des Bewusstseinfeldes und einer selektiven Amnesie. Der unbewusste Zweck bzw. das störungserzeugende Motiv, dessen sich die Patientin nicht bewusst war, ist die Dekompensation ihrer Aggressionen: In einem derartigen Anfall ist sie nicht mehr Herr ihrer selbst, sie kann also auch nicht für ihr Tun und ihre Aussagen zur Verantwortung gezogen werden und sie kann somit alle ihre aufgestauten Aggressionen loswerden.

Als traumatisierende Erfahrung war das Hilflosigkeits- und Enttäuschungserlebnis der Rückversetzung in die Volksschule zu sehen, in Verbindung mit den Folgen der Umschulung der Händigkeit, die für die Patientin nicht kausal erfassbar waren. Ihre Schuldgefühle für dieses Versagen kanalisierte sie in Aggressionen gegen sich selbst und gegen die Umwelt. Dieses Gefühl, sich nicht richtig artikulieren zu können, erlebte die Patientin mit ihrem Ehemann wieder und es vertiefte sich massiv in einer Vergangenheitsresonanz: Sie sah dann bei ihrem Ehemann, dass er sich von ihr ähnlich enttäuscht fühlte, wie sich damals die Eltern enttäuscht fühlten über ihr Schulversagen.

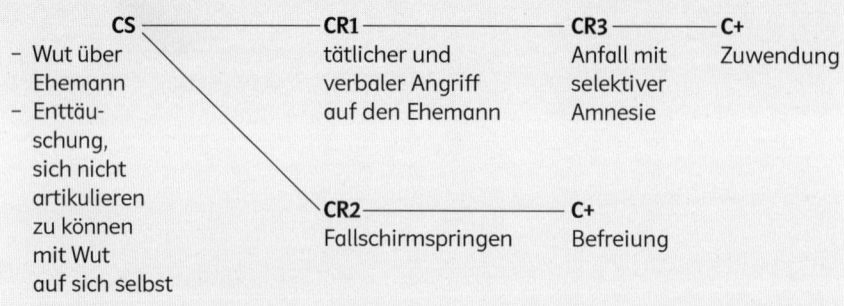

Therapieziele und Prognose

Auf folgende Punkte sollte eingegangen werden:

a) Aufarbeitung der traumatisierten Erfahrung der Rückversetzung aus dem Gymnasium in die Volksschule,

b) Aufarbeitung der Beziehung zu ihrem Ehemann,

c) Vermeidungsverhalten betreffend eine normale Kommunikation mit anderen und Abkapseln in sich selbst,

d) Aggressionsabbau mit der Zielsetzung, dass es nicht mehr zu den anfallsartigen Erscheinungen kommt.

Die Prognose war gut, da die Patientin sehr motiviert war, denn sie fürchtete, ihren Ehemann zu verlieren. Sie war intelligent und bereit mitzuarbeiten und fähig, die Abläufe zu begreifen, allerdings nur bedingt beziehungsfähig.

Behandlungsplan

Zu a) Aufarbeiten der Lerngeschichte und Erklären der organischen Funktionsstörungen als Auswirkung der zerebralen Schädigung. Eingriff in die schulische Leistungsfähigkeit durch Umschulung der Händigkeit.

Zu b) Aufarbeiten der Beziehungsgeschichte durch Rollenspiele, aber auch durch intensive Auseinandersetzung mit dem Kulturkreis, aus dem der Ehemann stammte (Besuche bei der „Beratungsstelle für Deutsche mit ausländischen Partnern").

Zu c) Es sollte sukzessiv durchgeführt werden:

– analytische Auseinandersetzung mit Situationen, in denen Meidungsverhalten und Angstzustände auftreten

– Führen von Tabellen über angstauslösende Situationen

- Rollenspiele, um sich Klarheit über die Funktion der Patientin in der Situation zu verschaffen, die bei ihr Angst- und Meidungsverhalten auslösend waren
- Tagebuchaufzeichnungen, da die Patientin emotionale Probleme schriftlich leichter äußern konnte als mündlich
- Änderung des inneren Dialogs, um sich Klarheit über ihre Entscheidungen zu verschaffen
- Übungen, über sich selbst zu sprechen und das wichtig zu nehmen (Rhetorikkurs in Volkshochschule)

Zu d) Aufstellen von Hierarchien: Situationen, in denen Aggressionen auftreten. Genaue Rekonstruktion von Anfällen mit Aufzeichnungen des Zeitablaufes, der anwesenden Personen, des Geschehens und der Erinnerungen daran bzw. der Amnesie.

Weiter sollte auf die Aktivierung ihrer sportlichen Tätigkeiten eingegangen werden, um einen rechtzeitigen Aggressionsabbau ohne soziale Konsequenzen zu erlangen. Autogenes Training.

Behandlungsverlauf

Dagmar wurde zunächst zur neurologischen Untersuchung geschickt, um eine Epilepsie auszuschließen (Beschreibung in Punkt 4).

Sie führte genaue Aufzeichnungen über ihre Aggressionen, ihre Interaktionen mit Kollegen und ihre Telefonate mit ihrem Mann. (Der Ehemann war nicht zurückgekehrt und die telefonischen Kontakte waren ähnlich unbefriedigend wie die persönlichen in der letzten Zeit der Ehe.) Da Dagmars Beziehung zu ihrem Ehemann sehr stark war und sie die ganze Zeit über hoffte, dass er doch zurückkäme, waren die ersten Sitzungen sehr von diesem Thema ausgefüllt. Die tief in ihrem Selbstwertgefühl gekränkte Dagmar konnte kaum begreifen, dass sie für ihren Ehemann tatsächlich nur noch ein „Gegenstand" war, der ihm lästig und unnütz geworden war, und sie versuchte, durch die Einreichung des Scheidungsgesuchs (positive Provokation) ihren Ehemann „wachzurütteln" und zu einer echten Stellungnahme und Rückkehr zu ihr zu zwingen. Sie hatte diese Aktion nicht vorher in der Therapie besprochen, sondern erst danach über diesen Schritt informiert. In Rollenspielen wurde dann versucht, die Reaktionsmöglichkeiten des Ehemanns zu deduzieren und so eine Desensibilisierung in sensu vorzunehmen. Das war sehr wichtig, um Dagmar vor einer Kurzschlusshandlung zu bewahren, sofern der Ehemann nicht positiv auf die Provokation reagierte. Dieser verhielt sich nicht wie erhofft, sondern zog sich noch weiter zurück, und Dagmar wusste weder, wo er war, noch hatte sie eine

Telefonnummer von ihm, um ihn zu erreichen. Sie schwankte zwischen Selbstvorwürfen und tiefen Minderwertigkeitsgefühlen und versuchte, Gespräche über diese Probleme zu vermeiden, indem sie äußerte, dass „ihre Probleme es nicht wert seien, überhaupt besprochen und beachtet zu werden".

Nur die Rollenspiele, die sie in ihre eigenen Gedankengänge und Überlegungen verwickelten, führten zu einer gewissen Öffnung, und es gelang langsam, die inneren Dialoge und Selbstabwertungen zu verändern. Dies war sehr wichtig, da Dagmar in dieser Zeit äußerst gefährdet war, was auch das Erlebnis und dessen Schilderung auf dem Fallschirmspringplatz in Nordspanien im Weihnachtsurlaub anzeigte.

Als ersten Erfolg konnte man werten, dass sie danach überhaupt bereit war, darüber zu sprechen. Eine Kontrolle ihres psychischen Zustandes mit dem FPI, direkt nach diesem Ereignis, zeigte den höchstmöglichen Wert der spontanen Aggressivität, gepaart mit einer großen emotionalen Labilität und Gehemmtheit.

Da Dagmar nach wie vor große Schwierigkeiten hatte, ihre Gedankengänge zu formulieren, wurden tagebuchartige Aufzeichnungen durchgeführt, einschließlich Beschreibungen ihrer Beziehungen zu den Geschwistern, dem Vater und Bekannten. Die Aufzeichnungen wurden dann in den Sitzungen besprochen. Es zeigte sich dabei immer deutlicher, dass die Abwertung ihrer eigenen Persönlichkeit zu einer generalisierten Abwertung aller Mitmenschen und zu einer überheblich-arroganten Haltung besonders gegenüber den Leuten führte, die versuchten, ihr näherzukommen. So verhinderte Dagmar Kontakte, die zu einer Aufarbeitung ihrer Probleme beigetragen hätten. Gleichzeitig sollte damit auch verhindert werden, dass sie einen anderen Partner finden könnte, um sich so von ihrem Mann endgültig zu trennen. Diese Verhaltenskette wurde ausgiebig mit Dagmar besprochen und analysiert.

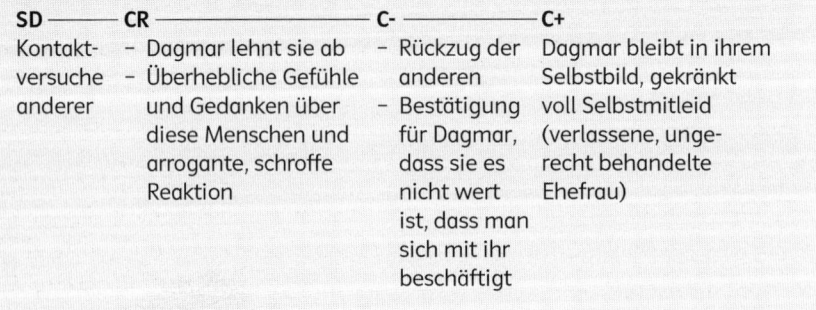

SD	CR	C-	C+
Kontaktversuche anderer	– Dagmar lehnt sie ab – Überhebliche Gefühle und Gedanken über diese Menschen und arrogante, schroffe Reaktion	– Rückzug der anderen – Bestätigung für Dagmar, dass sie es nicht wert ist, dass man sich mit ihr beschäftigt	Dagmar bleibt in ihrem Selbstbild, gekränkt voll Selbstmitleid (verlassene, ungerecht behandelte Ehefrau)

Dieses Ergebnis (C+) steht in Verbindung mit der klassisch konditionierten Reaktion (UCR) auf Enttäuschung und Ungerechtigkeitsgefühle in der Schule, die sie sich nicht erklären konnte und worauf sie gewohnt war mit unterdrückten Aggressionen, Wut und Selbstvorwürfen zu reagieren. Dieser Zusammenhang wurde Dagmar ausgiebig erklärt und auf die Folgen der Umschulung der Händigkeit und ihre weitreichenden Wirkungsweisen hingewiesen. Sehr langsam war die Patientin überhaupt bereit, diese konditionierte Reaktionsweise zu akzeptieren und sich nicht mehr „als die bemitleidenswerte Prinzessin in einem Schloss zu fühlen, das von einer riesigen Dornenhecke umwachsen ist und in dem dafür gesorgt wird, dass möglichst keine Besucher sie erreichen können". Dieser Vergleich stammte von Dagmar selbst. Sie hatte sich dieses Selbstbild zurechtgebastelt, um sich, schon als Kind, vor den andauernden schulischen Misserfolgen zu schützen und den Widerspruch zwischen Wahrnehmung der eigenen Intelligenz und gleichzeitiger Unfähigkeit, sich ihr adäquat zu äußern (also die Intelligenz manifestieren zu können), zu erklären. Zwei Gegebenheiten waren für sie dabei äußerst irritierend:

a) Ihre schulischen Schwierigkeiten und ihre Probleme, sich auszudrücken (alles, womit sich ein umgeschulter Linkshänder auseinandersetzen muss), wurden ihr so genau geschildert, dass sie sich darin wiedererkannte und diese Kausalität akzeptierte, wobei allein der Fakt, warum gerade ihr das geschehen ist und dass das nicht notwendig gewesen wäre, sie zeitweise sehr bedrückte. Sie suchte vergebens nach plausiblen Begründungen, ohne wieder in Schuldzuschreibungen zu fallen und alte Modellverhalten anzuwenden.

b) Ihre innere Welt als „verlassene, einsame Prinzessin" (C+), in der sie mit ungebetenen Eindringlingen sehr rüde umging, wurde massiv angeknackst. Sie musste darin eine menschliche Reaktionsweise erkennen, die typisch Primär- und Sekundärstörungen und darauf basierende psychische und soziale Probleme dieser organischen Funktionsstörung reflektiert und die nicht nur aus ihrer eigenen, individuellen Persönlichkeit zu erklären ist.

Dagmar begann ihre Reaktionen viel genauer zu beobachten und Abstand zu bekommen, der ihr auch half, Frustrationen in der Interaktion mit anderen auszuhalten, ohne sich sofort zurückzuziehen hinter ihr unpassendes Lachen. In Rollenspielen wurde versucht, Dagmars Reaktionsweisen in der Interaktion mit anderen zu verändern, sodass sie nicht mehr mit Rückzug in ihr „Prinzessinnen-Dasein" reagierte (C+), sondern sich dabei vor sich selbst lächerlich fühlte.

So kam es zu einer Löschung des positiven Verstärkers, „etwas Besonderes zu sein" in ihrer Einsamkeit und Verlassenheit. Sie arbeitete diesbezüglich sehr intensiv an ihrem neuen Selbstbild und der Veränderung ihrer inneren Dialoge mit.

Im Winter kam es noch einmal zu einem äußerst massiven Anfall, bei dem sogar der ärztliche Notdienst gerufen wurde. Dem Anfall war eine Zeitspanne vorausgegangen, in der Dagmar zwar intensiv an sich arbeitete, aber wetterbedingt (Winter) nicht ihre sportlichen Aktivitäten durchführen konnte und es wieder zu einem massiven Aggressionsstau, ohne Chance zur Ventilation, gekommen war, zumal sie gleichzeitig mit der Enttäuschung, dass ihr Ehemann nicht zurückkommen wird, fertig werden musste. Es war darüber hinaus zu einem Aufschaukelungsprozess mit einem in Trennung lebenden Mann ihrer Freundin gekommen, der intensiv um sie warb. Sie zeigte sich zwar sehr nachtragend, aber lehnte entschieden ab, sich zu rächen. Sie konnte ihrem Mann nicht verzeihen und auch nicht dieser Freundin, die sie im entscheidenden Moment verraten hatte (Näheres wollte sie nicht schildern), aber sie unterlag nie der Versuchung, an beiden durch so eine Beziehung Rache zu üben.

Sie ging schließlich auch eine Partnerschaft mit einem anderen Mann ein, der ihr zwar intellektuell unterlegen war, aber der andererseits bereit zu sein schien, die Therapiebemühungen zu unterstützen. Er half Dagmar, ihre Verhaltensweise ihm gegenüber zu beobachten, zu ändern und möglichst den Rückzug in sich selbst zu verhindern. Die Anfälle traten mit dem neuen Partner monatelang nicht auf. Erst bei einem Campingurlaub in Griechenland kam es zu zwei Anfällen, allerdings von weit geringerem Ausmaß. Ausgelöst wurden beide Anfälle diesmal bewusst durch den Partner (das Ganze war mit ihm als Experiment abgesprochen), der sich einfach auf den Boden legte und es ablehnte, die gerade durchgeführten Tätigkeiten fortzusetzen. Das provozierte Dagmar derartig, dass sie begann, ihn zu „traktieren", zu stoßen und sogar einmal einen Stein zu werfen. Der Partner ließ aber die Eskalation nicht zu, er hielt sie fest, bis sie wieder ruhig wurde, und machte keine weiteren Vorwürfe und Bemerkungen. Danach kam es auch nicht mehr zu erneuten Anfällen.

Therapieergebnis

Dagmar G. hat gelernt, mit ihren Aggressionen anders umzugehen, ihre eigenen Bedürfnisse ernst zu nehmen, rechtzeitig zu artikulieren und nicht unter dem „Deckmäntelchen" von Idealen oder Arroganz anderen gegenüber zu verstecken und weiter im Inneren wirken zu lassen.

Sie hat gelernt, mit ihren eigenen Schwierigkeiten anders umzugehen, sich selbst nicht mehr in ihrer Zurückgezogenheit zu verherrlichen. Dabei hat ihr sehr geholfen, dass sie sich überwunden hat, einen Rhetorikkurs zu besuchen, um ihre Hemmungen, vor anderen über sich zu sprechen, zu überwinden. Dagmar lernte gleichzeitig, Rückmeldungen von anderen zu bekommen und auch als solche zu akzeptieren. Die ausführliche Bearbeitung der primären und sekundären Folgen der Umschulung der Händigkeit und der Wirkungen auf ihr Leben haben Dagmar G. geholfen, sich und ihre Situation in ganz anderen kausalen Zusammenhängen zu betrachten und zu verstehen und nicht mehr als unbegreifliches, von außen zugefügtes Schicksal, dem sie hilflos ausgeliefert ist, sondern in einer Art Aufarbeitung, wie bei einer körperlichen Behinderung.

9. Aus den Untersuchungsergebnissen hergeleitete Postulate

Die langjährige Tätigkeit der Beratungsstelle für Linkshänder und umgeschulte Linkshänder ermöglichte auf der Basis der praxisbezogenen Untersuchungen und deren systematischer Auswertung folgende Feststellungen zu formulieren:

These 1:

Die Menschheit teilt sich auf in die Gruppe der Rechtshänder und die Gruppe der Linkshänder. Für psychologische und soziologische Konsequenzen ist es irrelevant, welche biologischen Prozesse dieses Phänomen verursachen.

Das Gehirn des Menschen ist lateralisiert, d. h., die beiden Hemisphären erfüllen z. T. verschiedene Aufgaben und besitzen unterschiedliche Fähigkeiten. Die Dominanz der einen der beiden Hemisphären steht in direkter Verbindung mit der motorischen Präferenz (Phänomen der Seitigkeit), die angeboren und nicht veränderbar ist und die sich, gekreuzt, u. a. durch die Händigkeit manifestiert. Somit kommt es wahrscheinlich auch zur funktionellen Bevorzugung der jeweiligen Gehirnhälfte.

These 2:

Die Dominanz der rechten oder linken Gehirnhälfte wird vererbt.

Den tatsächlichen Anteil an Linkshändern in der Gesellschaft kann man heute nur schätzen. Vieles deutet darauf hin, dass aufgrund der multifaktorellen Vererbung etwa 50 Prozent, d. h. die Hälfte der Menschheit linkshändig ist, wohingegen in den meisten Statistiken (die Linkshänder v. a. als Linksschreiber definieren) über einen Linkshänderanteil in der Gesamtpopulation von nur zwischen 7 und 15 Prozent gesprochen wird. Festzustellen ist aber, dass der Rest der Linkshänder, bis zu dem tatsächlichen Anteil, umgeschult wurde, mit allen negativen Folgen.

These 3:

Es gibt keinen fließenden Übergang zwischen Links- und Rechtshändigkeit man ist entweder links- oder rechtshändig.

Der gesunde Mensch kann nicht leicht links- oder leicht rechtshändig sein, ebenso wie man nicht – eine volkstümliche Metapher – ein „bisschen schwanger" werden kann. Ein verminderter Grad der Händigkeitsausprägung signalisiert eine physiologische Funktionsstörung.

These 4:

Angebliche Beidhänder entstehen entweder durch Umschulung der angeborenen Händigkeit und erwerben sich dadurch zusätzliche zerebrale Störungen oder durch physiologische bzw. pathologische Prozesse.

Als solche wirken sich auch Verletzungen und Behinderungen aus, wie z. B. das Down-Syndrom (wobei die Frage offenbleibt, ob nicht auch hier rudimentäre Reste einer Händigkeitsdominanz vorhanden, aber nicht messbar sind). Durch Mangelerscheinungen wie Sauerstoffunterversorgung im pränatalen Alter kann die Dominanz zeitweilig gestört werden (früher wurde dann Beidhändigkeit angenommen), und bevor es zu regenerativen Prozessen kommt, besteht größte Gefahr einer falschen Händigkeitsbestimmung.

These 5:

Eine von außen zugefügte Umschulung der Händigkeit ist eine von außen zugefügte Behinderung.

Die Zulassung einer Selbstumschulung ist als eine unterlassene Hilfeleistung zu bewerten.

These 6:

Schädigungen und Beeinträchtigungen durch Umschulung der Händigkeit sind z. T. irreversibel.

Die Behandlung der Umschulungsfolgen und die Auseinandersetzung mit der Problematik der Rückschulung soll ausschließlich von fachlich fundierten Berufsgruppen durchgeführt werden, vorzugsweise begleitet von kontinuierlichen psychotherapeutischen Maßnahmen oder einzelnen Interventionen. Händigkeit ist Hirnigkeit!

These 7:

Linkshänder und Rechtshänder zeigen unterschiedliche Persönlichkeitseigenschaften. Sie haben beide ihre Stärken und Schwächen.

Die Umschulung der Händigkeit führt aber zur Überbetonung bestimmter Merkmale, die sich dann entsprechend in das Verhalten der Betroffenen unterschiedlich stark projizieren können. Zusätzlich kommt es zur Auswirkung der einer Umschulung der Händigkeit folgenden primären und sekundären Störungen.

These 8:

Spezifische Persönlichkeitsstrukturen werden, in verschiedenen Ausprägungsgraden, durch Händigkeitsphänomene *direkt* mitgeformt. *Indirekt* mitgeformt werden sie durch die jeweils individuelle Auseinandersetzung mit diesen Phänomenen. Die Umsetzung der einzelnen Persönlichkeitsstrukturen in die zwischenmenschlichen Beziehungen führt zu weiterer Auswirkung auf gesamtgesellschaftliche Prozesse. Somit entsteht ein soziologischer Faktor ersten Grades.

Dieser soziologische Faktor wird bis heute, wegen der meistens nicht nachvollzogenen Kausalität (Ursache – Wirkung), nicht als in breitem Einflussspektrum motivierende, oft sogar schicksalsbestimmende Erscheinung entsprechend gewürdigt, und demzufolge konnte auf diesen Faktor auch nicht methodisch eingegangen werden. Dabei ist er, mit hoher Wahrscheinlichkeit, in der kultur-sozialen Existenz der Menschheit einer der wirksamsten Faktoren überhaupt.

Anhang

Auszug aus einer wissenschaftlichen Hausarbeit für das Lehramt

zur Staatsprüfung für das Lehramt mit dem Thema: „Aspekte der Betreuung und der Umschulung linkshändiger Schulkinder unter besonderer Berücksichtigung der Arbeit der Beratungs- und Informationsstelle für Linkshänder und umgeschulte Linkshänder in München" von *Christine Grecht*, 1991 (Auswertung und Beratungsgespräch (S. 107–112).

Die Verfasserin hat als Hospitantin die Tätigkeit der Beratungsstelle und die Beratungssituationen miterlebt.

Durchführung des Computertests

Auch das Computerprogramm wurde bereits in den 1990er-Jahren umgearbeitet. Das Programm wurde später bei der Firma MediTECH Electronic GmbH

Anfang 2000 herausgebracht als „Tapping". Es funktioniert aber auf späteren Computerprogrammen nicht mehr.

Auswertung und Beratungsgespräch

Diese Testserie ist für Dr. B. Sattler die Grundvoraussetzung für das nun folgende Beratungsgespräch, da mit ihr verschiedene Ziele verbunden sind. Die Auswertung der Testserie liefert Dr. B. Sattler erstens eine diagnostische Erkenntnis über die tatsächliche Händigkeit des Kindes. Diese Klarheit bestimmt nun den weiteren Verlauf des Beratungsgespräches. Aber auch den Eltern soll während dieses Tests die Gelegenheit gegeben werden, die Händigkeit ihrer Kinder zu beobachten und sich gegebenenfalls über ihr selektives Sehen bewusst zu werden. Es hat mich sehr erstaunt, wie oft die Angaben der Eltern über die Vorzugshand ihrer Kinder bei bestimmten Tätigkeiten nicht mit der tatsächlichen Handwahl der Kinder übereinstimmten. Die Eltern achteten meist auf prägnante Tätigkeiten, wie z. B. Schreiben oder Malen; dabei übersahen sie, dass die Kinder beispielsweise beim Zähneputzen die linke Hand benutzen. So verfielen sie dem Trugschluss, ihr Kind sei rechtshändig, und erzogen es auch dementsprechend. In mehreren Gesprächen konnte ich die Verwunderung der Eltern über „plötzliche" linkshändige Tätigkeiten ihrer Kinder miterleben.

In einem anschließenden Gespräch mit den Eltern werden die Testergebnisse vorgestellt bzw. besprochen und über die gemeinsame „Händigkeitszukunft" des Kindes beraten. Dabei ist der Verlauf des Gespräches von den unterschiedlichen Ausgangspositionen und den Testergebnissen abhängig.[1]

Ich möchte nun anhand von drei „Fällen" mögliche Situationen kurz skizzieren. Hier muss aber angefügt werden, dass diese Auswahl natürlich noch lange nicht den gesamten Tätigkeitsbereich der Beratungsstelle abdeckt.

Heinrich (6½ Jahre) kam mit seiner Mutter in die Beratungsstelle, um kurz vor Schuleintritt seine Händigkeit feststellen zu lassen. Alle Informationen und Testergebnisse ergaben eine eindeutige Linkshändigkeit. Die Eltern hatten dieses Ergebnis schon erwartet; sie kamen in die Beratungsstelle, um ihre eigenen Beobachtungen bestätigt zu wissen und nun die Linkshändigkeit ihres Kindes gezielt fördern zu können. Sie sahen keine Probleme in der

---

1 Nach der gesamten Untersuchung und dem Beratungsgespräch kommt es dann noch zur zeitintensiven Aufarbeitung (auch mittels Computer) aller gewonnenen Daten, sowohl der bereits im Computer gespeicherten als auch der schriftlichen Materialien (Tests, Fragebögen u.Ä.) sowie der Gesprächsaufzeichnungen und das alles unter strenger Beachtung der Datenschutzrichtlinien!

Linkshändigkeit. Dr. B. Sattler gab ihnen noch einige Hinweise zur richtigen Betreuung ihres linkshändigen Kindes, außerdem zeigte sie Heinrich die richtige Schreibhaltung.

Nach Angaben von Dr. B. Sattler entspricht dieser „reibungslose" Verlauf in der Beratungsstelle leider nicht der Regel; die Linkshändigkeit wird von den Eltern nicht immer in dieser Weise akzeptiert.

Tanja (7 Jahre) ist vor wenigen Monaten eingeschult worden. Nach Angaben der Eltern, die sie zu der Beratungsstelle begleiteten, ist sie beidhändig, agiert also mit der rechten und linken Hand. Diese Angabe sollte nun in der Beratungsstelle einer näheren Prüfung unterzogen werden. Das Gespräch verlief zunächst stockend, die Eltern gaben auf die gestellten Fragen nur zögernd Antwort. Nach und nach fügten sich aber die Einzelinformationen zu einem nahezu vollständigen Mosaik zusammen: Frau X berichtete, dass Tanja in früher Kindheit fast alle Tätigkeiten mit der linken Hand ausgeübt hätte. Nur beim Essen hätten ihr Mann und sie großen Wert auf den „richtigen" Gebrauch von Messer und Gabel gelegt. Ansonsten hätten sie die Händigkeit ihres Kindes nicht beeinflusst. Als Tanja in den Kindergarten kam, wollte sie plötzlich eine Rechtshänderin sein. (Meines Erachtens wäre es hier interessant, genauer zu untersuchen, woher dieser plötzliche Sinneswandel kam. Es erscheint mir nicht ausgeschlossen, dass die Eltern Tanja bewusst oder unbewusst zu dieser Entscheidung anregten.) Auch hier ließen sie Tanja gewähren; so übte sie einige Tätigkeiten mit links und einige mit rechts aus. Nach der Einschulung stand die Entscheidung an, mit welcher Hand Tanja das Schreiben lernen sollte. Da Tanja aber sowieso beidhändig sei, sei es nach ihrer Ansicht egal, in welcher Hand Tanja den Stift halte.

Außerdem berichtet Tanjas Vater, dass er viel Wert auf rechtshändiges Schreiben lege, da auch er linkshändig bzw. beidhändig sei; nach einer konsequenten Umschulung aber nun in der Lage sei, mit der rechten Hand makellos zu schreiben. Probleme hätte es bei seiner Umschulung nicht gegeben. Heute sei er dankbar, seine rechte Hand, besonders beim Schreiben, in dieser Rechtshandgesellschaft einsetzen zu können. Diese Erfahrung wolle er nun auch seiner Tochter zukommen lassen, später würde sie ihm dafür dankbar sein.

Dr. B. Sattler und ich hatten den Eindruck, als ob das Interesse der Eltern in dieser Beratungsstelle weniger einem objektiven Test galt als vielmehr einer Bestätigung für ihre Schreibumschulung.

Die Testserie ergab: Tanja ist eindeutig linkshändig.

Die Eltern waren über dieses Ergebnis sehr bestürzt und konnten sich nicht damit abfinden. (Sie waren z. B. sehr besorgt, dass durch meine Anwesenheit Versuchsergebnisse an die Schule gelangen könnten.) Als Dr. B. Sattler ihnen die Testergebnisse erklärte, akzeptierten sie diese zwar, zogen aber nicht die Konsequenz daraus, ihr Kind solle nun mit der linken Hand schreiben. Daraufhin erläuterte Dr. B. Sattler behutsam mögliche Umschulungsfolgen. Sie betonte aber immer wieder, die Entscheidung bliebe ihnen überlassen, da es sehr wichtig für Tanja ist, dass ihre Eltern in gemeinsamer Übereinstimmung ihr Händigkeitsverhalten akzeptieren und stärken. Die Eltern waren über die aufgeführten Umschulungsfolgen sehr betroffen und versicherten, sie hätten über diese Folgen noch nie etwas gehört, sie hatten lediglich mit einem schlechteren Schriftbild gerechnet. Dr. B. Sattler erklärte ihnen, dass es für eine Rückschulung noch nicht zu spät sei, Tanja hätte bei einem Schreibversuch gezeigt, dass sie ohne Übung auch mit der linken Hand schreiben könnte. Ein Vergleich ihrer Schreibhaltung und der Schriftbilder zeigte sogar beim linkshändigen Schreiben eine unverkrampftere und sicherere Schreibhaltung. Als die Eltern nicht anwesend waren, bemerkte Tanja, sie würde viel lieber mit links schreiben, sie würde sich aber dem Willen ihrer Eltern beugen. Dr. B. Sattler zeigte allen Anwesenden die richtige Schreibhaltung unter dem Vorbehalt, die Entscheidung bliebe trotzdem den Eltern überlassen.

Außerdem gab sie ihnen den Rat, das Kind eine Zeit lang mit beiden Händen etwas malen oder schreiben zu lassen (beispielsweise Schlangenlinien) und diese Bilder dann für alle gut sichtbar aufzuhängen. Anschließend sollten sich dann die Eltern und ihr Kind mit der Frage auseinandersetzen, mit welcher Hand dem Kind diese Aktivitäten leichter fielen. Nach diesen Übungen muss aber dann die Entscheidung in gegenseitigem Einverständnis getroffen werden, da das Kind sich dann auf eine Hand festlegen muss, um eine Irritation zu verhindern. Leider bleibt hier offen, wie sich Tanjas Eltern entschieden haben.

Dieser Fall zeigt aber, warum die psychologische Aufklärungsarbeit bei den Eltern ansetzen muss. Außerdem wird hier deutlich, dass die Umschulung noch lange nicht der Vergangenheit angehört. Es lässt sich hier sicher nicht bestreiten, dass die Eltern für Tanja nur das Beste wollten. Diesen Wunsch sahen sie in der Anleitung zum rechtshändigen Schreiben verwirklicht, da sie über die Umschulungsfolgen nicht informiert waren. Außerdem handelten sie nach bestem Wissen und Gewissen, da die vermutete Beidhändigkeit ihrer Tochter ihnen die „Berechtigung" lieferte, sich einfach eine Hand für das Schreiben auszuwählen. So entschieden sie sich aufgrund funktionaler

Überlegungen für die rechte Hand. Dieses Beispiel zeigt eindrücklich, wie die Annahme einer Beidhändigkeit zu gefährlichen Konsequenzen führen kann.

Tanja übt die Schreibhaltung für Linkshänder.

Frau Z. ist eine 31-jährige Frau. Sie suchte die Beratungsstelle auf, da sie in den Medien einen Bericht von Dr. B. Sattler über Umschulung gehört hatte. Nun wollte sie ihre Annahme, ihre massiven Störungen könnten durch eine Umschulung mitbedingt sein, bestätigt wissen. Auch hier ergaben die Tests: Frau Z. ist linkshändig. Das Anamnesegespräch mit Frau Z. war für mich sehr interessant, da ihre Angaben meine Ausführungen über Umschulung und Umschulungsfolgen widerspiegelten. Frau Z. wurde bereits in der ersten Klasse „sanft" umgeschult. Ihre Eltern schilderten sie als lebendiges Kind. Diese Fröhlichkeit habe sie aber nach eigenen Angaben nach ihrer Umschulung eingebüßt. Später zog sie sich zurück, sie wurde schüchtern. Von der Schulzeit an bis heute muss sie mit massiven Sprechblockaden kämpfen. Diese sah sie bisher in keinem Zusammenhang mit ihrer Umschulung, da sie nicht über Konzentrations- oder Reproduktionsstörungen klagte.

Dieser Fall zeigt die enorme Bandbreite der Umschulung und Umschulungsfolgen. Frau Z. konnte auf ein hervorragend funktionierendes Gedächtnis zurückgreifen und so z. B. Reproduktionsleistungen und Sprechblockaden einigermaßen ausgleichen. Auf den ersten Blick war also alles in Ordnung, man hätte sie sicherlich nicht zu den „Umschulungsopfern" gezählt – „aber", so Frau Z., „ich hatte stets das Gefühl, dass mit mir irgendetwas nicht in Ordnung ist." Ihre massiven Probleme sind sicherlich nicht ausschließlich auf ihre Umschulung zurückzuführen, aber doch durch sie mitbedingt. Frau Z. wurde als Kind noch mit anderen Schwierigkeiten, wie z. B. Fußoperationen, konfrontiert, sodass die Probleme sich häuften und schließlich über ihr zusammenbrachen. Mir schien es, als ob Frau Z. aus diesem Besuch neue Kraft geschöpft hat, da sie mit Dr. B. Sattler, einer praxisbezogenen Wissenschaftlerin, Erfahrungen austauschen konnte. Dr. B. Sattler bestätigte außerdem, dass die Intelligenzleistung nicht durch ihre Umschulung eingeschränkt worden ist und dass sie nun die Wurzel einiger Probleme nicht in ihrem Kopf, sondern in ihrer Umschulung suchen muss.

Ich möchte nun noch zwei eindrucksvolle Zitate von ihr anfügen. Frau Z. schrieb aus eigenem Antrieb hin und wieder mit links. Dazu meinte sie: „Linkshändiges Schreiben ist für mich eine Art Therapie. Wenn ich rechts schreibe, sind meine Gefühle blockiert; ich habe dann das Gefühl, dass ich den Zugang zu meinem Gehirn nicht finde. Ich kann meine Gefühle besser akzeptieren, wenn ich mit der linken Hand schreibe, und deshalb wird dieser Text (das bestätigen mir auch andere) viel besser. Da ich meinen Gefühlen mit links freien Lauf lassen kann, kann ich dann hinter dem stehen, was ich geschrieben habe. Mit der rechten Hand kann ich zwar schneller schreiben, aber ich empfinde eine Flucht und Ablehnung gegen die rechte Hand. Ich stehe ständig in einem Konflikt, welche Hand ich nun benutzen soll." Zu ihren Sprechblockaden meinte sie: „Wie komme ich nur da raus? Meine Hand kann ich nun wieder austauschen, meinen Mund nicht."

Artikel „‚Beidhänder‘ sind hirngeschädigt"

aus der Münchener Medizinischen Wochenschrift MMW Originalia Hypothese

Der nachfolgende Artikel aus der Münchener Medizinischen Wochenschrift vom 12.10.1992 hat damals sehr viel Aufmerksamkeit in der Öffentlichkeit erzeugt, z.t. auch heftige Reaktionen, und hat den Diskussionen über Umschulung der Händigkeit und Beidhändigkeit eine neue Richtung gegeben.

J. B. Sattler

„Beidhänder‘ sind hirngeschädigt"

In Hypothesen über Entstehung und Entwicklung der Händigkeit wird der Begriff „Beidhänder" (auch: Ambidexter) sehr unterschiedlich definiert und oft nur durch reine Selbsteinschätzung und -beurteilung bestimmt. Bei Testuntersuchungen erwiesen sich die angeblichen Beidhänder entweder eindeutig als umgeschulte Linkshänder oder als Personen mit sehr inkohärenten, zum Teil sogar sich widersprechenden Ergebnissen. Bei der systematischen Untersuchung der letzteren Personengruppe stellt sich heraus, dass bei diesen Probanden durchgehend perinatale Hirnschädigungen nachzuweisen sind. Es wird die Hypothese diskutiert, dass Sauerstoffunterversorgung in der perinatalen Phase vornehmlich die Funktion der dominanten Gehirnhemisphäre stört. Diese ist für die angeborene Händigkeit zuständig und so kommt es phänomenal zum zeitweiligen Wechseln des Handgebrauchs, was fälschlicherweise dann als „Beidhändigkeit" diagnostiziert wird.

Die Beratungs- und Informationsstelle für Linkshänder und umgeschulte Linkshänder ist 1985 aus einem gemeinsamen Forschungsprojekt von Wissenschaftlern der Universität Köln und der ONRS (= Organization for Neutral Research and Science), einer gemeinnützigen Organisation, entstanden. Sie konzentriert ihre Arbeit vor allem auf Prävention: Verhinderung der Umschulung von linkshändigen Kindern auf die rechte Hand. Anlässlich dieser Aufgabenstellung werden die Rat- und Hilfesuchenden mit umfangreicher, hochentwickelter Testmethodik untersucht – einschließlich Computeruntersuchungsapparatur zur Feststellung der Händigkeit, die der Beratungsstelle, neben anderer technischer Ausstattung, von der Universität Köln geliehen wurde. Daten werden möglichst immer von der ganzen Familie und oft sogar von der Verwandtschaft erhoben.

Die bisherigen Ergebnisse zeigten je eine große, durch ausgeprägte Werte klar abgegrenzte, kompakte Links- und Rechtshändergruppe. Vor der Testuntersuchung hielten sich die umgeschulten Linkshänder in der Mehrzahl allerdings phänomenal für Rechtshänder, die auch geschickt die linke Hand benutzen können oder für Beidhänder! Dieses Ergebnis entsteht oft bei der immer noch häufig benutzten, äußerst unzuverlässigen Methode der „Selbsteinschätzung" der eigenen Händigkeit, die von der Fragestellung, von soziologisch-psychologischen Prozessen und einem eher zufälligen Wissensstand der Probanden abhängig ist: Beidhändigkeit wird als aufwertend empfunden. Daher sind die auf solch einer Datenerhebung basierenden statistischen Zahlen praktisch unbrauchbar ([16], Kap. 2).

Es fand sich aber auch eine kleine Gruppe, die anscheinend einen fließenden Übergang zwischen Links- und Rechtshändigkeit bildet. Im Hinblick auf diese Zwischengruppe wurden zwei Thesen untersucht: Handelt es sich hier tatsächlich um die, in mancher Literatur so oft erwähnten, Beidhänder (Ambidexter)? Ist „Händigkeit" abstufbar und in Prozenten oder Graden erfassbar, also fließend, von einem zum anderen Extrem übergehend?

Die Auswertung der erhobenen Daten zeigte, dass keine dieser Thesen zutrifft: Für „Beidhänder" ist diese Gruppe zu diffus – ausgewogene Mittelwerte wurden bei den ansonsten größtenteils korrelierenden Einzeltests praktisch nie erreicht. Erst unter dem Gesichtspunkt, dass *zwei Faktoren* bestimmend sein können, wurde die Hirnhemisphärendominanz-Problematik bzw. die Manifestation der „phänomenal abgestuften" Händigkeit plausibel und logisch:

Folgen der Umschulung der Händigkeit. Die Händigkeit des Menschen ist Ausdruck der angeborenen Hemisphärenlateralisation mit Ausrichtung auf die Dominanz einer Gehirnhälfte. Die Nervenbahnen sind „gekreuzt" – das bedeutet, die dominante rechte Gehirnhälfte hat eine dominante linke Hand zur Folge, die dominante linke Hemisphäre ist für Rechtshändigkeit verantwortlich [18].

Durch Umschulung der Händigkeit, sei es von der dominanten linken auf die nicht dominante rechte Hand oder umgekehrt, besonders beim Schreiben, kommt es nicht zur Änderung der Hemisphärendominanz, sondern zu den verschiedensten Störungen im menschlichen Gehirn, also zu einer *funktionellen Schädigung* (Fehlfunktionen, Blockaden und Hemmungen), die sich dann in folgenden *Primärstörungen* äußern kann: Gedächtnisstörungen in allen drei Funktionen (Aufnahme, Speichern, Wiedergabe), Konzentrationsstörungen (schnelle Ermüdbarkeit), legasthenische Probleme (Lese- und Rechtschreibschwierigkeiten), Raum-Lage-Labilität (Links-Rechts-Unsicherheit), Sprachstörungen (Stammeln bis zum Stottern), feinmotorische Störungen (Schriftbild und Präzisionstätigkeiten).

Diese Primärfolgen können sich dann in *Sekundärfolgen* umsetzen wie: Minderwertigkeitskomplexe, Unsicherheit, Zurückgezogenheit, Überkompensation, Trotzhaltungen, Widerspruchsgeist, Imponier- und Provokationsgehabe, Bettnässen und Nägelkauen, emotionale Probleme bis ins Erwachsenenalter mit neurotischen und/oder psychosomatischen Symptomen, Störungen im Persönlichkeitsbild [3, 4, 7, 8, 9, 11, 14].

Zerebrale Störungen. Die Suche nach dem zweiten Faktor begann mit der Suche nach anamnestischen Gemeinsamkeiten innerhalb der kleinen, inkohärenten „Mittelgruppe". Und sehr schnell fanden sich Probleme in der Schwangerschaft, bei der Geburt, in frühester Kindheit und Symptome, die heute auch unter MCD – minimaler zerebraler Dysfunktion, POS – frühkindlichem psychoorganischem Syndrom (einem in der Schweiz vornehmlich benutzten Begriff), frühkindlicher Hirnschädigung und frühkindlichem exogenem Psychosyndrom zusammengefasst werden (ein großer Teil dieser Störungen ist im Katalog der „International Classification of Diseases" [5] aufgeführt. Bes. Kap. V: „Störungen des Kindes- und Jugendalters"). Bei Kindern oft beobachtete Teilleistungsstörungen stehen häufig mit perinatalen Hirnschädigungen (sechster Schwangerschaftsmonat bis Ende des ersten Lebensjahres) in Zusammenhang, insbesondere mit kurzzeitigem Sauerstoffmangel im Gehirn [1].

Diese zerebralen Störungen sind den Umschulungsfolgen der Händigkeit zum Teil *sehr ähnlich und oft fast deckungsgleich,* und sie sind, ohne entsprechendes Vorwissen, kaum voneinander zu unterscheiden. Die Problematik liegt in der differenzialdiagnostischen Methodik.

Folgen der Sauerstoffunterversorgung beim Menschen. Im menschlichen Körper ist das Gehirn am meisten vom Sauerstoffverbrauch abhängig und wird folglich auch am stärksten von Sauerstoffmangel bzw. -unterversorgung betroffen.

Dafür kennt die Medizin viele Beispiele, angefangen bei kurzfristiger Sauerstoffunterversorgung bei der Geburt (MCD), mit ihren für die schulische Laufbahn und die daraus resultierende Persönlichkeitsentwicklung oft weitgreifenden Folgen, über verschiedenste zerebrale Störungen (siehe entsprechende ICD-Nummern) bis hin zu Unfällen (in jedem Alter), wo schon bei relativ kurzer Unterbrechung der Sauerstoffzufuhr ein massiver zerebraler Schaden entstehen kann.

Ein drastisches Beispiel aus der Praxis der Beratungsstelle: Der Verlauf eines Retardierungsprozesses konnte bei Andreas, der durch einen Sportunfall abrupt aus seiner normalen Entwicklung gerissen wurde, genau beobachtet werden. Als Folge eines Ballschlags in den Hals und falscher Lagerung des Jungen wurde die Blutzufuhr zum Kopf beeinträchtigt (hypoxämischer Hirnschaden wegen eines Herz-Kreislauf-Stillstandes: Dazu liegen physiologische und neurologische Untersuchungsberichte vor). So entstand schlagartig aus dem hochbegabten, 18-jährigen Abiturienten ein kaum orientierungsfähiger, geistig völlig gestörter Mitarbeiter in einer Werkstatt für geistig Behinderte.

Auswirkungen der Sauerstoffunterversorgung auf Gehirnhemisphärendominanz und Händigkeit. Gehirnlateralisation bedeutet Spezialisation der einzelnen Hemisphären und Dominanz einer der beiden, die genetisch verankert und erblich ist; es bedeutet (Schlussfolgerung aus biologischem Vergleich mit anderen Säugetieren) wahrscheinlich die letzte Entwicklungsstufe des menschlichen Gehirns. Möglicherweise ist diese Funktion dadurch auch die labilste und empfindlichste und sie kann massiv gestört werden.

So kann es aus somatischen bzw. physiologischen Gründen zu Gehirnschädigungen kommen, die aber meistens vorübergehenden Charakter haben. Damit wird allerdings auch die Hemisphärendominanz in verschiedenen Auswirkungsgraden gestört: Es kommt zu *labilen und wechselnden Händigkeitsmanifestationen,* was den Begriff „Beidhänder" initiierte oder sogar zur falschen Bestimmung der Händigkeit führen kann.

Die Dominanz einer Gehirnhälfte bedeutet folgerichtig auch mehr Funktionsprozesse in dieser Hemisphäre bei der Verarbeitung von Impulsen und dem Aktivieren der kontralateral gelegenen Körperteile. Diese Hemisphäre erbringt eine größere Leistung, die entsprechend mit einem *größeren Sauerstoffverbrauch* einhergeht. Tritt eine Sauerstoffunterversorgung des Gehirns ein, so wird logischerweise *die dominante Hemisphäre zuerst und stärker betroffen.*

In dem oben beschriebenen Fall von Andreas, der in der Beratungsstelle sehr gründlich getestet wurde, stellte man bei Zusammenlegbildern und beim Musternachlegen fest, dass er, gesteuert von der rechten Gehirnhälfte (bei ihm nicht dominant), vollständigere, abgeschlossener Formen gestaltete[1]. Er

---

1 Das entspricht den Ausführungen von Springer u. Deutsch, die sich in extenso mit den zahlreichen publizierten Artikeln über diesbezügliche Forschungsergebnisse von Sperry, Gazzaniga, Gschwind, u. a. auseinandersetzen [18].

war aber vor dem Unfall eindeutig rechtshändig. Die plausibelste Erklärung ist, dass seine dominante linke Gehirnhälfte stärker von der Sauerstoffunterversorgung beeinträchtigt war und die nicht-dominante rechte sich deswegen beim Formenlegen durchsetzte.

Diese neurophysiologische Eigenschaft, dass die Gehirnregion, die an der Verarbeitung von bestimmten Informationen beteiligt ist, erhöhten Blutumsatz, also auch mehr Sauerstoffverbrauch, hat, macht sich z. B. die Positronen-Emissions-Tomografie (PET) zunutze, bei der radioaktiv markiertes Wasser injiziert und mit dem Blut ins Gehirn transportiert wird. Die erhöhte Blutzufuhr in aktiven Gehirnregionen wird durch einen Detektorenring gemessen.

Auf die Händigkeitsproblematik übertragen, bedeutet das, dass Kinder, die unter Sauerstoffmangel in der perinatalen Zeit litten, meist *stärkere Schäden in ihrer dominanten Gehirnhälfte* aufweisen. Dies wirkt sich dann auf die phänomenale Händigkeitsentwicklung aus und erklärt, warum viele dieser Kinder bis zur Einschulung ihren Handgebrauch wechseln und sich erst sehr spät auf eine Hand festlegen (sie werden in der Literatur und in Testverfahren dann oft unter „Beidhändigkeit" eingeordnet). Diese Kinder gelten in Bezug auf ihre Leistungen oft als „Problemfälle".

Damit ist auch erklärt, warum in der Zeit, zu der sich normalerweise die Hirnhemisphärendominanz durch Handpräferenz zu manifestieren beginnt, die richtige Händigkeit mancher Kinder bisher nicht zuverlässig eingeordnet werden konnte und es damit unbeabsichtigt zu ihrer Umschulung kommen kann. Kinder, die eine zerebrale Schädigung erlitten haben und in der Schule oft Teilleistungsstörungen aufweisen, können, der Erfahrung nach, diese Beeinträchtigungen bis etwa in das Pubertätsalter immer mehr abbauen und ausgleichen; zum Teil verschwinden die Störungen sogar völlig oder treten z. B. nur noch in unerwarteten Verdrehern beim schnellen Schreiben auf. In der Gehirnentwicklung können die Schädigungen wahrscheinlich durch Übernahme der Funktion von anderen Regionen ausgeglichen werden (wie wir aus Erfahrungen nach Hirnoperationen wissen), weil es sich um einen rein *somatischen Prozess* handelt. Kommt es aber in dieser Phase auch noch zu einer Umschulung der angeborenen Händigkeit – einem *psycho-somatischen Prozess*, so entsteht eine neue, zusätzliche Schädigung des Gehirns (mit Manifestation in der gleichen Richtung wie die physiologische Störung), und es kommt zu unverhältnismäßig stärkeren Hirnfehlfunktionen.

Die persönliche Auseinandersetzung mit den Störungsfolgen und die sich daraus entwickelnden Persönlichkeitszüge sind abhängig von der Art der Störungen, von individueller Förderung, Willensstärke und Durchsetzungsvermögen, wobei vor allem der sog. Demosthenes-Effekt[1] eine wichtige Rolle spielt. Man muss aber immer mit Sekundärfolgen rechnen; das gesamte Störungsbild kann eine soziologische Weiche für das ganze Leben stellen ([16], Kap. 6.2.1).

Selbstverständlich entwickeln sich die nicht umgeschulten Links- und Rechtshänder, bei denen nie eine somatische Gehirnstörung vorlag, normal, mit Fähigkeiten, die der jeweiligen Lateralisation (verschiedene Funktionen und Fähigkeiten der jeweiligen Hemisphäre [6]), Begabung und Förderung entsprechen. Zur Überprüfung der aufgestellten Hypothesen wurden aus 2119 Probanden mittels der Methode des Zufallsprinzips 300 Fälle ausgewählt. Die ausgewerteten Daten bestätigen die Hypothesen [17].

Resümee. Durch Sauerstoffunterversorgung des Gehirns wird die dominante Gehirnhälfte deswegen stärker geschädigt, weil diese mehr Funktionen erfüllen muss und folglich auch einen größeren Sauerstoffbedarf hat. Durch Sauerstoffunterversorgung wird die natürliche, angeborene Hirnhemisphärendominanz phänomenal gestört, d. h. das Kind wechselt beim Hantieren die Hände und kann sogar zunächst schlechtere Einzelergebnisse (z. B. beim Malen und Schreiben) mit der eigentlich dominanten Hand erlangen. Außeneinflüsse des soziokulturellen Umfeldes („Rechtshänderkultur") im Fall der linkshändigen Kinder bewirken, dass die überwiegende Mehrheit der Betroffenen infolge der Einstellung ihrer Umgebung (z. B. „Linkshändigkeit ist eine Fehlfunktion" oder „Wir leben in einer für Rechtshänder gestalteten Welt ...") durch Umschulung massive Schäden für das ganze Leben davonträgt. So wird häufig die natürliche Entwicklung unterbrochen bzw. der Kompensationsprozess des Gehirns durch bevorzugte Benutzung der nicht dominanten Hand negativ beeinflusst, was sich besonders beim Schreiben vollzieht. Dadurch kommt es bei diesen Kindern zu einer erneuten Schädigung: Heilungsprozesse, die eine Übernahme der gestörten Funktion durch eine andere Hirnregion eingeleitet haben, werden wieder gestört, und die langsam genesende dominante Hemisphäre wird erneut geschädigt.

---

1 Demosthenes-Effekt = Überkompensation bei bewusst wahrgenommener benachteiligender Störung oder Behinderung. Benannt nach dem griechischen Volksredner Demosthenes, der sein Stottern dadurch überwunden hat, dass er, mit Kieselsteinen im Mund, die Geräusche des Meeres, laut sprechend, übertönt hat.

Die Schädigung differiert also auch im Schweregrad von

- zerebraler Funktionsstörung (v. a. durch Sauerstoffunterversorgung), über
- Umschulung der Händigkeit (phänomenal entstandene zerebrale Funktionsstörung) zu
- einer Schädigung sowohl durch zerebrale Funktionsstörung als auch durch zusätzliche Umschulung der Händigkeit.

Beidhändigkeit ist also kein erstrebenswertes Ziel, sie ist keine Gabe Gottes, sondern vor allem Ausdruck einer zerebralen Schädigung.

Aufgabe in der Zukunft ist es, gerade den angeblich beidhändigen Kindern, die sich oft lange nicht auf den Gebrauch einer Hand festlegen können und damit die Funktionsstörung bzw. Schädigung ihrer dominanten Hirnhemisphäre signalisieren, besondere Aufmerksamkeit zu schenken, sie zu fördern und zu schützen. Dieser Problematik wird die heutige medizinische und pädagogische Vorsorge bei Weitem noch nicht gerecht, ja das Problem wird überhaupt noch nicht richtig verstanden. Unser „Weltbild" und unsere übernommenen Muster und Dogmen [15] haben uns bisher kaum den Zugang eröffnet, um dieses Phänomen richtig einzuordnen und zu begreifen. Bei all diesen Überlegungen dürfen aber nicht modifizierende Wirkungsfaktoren vergessen werden, wie verschiedene Begabungen, unterschiedliches Durchsetzungsvermögen und individuelle Einflüsse durch Elternhaus, Geschwisterkonstellation und Schule.

Folgerung für die Praxis

Die überwiegende Mehrzahl der Menschen lässt sich aufgrund umfangreicher Testmethoden eindeutig in Rechts- und Linkshänder einstufen. Es wird die Hypothese aufgestellt und vertreten, dass Beidhändigkeit, die häufig als Positivmerkmal empfunden wird, entweder aus einer Umschulung von Linkshändern (funktioneller Hirnschaden!) resultiert oder Folge einer perinatalen zerebralen Schädigung der dominanten Hirnhälfte ist.

Vorliegende Arbeit ist die Zusammenfassung des Forschungsberichts vom 12.10.1992 „Ergebnisse der Praxis und Hypothesen über den Zusammenhang zerebraler Störungen des Kindesalters und Händigkeit" von Dr. Johanna Barbara Sattler, Beratungs- und Informationsstelle für Linkshänder und umgeschulte Linkshänder, München [17].

Abstract

„Ambidexters" are Brain-Damaged: In hypotheses about the origin and development of handedness the term „ambidexter" is defined very differently and often applied only by the proband assessing himself. In test examinations alleged ambidexters proved to be either converted left-handers or persons whose results were highly incoherent or even contradictory. Systematic investigations of the second group of probands always revealed perinatal cerebral disturbances. This paper discusses the thesis that insufficient oxygen supply to the brain in the perinatal period of life mainly affects the function of the dominant cerebral hemisphere that is responsible for the congenital handedness. This results, phenomenally, in temporary change in the use of hands, so that the person is often wrongly diagnosed as an ambidexter.

Schlüsselwörter: Händigkeit, Beidhändigkeit – zerebrale Schädigung

Key Words: Handedness – „Ambidexter" – Cerebral Damage

Literatur

1. Astor-Schuster, K.: MCD und Teilleistungsstörungen bei Kindern. Öffentliches Gesundheitswesen 51 (1989) 245–249.
2. Fischer, K.: Lateralität und Motorik. Motorik – Zeitschrift für Motopädagogik und Mototherapie 3 (1992) 122–133.
3. Fischl, B.: Umgeschulte Linkshänder – Der Knacks im Gedächtnis. Münch. med. Wschr. 8 (1986) 28.
4. Friedmann, F.: Manipulation der Hand – Massiver Eingriff im Gehirn ohne Blutvergießen. Ärzte Zeitung (05.02.1987) 28.
5. „International Classification of Diseases", abgekürzt ICD: Deutsche Ausgabe der internationalen Klassifikation der Krankheiten der WHO. Hrsg.: Degkwitz, R., Helmchen, H., Kockott, G., Mombour, W.; 5. Auflage, korrigiert nach der 9. Revision der ICD. Springer, Berlin-Heidelberg-New York 1980.
6. Meyer, R. W.: Linkshändig? Ein Ratgeber. Humboldt, München 1991.
7. Rett, A., Kohlmann, T., Strauch, G.: Linkshänder. Analyse einer Minderheit. Jugend und Volk, Wien, München 1973. Bes. 75–85.
8. Richberg, I.-M.: Linkshänder soll man nicht auf den „rechten Weg" zwingen. Ärzte Zeitung 90 (15./16.05.1987) 10.
9. Sattler, J. B.: Psychische Probleme durch Umschulung. Psychologie heute 10 (1985) 8–10.
10. Sattler, J. B.: Umschulung der Händigkeit. Ein massiver Eingriff ins menschliche Gehirn. Lernen fördern. (Zeitschrift für Eltern, Lehrer und Erzieher) 5 (1986) 10–11.
11. Sattler, J. B.: Umgeschulte Linkshänder – Links vorbeitherapiert. Münch. med. Wschr. 4 (1987) 26.
12. Sattler, J. B.: Hilfe für Linkshänder. Psychologie heute 5 (1987) 15–16.
13. Sattler, J. B.: Das linkshändige Kind bei Schuleintritt. In: Empfehlungen zur Aufnahme des Kindes in die Grundschule. Hrsg.: ISB – Staatsinstitut für Schulqualität und Bildungsforschung, S. 139–149. Erarb. im Auftrag des Bayer. Staatsministeriums für Unterricht und Kultus, München 1989.
14. Sattler, J. B.: Linkshänder in der Arztpraxis. Bayer. Ärztebl. 4 (1991) 137.

15. Sattler, J. B.: Der Linkshänder. Ein irrationales Phänomen unserer Gesellschaft. Motorik – Zeitschrift für Motopädagogik und Mototherapie 3 (1992) 148–156.

16. Sattler, J. B.: Das linkshändige Kind in der Grundschule. Hrsg.: ISB – Staatsinstitut für Schulqualität und Bildungsforschung. Erarb. im Auftrag des Bayer. Staatsministeriums für Unterricht, Kultus, Wissenschaft und Kunst, München. Auer Verlag, Augsburg, 2018 (17).

17. Sattler, J. B.: Ergebnisse der Praxis und Hypothesen über den Zusammenhang cerebraler Störungen des Kindesalters und Händigkeit. Unveröffentlichter Forschungsbericht (12.10.1992), München 1992.

18. Springer, S. P., Deutsch, G.: Links – rechtes Gehirn: funktionelle Asymmetrien. Spektrum der Wissenschaft, Heidelberg 1987.

19. Schilling, F.: Linkshändigkeit, Grafomotorik und Schreibenlernen. Motorik – Zeitschrift für Motopädagogik und Mototherapie 3 (1992) 135–147.

Münch. med. Wschr. 135 (1993) Nr. 21 © MMV Medizin Verlag GmbH München, München 1993, S. 291/35–294/40.

Überlegungen nach der Konfrontation der gesammelten Daten mit Forschungen

Als Nebenprodukt der Händigkeits- bzw. Hirnhemisphärendominanzuntersuchungen in der Münchner Beratungs- und Informationsstelle für Linkshänder und umgeschulte Linkshänder manifestierten sich bei der weiteren Arbeit mit dem gewonnenen Datenpool unerwartete zusätzliche Ergebnisse:

1. Es scheint, dass beim Tod eines Zwillings innerhalb der Schwangerschaft, gerade der *linkshändige* Zwilling häufiger überlebt. Dies betrifft nicht nur Fälle, in denen es zum Tod des Zwillingsgeschwisters in einem frühen Entwicklungsstadium kommt, wo z. B. die rudimentären Reste des toten Embryos im Körper des überlebenden Kindes integriert werden und erst durch operative Entfernung (unabhängig vom Alter des Trägers) zutage kommen, sondern auch Fälle, in denen das ursprüngliche Geschwister nur durch Ultraschall festgestellt und später von dem Körper der Mutter völlig absorbiert wurde.

2. Interessant ist, dass bei dem Tode eines Zwillingsgeschwisters innerhalb der Gebärmutter meistens der *weibliche* Zwilling überlebt. Man kann allerdings nur hypothetische, auf genetischem Wissen aufgebaute Deduktionen über die Frage nach der Ein- oder Zweieiigkeit der betroffenen Zwillinge aufstellen, weil dies praktisch durch keine der gängigen Untersuchungsmethoden im Nachhinein zuverlässig bestimmbar ist.

3. Umgeschulte Frauen klagen, nach den Erfahrungen in der Beratungsstelle, signifikant mehr über die Umschulungsfolgen, und vergleichen ihren Zustand manchmal sogar mit dem „Leben in einem geistigen Rollstuhl". Dem scheinen allerdings amerikanische Forschungen z. T. zu widersprechen. Frauen sollen u. a. weniger lateralisiert sein und folglich mehr in beiden Gehirnhemisphären ihre Denkvorgänge vollziehen (diese Forschungen wurden übersichtlich popularisiert durch die Nachrichtenmagazine Der Spiegel und Focus, jeweils in Nr. 14/1995). Daraus wäre abzuleiten, dass sie weniger unter den Umschulungsfolgen zu leiden haben. Ein möglicher Grund der abweichenden Resultate liegt nicht in den gemessenen Unterschieden von weiblichen und männlichen Denkprozessen, sondern vielmehr in der festen Verbindung der Hemisphärendominanz mit der motorischen Dominanz; diese Fixierung und deren Störung steht qualitativ und quantitativ über den o. g. Untersuchungsergebnissen.

4. In der Beratungsstelle fielen regelmäßig, sowohl bei linkshändigen als auch bei rechtshändigen Kindern, feinmotorische Störungen auf und häufig auch die beschriebenen anfänglichen Unsicherheiten im Handgebrauch in den ersten Lebensjahren. Weiter wurde festgestellt, dass gerade bei diesen Kindern oft die Nabelschnur während des Geburtsvorgangs um den Hals gewickelt war, die Kinder sich also kurz zuvor kräftig bewegt und gedreht haben mussten. Wäre die Nabelschnur schon früher um den Hals gewickelt gewesen, hätten die Ungeborenen entweder absterben oder sich durch umgekehrte Drehung selbst wieder befreien müssen. Unter dem Gesichtspunkt neuester Forschungsergebnisse lässt sich dabei folgende Hypothese aufstellen:

Wenn tatsächlich das ungeborene Kind nach Beendigung seines Reifungsprozesses in der Gebärmutter durch Hormonabgaben *selbst das Signal für den Geburtsbeginn gibt* und dadurch das Einsetzen der Wehen hervorruft, so kann dies bedeuten, dass eine intensiv manipulierte Geburt in krasser zeitlicher Diskrepanz zur „biologischen Uhr" des Kindes steht und von diesem als unprogrammierte Beeinträchtigung empfunden wird. Dabei kann es zu heftigen Bewegungen des Kindes im Mutterleib kommen (seine einzige Reaktionsmöglichkeit), die zum Platzen der Fruchtblase und/oder zu einem Umschlingen des Halses mit der Nabelschnur führen können. Es sind übrigens inzwischen zahlreiche Beweise vorhanden, die dokumentieren, dass ein ungeborenes Kind fähig ist, auch weit schwächere Außenimpulse, wie z. B. Musik, wahrzunehmen und darauf zu reagieren. Ein nicht vom Ungeborenen aus gesteuerter, vorzeitiger Beginn der Wehen kann selbstverständlich auch durch Einflüsse aus dem Lebensbereich der Mutter geschehen, z. B. durch Schock, Überbelastungen, Unfall u. Ä. Auch dann besteht anscheinend ein erhöhtes Risiko der Umwickelung der Nabelschnur um den Hals des Ungeborenen und einer dadurch hervorgerufenen Sauerstoffunterversorgung seines Gehirns. Gefahren einer Sauerstoffunterversorgung können auch bei einem Kaiserschnitt auftreten, wenn Probleme mit der Freimachung der Lunge entstehen.

Problematisch sind allerdings zeitliche „Übertragungen" der Ungeborenen, verursacht z. B. durch verfärbtes Fruchtwasser. Eine Hypothese ist, dass es hier zu leichten Vergiftungserscheinungen bei dem Ungeborenen kommt, wodurch die Auslösung der Geburt durch das Kind verhindert wird und somit die Wehen nicht auf natürlichem Wege einsetzen.

5. Man kann überaschenderweise bei Kindern, die eine sehr schwere Geburt erlitten haben, manchmal feststellen, dass sie später weit weniger geschädigt sind, als andere Kinder nach einer im Vergleich weit leichteren Geburt, bei der die Neugeborenen zwar blau auf die Welt kamen, aber sich schnell wieder erholten. Beide Kindergruppen können später unter verschiedenen Graden der zerebralen funktionellen Störungen leiden, allerdings entspricht die Relation nicht dem erwarteten, dramatischen Unterschied. Ein äußerst interessantes Phänomen in diesem Zusammenhang aber ist, dass bei vorheriger Bewusstlosigkeit, also bei „Lähmung der Gehirnprozesse", die gefürchteten Gehirnstörungen durch mangelnden Sauerstoff bzw. Blutzufuhr (und damit auch der Ernährung), in geringerem Ausmaß als zu erwarten wäre, auftreten. Dieses Phänomen ist u. a. aus dem U-Boot-Krieg bekannt, wo ein bewusstlos im Rettungsboot liegender *verletzter* Matrose oft überlebte, während ein anderer Mensch, der, *unverletzt*, vor Erschöpfung im selben Schlauchboot eingeschlafen war (sein Gehirn träumte oder halluzinierte – arbeitete also weiter!), nicht mehr lebend geborgen werden konnte. Bei dem Bewusstlosen verlangt das Gehirn nicht vorrangig nach Sauerstoff, alle Körperfunktionen werden auf ein Minimum heruntergesetzt.

Literatur

Annett, Marian, „The binomial distribution of right, mixed and left handedness." In: Quarterly Journal of Experimental Psychology, 19, 1967, S. 327–333

Annett, Marian, „A classification of hand preference by association analysis." In: British Journal of Psychology, 61, 1970, S. 303–321

Annett, Marian, „The right shift theory of handedness and developemental language problems." In: Bulletin of the Orton Society, 31, 1981, S. 103–121

Astor-Schuster, Karin, „MCD und Teilleistungsstörungen bei Kindern." In: Öffentliches Gesundheitswesen 51, 1989, Stuttgart, New York, S. 245–249

Barocka, A., H. Feistel, D. Ebert, E. Lungershausen, „SPECT in der Psychiatrie". In: Münchener Medizinische Wochenschrift, 135 (1993) Nr. 32/33, S. 418/40–422/40

Benninghoff/Goerttler, Lehrbuch der Anatomie des Menschen. 3. Band, Neubearbeitet von H. Ferner. Urban und Schwarzenberg, München, Wien, Baltimore (10), 1977. Dieses Lehrbuch wurde inzwischen überarbeitet und besonders aus didaktischen Gründen gestrafft und erscheint nur noch in zwei Bänden: Benninghoff, Alfred, Anatomie. Makroskopische Anatomie, Embryologie und Histologie des Menschen. Herausgegeben von Detlev Drenckholm und Wolfgang Zenker. Urban und Schwarzenberg, München, Wien, Baltimore, 1993, 15., völlig neubearbeitete Auflage

Bergin, Paul, „Weltberühmte Linkshänder". In: Heim und Leben, Verlag C. J. Huber, Luzern, 10. Februar 1951, S. 7

Betz, Dieter, Psychophysiologie der kognitiven Prozesse. Reinhardt, München, 1974

Die Bibel oder die ganze Heilige Schrift des Alten und Neuen Testaments. Nach der deutschen Übersetzung Martin Luthers. Württembergische Bibelanstalt Stuttgart, 1968

Bogen, Joseph E., „The other Side of the Brain: An Appositional Mind". In: Bulletin of the Los Angeles Neurological Societies, 34 (3), 1969, S. 135–162. Nachdruck in: Robert E. Ornstein (Herausgeber), The Nature of Human Consciousness. W. H. Freeman, San Francisco, 1973, S. 101–125

McCullough, Colleen, „Dornenvögel". Goldmann Verlag, München, 1992 (6)

Deglin, Wadim, L., „Unsere zwei Gehirne". Vortrag Juni 1975 in Varna (Bulgarien), abgedruckt in: Unesco-Kurier, Nr. 1, 17. Jahrgang, Bern, 1976, S. 4–32

Dimond, S. J., J. G. Beaumont, „A right hemisphere basis for calculation in the human brain". In: Psychonomic Science, Vol. 26 (3), 1972, S. 137–138

Ekman, Paul, „The brain behind that happy face". In: Science, Bd. 262, 15. Oktober 1993, S. 336

Falkai, P., B. Bogerts, „Kraniale Computertomografie in der Psychiatrie". In: Münchener Medizinische Wochenschrift, 135 (1993) Nr. 32/33, S. 406/26–409/29

Fischer, Klaus, „Lateralität und Motorik." In: Motorik. Zts. für Motopädagogik und Mototherapie, 3, 1992, S. 122–133

Fischl, B., „Umgeschulte Linkshänder – Der Knacks im Gedächtnis." In: Münchener Medizinische Wochenschrift. Nr. 8, 1986, S. 28

Franklin, Benjamin, Educational views. Edited by Thomas Woody. McGraw-Hill Book Company, New York, London, 1931, S. 134–136. – Eine sehr altertümliche Übersetzung findet sich in: Dr. Benjamin Franklins nachgelassene Schriften und Correspondenz nebst seinem Leben. Aus dem Englischen übersetzt von Gottlob H. A. Wagner. 5. Band, Verlag des Landes-Industrie-Comptoirs, Weimar, 1819, S. 35–36

Friedmann, F., „Manipulation der Hand – Massiver Eingriff im Gehirn ohne Blutvergießen." In: Ärzte Zeitung, 5. 2. 1987, S. 28

Fritsch, Vilma, Links und Rechts in Wissenschaft und Leben. W. Kohlhammer, Stuttgart, 1964

Gazzaniga, Michael S., „The Split Brain in Man". In: Scientific American. August 1967, S. 24–29. Nachdruck in: Robert E. Ornstein (Herausgeber), The Nature of Human Consciousness. W. H. Freeman, San Francisco, 1973, S. 87–100

Geschwind, Norman, „Specializations of the human brain". In: Scientific American, 241 (3), September 1979, S. 158–168

Geschwind, Norman, Peter Behan, „Left-handedness: Association with immune disease, migraine, and developemental learning disorder." In: Proceedings of the National Academy of Sciences, USA, Bd. 79, 1982, S. 5097–5100

Gillen, Otto (Hrsg.), Herrad von Landsberg: Hortus deliciarum. Pfälzische Verlagsanstalt, Neustadt/Weinstraße, 1979

Gramm, Dieter, Probleme der Linkshändigkeit. Ein Ratgeber für Lehrer, Eltern und Erzieher. Verlag Ludwig Auer, Donauwörth, 1977

Grecht, Christine, Aspekte der Betreuung und der Umschulung linkshändiger Schulkinder unter besonderer Berücksichtigung der Arbeit der Beratungs- und Informationsstelle für Linkshänder und umgeschulte Linkshänder in München. Wissenschaftliche Hausarbeit zur Staatsprüfung für das Lehramt. Ludwigsburg, 1991

Harper, Lee, Wer die Nachtigall stört... Rowohlt Verlag, Reinbek bei Hamburg, 1962. Zitiert aus der Rowohlt Taschenbuchausgabe 1991

Herholz, K., „PET in der Psychiatrie". In: Münchener Medizinische Wochenschrift, 135 (1993) Nr. 32/33, S. 414/36–417/39

Herron, Jeannine (Herausgeberin), Neuropsychologie of left-handedness. Academic Press, New York, London, 1980

Heuser, Manfred, P., „Litt J. W. v. Goethe an einer internukleären Ophthalmoplegie durch Geburtsasphyxie?" In: Neurot. Psychiat., Nr. 3, 7/8, 1977, S. 396–398

Heuser, Manfred P., „Goethe in der Fleischarde". In: TW Gynäkologie, Nr. 4, 1991, S. 197–204

Heuser, Manfred, P., „Das Rätsel des Neckerschen Würfels." In: Münchener Medizinische Wochenschrift, 125 (1993), S. 47/813–48/814

International Classification of Diseases (abgekürzt ICD). Deutsche Ausgabe der internationalen Klassifikation der Krankheiten der WHO, herausgegeben von R. Degkwitz, Helmchen, G. Kockott, W. Mombour. 5. Auflage, korrigiert nach der 9. Revision der ICD. Springer-Verlag, Berlin, Heidelberg, New York, 1980

Keller, Gustav, Lehrer helfen lernen. Lernförderung – Lernhilfe – Lernberatung. Verlag Ludwig Auer, Donauwörth, 1999 (5)

Klöppel, Stefan, Vongerichten, Anna, van Eimeren, Thilo, Frackowiak, Richard S. J., Siebner Hartwig R., (2007), Can Left-Handedness be Switched? Insights from an Early Switch of Handwriting. In: The Journal of Neuroscience, July 18, 2007. 27(29): 7847–7853

Kobler, Richard, Der Weg des Menschen vom Linkshänder zum Rechtshänder. Verlag von Moritz Perles, Wien, Leipzig, 1932

Kramer, Josefine, Linkshändigkeit. Wesen, Ursachen, Erscheinungsformen. Mit Übungen für Linkshänder und gehemmte Kinder und Jugendliche. Bd. 19 der Arbeiten zur Psychologie, Pädagogik und Heilpädagogik. Antonius Verlag, Solothurn, 1970 (2)

Laufs, Ulla, „Am Leben leben lernen". Biografische Schilderungen. Noch unveröffentlicht Leiber, Berdfried, „Haben Linkshänder andere Krankheiten?" In: pais. Fachzeitschrift für praktische Kinder-Jugendheilkunde und allgemeine Medizin, Januar, 1983, S. 19–21

Levy-Agresti, Jerre, Roger, Sperry, „Differential perceptual capacities in major and minor hemispheres." In: Proceedings of the National Academy of Sciences, USA, Bd. 61, 1968, S. 1151

Levy, Jerre, „Das Gehirn hat keine bessere Hälfte." In: Psychologie heute, Januar 1986, S. 32–37

Mann, K., „Kernspintomografie in der Psychiatrie". In: Münchener Medizinische Wochenschrift, 135 (1993) Nr. 32/33, S. 410/30–413/35

Mead, Margaret, Brombeerblüten im Winter. Ein befreites Leben. Rowolth Taschenbuchverlag, Hamburg, 1978

Meyer, Rolf W., Linkshändig? Ein Ratgeber. Humboldt-Taschenbuchverlag, München, 2008 (9)

Murray, Elizabeth A. (1998), „Hemisphärenspezialisierung". In: Fisher, Anne G., Elizabeth A. Murray, Anita C. Bundy, Sensorische Intergrationstherapie. Springer Verlag, Berlin, Heidelberg, New York, 1998, 1. korrigierter Nachdruck 1999, S. 281–329

Naville, Suzanne (Text), Pia Marbacher (Bild), Vom Strich zur Schrift. Ideen und Anregungen zum grafomotorischen Training. verlag modernes lernen. Dortmund, 1991 (3)

Olsson, Bo, Andreas Rett, Linkshändigkeit. Verlag Hans Huber, Bern, Stuttgart, Toronto, 1989

Ornstein, Robert E. (Herausgeber), The Nature of Human Consciousness. H. W. Freeman, San Francisco, 1973

Ornstein, Robert, Die Psychologie des Bewußtseins. (l. dt. Ausgabe 1974). Zitiert wird aus der Taschenbuchausgabe: Fischer Taschenbuch Verlag, Frankfurt am Main, 1976 (2)

Otte-Schacht, Armin, „Linkshändigkeit und Schulschwierigkeiten." In: Rundbrief des Psychologischen Dienstes der Bundesanstalt für Arbeit, Nürnberg, Nr. 30, März 1993, S. 61–102

Pauli, Sabine, Andrea Kisch, Was ist los mit meinem Kind? Bewegungsauffälligkeiten bei Kindern. Ravensburger Buchverlag Otto Maier. Ravensburg, 1992

Pauli, Sabine, Andrea Kisch, Geschickte Hände. Feinmotorische Übungen für Kinder in spielerischer Form. verlag modernes lernen. Dortmund, 1993

Pauli, Sabine, Andrea Kisch, Geschickte Hände zeichnen. Zeichenprogramm für Kinder von 5–7 Jahren (Kopiervorlagen-Mappe). verlag modernes lernen. Dortmund, 1996

Religion in Geschichte und Gegenwart. 6 Bände. J. C. B. Mohr, Tübingen, 1957–62 (3)

Rett, Andreas, Thaddäus Kohlmann, Günter Strauch, Linkshänder. Analyse einer Minderheit. Jugend und Volk Verlag, Wien, München, 1973

Richberg, I.-M., „Linkshänder soll man nicht auf den ‚rechten Weg' zwingen." In: Ärzte Zeitung, 90, 15./16. 5. 1987, S. 10

Ruch, F. L., P. G. Zimbardo, Lehrbuch der Psychologie. Springer-Verlag, Berlin, Heidelberg, New York, 1975

Sacks, Oliver, Stumme Stimmen. Reise in die Welt der Gehörlosen. Rowohlt Verlag, Hamburg, 1990

Sattler, Johanna Barbara, Ikonografische und psycholologische Aspekte der „Seitigkeit" in der Kunst. Diss. München, 1983

Sattler, Johanna Barbara, „Psychische Probleme durch Umschulung." In: Psychologie heute, 10, 1985, S. 8–10

Sattler, Johanna Barbara, „Umschulung der Händigkeit. Ein massiver Eingriff ins menschliche Gehirn." In: Lernen Fördern. Zeitschrift für Eltern, Lehrer und Erzieher, 5, 1986, S. 10–11

Sattler, Johanna Barbara, „Umgeschulte Linkshänder – Links vorbeitherapiert". In: Münchener Medizinische Wochenschrift, Nr. 14, 1987, S. 16

Sattler, Johanna Barbara, „Linkshänder in der Arztpraxis." In: Bayerisches Ärzteblatt, 4, 1991, S. 137

Sattler, Johanna Barbara, „Der Linkshänder. Ein irrationales Phänomen unserer Gesellschaft." In: Motorik. Zeitschrift für Motopädagogik und Mototherapie, 3, 1992, S. 148–156

Sattler, Johanna Barbara, „‚Beidhänder' sind hirngeschädigt". In: Münchener Medizinische Wochenschrift, Nr. 21/1993, S. 291/35–294/40

Sattler, Johanna Barbara, Marquardt, Christian, „Rückschulung bei erwachsenen umgeschulten Linkshändern. Begleitung der Rückschulung und wissenschaftliche Untersuchungen der motorischen Schreibbewegungen, dokumentiert am Fallbericht einer Rückschülerin." In: Motorik. Zeitschrift für Motopädagogik und Mototherapie, 3, 2006, S. 121–127

Sattler, Johanna Barbara, Das linkshändige Kind in der Grundschule. Erarbeitet im Auftrag des Bayerischen Staatsministeriums für Unterricht, Kultus, Wissenschaft und Kunst. Herausgegeben vom Staatsinstitut für Schulqualität und Bildungsforschung, München. Auer Verlag, Augsburg, 2018 (17)

Sattler, Johanna Barbara, Übungen für Linkshänder. Schreiben und Hantieren mit links. Auer Verlag, Augsburg, 1996, 2019 (14)

Sattler, Johanna Barbara, Schreibunterlagenblock DIN A2 für Linkshänder. Auer Verlag, Augsburg, 1996, 2021 (13)

Sattler, Johanna Barbara, Übungsheft für Linkshänder. Auer Verlag, Augsburg, 1996, 2020 (15)

Sattler, Johanna Barbara, Die Psyche des linkshändigen Kindes. Von der Seele, die mit Tieren spricht. Auer Verlag, Augsburg, 1998, 2020 (9)

Sattler, Johanna Barbara, Links und Rechts in der Wahrnehmung des Menschen. Zur Geschichte der Linkshändigkeit. Auer Verlag, Augsburg, 2000, 2016 (2)

Sattler, Johanna Barbara, Schreibtischauflage für Linkshänder. Aus Kunststoff in den Farben Pop-Rot, Cobalt-Blau, Pinie-Grün und Pink. Auer Verlag, Augsburg, 2004, 2018

Sattler, Johanna Barbara, Das linkshändige Kinder im Kindergartenalter. Auer Verlag, Augsburg, 2007, 2021 (5)

Sattler, Johanna Barbara, Schreibvorübungen für Linkshänder mit Jobasa. Teil 1 + 2. Auer Verlag, Augsburg, 2012, 2018 (5) / 2019 (4)

Sattler, Johanna Barbara, Schreibtischunterlagenblock DIN A3 für Linkshänder, DESK-PAD LEFTY®. Auer Verlag, Augsburg, 2011, 2019 (4)

Sattler, Johanna Barbara, Schreibtischauflage für Linkshänder, DESK-PAD LEFTY®. Auer Verlag, Augsburg, 2011, 2021 (5)

Sattler, Johanna Barbara, Händigkeitsabklärung S-MH® nach der Sattler-Methodik zu Händigkeitsfragen. Testverfahren mit Itemkarten, Kopiervorlagen und umfassendem Dokumentationsbogen. Auer Verlag, Augsburg, 2019

Schäfer, Ernst, L., Das Hand-Buch. Die Linke und die Rechte. Geschichte und Alltag unserer zwei Seiten. Droste Verlag, Düsseldorf, 1988

Schilling, Friedhelm, Punktiertest für Kinder (PTK). Leistungs-Dominanztest (LDT). Institut für Sportwissenschaft und Motologie, Universität Marburg. verlag modernes lernen, 2009.

Schilling, Friedhelm, Spielen – Malen – Schreiben. Marburger Grafomotorische Übungen. verlag modernes lernen. Dortmund, 2004 (12)

Schilling, Friedhelm, „Linkshändigkeit, Grafomotorik und Schreibenlernen." In: Motorik. Zts. für Motopädagogik und Mototherapie, 3, 1992, S. 135–147

Schmauder, Martin, Johannes Josef Solf, Einfluß der Händigkeit bei der Handhabung von Arbeitsmitteln. Schriftenreihe der Bundesanstalt für Arbeitsschutz. Dortmund, 1992

Schmidt, Robert F., Neuro- und Sinnesphysiologie, Springer Verlag, Berlin, Heidelberg, New York, 1998

Siebner, Hartwig R. u. a., „Long-Term Consequences of Switching Handedness: A Positron Emission Tomografy study on Handwriting in ‚Converted' Left-Handers". In: The Journal of Neuroscience, April, 2002, 22 (7): 2816–2825

Smetacek, Victor, „Mirror-script and left-handedness." In: Nature, Bd. 355, 9. 1. 1992, S. 118–119

Smits, Rik, Alles mit der linken Hand. Geschick und Geschichte einer Begabung. Rowohlt, Berlin, 1994

Sovak, Milos, Pädagogische Probleme der Lateralität. Bd. 16 der Schriftenreihe des Instituts für Sonderschulwesen an der Pädagogischen Fakultät der Humboldt-Universität Berlin. VEB Verlag Volk und Gesundheit, Berlin, 1968

Sperry, Roger, „Mental unity following surgical disconnection of the cerebral hemispheres." In: The Harvey Lectures, Series 62, Academic Press, New York, London, 1968, S. 293–323

Springer, Sally P., Georg Deutsch, Linkes rechtes Gehirn. Funktionelle Asymmetrien. Spektrum der Wissenschaft Verlag, Heidelberg, 1987

Steingrüber, Hans-Joachim, H-D-T, Hand-Dominanz-Test. Verlag für Psychologie, Dr. C. J. Hogrefe, Göttingen, 1971, 3., überarbeitete und neu normierte Auflage 2011. (Die ersten beiden Auflagen wurden zusammen mit Prof. Dr. Gustav A. Lienert herausgegeben.)

Steingrüber, Hans-Joachim, „Entwicklung und Veränderung der Händigkeit." Unveröffentlichter Aufsatz, um 1980, 17 Seiten

Tan, Üner, „The distribution of hand preference in normal men and women." In: Intern. J. Neuroscience, Vol. 41, 1988, S. 35–55

Tegeler, J., „Bildgebende Verfahren in der Psychiatrie." In: Münchener Medizinische Wochenschrlft, 135 (1993) Nr. 32/33, S. 404/24–405/25

Thackeray, William Makepeace, Jahrmarkt der Eitelkeit. Paul List Verlag, Leipzig, 1954 (4)

Thoby, Paul, Le crucifix des origines au Concil de Trente. Étude iconografique, 1959

Tolstoj, Leo, Auferstehung. I. Teil. Manfred Pawlak Verlagsgesellschaft, 2. Band Herrsching, 1979

Vasterling, Almuth, Weiland, Gabriele, Sattler, Johanna Barbara, Linke Hand – Rechte Hand: Ein Ratgeber zur Händigkeit. Schulz-Kirchner-Verlag, Idstein, 2011, 2017 (2).

Weber, Sylvia, Linkshändige Kinder richtig fördern. Mit vielen praktischen Tipps. Ernst Reinhardt Verlag, München, 2003, 2008 (3)

Witelson, Sandra, F., „Neuroanatomical Asymmetry in Left-Handers: A review and implications for functional asymmetry." In: Neuropsychologie of Left-Handedness, edited by Jeannine Herron. Academic Press, New York, London, 1980, S. 83–108

Züricher Bibel. Die Heilige Schrift. Verlag der Zwingli-Bibel Zürich, 1955. Das Neue Testament

Verzeichnis der Berichte und Fälle

Adressenliste

Netzwerk der Linkshänder-Beraterinnen und Linkshänder-Berater:

www.lefthander-consulting.org/deutsch/beratung/berater-finden/

Ergotherapeutenverbände:

Deutscher Verband der Ergotherapeuten (Beschäftigungs- und Arbeitstherapeuten) e.V.
Becker-Göring-Str. 26/1, 76307 Karlsbad-Ittersbach, www.dve.info

Ergotherapie Austria – Bundesverband der Ergotherapeutinnen und Ergotherapeuten Österreichs
Holzmeistergasse 7, 1210 Wien, www.ergotherapie.at

ErgotherapeutInnen-Verband Schweiz EVS/ASE
Altenbergstrasse 29, PF 686, 3000 Bern 8, www.ergotherapie.ch

Heilpädagogenverband:

Berufsverband der Heilpädagogen (BHP) e.V.
Michaelkirchstraße 17 /18, 10179 Berlin, www.bhponline.de

Erste deutsche Beratungs- und Informationsstelle für Linkshänder und umgeschulte Linkshänder:

Sendlinger Str. 17, 80331 München, www.lefthander-consulting.org

Es werden Händigkeitstests und -beratungen durchgeführt und *Kindergruppen zur Schreibvorbereitung mit links* für Vorschulkinder und Erstklässler zur Vermeidung einer ungünstigen Schreibhaltung und Hakenhaltung „von oben". Weiter wird durch Öffentlichkeitsarbeit versucht, das allgemeine Verständnis für Linkshänder zu erhöhen. Fortbildungsveranstaltungen über Linkshänder und umgeschulte Linkshänder werden für die verschiedensten Berufsgruppen und am Thema Interessierte durchgeführt. Bei Anfragen wegen Infomaterial bitte Briefmarken beilegen. Auf Anfrage können zertifizierte Linkshänder-Beraterinnen im deutschsprachigen Raum genannt werden sowie Veranstaltungen *von Kindergruppen zur Schreibvorbereitung mit links*.

Interessenvereinigung für Linkshänder:

Sendlinger Str. 17, 80331 München

Auf Grund der finanziell sehr angespannten Situation ist die Arbeit der Interessenvereinigung momentan auf ein Minimum reduziert. Es ist aber vorgesehen, diese Selbsthilfetätigkeit in absehbarer Zukunft wieder zu aktivieren, und das in direkter Zusammenarbeit mit der Beratungs- und Informationsstelle für Linkshänder und umgeschulte Linkshänder.

Bundesarbeitsgemeinschaft zur Förderung haltungs- und bewegungsauffälliger Kinder und Jugendlicher e.V.:

Kirchhohl 14, 65207 Wiesbaden

Register

Legende
uLh = umgeschulte Linkshänder
LH = Linkshändigkeit
HD = Händigkeit
UHD = Umschulung der Händigkeit